500 Years of Chicana Women's History
Años de la Mujer Chicana

500 Years of Chicana Women's History
Años de la Mujer Chicana

ELIZABETH "BETITA" MARTÍNEZ

Translation/Traducción by Suzanne Dod Thomas

RUTGERS UNIVERSITY PRESS
New Brunswick, New Jersey, and London

Sixth printing, 2018

Front Cover:
    Top left: Photo by Toshiyuki Yashimi
    Top center: Courtesy of St. Peter's Housing Committee
    Top: Photo by Jeff Blankfort
    2nd row: Courtesy of Local History Collection, Victoria College, Victoria, Texas
    3rd row left: Photo by Gilberto Ortiz
    3rd row center: American Museum of Natural History, in André Emmerich, *Art Before Columbus*, NY 1965, p.43
    3rd row right: Photo by Richard Steven Street in *Organizing for Our Lives*, Newsage Press and California Rural Legal Assistance, 1972, p. 61
    Bottom row left: Courtesy of the Bancroft Library U.C., Berkeley
    Bottom center: From mural by Judy Baca © SPARC
    Bottom right: Photo by Jon Kersen

Title Page: Photo by Jeffrey Blankfort
Back Cover: Photo by Manuel Ortiz

Library of Congress Cataloging-in-Publication Data and British Library
Cataloging-in-Publication Data are available upon request.
ISBN 978-0-8135-4224-9

♾ The paper used in this publication meets the requirements of the American National Standard for Information Sciences — Permanence of Paper for Printed Library Materials, ANSI Z39.48-1992

www.rutgersuniversitypress.org

Manufactured in the United States of America

Contents * Indice

Advisory Board * Mesa de Consejeros

Dr. Yolanda Broyles Gonzáles
Southwest Institute for Research on Women
Tucson, Arizona

Dr. Antonia Castañeda
St. Mary's University, San Antonio, Texas

Dr. Yolanda Chávez Leyva
University of Texas, El Paso

Dr. Teresa Córdova
University of New Mexico

Dr. Marta Cotera
Austin, Texas

Dr. Julia Curry Rodríguez
San Jose State University

Dr. Alicia Gaspar de Alba
University of California, Los Angeles

Dr. Deena González
Loyola Marymount University, Los Angeles

Estér Hernández, Artist
San Francisco, California

Dr. Ines Hernandez-Avila
University of California, Davis

Raquel Jiménez
Youth Together, Oakland

Dr. Mary Pardo
California State University, Northridge

Dr. Raquel Rubio Goldsmith
University of Arizona

Dr. Vicki L. Ruiz
University of California, Riverside

Dr. Elizabeth Salas
University of Washington

Graciela Sánchez, Director
Esperanza Peace & Justice Center
San Antonio, Texas

Patricia Zavella
University of California, Santa Cruz

Acknowledgments / Agradecimientos:

This book would not have been possible without the generous financial support of the following organizations and individuals * *Este libro no se hubiera realizado sin el generoso apoyo financiero de las siguientes organizaciones e individuos:*

Organizations * Organizaciones

Seed Grant: Deep appreciation goes to the **Castellano Family Foundation** for their generous grant which made it possible to launch this book project.* *Mil gracias a la Castellano Family Foundation por su generoso apoyo que hizo posible el lanzamiento de este proyecto.*

• Applied Research Center—Scholar in Residence

• Bannerman Memorial Fellowship Fund of The New World Foundation (1999)

• Chicana/Latina Foundation

• CLFSA/MECHA

• Ella Baker Center for Human Rights

• Latina Leadership Network of the California Community Colleges

• Mujeres en Lucha

• *San Diego Organizing Committee for organizing 2005 fundraiser* (hosted by Mike Davis and Alessandra Moctezuma): Freddi Avalos, Bill Caballero, Mark Day, Martin Eder, Claudia Huiza, Mischa Kokotovic, Jorge Mariscal, Media Arts Center, Gail Perez, Sabrina Santiago

• *San Francisco Organizing Committee for 2003 & 2006 fundraisers:* Patricia Brown, Linda Burnham, Suzie Dod, Susanne Jonas, Tessa Martínez, Cecilia O'Leary, Tony Platt, Maria Elena Ramirez, Olga Talamante

• *Social Justice*

• *Tardeada Committee for organizing 2004 Los Angeles fundraiser* (hosted by Marta López Garza): Rodolfo Acuña, Michael & Terri Barba, William Gallegos, Pat McCloskey, Gordon Nakagawa, Mary Pardo

• Women of Los Siete

Individuals * Individuos

Special thanks to the madrinas and padrinos (godmothers and godfathers) who gave $500 or more. Dozens of others could be listed who were also extremely generous. * *un agradecimiento especial para las madrinas y padrinos (aquellas que contribuyeron un mínimo de $500). Se puede incluir unas docenas más que han sido extremament generoso.*

• Barbara Bishop & Michael Saroyan
• Tom Bodenheimer & Sara Syer
• Carmen Castellano
• Elena Flores
• Leanne Grossman
• Rose Guilbault (AAA)
• Gutierrez family: Maria, Felix, Elena, Anita, Alicia, Peter, Rosa
• Sandra Hernandez & Viva Paredes
• John Horton
• Paul Kivel & Mary Luckey
• Ana Maria Loya
• Sharon Martinas
• Maria X Martinez & Paloma Martinez
• Christina Mendoza
• Calvin Miaw
• Mark Rabine & Lydia Chavez
• Peter Siegel & Nancy Strohl
• Pat Sutton & Bob Gould
• Familia Wells-Doerr

In Kind (translation work/traducción gratis):
Ed McCaughan, Alejandra Osorio

La Super Madrina: Olga Talamante
El Super Padrino: Tony Platt

The people to be thanked for their work on the book's contents go back to the year 2000. Let me list them with deep appreciation, and apologies if anyone has been omitted. The list includes those whose work has been done on a volunteer basis or reimbursed, in the areas of historical research, providing leads to photos, fact-checking, etc. It does not include the dozens of people who have sent in photos of work by their organizations or themselves (these will often be found in the Credits). It also does not include all the librarians and managers of archives or special collections who were most helpful. *La lista de personas que han apoyado la realizacion de este libro data del año 2000. Los nombro con un profundo aprecio y con mil disculpas si he olvidado a alguien. Esta lista incluye aquellas personas cuyo trabajo ha sido voluntario o pagado. en las áreas de investigación histórica, referencias para encontrar fotos, corrección de pruebas, averiguando hechos, etca. No incluye las decenas de personas quienes enviaron fotos de sus organizaciones o de ellas mismas (muchos de estos estarán en la lista de créditos). No incluye muchos bibliotecarios o archivistas.*

With special appreciation to YOLANDA RETTER VARGAS, who died at her home in Van Nuys, California on August 18, 2007 at the age of 59. Yolanda was librarian in the Chicano Studies Department library at U.C.L.A. She gave much to this book. Que viva Yolanda, our favorite gadfly!

Warm thanks to these hermanas for writing the texts listed here. Muchas gracias a estas hermanitas que han escrito estos textos:

Yolanda Retter and Yolanda Chávez Leyva – pp. 181-86 (Lesbianas)
Raquel Jiménez – pp. 190-200 (Danza)
Favianna Rodríguez – pp. 204-212 (Los Artes)

* * *

• Cathy Archibald
• Maylei Blackwell
• Lily Castillo
• Jackie Downing
• Martha Duffield
• Bianca Encinias
• Marta Espinoza
• Lisa Flores
• Roberto Carillo Gantz
• Lisa Gonzales
• Tony Nelson Herrera
• Amy Linares
• Yolanda Lopez
• Jennie Luna
• Tessa Koning Martínez
• Valentina Valdés Martínez
• Alejandro Murghía
• Micaela Ortiz
• Maria Elena Ramirez
• Tey Diana Rebolledo
• Jessica Rucell
• Trudy Robles
• Annel Torres
• Jessica Vásquez

Design/Diseño:
Favianna Rodriguez
&
Jesús Barraza
of Tumis.com

Translation/Traducción:
Suzie Dod Thomas with/con
José Antonio Galloso
Carolina Ponce de Leon

INTRODUCTION

Welcome to the many, many Chicanas who have been brought together in this book with a simple message: Mexican-American women have often made your history. They have set so many examples of inspiring courage and beautiful commitment for us all. Now you will see who, where, when, and how.

Ask almost anyone outside of academia to name famous U.S. women of Mexican origin and you will probably hear "Dolores Huerta." If the person knows

Protest at Jan. 1, 1992 Rose Quincentennial parade, Pasadena, CA * Manifestación contra Colón

our contemporary writers, maybe "Sandra Cisneros" or "Ana Castillo." If you ask for a name from earlier times, you might get "Sor Juana"—the rebel-nun of the 1600's. When you try to dig deeper, your companion may whimper, "I give up! Well . . . there's the Virgin of Guadalupe, she's on a lot of T-shirts."

It was inevitable, then, that the need for a book like this would be recognized. It was also inevitable that, given our erasure from recorded history, preparing the book would be a staggering labor . . . of love. Without all that love, you would not hear about our tradition of female resistance to oppression, going back to Aztec

INTRODUCCIÓN

Le damos la bienvenida a las muchas mujeres Chicanas que han sido reunidas en este libro bajo un simple mensaje: las Chicanas a menudo hacen tu historia, Nos han dejado muchos ejemplos del valor y del lindo compromiso para todos nosotros. Ahora podrás ver dónde, cuándo y cómo.

Pídele a casi cualquier chicana o chicano fuera de la academia que nombre a una mujer famosa de origen mexicano y probablemente vas a escuchar "Dolores Huerta". Si la persona conoce a nuestras escritoras contemporáneas, quizá mencione a "Sandra Cisneros" o "Ana Castillo". Si preguntas por un nombre de los primeros tiempos, te podrán decir Sor Juana, la monja rebelde de los mil seiscientos. Cuando trates de profundizar, la persona a tu lado tal vez va a decir, "¡Me doy por vencido!, pero, bueno... ahí está la Virgen de Guadalupe, que creo, está en muchísimas camisetas."

Era inevitable entonces, que la necesidad de un libro como este sea finalmente reconocida. Era inevitable, también, que el recolectar las historias, las imágenes y las fotos que van con el libro, se convierta en una labor durísima de amor.

Sin todo ese amor, tú no podrías escuchar nada sobre nuestra tradición de resistencia femenina a la opresión, que se remonta a la mujer nativa que tomó los techos de las casas en lo que luego se convertiría en México e "hizo llover dardos y piedras" sobre los invasores españoles. O a la mujer que, en Oaxaca, demandó a su esposo por abuso y logró que su caso llegara a la corte en 1630. O a las mujeres Maya que encerró al cura español en su iglesia por no aceptar que se enterraran a las víctimas mayas de una epidemia de tifus en tierras de la iglesia. O a las masivas "Revueltas del Maíz" de 1962 realizadas por mujeres que se rehusaban a morir de hambre.

También podrás encontrar aquí a algunas de las mujeres mexicanas que pelearon y murieron en la Guerra de la Independencia contra los Españoles. Más tarde, cuando Francia invadió México en 1861, Ignacia Reachy, de Guadalajara, formó un batallón de mujeres para defender la ciudad. Ella llegó a ser Comandante de una unidad y combatió hasta ser asesinada en acción en 1866. Esta es una tradición que continuó durante la Revolución Mexicana con las guerrilleras (algunas veces vestidas como hombres) que pelearon y murieron. O las soldaderas que alimentaron y cuidaron a todos los soldados revolu-

"Del rancho al barrio" Carmen Moroyoqui de Gomez and/y Tranquilina Gutiérrez widow/vda de Moroyoqui, Tucson 1945

women who took to the rooftops in what later became Mexico City and "rained down darts and stones" on the invading Spaniards. Or the woman who filed suit in Oaxaca against her husband for abuse and had her case heard in court—in 1630! Or the Maya women who locked up the local Spanish priest in his church for not having Maya victims of a typhus epidemic buried in church ground. And the massive "Corn Riots" of 1692 by women who refused to starve.

You will also find here some of the Mexican women who fought and died in the War of Independence against Spain. Later, when France invaded Mexico in 1861, Ignacia Reachy of Guadalajara formed a women's battalion to defend that city. She became a Commander of one unit and fought on until killed in action in 1866. Here is the tradition that continues in the Mexican Revolution with the *guerrilleras* (sometimes disguised as men) who fought and died. Or the *soldaderas* who fed and cared for all the revolutionary soldiers at a time when their Army never had a unit to do such vital work.

So that was Mexico, you may say, but what about in the U.S.? *Mexicanas* who came here had to build new traditions of resistance but not without a sense of the past, thanks to their mothers and the ongoing experience of a hard life with bitter poverty and patriarchal oppression. Now we had a new enemy, too. Across the Southwest and beyond, we constantly en-

cionarios en un tiempo en el que su Armada nunca había tenido una unidad para desempeñar un trabajo tan importante y vital.

Entonces, eso era en México, puedes decir, ¿pero qué hay sobre Estados Unidos? Las mexicanas que llegaron aquí tuvieron que construir nuevas tradiciones de resistencia, pero no sin un sentido claro del pasado, gracias a sus madres y a la continua experiencia de una vida dura de amarga pobreza y opresión patriarcal. Ahora también tenemos un nuevo enemigo. A través del sur-oeste constantemente encontramos racismo, empezando por la escuela primaria donde los profesores nos golpean por hablar algunas palabras en español o nos llaman "dirty Mexicans" (sucios mexicanos).

Como otros rebeldes americanos, algunos cientos de nosotros nos unimos al Partido Comunista en los años treintas y cuarentas, cuando los sindicatos activos entraron en huelgas con el objetivo de lograr salarios justos y respeto. No es facil investigar el papel de la Chicana en este Partido, ero se puede concocer algunas de ellas en este libro,

Cuando el movimiento Chicano empezó, vimos en Nuevo México, a las Chicanas y a otras, trabajando para recuperar las tierras perdidas con la Guerra de 1846-48 contra Estados Unidos, miles salieron de las escuelas secundarias para protestar contra el racismo, y muchas se pusieron Boinas Marrones para defender sus comunidades. Nosotras nos unimos a la United Farm Workers como campesinas y apoyamos el boicoteo. Nsotras marchamos en contra de la Guerra de Vietnam el 29 de Agosto de 1970, sólo para ser perseguidas, acosadas y maltratadas con los gases lacrimógenos de la policía que incluso mató a tres chicanos ese día.

La lucha por los derechos de los inmigrantes nos ha traído más heroínas, nuevas escritoras han surgido a través del país para contar la verdad con voces nuevas y poderosas, mientras que, nuestra música, teatro, poesía, danza y todas las formas de arte nos reafirman culturalmente tanto al nivel de las tradiciones como en los nuevos caminos trazados. Todo esto y más, se puede encontrar en este volumen. Por momentos, las nociones aprendidas sobre la supremacía del hombre nos han frenado, pero esas definiciones han estado desapareciendo de manera sostenida, especialmente entre las jóvenes chicanas. También han salido las lesbianas junto con mujeres bi-sexuales y trans-género en su propria lucha por la liberación. En fin se puede decir que no aprendimos nuestro feminismo de las mujeres europeas-americanas, es de nosotras.

Unas cuantas palabras sobre lo que no encontrarás aquí. Primero, este libro existe para presentar a las chicanas –y esta palabra se sigue usando y sigue teniendo mucho significado (puedes escribir xicana countered racism, beginning in primary school where teachers slapped us for speaking a few words of Spanish or called us "dirty Mexicans."

Like other American rebels, some hundreds of us joined the Communist Party (CPUSA) in the 1930's and 40's, were active in unions, went on strike sometimes in the thousands for decent wages and respect. Chicana participation as Communists is not easy to unravel because of the Red-baiting that continues today, but you will find it here in some amazing women.

When the Chicano movement began, we saw Chicanas and others in New Mexico working to get back land lost with the 1846-48 U.S. war, thousands walking out of high schools to protest the racism, and many putting on Brown Berets to defend their communities. We joined the United Farm Workers as campesinas and boycott supporters. Thousands of us marched against the Vietnam war on August 29, 1970, only to be chased and struck down by tear-gassing police who also killed three Chicanos that day.

The fight for the rights of migrant workers has brought more heroines. New writers have been emerging across the land, telling the truth with strong new voices, while our music, theater, poetry, dancing and all forms of art affirm us culturally in both traditional and new ways. Lesbian, bi-sexual and trans-gender women have affirmed their presence as individuals and in organizations. It becomes so clear that we did not learn our feminism from European-American women .

A few words about what you will not find here. First, the book exists to present Chicanas—and that word is still used, still meaningful (you can write it as Xicana if you prefer). We have not included Latinas of other national backgrounds, for simple reasons of time and space, with rare exceptions. That does not mean we should be seen as a simple, one-track nationality. First, the basic roots of anyone of Mexican origin are threefold: Indigenous, European and African. Today the mix becomes more complex with new migration, inter-marriage, and other combinations. That farmworker you just called Chicana may really be Mixtec or half-Arab or mostly Irish, and so it goes. This book has tried to find its way by following the road of self-definition, of identification by choice and association.

One small but often frustrating example of this identification process comes with the varying use of Spanish accents on one's last name. Some of us write Chávez or Jiménez or Gutiérrez and some just Chavez, Jimenez, Gutierrez. An effort was made to find which the woman used, but that could not always be done. Another technical challenge occurred as a result of Spanish names being given to indigenous women at some time, which left uncertainty about who's a Chicana, etc.

Above all, there was the simple failure to find some women in time for this edition, or to find a pho-

Albino Lucero was named Deputy Sheriff of Santa Fe County, N.M. in 1926; she guarded female prisoners and maintained order at local functions. * Albino Lucero fue nombrada sheriff supiénte del condado de Santa Fe en 1926, para resguardar a las prisioneras y para mantener el orden durante las funciones locales.

si así lo prefieres). No hemos incluido latinas de otras nacionalidades por simples razones de espacio y tiempo salvo raras excepciones. Eso no significa que debemos ser vistas como una simple y única nacionalidad. Primero, las raíces básicas del origen de cualquier mexicano vienen de tres fuentes: indígena, europea y africana. En estos días la mezcla se hace más compleja a causa de la nueva migración, de los matrimonios mixtos, y todas las otras combinaciones. Esa agricultora que acabas de llamar chicana puede ser realmente mixtec o mitad árabe o mayormente irlandesa, y así continúan las posibilidades. Este libro ha tratado de encontrar su camino siguiendo la senda de la autodefinición, de la identificación por opción o asociación.

Un pequeño pero a menudo frustrante ejemplo de este proceso de identificación viene con la variedad de acentos utilizados en la pronunciación de los apellidos. Algunos de nosotros escribimos

Packing department, Nabisco plant, Oxnard, CA , 1980, subject of lawsuit (see text) * El departamento de envasado, la planta de Nabisco, Oxnard, California, en 1980 cuando las mujeres demandaron a la gerencia en 1995 (vea lo que se dice en el texto aquí).

tograph. The problem of locating photos often confirms the indifference to women's presence in history, as reflected in the media, books, historical records, museums, university libraries. A list of women who should have been included but are not can be found at the back of this book, "Not to Be Forgotten."

One experience confirms the importance of grassroots help in conquering our invisibility. While visiting Humboldt University in California, I was told by a student there about how her mother had participated in a protest in southern California, where the workers—all Mexican and Chicana women—sometimes wore diapers because the number of bathroom breaks allowed was insufficient. That policy often led to health problems, so they finally filed a suit against the owners, Nabisco, in Oxnard in 1995. It was the mother who sent me a detailed letter about that struggle and several photos of the assembly-line. You can see one here.

You will also not find here a history of how gender, class and race defined society and women's place or an analysis of how patriarchy has evolved or of contemporary Chicana feminism during the Movement years or in relation to cultural nationalism. Such important issues are discussed in many fine books, dissertations, and articles appearing in the last 30-40 years. Some can be found in our bibliography "Further Reading."

The very existence of all these studies confirms the progress made in filling a giant hole in human history. May this volume also help. Read a story or two or three, get mad at not having been told them before, and tell your own stories NOW!

E. M.

Chávez o Jiménez o Gutiérrez y otros sólo Chavez, Jimenez, Gutierrez. Un esfuerzo ha sido hecho para averiguar cuál es el que la mujer usaba, pero esto no siempre pudo ser logrado. Otro reto técnico se presenta como resultado de haber dado, algunas veces, nombres españoles a mujeres indígenas, lo que deja sembrada la incertidumbre sobre quién es Chicana, etc.

Por encima de todo, hubo una simple falla al no poder encontrar a algunas mujeres a tiempo para esta edición, o al no poder encontrar una fotografía de la persona. El problema de localizar fotografías confirma la indiferencia ante la presencia de las mujeres en la historia, cosa que se refleja constantemente en los medios, libros, archivos históricos, museos y bibliotecas universitarias.

Una experiencia confirma la necesidad de vencer nuestra invisibilidad. Mientras estaba visitando una Universidad en California, una estudiante me contó como su madre había participado en una protesta laboral en California del sur, en la que las trabajadoras, todas mexicanas y chicanas- algunas veces usaban pañales porque los permisos para ir al baño eran insuficientes. Esa política a menudo devenía en problemas de salud. Finalmente, ellas presentaron una demanda en contra de los dueños de Nabisco, en Oxnard en 1995. Fue la madre de ese estudiante la que me envió una larga carta sobre la lucha exitosa y varias fotografías de la línea de producción de la fábrica. Aquí puedes ver una de ellas.

Tampoco vas a encontrar aquí la historia de como el género, la clase y la raza definen la sociedad y el lugar de la mujer bajo el dominio de España, de México y ahora de Estados Unidos. No vas a encontrar un análisis de como el patriarcado ha evolucionado, o del feminismo de la Chicana contemporánea durante el movimiento, o en relación al nacionalismo cultural. Asuntos como estos son discutidos en muchos libros, disertaciones y artículos aparecidos en los últimos treinta o cuarenta años. Se encuentran algunos titulos en la bibliografía "Further Reading".

La simple existencia de todos estos estudios confirma el progreso alcanzado en el arduo camino de llenar el enorme agujero de la ignorancia. Es un tributo a las mujeres chicanas por ocupar un rico, colorido y energético lugar en lo que ha sido casi una pared en blanco en la historia de la humanidad. ¡Qué este volumen sea también una ayuda. Lee una historia, o dos, o tres, indígnate al no haberlas escuchado antes, y cuenta tus propias historias AHORA!

E. M.

500 Years of Chicana Women's History
500 Años de la Mujer Chicana

Our roots are deep
Nuestras raices son profundas

Our roots lie in struggle
Nuestras raices están en lucha

The Story Of La Chicana Begins...
LA HISTORIA DE LA CHICANA COMIENZA...

...with native women who lived in Anahuac, also called Mesoamerica. Thousands of years ago, highly developed societies existed in what became Mexico, named for the Mexica people, (also known as the Aztecs).

Legend says the Mexicas left their homeland far up north, in what may later have become the United States. They migrated on foot to the Valley of Mexico. In the 14th century, they founded the great city of Tenochtitlan, now Mexico City.

WOMAN AS CREATOR

Many peoples preceded the Mexica: the Olmecas, Toltecas, Chichimecas, Mixtecas, Mayas, to name a few. Woman was central to most of their creation stories. One of them was Spider Woman of Teotihuacan, the ceremonial center near Tenochtitlan.

She seems to have had much in common with Spider Grandmother of the Pueblo Indians, Hopi, Zuni and others of the Southwest. Both were said to have created the earth from a web upon the sea. Both affirmed that the life-giving power of the universe is female.

...con las mujeres indígenas de Anahuac, que también llamamos Mesoamérica.

Hace miles de años existían sociedades altamente desarrolladas en lo que llegó a ser México. Su nombre viene del pueblo mexica, también conocido como los aztecas. De acuerdo a la leyenda, los mexicas salieron de sus tierras nativas al norte. Migraron de pie al Valle de México, donde fundaron la gran ciudad de Tenochtitlan, ahora conocida como la Ciudad de México.

LA MUJER COMO CREADORA

Muchos pueblos antecedieron a los mexicas, como los olmecas, toltecas, chichimecas, y mixtecas. La mujer fue central en las historias de creación de la mayoría de estos pueblos.

Un ejemplo es la Mujer Araña de Teotihuacan, un centro ceremonial cerca de Tenochtitlan. Pareciera que ella tuvo mucho en común con la Abuela Araña de los indios pueblo, hopi, zuni y otros. Se decía que ambas crearon la tierra de una telaraña que tejieron sobre el mar. Las dos afirmaban que el poder vivificante del universo es femenino.

Diosas creadoras sostienen una telaraña que contiene una mariposa de llamas.

Creator goddesses holding spider web containing flame butterfly.

500 B.C., Nayarit woman; the village men also wore many earrings * 500 A.J., Mujer de Nayarit, donde hombres poblanos también llevaron aretes

CREATION

Tse'itsi'nako, Thought Woman
Is sitting in her room
and whatever she thinks about
appears.
She thought of her sisters
Nau'ts'ity I and I'tets'ity I,
and together they created the universe
the world
and the four worlds below.
Thought Woman, the spider,
named things and
as she named them
they appeared.

From *Ceremony*, Leslie Marmon Silko

Pequeña estatua de barro en el estilo más antiguo de México. Mujer posiblemente embarazada y ocupada en algún rito. * Small clay statue in the oldest style found in Mexico. Possibly pregnant woman and engaged in a ritual. Origin: Guerrero

CREACIÓN

Tse'iti'nako, Mujer Pensamiento
está sentada en su cuarto
y cualquier cosa que ella piensa
aparece.
Ella pensó en sus hermanas
Nau'ts'ity I y I'tets'ity I,
y juntas ellas crearon el universo
el mundo
y los cuatro mundos de abajo.
Mujer Pensamiento, la araña,
nombraba las cosas y
mientras las nombraba
aparecieron.

de *Ceremony*, Leslie Marmon Silko

Estatua azteca de la diosa Coatlicue, madre de los dioses y las diosas, con dos cabezas, una falda de serpientes y un collar de objetos sacrificados.

Aztec statue of the goddess Coatlicue, mother of the gods, with two heads and wearing a necklace of sacrificial offerings. Tenochtitlan.

Izquierda: Cabezas sonrientes de la zona central de Veracruz c. 100 A.J. Posiblemente producidas como ofertas sacrificadoras a los dioses. Tales víctimas siempre disfrutarían de alegría eterna, por eso sonreían.

Left: Smiling heads, central Veracruz, c. 100 B.C. Possibly produced as sacrifices to the gods. Such victims enjoyed eternal happiness so they are smiling.

La Vida de la Mujer
EN MÉXICO ANTIGUO

Los pueblos indígenas de México nos han legado muchas historias de mujeres como la Princesa Guerrera Seis Mono. No era raro, dentro de esta tradición, que las diosas Madre Tierra tomaran el papel de defensor de la tribu. Las mujeres también fueron gobernadoras y sacerdotisas. Entre los cuatro sacerdotes que dirigieron la gran migración mexica hasta Technochtitlan había una mujer, Chimalma.

Dicen algunos estudiosos mexicanos que en ciertas partes de Anahuac como Tenochca había un Consejo Supremo que supervisaba los asuntos femeniles. El Consejo se llamaba Cihuatlahtocan. Tenía 14 mujeres con dos jefas, una administradora y una vocera del Consejo. La manera de trabajar del Consejo era muy comunal, muy colectiva.

Woman warrior with shield, 600-800 A.D.
Mujer guerrera con escudo

EL TRABAJO DE LA MUJER NUNCA TERMINA

Al principio de la sociedad azteca, las mujeres también podían ser jueces y árbitros que resolvían casos, así como maestras, médicas, parteras, escribanas, pintoras, danzantes, joyeras, y adivinas. También encontramos muchas representaciones del matrimonio, del parto y de las mujeres educando a los niños en esta época.

Continúa en la página 8

Una adivina dispersa hojas para ver el futuro.
Fortune teller scatters leaves to read the future.

La primera mujer en el mundo a moler maíz, la diosa llamateciuhtli, Códice Borgia
First woman in the world to grind corn, the goddess llamateciuhtli, from the Borgia Codex

Danzante de barro, Veracruz
Clay figure of dancer, Veracruz

6

Women's Lives IN ANCIENT MEXICO

Many stories have come down to us from the native peoples of Mexico about women like Warrior Princess Six Monkey. It was not unusual for the Earth Mother goddesses to take the role of tribal defender. Women also served as governors and priests. One of the four priests who led the great Mexica migration to Tenochtitlan was a woman, Chimalma.

Some Mexican scholars say there was a Supreme Council that governed women's affairs in Tenochca. The Council was called Cihuatlahtocan. It consisted of 14 women with two leaders, one the administrator and one the Council's spokeswoman. The Council worked in a very communal, collective way.

Warrior Princess Six Monkey captures a prisoner.
Princesa Guerrera Seis Mono captura a un prisionero.

A WOMAN'S WORK IS NEVER DONE

Under the early Aztecs, women might be judges and arbiters, who resolved cases, as well as teachers, doctors, midwives, scribes, painters, dancers, jewelers, and fortune-tellers. We find many depictions of marriage, childbirth and women educating children. Giving birth was a deeply respected function, causing great celebration. Women who died in childbirth had a status similar to that of warriors killed in battle. The midwife, who fa-

Escriba azteca * Scribe

Curandera * Healer

Los novios recién casados se bañan en una ceremonia para tener muchos hijos. * Ritual bath taken by recently married couple as part of ceremony to have many children.

---

cilitated birth, was sometimes called "precious person," "noble-woman," or "our lady." In old age, women received special respect.

INEQUALITY GROWS

In the 1100's, as the Aztec empire expanded and a military elite of men took control, class divisions intensified. So did private property and privilege; inequality became widespread.

Women ceased to be treated with the same respect as before . They were no longer viewed as central to the society or warriors. Yet the common people, especially in the outer areas of the Aztec empire, continued to revere the female deities such as Tonantzin, "our revered mother," or Coatlicue, Mother of All Creation and the gods.

EL TRABAJO *continuado de la página 6*

El parto era una función profundamente respetada que causaba gran celebración. Las mujeres que morían de parto tenían un prestigio parecido al de los guerreros que morían en batalla. La partera, quien facilitaba el parto, a veces fue llamada "persona preciosa," "mujer noble," o "nuestra señora." En la vejez, las mujeres recibían un respeto especial.

CRECE LA DESIGUALDAD

En el siglo 12, el imperio azteca se extendía y una élite militar de hombres tomó el control. Crecieron la propiedad privada y el privilegio. Había más desigualdad y divisiones de clases que nunca.

Las mujeres ya no fueron tratadas con el mismo respeto. No las veían como una parte central de la sociedad ni como guerreras. Pero la gente común, especialmente en las afueras del imperio azteca, siguieron venerando a las diosas femeninas como Tonantzin, "nuestra Madre reverenciada", o Coatlicue, Madre de toda creación y los dioses.

Right/ derecha: A woman giving birth with baby at end of umbilical cord. * Una mujer pariendo, con la criatura conectada al cordón umbilical.

Dos imágenes de la diosa Tlazolteotl pariendo. Izquierda, del Códice Borbónica y a la derecha, figura de piedra (una copia) de la cultura mexica

Both images show the same goddess, Tlazolteotl, giving birth. On left, a drawing from the Borbonic Codex and on the right a stone figure (copy) from the Mexica culture

Una madre enseña a la niña a moler maíz en un metate para hacer tortillas y a tejer.
Mother teaching child how to grind corn in a metate to make tortillas and how to weave.

VINO EL INVASOR
Then Came the Invaders

TO SEIZE GOLD AND ENSLAVE THE PEOPLE AND RAPE THE WOMEN

The Spaniards conquered on horseback with guns, with hangings, mass executions, and unknown diseases. They killed many thousands of native people and brought a way of life never known before in Anahuac. A life of greed, of indifference to the poor and hungry. A life without community, dominated by the goals of empire and the new capitalist system.

For women it was a life of abuse and oppression. The skills, knowledge, and leadership they once held were largely denied. They mostly served as wives, mothers, and menial workers.

PARA ROBAR ORO Y ESCLAVIZAR A LOS INDÍGENAS Y VIOLAR A LAS MUJERES

Los españoles conquistaron montados a caballo, con armas, ejecuciones masivas y enfermedades desconocidas. Mataron a miles de gente nativa y trajeron costumbres que nunca antes se habían conocido en Anahuac. Una vida de avaricia y de indiferencia frente a la pobreza y el hambre. Una vida sin comunidad, dominada por un imperio en búsqueda de riqueza y el nuevo sistema capitalista.

Para las mujeres fue una vida de mucho abuso y opresión. Se les negaron sus habilidades, su conocimiento, y su liderazgo. En general, casi siempre servían de esposas, madres, y trabajadoras de baja categoría.

WHO WAS DOÑA MARINA?

The most famous woman from the time of the Conquest is Malinalli Tenepal (1505-1529). Unfortunately, we know little about her; even her name is a mystery. It is said that after Cortés's victory in Tabasco she was presented to him as a gift along with 20 other young women.

Malinalli, who was brave, extremely intelligent and politically astute, became a valuable asset to Cortés. With her knowledge of three languages—Nahuatl, Mayan and Spanish—he spoke to the native world through her. The Spaniards baptized her Doña Marina, giving her the honorific title "Doña" to indicate her status.

The native people showed their respect by adding the honorary Nahuatl term "tzin" to the end of her name, making it Malintzin. The Spaniards pronounced that name "Malinche." She bore Cortés a son.

Since then, Mexicans have tended to label "La Malinche" as a traitor. It is as though someone has to be blamed for the conquest—why not a woman?

¿QUIÉN ERA DOÑA MARINA?

La mujer más famosa de la época de la conquista es Malinalli Tenepal (1505-1529). Desafortunadamente, sabemos poco de ella, incluso su nombre que es aún un misterio. Se dice que después de la victoria de Cortés en Tabasco, ella y veinte otras mujeres jóvenes fueron regaladas a Cortés.

Malinalli era muy intelligente y sabia en la política. Llegó a ser una persona muy valiosa para Cortés. Con su conocimiento de tres lenguas—nahuatl, maya, y español— ayudó a Cortés a hablar con el mundo indígena. Se dice que los españoles la bautizaron Doña Marina, "doña" siendo un título de honor y símbolo de su prestigio.

La gente indígena mostraron su respeto hacia ella, añadiendo a su nombre el sufijo "tzin", una expresión de honor. Así la llamaron Malintzin, pronunciada "Malinche" por los españoles. Fue madre de un hijo del conquistador.

Hoy en día, los mexicanos tienden a calificar a "la Malinche" como una traidora. Es como si hubiera necesidad de echarle la culpa a alguien por la conquista y ¿y porqué no culpar a una mujer?

Los dibujos son del Codex Florentino hechos por observadores indígenas. Marina traduce para los españoles, cuando Moctezuma se encontró con Cortés.

Drawings on this page are all by indigenous observers and found in the Florentine Codex. Marina interprets for the Spaniards when Moctezuma meets Cortés.

Marina traduce para Cortés.
Marina interprets for Cortés.

Marina, en el techo con Cortés, se dirige a los señores nativos. * Marina, on rooftop with Cortés, addresses the native noblemen.

Woman resisting invasion from "The War Voyeurs" painting by © 1991 Juana Alicia * Mujer resistiendo la invasión, de "Los observadores de la guerra", una pintura por © 1991 Juana Alicia

Women Warriors Against Invaders
GUERRERAS CONTRA LA INVASIÓN

"FIGHT FROM THE ROOFTOPS!"

History tells us little about the many native women who fought the Spanish invasion in the early 1500's. They supplied warriors with stones, arrows, slings and bows; they went into battle themselves. During the last defense of Tenochtitlan, with most of his male warriors dead, the Mexica leader Cuauhtemoc is said to have ordered the women to take up shields and swords and climb onto the flat roofs of houses. From there they "rained down darts and stones" on the invaders.

THE SMILING PATRIOT

Erendira (the Smiling One), a Tarascan patriot, tried to prevent her people from making peace with Cortés. One young warrior who wanted to ally with the Spaniards is said to have plotted to kill Erendira's parents and kidnap her. But she mounted a Spanish horse, tracked him down, and trampled the traitor. Such were the fearless women warriors who fought the conquest, sometimes calling out to the men "Why are you hanging back? Have you no shame?!"

COYOLXAUHQUI AGAINST IMPERIALISM

No woman warrior against imperialism is remembered more than Coyolxauhqui, the Aztec Moon Goddess. She was attacked and destroyed by her brother, the Sun-War God Huitzilopochtli. He represented the Aztec society's turn toward military might, imperialism, and patriarchy. In honoring Coyolxauhqui, today many Chicanas and other Latinas honor all opposition to those brutal forces as they exist in today's world.

"¡A LOS TECHOS A PELEAR!"

La historia no nos dice mucho respecto a las muchas mujeres indígenas que lucharon contra la invasión española a principios de 1500. Ellas abastecían a los guerreros con piedras, flechas, resorteras y arcos e incluso lucharon en las batallas. Se dice que durante la última defensa de Tenochtitlan, cuando la mayoría de los guerreros habían muerto, Cuauhtemoc, el dirigente mexica, ordenó que las mujeres se subieran a los techos con escudos y espadas. Desde allí "llovieron dardos y piedras" sobre los invasores.

ERENDIRA, PATRIOTA

Erendira (La Sonriente), una patriota indígena, intentó impedir que su pueblo hiciera la paz con Cortés. Se dice que un joven guerrero interesado en aliarse con los españoles conspiró para secuestrar a Erendira y matar a sus padres. Pero ella, montando un caballo español, ubicó al traidor y lo atropelló.

Así eran las mujeres guerreras que lucharon contra los conquistadores, a veces burlándose de los hombres al gritarles: "¿Porqué se quedan atrás? ¿No tienen vergüenza?"

COYOLXAUHQUI CONTRA EL IMPERIALISMO

No se recuerda a ninguna otra guerrera contra el imperialismo más que a Coyolxauhqui, la diosa azteca de la luna. Fue atacada y destruida por el dios de la guerra, Huitzilopochtli, el cual representaba la dirección tomada por la sociedad azteca hacia el poder militar, el imperialismo y la patriarquía. Al honrar a Coyolxauhqui, muchas chicanas y otras latinas hoy día honran a todos los que se han opuesto a estas fuerzas brutales en el mundo actual.

A New People Is Born NACIÓ LA MESTIZA

La colonización española de lo que luego llegó a ser México fue brutal, al igual que en otras partes de las Américas. Pero también difirió en algunos aspectos de las colonizaciones perpetradas por los otros países europeos.

En 1614, por ejemplo, con la meta de establecer una colonia estable, el Rey promulgó una ley que permitía el matrimonio entre los españoles y las mujeres indígenas. España también permitió el matrimonio entre los españoles y los africanos, de los cuales por lo menos 200,000 fueron traídos a México de esclavos. La presencia africana se llama la "tercera raíz" del pueblo mexicano. Hoy en día aún podemos encontrar pueblos negros en ambas costas.

De todas estas diferentes comunidades surgió el mestizo, la población mezclada que llamamos La Raza—que simplemente quiere decir El Pueblo, o La Gente.

Entre las mujeres indígenas, las de la clase baja tenían que pagar impuestos en la forma de bienes, trabajo, o ambos. Esto frecuentemente las impulsaba hacia las ciudades para poder sobrevivir, trabajando de criadas o vendedoras en el mercado. Una vida de pobreza tal como ésa, impuesta por el colonialismo, hizo inevitable la resistencia de las mujeres.

Spain's colonization of what became Mexico was brutal, as elsewhere in Las Americas. It was also different in some ways from that of other Europeans.

In 1614, for example, with the goal of establishing a stable colony, the King passed a law that allowed Spaniards and indigenous women to marry. Spain also allowed inter-marriage with Africans, of whom at least 200,000 were brought to Mexico as slaves.

The African presence is often called the "third root" of Mexico's people and today we can still find Black villages on both coasts. From all the different communities emerged the mestizo, the mixed population we call La Raza—simply meaning The People.

Among the indigenous women, the upper-class *cacicas* had more options than the lower-class women, whose worst burden was taxation in the form of goods, labor, or both. This often drove them to the cities to survive as maids or market sellers. Such a life of poverty made women's resistance to colonialism inevitable.

In the oppression we find ourselves/we remember not to oppress.

Drawings by *
Dibujos por Rini Templeton

Mural moderno de una rebelión indígena hecho por Raúl Gutiérrez * Contemporary mural of native uprising, by Raúl Gutiérrez.

MUJERES INDÍGENAS REBELAN CON RABIA

Las mujeres indígenas de México bajo el régimen español en ninguna manera fueron dóciles. Rechazaron el colonialismo año tras año.

MARIANA DE OAXACA 1660

En 1660, más de 20 pueblos en Oaxaca se rebelaron. Un levantamiento fue dirigido por una mujer llamada Mariana. Forzaron a los oficiales salir del pueblo.

LA GRAN REBELIÓN DE 1680

En Nuevo México en 1680, indígenas de muchos pueblos, apoyados por mestizos y mulatos, se levantaron contra España. Los españoles fueron echados hasta la reconquista de 1692.

EL MOTÍN DE MAÍZ 1692

Centenares de mujeres se sublevaron en el Motín de Maíz de 1692 en la Ciudad de México. Quemaron hasta el suelo el palacio vice-regal, la alcaldía y otras oficinas.

JUANA BURRO 1722

En 1722, unos indígenas cristianizados se rebelaron en Nayarit. Uno de los rebeldes más resistentes resultó ser una mujer llamada Juana Burro.

JOSEFA MARÍA FRANCISCA 1725

Josefa María, una cacica (mujer de la élite nativa) de Cuernavaca, no podía leer ni escribir.

Pero pasó su vida promoviendo acción legal contra el sistema de repartimiento, que forzaba a los hombres dejar sus pueblos para trabajar en las odiadas minas españolas de Taxco. Cuan-do algunos de estos trabajadores fueron arrestados en 1725, Josefa dirigió un asalto contra la prisión para liberarlos. "Mujeres cargando piedras", así llamaron a las libertadoras.

ANGELINA MARÍA FRANCISCO

Angelina dirigió a 100 mujeres en un asalto a la sacristía de la iglesia para robar los ornamentos y vestimentas y venderlos para pagar los gastos de más acción legal.

———————————

Las mujeres también se opusieron a la imposición de costumbres y valores occidentales. Por ejemplo, hubo una epidemia de tifus en 1797-8, y unas mujeres maya encerraron a su médico y al cura en la iglesia hasta que prometieran que los maya que habían muerto serían enterrados apropiadamente, según su tradición.

Por fin, hay que reconocer que a veces las mujeres practicaban el aborto o el infanticidio para que no fueran esclavos sus hijos, algo que las mujeres africanas esclavizadas también hacían. Así compartimos el amor por la libertad.

NATIVE WOMEN REBEL FIERCELY

Under Spanish rule, Mexico's native women were in no way docile. They resisted colonialism constantly.

MARIANA OF OAXACA 1660

In 1660 more than 20 towns in Oaxaca rebelled. A revolt in Santa Lucía, Oaxaca was led by a woman named Mariana. Villagers forced officials to leave.

THE GREAT REBELLION OF 1680

In New Mexico, many Pueblo Indians, supported by mestizos and mulattos, rose up against Spanish rule in 1680. The Spaniards were driven out until the Reconquest of 1692.

THE 1692 CORN RIOT

Hundreds of women rose in Mexico City's Corn Riot. They burned down the Viceroy's palace and the Mayor's office.

JUANA BURRO 1722

Christianized Indians rebelled in Nayarit. One who held out longest was Juana Burro.

JOSEFA MARÍA FRANCISCA 1725

A cacica (woman of the native elite) from Tepoztlán, near Cuernavaca, Josefa María couldn't read or write and probably spoke no Spanish. But she spent her life in legal action against the repartimiento system, which took the village men away to work in the hated Taxco mines.

When some of these workers were arrested in 1725, Josefa led an assault on the jail to free them. "Rock-toting women," the liberators were called.

ANGELINA MARÍA FRANCISCO

In another direct action led by a native woman, Angelina and 100 other women broke into the church's sacristy and took the ornaments and vestments. They sold these objects to pay for more legal action against their oppressors.

———

Women also opposed the imposition of western culture and values. For example, there was an epidemic of typhus in 1797-8. Some Maya women locked up the local doctor and priest in the church, and would not let them leave until they promised that the Mayas who had died would be buried according to their tradition.

Finally, we should recall that sometimes native women practiced abortion or infanticide so their children would not grow up slaves. The same was done by enslaved African women. Thus we share the love of freedom.

Mujer india californiana enojada al ver a un trabajador oprimido.

Native woman angered to see oppressed worker.

A DEFIANT FREEDOM FIGHTER
UNA GUERRILLERA DESAFIADORA

Indians often rebelled against the Spanish mission system, as in Baja California in 1734 and Colorado in 1785. They hated its enslaved labor system and brutal punishment for any challenge—even performing native dances.

Toypurina, the native daughter of a shaman and herself a medicine woman, watched with rage as her people at the San Gabriel Mission in southern California suffered. At the age of 24 she was asked to support a revolt with her divine presence as a medicine woman. Workers would use passive resistance like a massive slowdown of work, and destruction of equipment.

A Spanish soldier who knew the native language heard talk of the revolt. The rebels were imprisoned; Toypurina was tried and exiled. But her defiance set an unforgettable example.

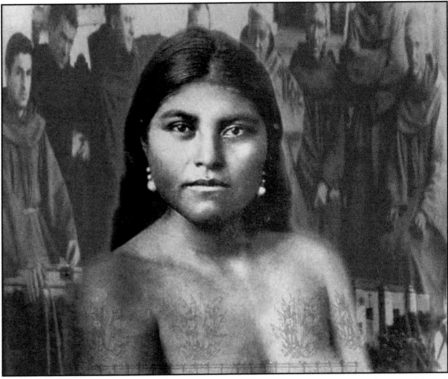

"Toypurina", del mural por Judy Baca, SPARC * "Toypurina," from mural by Judy Baca, SPARC

TOYPURINA

Bajo el colonialismo español, los trabajadores indígenas se rebelaron muchas veces contra el sistema de las misiones en California. Odiaron vivir bajo un sistema como la esclavitud, donde a cualquiera que desafiase, los españoles le dieron castigos brutales.

Toypurina, la hija india de un shamán y ella misma una curandera, observó todo eso con rabia. A los 24 años de edad, en la misión de San Gabriel, le solicitaron que apoye a la revuelta con su divina presencia de curandera. Los trabajadores usarían tácticas como el paro lento del trabajo y la destrucción de herramientas. Un soldado español que conocía el idioma oyó hablar de la rebelión. Los rebeldes fueron capturados y encarcelados, y Toypurina fue exiliada. Pero su espíritu de resistencia estableció un ejemplo inolvidable.

Trabajo forzado en una misión de California
Forced Indian labor at California mission

AFRO-MEXICO Y SUS REBELDES

Like Indian and mestiza women, African and mulatta women in Mexico have a long history of struggle against Spanish rule. But we hear little about Afro-Mexico.

Who knows, for example, that skills brought by slaves from Africa helped advance the technologies of fishing, agriculture, ranching, and textile-making in Mexico? Who knows that the first settlers of Los Angeles, California in 1781 were over half African or part-African (26 out of 46)? Who knows that Afro-Mexican generals played a crucial role in winning independence from Spain in 1821? Or that the last Governor of California under Mexico, Don Pío Pico, was unquestionably Afro-Mexican? We need to know all this and more.

BORN FROM SLAVERY AND COLONIALISM

Under Spain, thousands of Africans were brought to Mexico, primarily from West Africa, by Portuguese slave traders. To help build a stable colony, Spain and the

Continued on next page

Igual que las mujeres indígenas y mestizas, las mujeres africanas y mulatas en México tienen una larga historia de lucha contra el mando español. Pero no sabemos mucho de Afro-México y sus habitantes.

¿Quién sabe, por ejemplo, que las técnicas traídas por los esclavos de África ayudaron a avanzar las tecnologías de la pesca, agricultura, ganado, y fabricación de textiles en México? ¿Quién sabe que más de la mitad de los primeros pobladores de Los Ángeles, California en 1781 eran africanos o parte africano (26 de 46)? ¿Quién sabe que los generales afro-mexicanos jugaron un papel crítico en independizar a México del mando de España en 1821? ¿O que el último gobernador de California bajo mando mexicano, Don Pío Pico, era indudablemente afro-mexicano? Necesitamos saber de todo esto y más.

NACIDOS DE LA ESCLAVITUD Y EL COLONIALISMO

Bajo España, miles de africanos fueron traídos para servir de esclavos a México principalmente de África Occidental, por comerciantes portugueses. Para ayudar a construir una colonia estable, España legalizó el matrimonio entre los españoles, mestizos, indios, y africanos. Este gran mestizaje formó la base de un sistema

From Spaniard and Black woman, Mulata * De Español y Negra, Nace Mulata
Caste painting * Pintura de casta

THE CASTES
LAS CASTAS

Algunos ejemplos · Some examples

Español & India	=	Mestizo
Mestizo & Español	=	Castizo
Castizo & Española	=	Español
Español & Negra	=	Mulato
Mulata & Español	=	Morisco
Morisco & Español	=	Chino
Chino & India	=	Salta atrás (Throwback)
Salta-atrás & Mulata	=	Lobo
Lobo & China	=	Jíbaro
Jíbaro & Mulata	=	Albarazado

From Spaniard and Mulatto woman, Morisca • de Español y Mulata, Morisca

muy complejo de grupos de raza mezclada, o castas. Las castas de personas a veces tenían nombres raros como "Ahí-te-estás" y "No-te-entiendo". Habían muchas pinturas hechas por artistas españoles que de-muestran este sistema de castas.

Para mediados de los 1600, México estaba poblado por hasta 140,000 negros, mulatos y varias mezclas parte-negro (zambaigos), siendo los mulatos la mayoría, 3-1. Conspiraciones, rebeliones y motines de los esclavos ocurrieron entre 1537 y 1735. Yanga, un líder muy querido, anteriormente había sido un cacique africano y era esclavo escapado.

SE LEVANTAN MUJERES NEGRAS

Una rebelión grande, planeada para 1612 después de que el dueño de una esclava negra la mató a palos, fue descubierta por unos comerciantes que hablaban el idioma de los conspiradores. La respuesta de España fue de ahorcar a 36 negros: 7 mujeres y 29 hombres.

Pero también existe documentación de que los dueños españoles fueron castigados legalmente si abusaban de sus esclavos. En 1735, una mulata libre llamada **Anttonia Lusgardia Ernandes**, entabló y ganó un pleito para recuperar a su hijo que se lo había llevado un español. Durante la Inquisición, mulatas a veces eran acusadas de hechicería. El caso famoso de **Juana María Getrudis**, una esclava mulata de 20 años acusada de ser líder de una conspiración de brujas, duró desde 1748 a 1754, cuando fue liberada.

AFRO-MEXICANS CONSPIRE, REBEL

continued from page 18

Church legalized inter-marriage between Spaniards, mestizos, Indians, and Africans. With it came a very complex system of mixed-race groups or castes. The castes sometimes had names like "There-you-are" and "I don't understand you." Spanish artists did many paintings showing the caste system.

By the mid-1600's, Mexico had up to 140,000 Blacks, mulattos and various part-Black mixes (zambaigos) with mulattos outnumbering the rest three to one. Slave conspiracies, revolts and riots occurred between 1537 and 1735. A beloved leader was the former African chief and runaway slave, Yanga.

BLACK WOMEN REVOLT

A major rebellion, planned for 1612 after a slave-owner beat a Black woman to death, was discovered by traders who spoke the rebels' language. Spain then hanged 7 Black women and 29 Black men.

But records also exist of Spanish masters being legally punished for abusing their slaves. In 1735, a free mulatta named **Anttonia Lusgardia Ernandes** successfully sued to get back her son, taken by a Spaniard. During the Inquisition, mulattas were sometimes charged with sorcery. The famous case of a 20-year old mulatta slave **Juana María Getrudis,** as leader of a witches' conspiracy, lasted from 1748-54, when she was finally freed.

AFRO-MEXICANAS AYER...AND TODAY

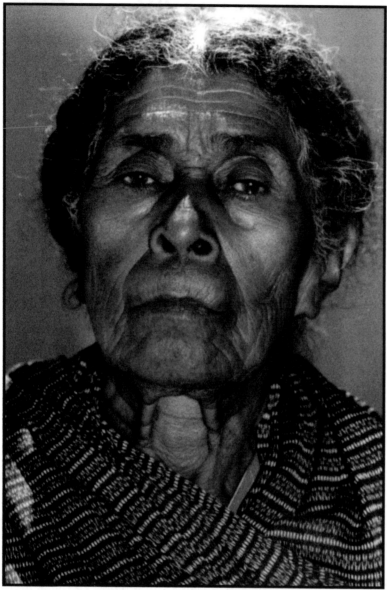

Anciana del pueblo * Village elder, Villa Ciruelo, Costa Chica (México) 1997

Spaniards often romanticized mulattas, who could become rich telling fortunes and practicing magic, and dressing gorgeously. One became a legend: La Mulata de Córdoba, who had great fame and beauty, always helped the poor, and could work miracles (c. 1650).

Imprisoned as a witch, her jailer came to take her before the Tribunal and saw the outline of a ship drawn on the cell wall in charcoal. She asked what he thought it lacked. "Unfortunately it can't move," he answered. "Oh yes, it can," she smiled, "like this." With a snap of her fingers, La Mulata de Córdova jumped onto the ship and flew out of the jail to freedom.

Later in history, Blacks and mulattos helped many slaves in Texas flee across the U.S. border to Mexico and join the *marrón* colonies. When the owners came to get back their "property," Afro-Mexicans protected the fugitives. Today, we can find Afro-Mexican villages on both coasts. Among the people there is a growing movement to celebrate their heritage and culture.

A los españoles les gustaban las mulatas, que se enriquecían adivinando el futuro y practicando la magia, y así se vestían con ropa esplén-dida. Una que se hizo leyenda fue la famosa y bella Mulata de Córdoba, que siempre ayudaba a los pobres y podía hacer milagros (circa 1650).

Aprisionada por ser bruja, su carcelero vino a su celda para llevársela al tribunal y en la pared vio el diseño de un barco dibujado con carbón. Ella le preguntó si le faltaba algo al dibujo. "Lás-tima que no se puede mover," respondió el carcel-ero. "Oh, sí se puede", dijo ella, "mira". Y con un castañeo de los dedos, la Mulata de Córdoba saltó en el barco y voló fuera de la cárcel a la libertad.

Más tarde en la historia, en Texas, los afro-mexicanos muchas veces ayudaron a los negros esclavizados a escaparse por la frontera de E.U. a México y se unieron a las colonias marrón. Cuan-do los dueños vinieron a recobrar su "propiedad", los mexicanos mestizos protegieron a los fugitivos. Hoy día, encontramos aldeas afro-mexicanas en ambas costas. Entre ellos hay un nuevo movimien-to para celebrar su herencia y su cultura.

Our First Feminist Genius

SOR JUANA, NUESTRA PRIMERA GENIA FEMINISTA

Filósofa, poeta, dramaturga, matemática y científica, Sor Juana Inés de La Cruz rompió cada reglamento sexista que España imperial y la iglesia hubiera dictado.

A la edad de 3 años, demandó que se le enseñara a leer y cuando tenía 6 ó 7, esta niña quería vestirse de hombre y estudiar en una universidad donde, en esa época, no se permitía mujeres.

A los 19 años, Juana decidió hacerse monja. Era la época en que la Inquisición estaba arrasando a España y sus colonias. Pensadores libres fueron quemados vivos. Con su mente aguda, su pensamiento no conformista y una enorme biblioteca, Sor Juana pronto se encontró bajo ataque constante por oficiales de la iglesia. Ella les escribió res-puestas elocuentes. También compuso poemas mordientes dirigidos a "hombres necios que acusáis a la mujer sin razón."

Sor Juana murió cuidando a otras monjas durante una epidemia en la Ciudad de México. Dejó muchas escrituras. Sobre todo, su ejemplo ha servido de inspiración para todas las mujeres, en todos los tiempos.

SOR JUANA INÉS DE LA CRUZ   1648-1695

A philosopher, poet, playwright, mathematician and scientist, Sor Juana Inés de La Cruz broke every sexist rule laid down by imperial Spain and the Church.

At the age of 3 she demanded to be taught how to read. When she was 6 or 7, this child wanted to dress as a man and study at a university where no women were allowed then.

At 19, Juana decided to become a nun. In those years the Inquisition was raging across Spain and its colonies. Freethinkers were burned at the stake. With her sharp, non-conformist mind and a huge library to draw upon, Sor Juana soon faced constant attack by church officials. She wrote eloquent answers and biting poems addressed to "foolish men who accuse women without reason..." She also wrote love poems to women.

She died nursing other nuns during a Mexico City epidemic. Sor Juana left behind many writings and, above all, inspiration for all women, for all time.

"¡SOY UNA MEXICANA!"
Las Guerras por la Independencia

Luisa Martínez de Michoacán pronunció esas palabras en el momento antes de ser ejecutada en 1817 por pelear en contra del mando español. Había servido de mensajera, localizando provisiones, y obteniendo información acerca de los monarquistas. Antes de morir, declaró apasionadamente, "Tengo el derecho de hacer todo lo que pueda por mi patria."

Luisa y muchas otras mujeres sirvieron en la larga guerra por la independencia de México, la cual se lanzó con el famoso Grito de Dolores del Padre Hidalgo el 16 de septiembre de 1810. Las mujeres pobres habían luchado para sobrevivir por décadas. Las ricas estaban reclamando sus derechos educativos.

María Josefa Ortiz era una huérfana pobre que se casó con el corregidor (magistrado) de Querétaro. En su casa se desarrolló un complot pro-independencia, pero fue descubierto. Sin embargo, ella pudo enviar a un mensajero al Padre Hidalgo, quien proclamó el Grito de una vez. Encarcelada, se le prometió un perdón si renunciaba a los insurgentes. Ella rehusó y siguió trabajando con los insurgentes secretamente.

Leona Vicario, una mujer rica de la capital, compraba y entregaba armas a los insurgentes. Fue tomada presa y amenazada con ejecución si no revelaba los nombres de sus compañeros. Pero fue rescatada una noche por un grupo de rebeldes con capuchas negras. La llevaron disfrazada a Oaxaca, donde se unió con el general Morelos. Montaba a caballo, trabajó en cuestiones de estrategia y finanzas, y tuv o su primer niño en una cueva.

Gertrudis Bocanegra de Lazo de la Vega, nacida en 1765 cerca de Pátzcuaro (estado de Michoacán), fue rebelde desde el principio. De jovencita, se declaró en huelga de hambre después de atestiguar la muerte a palizas de una pareja indígena semi-esclava que trataba de escaparse. Con su marido Pedro Lazo de la Vega tuvo un hijo

MARÍA JOSEFA ORTIZ DE DOMÍNGUEZ

y tres hijas y les enseñó a todos a amar la libertad.

Cuando comenzó la guerra de la independencia, su esposo e hijo tomaron las armas y murieron a manos de los Monarquistas. Ella misma recogió fondos, armas, municiones, provisiones médicas, etc., para los insurgentes y también retransmitió mensajes y realizó tareas de espionaje. Ella y sus tres hijas fueron capturadas; Gertrudis fue torturada para que entregara a sus cómplices. Ella rehusó y fue fusilada el 11 de octubre de 1817—una heroína inolvidable de la liberación del pueblo.

¿QUE GANARON?

Las mujeres, especialmente mujeres pobres, se beneficiaron muy poco de la independencia en 1821. Las élites militares y de la iglesia junto con los ricos mantenían control. Pero el valor de la mujer como participante en decidir el futuro de la sociedad mexicana, hasta los hombres con sus ideas sexistas lo tuvieron que reconocer. La suspensión de las restricciones al trabajo de las mujeres, el establecimiento de más escuelas para niñas, y otras reformas indicaron que los tiempos estaban cambiando.

"I AM A MEXICAN WOMAN!"

Fighting for Independence

Luisa Martínez of Michoacán spoke those words just before she was executed in 1817 for fighting Spanish rule by delivering messages, locating supplies, and getting information about the royalists. "I have the right to do all I can on behalf of my country."

Luisa and thousands of other women served in Mexico's long war for independence, launched with the famous Grito de Dolores of Padre Hidalgo on Sept. 16, 1810. The poor had been struggling for survival for decades. Upper-class women were demanding educational rights.

We should remember **María Josefa Ortiz**, an orphan who had scrubbed floors to survive and later married the *corregidor* (magistrate) of Querétaro. An independence plot was hatched at their house but discovered. She managed to send a messenger to Father Hidalgo, who then proclaimed the Grito. Imprisoned, Josefa was promised a pardon if she would renounce the insurgents. She refused and continued to work with the rebels secretly.

Leona Vicario, a wealthy woman, secretly purchased and delivered arms to the insurgents. Imprisoned and threatened with execution if she did not reveal the names of her cohorts, Leona was rescued one night by a group of black-hooded rebels. They took her, disguised, to Oaxaca where she joined Gen. Morelos. Traveling by horseback she worked on strategy and finances. She had her first child in a cave.

Gertrudis Bocanegra de Lazo de la Vega, born in 1765 in Pátzcuaro (state of Michoacán), was a rebel from early days. While still very young, she went on a hunger strike after seeing a semi-slave indigenous couple beaten to death when they tried to escape. She had a son and

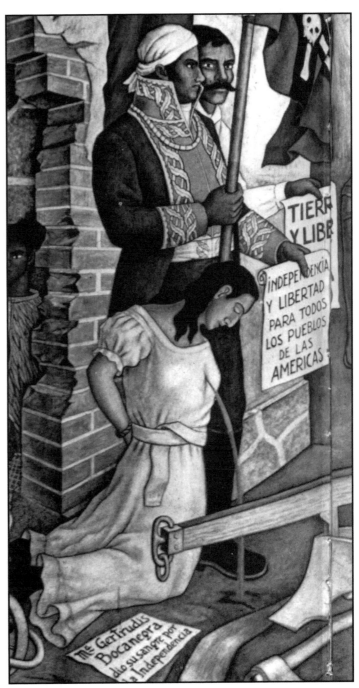

Gertrudis Bocanegra: from a mural of her execution * del mural de su ejecución por Juan O'Gorman

three daughters with her husband Pedro Lazo de la Vega and taught them all to love liberty.

When the war of independence began, her husband and son both took up arms and were killed by the Royalists. She herself collected funds,

Continued on next page

LEONA VICARIO

POSTER TO RECRUIT WOMEN 1812
ANUNCIO PARA RECLUTAR A MUJERES

Panfleto de reclutamiento de mujeres * Recruitment pamphlet, 1812. It says: "To war, American women, with cruel swords to kill Callejas (Spanish Viceroy) and to see Mr. Morelos."

OTRAS HEROINAS

Antonia Nava de Catalán organizó a mujeres pobres para llevar provisiones y cocina * known as La Generala, organized many poor women to join as supply carriers and cooks.

Mariana Rodríguez de Toro propuso a sus amigos secuestrar a algún oficial como rehén para liberar a Padre Hidalgo de la prisión. Nadie quería. "¿Ya no hay hombres en América?" dijo con desprecio * proposed to political friends in her Mexico City salon that they take a certain official as hostage to free Padre Hidalgo. None agreed. "Are there no more men in América?" she sneered. Some agreed to try.

Ana María Guatemala fue la primera que murió protestando un decreto español * first woman to die protesting a Spanish decree.

María Fernández de Jáuregui publicaba libros y revistas independistas * published books and magazines favoring independence.

Manuela Medina reclutó una compañia de insurgentes que participó en 7 batallas * raised and captained a company of insurgents who saw action in 7 battles.

María Fermina Rivera murió en 1821 mientras peleaba junto al general Guerrero * died in action fighting beside Gen. Vicente Guerrero.

Gertrudis Bocanegra

continued from page 23

weapons, ammunition, medical supplies, etc., for the insurgents and also relayed messages and carried out espionage tasks. She and her three daughters were captured; Gertrudis was tortured to make her reveal her accomplices. She refused and was shot to death on Oct. 11, 1817—an unforgettable heroine of the people's liberation.

WHAT DID THE WOMEN GAIN?

The daily lives of poor women improved little with independence in 1821. The military, church and economic elites kept control. But the role of women as participants in deciding Mexico's future was recognized, even by sexist-minded men. Lifting restrictions on women's work, establishing more schools for young girls and other reforms indicated the times were changing.

A NEW INVADER COMES...

"I was bitterly opposed to the measure [the annexation of Texas] and to this day I regard the war which resulted as one of the most unjust ever waged by a stronger against a weaker nation . . . The occupation, separation and annexation were, from the inception of the movement to its final consummation, a conspiracy to acquire territory out of which slave states might be formed."

Ulysses S. Grant, U.S. President 1869-1877
Personal Memoirs, 1885

UN NUEVO INVASOR

"Yo estaba profundamente opuesto a la anexión de Texas y hasta hoy día mismo considero que la guerra resultante fue una de las más injustas que jamás haya sido librada por una nación más fuerte contra una más débil ... La ocupación, separación y anexión fueron, desde el principio del movimiento hasta su final, una conspiración para adquirir territorios donde se podría formar estados que aun practicaban la esclavitud".

Ulysses S. Grant, Presidente, EU, 1869-1877
Personal Memoirs, 1885

LOS NUEVOS INVASORES

"American Progress", Painting by * pintura de John Gast, 1872

La historia de un gran robo de tierras

Al norte de México, los Estados Unidos por muchos años habían estado extendiendo su territorio más allá de sus Trece Colonias originales. El presidente Jefferson quería alcanzar el océano Pacifico, para que la joven nación capitalista pudiera comerciar con Asia y enriquecerse. Otros querían más territorio para hacer nuevos estados con esclavitud.

México presentaba un obstáculo. Pero los E.U. vieron su oportunidad cuando la larga guerra por la independencia de México había dejado el país con sus recursos agotados.

Primero, conspiraron apoderarse de la provincia mexicana de Texas. Reclutaron a "colonos" an-glos para que se mudaran a Texas, donde México les otorgaría pequeñas parcelas de tierra.

Estos colonos tenían que declarar su lealtad a México y no podían poseer esclavos. (México había abolido la esclavitud años atrás.) Pero después de haber llegado suficientes pobladores, declararon su independencia de México en 1835 y derrotaron a México cuando trató de defenderse. Entonces Texas se hizo un estado de los E.U.

La próxima movida, que ocurrió bajo el Presidente Polk, fue de apoderarse aun más de lo que era México. Al pueblo norteamericano se le contó que esto era su Destino Manifiesto.

Continúa en la pág. 28

THE NEW INVADERS

The Story of a Great Land Robbery

North of Mexico, the United States had been extending its territory far beyond the original Thirteen Colonies for many years. President Thomas Jefferson wanted to reach the Pacific Ocean so the young capitalist nation could trade with Asia and grow rich. Other leaders wanted new territory to create more slave states.

Mexico stood in the way, but U.S. rulers saw their chance when Mexico's long war of independence from Spain in 1810-21 left it drained of its resources and exhausted.

First, they conspired to take over the Mexican province of Texas. They recruited "settlers" to move there, where they would be given small parcels of land by Mexico.

The "settlers" were supposed to swear allegiance to Mexico and not have slaves (Mexico had abolished slavery earlier). But as soon as enough "settlers" had come, they declared their independence from Mexico in 1835. When Mexico tried to defend its territory it was defeated. Later Texas became a U.S. state.

President Polk then moved to seize more of Mexico. The U.S. people were told this was their "Manifest Destiny."

Continued on p. 28

Massacre of civilians in cave at Agua Nueva * Masacre de mexicanos en una cueva, Agua Nueva

"The cave was full of our volunteers yelling like fiends, while on the rocky floor lay over twenty Mexicans, dead and dying in pools of blood. Women and children were clinging to the knees of the murderers shrieking for mercy. Most of the butchered Mexicans had been scalped... A sickening smell filled the place."

...La cueva estaba llena de nuestros voluntarios, gritando como locos, mientras que en el suelo rocoso yacían más de veinte mexicanos, muertos o muriendo en charcos de sangre. Mujeres y niños se agarraban a las rodillas de los asesinos pidiendo misericordia. Casi todos los mexicanos asesinados habían sido descabellados. Una peste asquerosa llenaba el sitio.

- SAMUEL CHAMBERLIN, *MY CONFESSIONS*

continuado de la pág. 26

Polk envió tropas norteamericanas a reclamar tierras que México consideraba suyas. Cuando México resistió el ataque, Polk anunció que los E.U. habían sido invadidos—"¡guerra!" Fue una guerra brutal, que incluso horrorizó a muchos de los soldados norteamericanos.

Ulysses S. Grant, luego presidente de los E.U., estuvo allí y condenó la brutalidad. Algunos solda-dos escribieron cartas acerca de las masacres que habían visto, como lo hizo Samuel Chamberlin en su libro, *My Confessions*.

MÉXICO PERDIÓ LA MITAD

La guerra de 1846-48 se acabó con la derrota de México y el Tratado de Guadalupe Hidalgo. Este tratado otorgaba casi la mitad de México a los E.U. que por supuesto antes era originalmente tierra indígena. El tratado prometía a los mexi-canos que permanecían donde estaban viviendo, poder "disfrutar de todos los derechos de un ciudadano de los E.U." También se les prometió protección de su libertad y propiedad.

Pero para las mujeres, al igual que los hom-bres, estas palabras resultaron ser mentiras.

continued from p. 27

So Polk sent U.S. troops into land claimed by Mexico. When Mexico fought back, he announced the U.S. had been invaded—"war!"

It was a brutal invasion that even horrified many of the U.S. troops. Ulysses S. Grant, later U.S. President, was there and condemned the brutality. Soldiers wrote letters home about the massacres they saw, like Samuel Chamberlin in his book, *My Confessions*.

THE TREATY OF GUADALUPE HIDALGO - 1848

The so-called Mexican-American war of 1846-48 ended with Mexico's defeat and the Treaty of Guadalupe Hidalgo. It gave the United States al-most half of Mexico, which was of course originally Amerindian land all the way to the Pacific Ocean. The treaty promised that the Mexican people who stayed where they had been living could have "the enjoyment of all the rights of citizens of the United States" and protection for their liberty and property.

For women and men, those words turned out to be total lies.

THE NEW EMPIRE · EL NUEVO IMPERIO

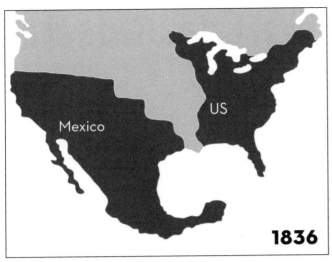

1836

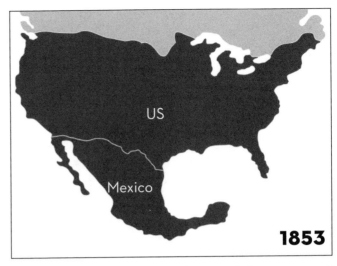

1853

The U.S. took over from Mexico what became California, New Mexico and Texas along with large parts of Arizona, Colorado, Nevada and Utah. By 1853, Mexico was compelled to yield the rest of Arizona in the Gadsden Treaty. * Los E.U. se apoderon de lo que vino a ser California, Nuevo México, y Texas junto con grandes áreas de Arizona, Colorado, Nevada y Utah. En 1853, México tuvo que entregar lo que quedaba de Arizona por el Tratado Gadsden.

The only serious opposition to annexing all of Mexico came from those who believed "...the degraded Mexican-Spanish" could not absorb the "virtues of the Anglo-Saxon race." The only feasible result of the war...was "the annihilation of Mexico as a nation."
> EDITOR, *THE REVIEW*, 1847

"They are of mongrel blood, the Aztec predominating...These degraded creatures are downright barbarians..."
> GILBERT D. KINGSBURY 1855-1974, KINGSBURY PAPERS, UNIVERSITY OF TEXAS, AUSTIN

"The Mexicans are vermin, to be exterminated."
> FREDERICK LAW OMSTED, *A JOURNEY THROUGH TEXAS*, NEW YORK: DIX, EDWARDS & CO., 1857.

"Some two or three hundred yards from the fort, I saw a Mexican female carying (sic) water and food to the wounded men of both armies. I saw her lift the head of one poor fellow, give him water and then take her handkerchief from her own head and bind up his wounds; attending one or two others in the same way, she went back for more food and water. As she was returning, I heard the crack of one or two guns, and she, poor good creature fell; after a few strugles (sic) all is still—she was dead."
> LT. EDMUND BRADFORD REPORTING THE ACTIONS OF A CAMP FOLLOWER NAMED MARÍA JOSEFA ZOZAYA IN THE BATTLE OF MONTERREY, SEPT. 1846

La única oposición seria a la anexión de todo México procedió de aquellos que creían que "... los mexicanos-españoles degradados" no estaban en condiciones de recibir "las virtudes de la raza anglosajona. El único resultado factible de la guerra...fue "la aniquilación de México como nación".
> EDITOR, *THE REVIEW*, 1847.

"Son como perros corrientes, predomina la sangre azteca... Estas criaturas degradadas son unos bárbaros..."
> GILBERT D. KINGSBURY 1855-1974, KINGSBURY PAPERS, UNIVERSIDAD DE TEXAS, AUSTIN

"Los mexicanos son como los piojos y otras sabandijas, para ser exterminados".
> FREDERICK LAW OMSTED, *A JOURNEY THROUGH TEXAS*, NEW YORK: DIX, EDWARDS & CO. 1857

"A unas dos o tres yardas de la fortaleza, vi a una mujer mexicana llevando agua y comida a los hombres heridos de ambos ejércitos. La vi levantar la cabeza de un pobre individuo, le dió agua y entonces se quitó el pañuelo de su propia cabeza y le envolvió las heridas. Para atender a uno o dos otros en la misma forma, fue a buscar más comida y agua. Mientras regresaba, oí el estallido de uno o dos fusiles y la pobre criatura murió".
> TEN. EDMUND BRADFORD, RELATANDO LAS ACCIONES DE UNA PARTIDARIA LLAMADA MARÍA JOSEFA ZOZAYA EN LA BATALLA DE MONTERREY, SEPT. 1846

RACISMO Y RESISTENCIA
Josefa: rebelde hasta el fin

Drawing by * Dibujo por Mariana Garibay

Un poco después de que los E.U. tomaron el poder en California, Francisco López descubrió que había oro allí. Miles de gringos corrieron al lugar.

En el pequeño pueblo minero de Downieville, una mujer llamada Josefa (algunos dicen que su apellido era Segovia) vivía con su esposo José María Loaiza, un trabajador en el casino. Los gringos decían que Josefa era "hermosa, en la manera que lo es la mujer mexicana morena". De su parte, Josefa guardaba un cuchillo al lado de su cama de noche.

El 4 de julio de 1851 unos mineros blancos pasaron el día de fiesta emborrachándose hasta las 7 a.m. Un minero blanco, Fred Cannon, fue a la casa de Josefa Loaiza con unos amigos. Fue derribada la puerta de su casa y el hombre le dijo a Josefa malas palabras, según ella. Más tarde encontraron al minero, muerto a puñaladas.

Al día siguiente se formó un motín en busca de sangre. Acusaron a Josefa de asesinato e inmediatamente la juzgaron. El veredicto: culpable. Sentencia: la muerte en dos horas (a pesar de la opinión de un médico que ella estaba embarazada).

Ahorcaron a **Josefa Loaiza** de un puente que cruzaba un río. Muchos observadores comentaron sobre su dignidad y valentía cuando se subió a la plataforma voluntariamente y ajustó la soga para desenredar su cabello. En su reportaje, el periódico *The Steamer Pacific Star*, no dío su apellido, como siempre hacían los gringos cuando hablaban de una mexicana rebelde, para pintarla como una prostituta. Un escolar independiente de California descubrió su apellido de casada en 2003.

Todo esto nos deja con mucho resentimiento hacia los nuevos emperadores, pero también con el espíritu de desafío de una hermana inolvidable.

THE STEAMER PACIFIC STAR.

Made up for the Steamers Pacific and Northerner, San Francisco, July 15th, 1851.

Editorial Correspondence.

Tremendous excitement at Downieville—a man murdered by a woman—the murderess hung by the populace—proceedings in the Court of Judge Lynch.

On rising in the morning at about seven o'clock, I was startled by a mad cry from the populace from without, and on enquiring the cause, learned that a murder had been committed by a Mexican woman upon the body of one of the miners, by stabbing him to the heart. On descending to the street I found that the entire town was in commotion, and that Judge Lynch was about to ascend the judgment seat. The murderess, together with her paramour —such was her character—was speedily secured and placed in the custody of two or three stalwart men, and steps promptly taken to convene a court of the people.

Chas. Getzler was next called—"Deceased had a difference with a companion some four months before, they met on the previous evening, when Cannan remarked, This is the Fourth of July, had we not better drink and be friends? The other party agreeing, champagne was called in and they drank and sang songs until morning, when they took a turn round town, stopping at different places and drinking. While opposite the door of the Spaniard Jose, deceased fell against the door and it gave way,

JOSEFA'S STATEMENT.

The only difference in the statements of the two prisoners was the following:

"I took the knife to defend myself; I had been told that some of the boys wanted to get into my room and sleep with me; a Mexican boy told me so and it frightened me so that I used to fasten the door and take a knife with me to bed; I told deceased that was no place to call me bad names, come in and call me so, and as he was coming in I stabbed him."

THE EXECUTION.

At the time appointed for the execution, the prisoner was taken to the gallows, which she approached without the least trepidation. She said, while standing by the gallows, so I was informed, that she had killed the man Cannan, and expected to suffer for it; that the only request she had to make was, that after she had suffered, that her body should be given to her friends, in order that she might be decently interred. This request was promptly complied with; when she extended her hand to each of the bystanders immediately around her, and bidding each an *Adios, Seignor,* voluntarily ascended the scaffold, took the rope and adjusted it around her neck with her own hand, releasing her luxuriant hair from beneath it so that it should flow free.— Her arms were then pinioned, to which she strongly objected, her clothes tied down, the cap adjusted over her face, and in a moment more the cords which supported the scaffolding had been cut, and she hung suspended between the heavens and the earth.

It will readily be believed that many a stout heart throbbed painfully, and many an eye unused to the melting mood moistened, when this young girl so heroically met her fate, and for my part I sincerely trust that I may never witness another similar scene.

Excerpts from *The Steamer Pacific Star* newspaper of July 15, 1851 describing the trial and execution of Josefa
Selecciones del artículo en *The Steamer Pacific Star* de 15 de julio 1851 sobre el juicio y la ejecución de Josefa

JULY 4, 1851
JOSEFA, DEFIANT TO THE END

When gold was discovered by Francisco López in California shortly after the U.S. take-over, thousands of Anglos rushed there to get rich. In Downieville, a small gold-country town, a *mexicana* named Josefa lived with her husband José María Loaiza, who worked in the gambling house. Josefa (some say her original last name was Segovia) was considered beautiful "in a swarthy way like Mexican women," said the Anglos. For her safety, she kept a knife by her bed at night.

On July 4, 1851 many white miners spent the holiday getting drunk until 7 a.m. An Anglo miner went to Josefa's house with friends; her door was knocked down, an incident took place in which she said he called her dirty names. Later he was found stabbed to death.

A bloodthirsty mob gathered the next day, accused Josefa of murder and she was put on trial immediately. The verdict: guilty, to be executed in 2 hours (despite a doctor's belief she was pregnant).

Josefa Loaiza was hanged on a bridge over a river. Many observers commented on her dignity and fearlessness as she climbed the scaffold voluntarily and adjusted the rope so it lay free of her hair. *The Steamer Pacific Star* newspaper did not give her a last name nor did other accounts. An independent California scholar discovered her married name in 2003. This was typical of the way that any *mexicana* who resisted Anglo abuse was treated as being of questionable morality.

We are left with anger at the new empire but also inspired by the defiance of an unforgettable *hermana*.

The Day Chipita Was Hanged

Ninety years ago on another Friday, Nov. 13, the only woman ever hanged in Texas was executed on the banks of the Nueces River at San Patricio.

Chipita Rodriguez, was convicted on circumstantial evidence of the ax slaying of John Savage, a horse trader who stopped at her cabin on the Arkansas River to spend the night en route to Brownsville. Chipita made a meager living from the occasional travelers who stopped for overnight lodging.

Mercy of Court

The jury, with Owen Gaffney as foreman, returned a verdict of guilty on Friday, Oct. 9, but on account of Chipita's old but undetermined age and the circumstantial evidence, recommended her to the mercy of the court.

The next day at 10:30 a.m., Judge Benjamin F. Neal of the 14th District Court ordered that Chipita "be closely and securely confined until Friday, Nov. 13, 1863, when she will be taken to the place of execution and there between the hour of eleven o'clock and sunset be executed by hanging by the neck until she is dead."

They confined Chipita in the frame courthouse at San Patricio and secured her legs in irons, fastened to the wall. School children visited during the recess hour, slipping tobacco in to the prisoner for her corn shuck cigarettes and gave her cookies from their lunches.

There are a lot of legends concerning the hanging of Chipita, one of them that she took the rap to protect an illegitimate, half-breed son.

Mrs. Roy Hebert, of 3520 Austin, *Column 3, back page, this section* wrote a book of verse in 1942 on legends of Chipita and intimates the Mexican woman confessed to her grandmother that she was only protecting her son who actually killed Savage for $700 in gold he was carrying.

Corpus Christi Caller, 13 de noviembre de 1953 * *Corpus Christi Caller*, 13 Nov. 1953

THE RANCHERO:

CORPUS CHRISTI, TEXAS, OCTOBER 29, 1863.

The District Court at San Patricio.

The fall term of the District Court in our neighboring county concluded its important labors at noon, on Saturday, the 10th inst.

The most prominent and important case which occupied the attention of the court was " The State *versus* Juan Silvera and Chipita Rodriguez," for the murder of an unknown man on the Aransas, on Saturday, the 25th of August last. In   s were found, and the parties tried, convicted and sentenced at the present term ; it being,

The Ranchero, Corpus Christi, Texas, Oct. 29, 1863

When **Josefa "Chipita" Rodríguez**, a poor, elderly Mexican, was executed in San Patricio, Texas, on Nov. 13, 1863, she became the second woman to be legally hanged in that state. Jane Elkin, an African American slave, was the first.

"Chipita" was found guilty of murdering a white horse trader named John Savage. He had stopped at her cabin for overnight lodging, as travelers sometimes did. His body was later found in the river. Chipita always said "not guilty" and some people believed her son had killed the man for his gold. But despite public sympathy and the jury recommending leniency, the judge ordered her hanged. A century later, Texas absolved her at the urging of state Senator Carlos Truan. Books, articles, and two operas have kept "Chipita" and her ghost alive even today.

EL DÍA QUE AHORCARON A CHIPITA

Josefa "Chipita" Rodríguez, una mujer mexicana pobre y mayor de edad, fue ejecutada en San Patricio, Texas el 13 de noviembre de 1863. Fue la segunda mujer en ser legalmente ejecutada en ese estado. Jane Elkin, una africana-americana esclavizada, fue la primera.

A "Chipita" la encontraron culpable de asesinar a un negociante de caballos llamado John Savage, un blanco. El se había detenido una noche en la cabaña de "Chipita" buscando alojamiento, como hacían los viajeros de vez en cuando. Encontraron su cuerpo en el río. "Chipita" solamente declaró, "no soy culpable" y se dice que su hijo había matado al hombre para apoderarse del oro que llevaba.

A pesar de simpatías del público y una recomendación de clemencia del jurado, el juez ordenó que la ahorcaran. Un siglo más tarde, Texas la declaró inocente a sugerencia del senador estatal Carlos Truán. Hoy día mismo, hay libros, artículos y dos óperas que mantienen viva a "Chipita".

EL PLAN DE SAN DIEGO
"AN EFFICIENT SPY"

All the Anglo lynchings, land theft and other abuse drove Juan "Cheno" Cortina to call for armed struggle by Mexicans, African Americans and Japanese to liberate the U.S.-occupied states. Under El Plan de San Diego, the Cortinistas waged systematic guerrilla warfare from 1859-1875. They also helped fight against the French invasion of Mexico in 1861.

Cortina had a secret weapon that even the gringos respected: the Águilas Damas (Lady Eagles). These women, who liked to gamble and smoke, served as spies, messengers, smugglers, cooks, and nurses—always with ladylike manners. Some say there were 400 of them.

Among them was **Elena Villareal de Ferrer**. As women had done in Mexico's war of independence against Spain, she hid documents, medicines, and ammunition under big fashionable hoop skirts and stitched detailed reports into her petticoats. During the U.S. Civil War, Elena got secrets out of Union and Confederate officers with dinners in her lavish Brownsville home.

She transmitted information from a rented hotel room window to a comrade, who could see it by telescope. If she pulled the blinds all way to the left, for example, it meant the enemy was too strong to attack. If the blinds were all the way up, Cortina could go ahead.

Elena worked closely with the iron-willed **Lora la Leona** and together they sought equal rights for women, especially the vote, until Elena's death about 1910.

ELENA VILLAREAL DE FERRER, C.1872

"UNA ESPÍA MUY EFICAZ"

Todos los linchamientos gringos, el robo de tierras y otros abusos impulsaron a Juan "Cheno" Cortina a llamar a los mexicanos, africanos-americanos y japoneses a la lucha armada para liberar los estados ocupados por los E.U. Bajo El Plan de San Diego, los cortinistas pelearon una guerra de guerrilla sistemática de 1859 a 1875. También ayudaron a luchar contra la invasión francesa de México en 1861.

Cortina tenía un arma secreta que hasta los gringos respetaban: las Águilas Damas. Estas mujeres sirvieron de espías, mensajeras, contrabandistas, cocineras y enfermeras. Les gustaba el juego y fumaban cigarrillos, siempre exhibiendo los modales de una dama. Se dice que habían 400 de estas damas.

Entre ellas se encontraba **Elena Villareal de Ferrer**. Elena escondía documentos, medicinas y municiones debajo de sus faldas amplias de última moda. Durante la guerra civil de los E.U., en cenas en su hogar lujoso en Brownsville, logró obtener secretos de los oficiales descontentos de la Unión y la Confederación.

Desde la ventana de una habitación de hotel rentada transmitía información a un camarada, quien la podía ver con un telescopio. Por ejemplo, si ella tiraba las persianas completamente hacia la izquierda, significa que el enemigo era demasiado fuerte. Si las persianas estaban elevadas completamente, Cortina podría atacar fácilmente.

Elena trabajó con **Lora la Leona**, quien tenía una voluntad de hierro y juntas lucharon para lograr derechos iguales para las mujeres, especialmente el voto. Elena murió cerca de 1910.

Olga Loya en el papel de Juana Briones (1802-1889) en una obra teatral sobre su vida * Actress Olga Loya performing as Juana Briones (1802-1889) in a play about her life

JUANA BRIONES
A Legend In Her Time

María Juana Briones fought stubbornly for her land after the Anglo take-over and won. She made history in other ways too. Unlike most women then, she obtained a legal separation from an abusive husband and reclaimed her maiden name.

Using skills learned from her mother and the Native Americans she grew up with, Juana became a healer and midwife. She gave refuge to all nationalities and took many orphans into her family. She helped sailors escape from whaling contracts by hiding them until their ships left.

A successful farmer, Juana purchased over 4,000 acres from an Indian family near Palo Alto. Then the U.S. flag went up and her fight to keep that land began. When she died in 1889, she left the memory of a strong *mexicana* who embraced the disempowered people of her time, with great energy always.

Una mujerota en California

Después de la toma de posesión anglo, María Juana Briones luchó con tenacidad por sus tierras—y ganó. Hizo historia también en otras formas. A diferencia de la mayoría de las mujeres en ese entonces, consiguió una separación legal de un marido abusivo y reclamó su apellido de soltera.

Usando destrezas que había aprendido de su madre y los indígenas americanos con quienes se crió, Juana se hizo curandera y partera. Ofrecía refugio a todas las nacionalidades e incluyó a muchos huérfanos en su familia. Ayudaba a los marineros escaparse de sus contratos balleneros, escondiéndolos hasta que sus barcos hubieran partido.

Ya una agricultora exitosa, Juana compró más de 4,000 acres de una familia indígena cerca de Palo Alto. Su lucha por esas tierras comenzó cuando subió la bandera de E.U. Juana murió en el 1889, dejando el recuerdo de una mexicana resistente que siempre ayudó a todos los pobres con mucha energía.

REFUGIO ROBLEDO

We rarely hear about the women who helped Gregorio Cortéz, the famous resistance hero of the early 1900's. **Refugio Robledo** and her family were protecting Gregorio in their Belmont, Texas home when a sheriff's posse attacked. With bullets whizzing by, Refugio stood in front of her sons to shield them. Wounded herself, her bravery in the 1901 battle helped Gregorio gain time to escape that day.

SALVÓ A GREGORIO CORTEZ

Refugio Robledo y su familia estaban protegiendo a Gregorio Cortéz, el famoso héroe de la resistencia mexicana, en su hogar en Belmont, Texas cuando un pelotón del sheriff los atacó. Con las balas volando por todas partes, Refugio se paró delante de sus hijos para protegerlos. Herida ella en la batalla, su valor en 1901 ayudó a Gregorio a ganar tiempo para poderse escapar.

SABOTAGING THE EMPIRE

Mexicans in Occupied California lost most of their landholdings, which had once made survival possible. But one young woman fought back until her death.

When the Santa Fe Railroad laid tracks near the doorstep of her home in San Juan Capistrano, Modesta Ávila was furious. She laid heavy fence posts across the rails and attached a piece of paper that said: "This land belongs to me. And if the railroad wants to run here, they will have to pay me ten thousand dollars."

Modesta did not actually own the land; her family had sold it but they still lived there. She was arrested and put on trial in Orange County Superior Court, found guilty of obstructing a train and sentenced to 3 years in prison. She died in San Quentin at age 26, in 1893.

In her trial and her obituary, Modesta was portrayed as a prostitute ("a well known favorite of the Santa Ana boys"), like almost any Mexican woman who took a strong stand for her rights then.

But her defiance spoke for thousands of other *mexicanos* being made strangers in their own homeland then and for years to come.

MODESTA ÁVILA, C. 1890, SAN QUENTIN PRISON
"DELITO GRAVE"

Saboteando el imperio

Bajo la ocupación gringa, los mexicanos perdieron la mayoría de sus tierras en California. Pero una mujer luchó hasta morir en contra de lo que estaba pasando.

Cuando la empresa de ferrocarriles Santa Fe instaló sus vías cerca de la entrada de la casa de Modesta Ávila en San Juan Capistrano, ella se puso furiosa. Colocó dos postes de cerca sobre las vías de ferrocarril.

Pegó un papel que decía, "Esta tierra me pertenece a mí. Y si el fe-rrocarril quiere correr por aquí, tendrá que pagarme diez mil dólares".

Modesta fue arrestada y sometida a un juicio en la corte superior de Orange County. La encontraron culpable de obstrucción del ferrocarril y la sentenciaron a tres años. Murió en la prisión de San Quintín a la edad de 26, en 1893. En su juicio y en su obituario, presentaron a Modesta como una prostituta ("una bien-conocida, favorita de los muchachos de Santa Ana"), como les hacían a casi todas las mujeres mexicanas que tomaban una posición firme por sus derechos. Pero el desafío de Modesta le dio voz a los miles de mexicanos que se encontraron convertidos en extranjeros en su propia patria, año trás año.

Día de lavar, Santa Barbara, California * Wash day

TRABAJANDO BAJO EL MANDO DE EU
Chicanas at Work Under U.S. Rule

By the 1880's, the Gold Rush had given California a white majority and the new railroads brought still more Anglos. All over the Southwest, Mexican people were losing their landholdings rapidly, thanks to the new laws and tax systems, English-only courts, and forcible take-over.

Most *mexicanos* now lived in poverty, pushed into segregated barrios. Men had a hard time getting work; Anglo bosses were often afraid of hiring potential rebels. By 1880 in Los Angeles, almost one-fourth of Mexican families were headed by women.

Women worked as laundresses, servants, in fruit canneries. Everywhere they continued grinding corn for making tortillas—as they had done for 5,000 years and would do until mechanization with the corn mill in the 1940's.

Para los años 1880, la fiebre del oro había traído a muchos blancos a California haciéndolos la mayoría. Las nuevas ferrovías trajeron a más anglos aun. Por todo el suroeste, los mexicanos estaban perdiendo sus tierras rápidamente, gracias a las nuevas leyes y los sistemas de impuestos, a cortes que procedían sólo en inglés y el apoderamiento de tierras a la fuerza.

La mayoría de los mexicanos ahora vivían en la pobreza, empujados a barrios segregados. Los hombres tuvieron dificultades en obtener trabajo; los patrones gringos a menudo tenían miedo de emplear a rebeldes potenciales. Para 1880 en Los Ángeles, casi un cuarto de las familias mexicanas estaba encabezado por una mujer.

Las mujeres recibían huéspedes en sus casas, trabajaron de lavanderas, sirvientas, y enlatadoras de frutas. En todas partes continuaron a moler maíz para hacer tortillas—como lo habían hecho por 5,000 años y seguirían así hasta la mecanización del molino de maíz en los años 1940.

Derecha: Residencia de los sirvientes en un rancho de ovejas, Las Vegas, N.M.

Right: Servants' quarters on a sheep ranch near Las Vegas, N.M., 1905

Abajo: Mujer moliendo maíz en un metate. Pintura por Alexander Harmer

Below: Woman grinding corn on a metate. Painting by Alexande Harmer, 1885

SURVIVING A HARD LIFE * UNA VIDA DURA

Algunas mexicanas en las áreas urbanas lograron establecer pequeños talleres, por ejemplo, de costura (véase arriba). Nuevo México, que no se hizo estado hasta 1912, por muchos años fue una patria de las mujeres mexicanas más fuertes e independientes. Estando aun bajo la ley colonial española, y apoyadas por la tradición de los pueblos indígenas, mantenían el derecho de poseer y heredar tierras. Administraban ranchos y manejaban el hogar a la vez que parían y criaban a los niños, que podrían alcanzar a doce por familia. Siendo ellas muchas veces parte indígena, adquirieron habilidades de las mujeres indígenas, por ejemplo, cómo matar y despellejar animales y cómo hacer carne seca.

Las condiciones en las tierras no desarrolladas y una población pequeña obligaron a las mujeres en Nuevo México a desempeñar muchas tareas que supuestamente eran de los hombres: sembrando en los campos agrícolas, cuidando el ganado (principalmente cabros), construyendo casas y enyesando paredes en la iglesia. Otro ejemplo inolvidable: **Candelaria Mestes**, nacida en 1858, transportó el correo a caballo por muchas millas a través del norte de Nuevo México en los años 1890.

Some *mexicanas* in urban areas managed to establish small shops, for example as a seamstress (see photo above, left). New Mexico, which did not become a state until 1912, was for many years home to some of the strongest, most independent women. Still under Spanish rule, and supported by Pueblo Indian tradition, women retained the right to own and inherit land. They managed ranches and ran the household along with bearing and raising the children, who might number a dozen per family. Often part native themselves, they learned skills from indigenous women, for example, how to butcher and skin animals to make jerky.

Frontier conditions and low population obliged the women to do so-called "men's work": planting the fields, caring for livestock (mainly goats), building houses and plastering church walls as in the photo above. One unforgettable example: **Candelaria Mestes**, born in 1858, carried the mail by horseback for many miles across northern N.M. in the 1890's.

PAGADA MENOS QUE LOS HOMBRES

En otras partes del suroeste, las mexicanas trabajaron de artistas y cantantes. Como a todas las mujeres artesanas, obreras y sirvientas, se les pagaba menos que a los hombres (un peso por semana para una mujer, comparado a 3 ó 4 para un hombre). Algunas se hicieron maestras de escuela, pero incluso los sueldos eran muy bajos.

* * *

Mexicanas were also employed as entertainers and musicians. Like all female artisans, laborers and servants, they were paid less than men (one peso weekly for a woman compared to 3 or 4 for a man). Some women became school-teachers but even then the wages were low.

Josefa Tapia, música, hacia 1890 * musician, circa 1890

Less Pay than Men

Compañía de acróbatas* Acrobat troupe, New Mexico, 1885-1892

Doña Tules (1800-52) como fue dibujada para la revista Harper's en abril 1854 * as drawn for Harper's magazine, April 1854

MUJERES MÁS INDEPENDIENTES

It was not unusual to find an independent-minded Mexican woman working in a gambling house. For shrewdness and bravura, none could outdo **Gertrudis Barceló**, who became famous as "**Doña Tules**." She owned a popular gambling saloon in Santa Fe on a fast-growing trade route in newly occupied New Mexico.

The Anglos, for all their racism toward "Spanish-Mexicans," couldn't conquer Doña Tules: a handsome, smart businesswoman and expert Monte dealer. She grew wealthy from the soldiers, traders and merchants coming to the saloon. Thanks to her success, she did charity work for the church and also helped raise orphans.

En cuanto a bravura y astucia, no había una nuevo mexicana que pudiera superar a **Gertrudis Barceló**, famosa bajo el nombre de "**Doña Tules**". Era dueña de una cantina y casino popular en Santa Fe, al centro de una nueva ruta de comercio, en Nuevo México ocupado después de la Guerra.

Los Anglos, aun con todo su racismo, no podían controlar a Doña Tules: una mujer hermosa, buena mujer de negocios y una mano superior en el juego de cartas Monte. Se hizo rica con el dinero de los soldados y comerciantes que venían a su casino. Así podía hacer trabajo caritativo para la iglesia y ayudar a cuidar a huérfanos.

Dos vaqueras * Two cowgirls

SOME STURDY SISTERS

Rebecca Trujillo García con sus hijos, hacia 1910, cerca de Lumberton, NM * with her children, circa 1910, near Lumberton, N.M.

La Acequia Madre en Albuquerque, 1881 * At the main irrigation ditch that provided vitally needed water in New Mexico

EULALIA ARRILLA DE PÉREZ 1773-1878

La Curandera

Ninguno de los trabajos que la mujer chicana ha hecho es más respetado que de la curandera. Con sus hierbas y otras formas de tratamiento no-occidentales, ha curado enfermedades e incapacidades por muchos siglos. Su compañera en traernos la vida y la salud es la partera.

Eulalia Arrilla de Pérez, casada con un soldado a los 15 años, sirvió de partera en el cuartel de San Diego. Más tarde, la hicieron la llavera de la misión de San Gabriel, donde también supervisó y manejó las provisiones, la cocina central, la lavandería, y la fabricación del queso, la mantequilla, la miel y el vino. Fue respetada por toda la región como curandera y partera. Murió cuando tenía 105 años.

Chola Martina de San Juan, NM, curaba con hierbas. Algunos poblanos la recordaron como una bruja, con la habilidad de hechizar o convertirse en un perro. No hace mucho tiempo se decía que Nuevo México tenía más dizque brujas que cual-quier otra parte de este hemisferio, excepto Haití.

CHICANAS AT WORK:
Healers & Midwives

Of all the work La Chicana has ever done, none is more respected than that of the *curandera*, the healer. With herbs and other forms of non-Western treatment, she has cured disease and disability for centuries. Her partner in bringing us life and health is the midwife, *la partera*.

Eulalia Arrilla de Pérez, married to a soldier at 15, served as a midwife in the San Diego presidio. Later she became the *llavera* (keeper of keys) at the San Gabriel mission, where she also oversaw supplies, the main kitchen, the laundry and the making of cheese, butter, honey, and wine. She was respected throughout the region as a *curandera* and *partera*, until her death at age 105.

Chola Martina of San Juan, N.M. healed with herbs. Some townspeople remembered her as a *bruja*, or witch, who had the ability to cast spells or turn herself into a dog. Not long ago, New Mexico was said to have more so-called witches than anywhere else in this hemisphere, except Haiti.

CHOLA MARTINA 1907

Santa Fe, N.M. 1815

Tucson, AZ

Many Chicanas were poor...pero algunas eran ricas

Las mexicanas no sólo vivían con menos ingresos que los hombres, también enfrentaban diferencias de clase social entre mujeres mexicanas. Para el final de los años 1880, algunas mujeres de la clase alta se estaban casando con hombres gringos. Muchas veces se vestían como las mujeres blancas privilegiadas y preferían llamarse "españolas" en lugar de mexicanas para evitar la discriminación. Mientras tanto, las mujeres del pueblo continuaron a trabajar para mantener viva a su gente.

Mexicanas not only lived on less income than men, they also faced class differences with other *mexicanas*. The late 1800's saw women of the elite marrying Anglos. They often dressed to look like white society ladies and preferred to call themselves "Spanish" or "Spanish American" instead of Mexican to avoid discrimination. Meanwhile, the women of *la gente*—grassroots *mexicanas*—went on working to keep their land and people alive.

LUCY PARSONS
1853-1942
"more dangerous than a thousand rioters"

- Chicago Police Department

An amazing woman was born in Texas around 1853 who fought to help the poor and exploited for almost 70 years.

Of mixed Black, Native American and Mexican heritage, Lucia Eldine González usually called herself Mexican. At 16, she married Albert Parsons and they moved to Chicago, quickly becoming involved in labor organizing. Denial of the 8-hour day, terrible living conditions, and anti-union repression had workers enraged and ready for mass action.

On May 1, 1886, Lucy and Albert led 80,000 workers on a march to launch a general strike. A rally to protest police brutality was called for May 4 in Haymarket Square, Chicago. When police ordered people to disperse, a bomb was thrown and killed one officer. Probably involving use of a provocateur, this incident became the excuse to arrest 8 innocent men including Albert Parsons. He was hanged with 3 other leaders.

A Revolutionary Socialist

In response, Lucy toured the U.S. speaking to thousands of workers, a fiery, militant voice for their demands. In 1905 she helped found the Industrial Workers of the World (IWW), which made special efforts to recruit Mexicans and other workers of color. She often led the Chicago Hunger Demonstrations.

Lucy also edited and wrote for radical newspapers such as *The Liberator* and *The Alarm*, an anarchist weekly. Joining the Communist Party in 1939 to free the Scottsboro Boys and other Black prisoners, this was her first work involving race. She saw racism along with gender as intertwined with "the larger struggle"— class.

Until her death in an accidental fire at her home in 1942, and despite being blind, Lucy never stopped working for the revolution to end the oppressive capitalist system. It could come only through a well-organized workers' movement, she said, which would take over the factories, all the means of production. Repeatedly imprisoned for her work, she saw free speech as crucial.

Lucy was a warrior woman of unlimited courage and commitment. Debate about her racial origin continues. Was her father's name González and her mother's Díaz, as some records show? The debate really means that black, brown or red, we all want to claim this giant as our own. So be it.

¡Qué viva Lucy!

"MÁS PELIGROSA QUE MIL AMOTINADOS"

- Departamento de Policía, Chicago

Una mujer asombrosa nació en Texas en 1853 y luchó para los pobres y explotados por casi 70 años.

De descendencia negra, indígena y mexicana, Lucia Eldine González usualmente se identificaba como mexicana. A los 16 años se casó con Albert Parsons y se mudaron a Chicago donde empezaron a organizar a los trabajadores. Éstos estaban listos para acción en masa porque se les negó el día laboral de 8 horas, y en protesta de condiciones de vida terribles y la represión del esfuerzo organizativo sindicalista.

El 1 de mayo de 1886, Lucy y Albert dirigieron a 80,000 trabajadores en una marcha para lanzar una huelga general. Como respuesta a la brutalidad de los ataques de la policía, se convocó una reunión el 4 de mayo en la plaza Haymarket.

Cuando la policía ordenó dispersar a la gente, alguien tiró una bomba y mató a uno de ellos. Probablemente causado por un agente provocador, este incidente fue el pretexto para arrestar a 8 hombres inocentes, inclusive Albert Parsons. Lo ahorcaron con tres otros organizadores.

Una socialista revolucionaria

Lucy comenzó a viajar por los E.U. dándole una voz apasionada a las demandas de miles de trabajadores. En 1905 ayudó a fundar la organización Trabajadores Industriales del Mundo (IWW), que hacía un esfuerzo especial para reclutar a mexicanos y otros trabajadores de color.

También editó y escribió para periódicos radicales como *The Liberator* y *El Alarma*, un semanal anarquista. En 1939 ingresó al Partido Comunista y trabajó para liberar a los Scottboro Boys y otros presos negros. Fue la pri-mera vez que se metió en una lucha contra el racismo. Ella consideraba que raza, junto a género, estaba en-

Poster (linocut) por Carlos Cortez 1986 Haymarket Centenario. Lucía is saying: "Don't go out on strike! Stay at work and take over the machinery. If anyone has to go hungry, let it be the bosses!"

trelazada con la lucha mayor, o sea, la lucha de clases.

Hasta su muerte en un incendio accidental en su casa en 1942 y a pesar de estar ciega, Lucy nunca paró. Sólo una revolución podría cambiar el sistema capitalista opresivo, creía ella, y ocurriría sólo a través de un movimiento obrero que se apoderaría de todos los medios de producción. Encarcelada muchas veces por su trabajo, pensaba que el "hablar libre" era sumamente importante.

Aun hay los que debaten los orígenes raciales de Lucy, pero esto sólo demuestra que todos, ya sea negro, moreno o rojo, queremos reclamar a esta giganta como nuestra. *¡Qué viva Lucy!*

NEW MEXICO A STATE POR FIN!

In 1912, the territory of New Mexico became a state after 60 years of rejection. Women faced new struggles. **Lola Chávez de Armijo** fought to keep her job under the new sexist Governor. **Adelina (Nina) Otero Warren** served as Santa Fe County School Superintendent and campaigned to get the vote for women from 1914-20. In 1922 she became the first Latina to run for Congress, on a very progressive platform. Enemies learned she was divorced, publicized this, and she lost. Her good work continued until her death in 1951.

* * *

En el 1912 el territorio de Nuevo México se incorporó como estado después de 60 años de rechazo. Las mujeres enfrentaron nuevas luchas. **Lola Chávez de Armijo** luchó por mantener su empleo bajo el nuevo Gobernador sexista. **Adelina (Nina) Otero Warren** sirvió de Superintendente de Escuelas del Condado de Santa Fe e hizo campaña a favor del voto para las mujeres de 1914-20. En 1922 fue la primera latina en postularse para el Congreso, con un programa muy progresista. Sus enemigos se enteraron de que era divorciada, lo hicieron público, y ella perdió la elección. Sus buenas obras continuaron hasta su muerte en 1951.

"The Next Candidate for Statehood" from *Puck Magazine*, 1901. The little Mexican has to beg for admission * "El próximo candidato para estado", de la revista *Puck*, 1901. La mexicanita tiene que mendigar por admisión.

Adelina Otero Warren (getting into car) ran for Congress on a platform that included recovering lost land grants, federal funding for education and opposition to sending Indian children away to boarding schools far from their homes.

Adelina Otero Warren (subiéndose al coche) se postuló para el Congreso con un programa que incluía la recuperación de tierras perdidas, financiamiento federal para la educación, y oposición al envío de niños indígenas a escuelas internadas lejos de sus hogares.

Lola Chávez de Armijo, N.M. State Librarian in 1909, had to fight to keep her job against the new Governor who filed suit saying she was unqualified to hold office because a woman. Only 4 out of 144 state positions were legally open to women then. * **Lola Chávez de Armijo**, bibliotecaria del estado de Nuevo México en 1909, tuvo que luchar para mantener su puesto contra el nuevo gobernador, quien había entablado un pleito diciendo que ella, por ser mujer, no calificaba para dicho puesto. De 144 puestos, sólo 4 estaban legalmente abiertos a mujeres.

LA CURANDERA REVOLUCIONARIA

Born in 1872 to a 14-year old Yaqui girl and a wealthy rancher, **Teresa Urrea** suddenly began curing people with spiritual powers while still a teenager. Her fame spread across northern Mexico. She also became admired for denouncing the exploitation of the poor by the Church and government. Yaqui, Mayo, and other native peoples called her La Santa (or La Niña) de Cabora, her home village.

Indian uprisings against Mexico's president Porfirio Diaz, who encouraged the takeover of Indian land by foreign (mostly U.S.) companies, raged across northern Mexico in the early 1890's. Fighters in the Yaqui Revolt, as it was called, shouted La Santa's name as they went into battle and won one victory after another for five years. She became viewed as a threat to foreign investment.

When Teresa was arrested and imprisoned, Yaquis made the government release her. In 1893, Díaz ordered her deported. Later she toured U.S. cities as far away as New York with her healing powers, and built a 2-story house in Clifton, Arizona for nursing the sick and wounded. She died of pneumonia from working in a rescue effort after a terrible flood in 1905. Only 33 years old at the time, Teresa became a beloved symbol of resistance as the Mexican Revolution drew near.

Nacida en 1872 de una niña yaqui de 14 años y un ranchero rico, de adolescente **Teresa Urrea** empezó a curar a la gente con poderes espirituales. Su fama se extendió por el norte de México. Llegó a ser admirada también por denunciar la explotación de los pobres por la Iglesia y el gobierno. La llamaban La Santa (o La Niña) de Cabora, su aldea natal.

La furia de los levantamientos indígenas contra el presidente mexicano, Porfirio Díaz, quien fomentó la toma de tierras indígenas por compañías (principalmente de E.U.), se sintió por todo el norte de México a principios de los 1890. Los guerreros en la Rebelión Yaqui gritaban el nombre de La Santa al lanzarse al combate, y por cinco años ganaron una victoria tras otra. Hasta la consideraban un peligro a la inversión externa.

Cuando fue arrestada y encarcelada, los yaqui hicieron que el gobierno la librara, pero en 1893, Díaz ordenó su deportación. Con sus poderes curativos, Teresa viajó a muchas ciudades de E.U. incluso Nueva York y construyó una casa en Clifton para asistir a los enfermos. Murió en 1905 de pulmonía que contrajo rescatando a las víctimas de una terrible inundación. Con sólo 33 años de edad cuando murió, hicieron de Teresa un símbolo de resistencia a la medida que se acercaba la Revolución Mexicana.

Terecita Urrea. La Sta: Niña de Cabora

Río Blanco, Orizaba, enero * Jan. 7, 1907 - Lucretia Toriz

TIENDA DE RAYA

La Revolución Mexicana

En los últimos años de los 1800, nuestros *carnales* en México fueron explotados por capitalistas poderosos bajo la dictadura brutal de Porfirio Díaz, la cual duró 34 años. Los trabajadores empezaron a salir en huelga, como lo hicieron miles de textileras en Río Blanco, Orizaba, el 7 de enero de 1907. En frente de la Tienda de Raya, el gobierno las atacó y centenares fueron asesinadas. **Lucretia Toriz** confrontó a los soldados (vea la imagen), la primera heroína de la Revolución.

Muchos trabajaron para derrotar a Díaz, incluso **Carmen Serdán** y su hermano Aquiles, quienes escondieron armas en su casa para un levantamiento. El 18 de noviembre 18, 1910, los militares atacaron su hogar en Puebla. Ellos se defendieron disparando. Murió Aquiles pero dentro de dos días la revolución había comenzado por todo México.

In the late 1800's, our *carnales* in Mexico were exploited by powerful capitalists under the brutal, 34-year long Díaz dictatorship. Many went on strike, such as the women textile workers in Río Blanco, Orizaba on Jan. 7, 1907. In front of the company store ("Tienda de Raya"), government forces attacked them and killed hundreds. **Lucretia Toriz** confronted the soldiers with her banner flying (see the drawing on opposite page), the first heroine of the Mexican Revolution.

Many Mexicans worked to drive out Díaz, including **Carmen Serdán** and her brother Aquiles, who hid weapons in their house in Puebla for a future uprising. On November 18, 1910, government soldiers attacked their home. They fired back, Aquiles was killed but within two days the Revolution had started all over Mexico.

CARMEN SERDÁN

Nov. 18: wounded but she continued firing. Later she served the revolution as a messenger, distributing arms and as a nurse. * Herida en el ataque pero siguió tirando. En la revolución, sirvió de mensajera y enfermera, y distribuyó armas a los revolucionarios.

DOLORES JIMÉNEZ Y MURO 1848-1925

RADICAL FEMINISTS AND THE REVOLUTION

Many feminist *mexicanas* played a revolutionary role. **Dolores Jiménez y Muro**, a teacher, wrote countless anti-Díaz essays and later the manifesto for a new, revolutionary society. She joined the Partido Liberal Mexicano (1902), worked on *La Mujer Mexicana* (1905), joined Socialistas Mexicanos (1907), and Zapata's army. Imprisoned several times, her ideas influenced the 1917 Constitution.

Another feminist socialist of the time was **Juana Belén Gutiérrez de Mendoza** (1880-1942), daughter of a blacksmith. She started the revolutionary weekly newspaper *Vésper*, reportedly selling her goats to pay expenses, and spent three years in prison. She defended poor workers and attacked Church treatment of peasants. With Dolores Jiménez she founded the anti-Díaz Club Femenil Hijas de Cuauhtemoc.

Hermila Galindo de Topete (1896-1975) started secretly denouncing Díaz when 13. She sought the vote for women and took radical positions on sexuality, the Church and divorce.

Líderes Feministas

Muchas feministas jugaron un papel revolucionario. **Dolores Jiménez y Muro**, una maestra, escribió ensayos anti-Díaz y el manifiesto para una sociedad nueva. Se unió al Partido Liberal Mexicano (1902), trabajó en *La Mujer Moderna* (1905), y se unió a los Socialistas Mexicanos, y al ejército de Zapata. Fue encarcelada varias veces. Sus ideas influenciaron a la Constitución de 1917.

Juana Belén Gutiérrez de Mendoza (1880-1942), hija de un herrero, comenzó un periódico revolucionario, *Vésper*, y la encarcelaron por 3 años. También feminista socialista, defendió a los trabajadores pobres y atacó a la Iglesia por mantener analfabetos a los campesinos. Con Dolores Jiménez y otras, fundó el Club Femenil Hijas de Cuauhtemoc.

Hermila Galindo (1896-1975) de adolescente empezó a denunciar a Díaz. Buscó el voto para la mujer y también propuso ideas radicales sobre la sexualidad, el divorcio, y la Iglesia.

Regimiento de la Brigada Socialista de México/Seno femenil
Regiment of the Socialist Brigade of Mexico/Women's Section

50

"...mujer de Los Ángeles una asesina experta..."

"...María Talavera...una brillante anarquista..."

"audaz..más atrevida que todos los hombres..."

La Mujer: Women in el Partido Liberal Mexicano

Hundreds of *mexicanas* and also Chicanas from California to Texas supported the Partido Liberal Mexicano, founded by anarchist revolutionaries Enrique and Ricardo Flores Magón, and its newspaper *Regeneración*. Based in Los Angeles, the PLM carried out many anti-Díaz, anti-capitalist revolts all over Mexico and the Southwest in 1906-7. Its leaders, like **María Talavera** (1867-1947), were often women.

Centenares de mexicanas y chicanas de California hasta Texas apoyaron al Partido Liberal Mexicano (PLM), fundado por los anarquistas revolucionarios Enrique y Ricardo Flores Magón, y su periódico *Regene-ración*. Basado en Los Ángeles, el PLM efectuó muchas rebeliones contra el capitalismo y la dictadura en 1906-7. Sus líderes frecuentemente eran mujeres, incluso **María Talavera** (1867-1947).

TEJANAS IN THE REVOLUCIÓN

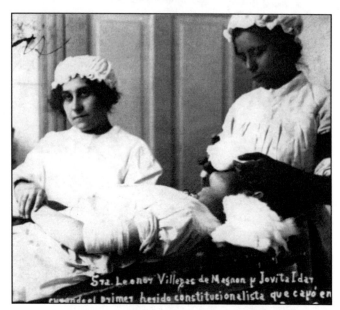

Sra. Leonor Villegas de Magnón y Jovita Idar cuando el primer herido constitucionalista que cayó en

Jovita Idar and **Leonor Villegas de Magnón** nurse anti-Díaz fighter wounded in Battle of Nuevo Laredo, March 1913. * **Jovita Idar** y **Leonor Villegas de Magnón** cuidan a un guerrero anti-Díaz herido en la Batalla de Nuevo Laredo. Marzo de 1913.

The U.S. -Mexico borderland saw *mexicanas* fighting for the revolution, often with the PLM, and also to win justice for *tejanos*. They included **Sara Estela Ramírez,** who lived in Laredo and became known to thousands of *tejanos* as a labor organizer, human rights activist and poet. She launched a revolutionary feminist newspaper, *Aurora*, in 1904. She died in 1910 at the age of 29 but her unique, visionary poetry rings true today.

Ramírez and other borderlands women started revolutionary newspapers with a feminist perspective. *La Voz De La Mujer* was launched by **Isidra Cárdenas** (El Paso, 1907) and *La Mujer Moderna* by **Andrea** and **Teresa Villareal** (San Antonio, 1910).

Leonor Villegas de Magnón—teacher, writer, activist-turned her Laredo home into a shelter for anti-Díaz insurgents. In 1913 she recruited the journalist **Jovita Idar** to work with her in La Cruz Blanca (the White Cross) nursing the wounded.

> *¡Surge! ¡Surge a la vida, a la actividad, a la belleza de vivir realmente!*
>
> Rise up! Rise up to life, to activism, to the beauty of being truly alive!
>
> **Sara Estela Ramírez**

En las tierras fronterizas entre los E.U. y México, mexicanas lucharon en la Revolución y también para ganar justicia en Texas. **Sara Estela Ramírez** de Laredo llegó a ser conocida por miles de tejanos como una organizadora laboral, activista pro derechos humanos y poeta. Empezo un periódico revolucionario, feminisita, *Aurora*, en 1904. Murió en 1910 a la edad de 29, pero su poesía visionaria aun refleja las verdades de hoy.

Ramírez y otras mujeres fronterizas fundaron periódicos revolucionarios feministas. *La Voz De La Mujer* fue lanzada por **Isidra Cárdenas** (El Paso, 1907) y *La Mujer Moderna* por **Andrea y Teresa Villareal** (San Antonio, 1910).

Leonor Villegas de Magnón—maestra, escritora y activista—convirtió su hogar en Laredo en un albergue para insurgentes anti-Díaz. En 1913 reclutó a la periodista **Jovita Idar** a trabajar con ella atendiendo a los heridos en La Cruz Blanca.

La Periodista Valiente

Mientras que las mexicanas luchaban contra la dictadura en México, otras lucharon contra la injusticia de los gringos en Texas.

Nacida en Laredo de una familia activista, **Jovita Idar** pronto se metió en la lucha contra la discriminación sufrida por los tejanos. Odiaba la segregación escolar, el sistema racista de sueldos duales, y los linchamientos horribles. Los "Rinches" (Texas Rangers) fueron responsables de la muerte de 5,000 tejanos entre 1914 y 19, según una investigación oficial.

En periódicos de su familia como *La Crónica* y tres otros periodicos donde trabajó, Jovita puso al descubierto estos abusos. Cuando vinieron los Rinches a cerrar el periódico, ella bloqueó la entrada. Su valor se extendío muchas veces a otros frentes (vea la p. 66, El Primer Congreso). Tambien trabajó como maestra

A Brave Journalist

While many *mexicanas* fought for justice against the dictatorship in Mexico, others struggled against Anglo injustice in Texas.

Born in Laredo to an activist family, **Jovita Idar** soon joined the struggle against racist discrimination inflicted on *tejanos*. She was enraged by school segregation, lower wages than Anglos, and horrible lynchings. Texas Rangers were responsible for 5,000 *tejanos* killed in 1914-19, a state investigation revealed.

JOVITA IDAR 1885-1946

Working at *La Crónica* and three other Texas newspapers, Jovita exposed the abuse. When Rangers came to close down *La Crónica*, she stood in the doorway blocking them. Her courage extended to many other fronts (see p. 66, *El Primer Congreso*). She also worked as a teacher and served as a nurse in the Mexican revolution (see p. 52).

Jovita at *La Crónica* print shop * Jovita, imprenta de *La Crónica*

¡Vivan las soldaderas!

La revolución dejó el trabajo de proveer comida y otras necesidades a las soldaderas, una palabra de desprecio en estos tiempos. Con el pago de sus hombres, las parientas de los soldados compraban y preparaban comida. También sirvieron de enfermeras y mensajeras, y jugaron otros papeles, incluso la lucha con armas. Ellas hicieron posible la revolución.

Miles murieron. Miles de sobrevivientes lucharon para conseguir una pensión. **Ana María Zapata**, hija de Emiliano, organizó la Unión de Mujeres Revolucionarias en 1935 y así ganaron muchas pensiones.

The Vital Work of Soldaderas

Mexico's revolutionary forces left the vital job of providing food and other necessities to "soldaderas," an unflattering term like camp followers. Female relatives of the soldiers bought food to prepare with their man's pay, served as nurses, messengers and in many other roles that included fighting with arms. Such were the women who made the revolution possible.

Thousands were killed. Thousands of survivors had to struggle for pensions. In 1935, **Ana María Zapata**, daughter of Emiliano, organized the Unión de Mujeres Revolucionarias which won many pensions.

GUERRERAS DE LA REVOLUCIÓN MEXICANA

LAS INOLVIDABLES

Dibujo de **Margarita Ortega** de una foto vieja en *Regeneración*, 13 de junio de 1914 con un artículo por Ricardo Flores Magón
Drawn from a 1914 photo that appeared in the June 13th, 1914 edition of *Regeneración*, alongside an article by Ricardo Flores Magón

MARGARITA ORTEGA

Muchas mujeres, como Margarita Neri, Carmen Alanis, y Ramona Flores, lucharon en la Revolución con armas y con cientos de hombres soldados bajo su comando. Otras como Aurelia Rodríguez sirvieron de espía. Algunas tuvieron que disfrazarse de hombre, incluso Carmen Amelia Flores y Limbania Fernández, las cuales llegaron a ser coronel.

Muchas murieron en la lucha, como **Margarita Ortega**. Una anarquista y miembro del Partido Liberal Mexicano, tenía puntería superior y montaba a caballo. Cuando su esposo rehusó unirse a la lucha en 1911, ella se fue con su hija Rosaura a luchar.

Encarcelada en México, fue torturada para que nombrara a otros en el PLM. La forzaron quedarse de pie en una jaula y le pegaban cada vez que se caía, pero aun así no nombró a nadie. Aunque fue ejecutada en la oscuridad el 24 de noviembre de 1913, su luz hoy día todavía sigue brillando.

El nombre de **Valentina** es bien conocido, gracias al corrido acerca de ella que todavía puede escucharse hoy, junto a otros. La verdadera Valentina luchó junto al General Ramón Iturbide de 1917 a 1920. Como muchas veteranas, recibió una pensión militar tan pequeña que casi ni pagaba su comida, y fue reducida a vivir en un arrabal en Sinaloa. Pero aun así mantuvo su espíritu de luchadora.

Never Forgotten

Many women fought in the Revolution with arms and great courage like Margarita Neri, Carmen Alanis, and Ramona Flores, all of whom sometimes had hundreds of male soldiers under their command. Others like Aurelia Rodríguez served as spies. Some had to disguise themselves as men, including Carmen Amelia Flores and Limbania Fernández who both became colonels.

Many died in the struggle, like **Margarita Ortega**. An anarchist and member of the Partido Liberal Mexicano (PLM), she was a crack shot and excellent horsewoman. When her husband would not join the struggle in 1911, she went off with her daughter Rosaura to fight.

Imprisoned in Mexico, Margarita was tortured to make her give the names of others in the PLM. Forced to stand in a cage and beaten or kicked each time she fell, she never gave any names for four days and nights. Finally she was executed under darkness on Nov. 24, 1913. Let her light shine on!

The name of **Valentina** is well known, thanks to the corrido about her which can still be heard today along with others. The real Valentina fought at the side of Gen. Ramón Iturbide from 1917 to 1920. Like most female veterans, she received a pension so small that it hardly covered food and reduced her to living in a Sinaloa slum. But even then she had a fighting spirit.

Adelita se llama mi novia...Valentina,
Valentina, yo te quisiera decir...

LA VALENTINA

Valentina, about 100 years old, Feb. 1981 at a northern Mexico regional conference in San Juan Río Colorado, Sonora * A los 100 años, más o menos, en una conferencia regional en el norte de México, San Juan Río Colorado, Sonora, febrero de 1981.

Primer Congreso Feminista de Yucatán

Del 13 al 16 de enero de 1916 **EL PRIMER CONGRESO FEMINISTA** se llevó a cabo en Yucatán, México, el segundo en toda América Latina.

Fue convocado por el gobernador interino de Yucatán, Salvador Alvarado, un socialista, que ya había hecho varias reformas para avanzar los derechos de la mujer. Las organizaciones feministas abogaron por el Congreso.

Centenares de mujeres de clase media asistieron, pero no las mayas que trabajaban como esclavas en las fincas grandes de henequén. En éste y en un segundo Congreso, las participantes propusieron reformas como permitir a las mujeres mayores de 21 años ocupar puestos gubernamentales, ofrecer a las mujeres educación no religiosa, y prepararlas desde la escuela primaria en adelante para aprender todos los trabajos

que antes eran sólo para hombres. El Congreso no abogó por el voto nacional para la mujer.

Ninguna reforma oficial resultó de las reclamaciones. Pero una feminista extraordinaria continuaría a luchar para mejorar la vida de las mujeres más pobres y adelantar los derechos de cada mujer.

Elvia Carrillo Puerto, Socialista

Muchos de los líderes en ambos congresos eran socialistas, activos en el Partido Socialista Obrero de 1916. Éstos incluían a **Elvia Carrillo Puerto**, quien había trabajado para acabar con la dictadura de Díaz.

Elvia organizó las Ligas Campesinas Feministas de Resistencia y dirigió campañas para los derechos

Continuado en la página 58

From the logo of *Regeneración*, newspaper of the Partido Liberal Mexicano, which strongly supported women's rights * Del logo de *Regeneración*, el periódico del Partido Liberal Mexicano, que apoyaba con fuerza a los derechos de la mujer

FIRST FEMINIST CONGRESS

On Jan. 13-16, 1916, the PRIMER CONGRESO FEMINISTA took place in Yucatán, Mexico, the second such event in Latin America.

At the urging of feminist organizations, the Congreso was called by interim Yucatán Governor Salvador Alvarado. A socialist, he had already made some reforms that advanced women's rights.

Hundreds of middle-class women attended the Congress, although not the Mayas working as virtual slaves on the huge sisal (*henequén*) plantations. At this and a later Congress, participants urged measures such as allowing women over 21 to hold government office; providing lay education for women; and preparing women from primary school onward to learn all jobs once considered for men only. The Congress failed to press for the vote nationally.

No official reforms resulted from the demands. But one amazing feminist would continue fighting to improve the lives of lower working-class women and advance the rights of all women.

ELVIA CARILLO PUERTO, SOCIALIST LEADER

Many of the leaders at both meetings of the Congress were socialists active in the Partido Socialista Obrero of 1916.

They included Elvia Carrillo Puerto, who had worked to end the Díaz dictatorship.

Elvia organized the Feminist Peasant Leagues of Resistance and led campaigns for the rights of single mothers, literacy, and basic birth control education. In 1923, she became the first woman elected as a Yucatán district deputy in the local Congress. Calling her a "Bolshevik suffragette," the man she would defeat staged an assassination attempt during her campaign (four of her brothers were assassinated as socialists).

In Mexico City, Elvia organized garment workers and domestics for women's rights including the vote. Women finally won the vote in 1953, with Elvia there to celebrate.

PRIMER CONGRESO
Continuado de la página 57

de madres solteras, la educación básica para prevenir el embarazo, y el alfabetismo. En 1923, Elvia fue la primera mujer elegida al puesto de diputado por el distrito de Yucatán en el Congreso local. Llamándola una "bolchevique sufragista", el hombre que ella derrotó en la elección montó un atentado contra ella durante su campaña (cuatro de sus hermanos ya habían sido asesinados por ser socialistas).

En la Ciudad de México, Elvia organizó a costureras y trabajadoras domésticas por los derechos de la mujer, incluso el voto. Las mujeres por fin ganaron el voto en 1953 y Elvia estuvo presente para celebrar.

LET'S GO TO THE U.S.
¡AL NORTE!

Centuries of repression and resistance had climaxed in the Mexican Revolution, which left a million dead in the long, brave struggle for "tierra y libertad." With thousands still hungry and seeking refuge from ongoing warfare, many Mexicans saw no choice except to go north. Over one million came to the U.S. between 1900 and 1930.

Here the demand had leaped for cheap labor on the railroads, in the mines, and in the big truck-gardens. Lacking enough Asian and Black workers, the capitalist cry went out: Bring the Mexicans! And they came: not only men but also women, whose story is often ignored.

Siglos de represión y resistencia habían culminado en la Revolución Mexicana, la cual dejó a un millón de muertos en la larga y valiente lucha por "tierra y libertad". Con miles aun hambrientos y buscando refugio de la guerra continua, muchos mexicanos no vieron otra alternativa que salir para el norte. Más de un millón vinieron a los E.U. entre 1900 y 1930.

Acá, la demanda de mano de obra barata en los ferrocarriles, las minas, y en los huertos había dado un salto. Faltando suficientes trabajadores asiáticos y negros, el grito capitalista se alzó: ¡Traigan a los mexicanos! Y vinieron: no sólo hombres sino mujeres también, cuya historia a menudo es ignorada.

Algunos de los primeros refugiados cruzan la frontera, abril de 1913 * Some of the first refugees crossing the border, April 1913

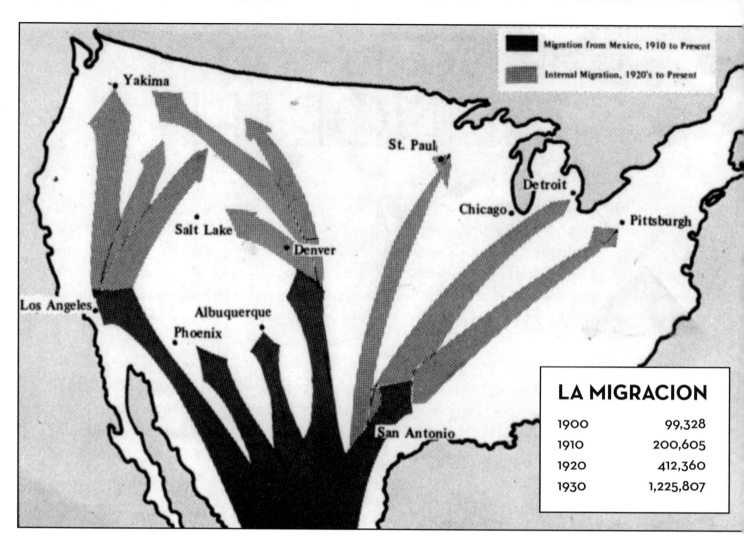

LA MIGRACION	
1900	99,328
1910	200,605
1920	412,360
1930	1,225,807

They came walking or riding in anything with wheels including box-cars where they often ended up living for weeks or months. They came in waves that reached farther and farther from home, ready to work for very little . . .

Vineron a pie, o montados en todo tipo de transporte, incluso vagones de tren donde a menudo vivían por semanas o meses. Vinieron en olas que alcanzaban cada vez más y más lejos de sus hogares, listos para trabajar por muy poco.

1926 Chicago area, sugar beet workers seeking help * 1926 Área de Chicago, trabajadores de betabel buscando ayuda

1913 El Paso, Texas, workers packing cigars in a cigar factory * 1913 El Paso, Texas, trabajadores empacando cigarros en una fábrica

Tortilla factory worker, Los Angeles c. 1920 * Tortillera en una fábrica en Los Ángeles. c. 1920

LAS MARÍAS

Me llamo María de la Luz
Mil años de cuna a cruz
Mil voces que tengo en el alma
Son cantos en alas de la juventud

Yo soy de manos ajenas
Mis hijos no saben de mí
Aquí escondida en los barrios de
    americanos
Mantengo mi sufrimiento

Aquí en esta planta ruidosa
Mis dedos aplican su bien
No pienso en hogar ni futuro
Solo me conformo con lo que me den

Aquí en esta cocina
En esta ciudad donde estoy
Qué nombres tan más
    complicados

Le dan a los tacos de donde yo soy

Risa y también tristeza
La vida del norte me da
Los sueños que traigo conmigo
Quizás algún día se me
    cumplirán

Recuerdo ranchito y ganado
Sonrisa orgullo de ayer
Mi altarcito salado de llanto
Por tantas Marías que hemos de ser

Yo rezo a mi madre la tierra
La vida y la libertad
Yo busco a mi hermana justicia
La paz, la cultura, y felicidad

Anónimo

Las Mutualistas
SURVIVING WITH MUTUAL AID

Cuando llegamos a los E.U. para vivir y trabajar, nos encontramos extranjeros en nuestra propia tierra y enfrentamos grandes necesidades. Para satisfacer estas necesidades, la cultura mexicana naturalmente se prestaba a la asistencia mutua, algo que unió a los nuevos inmigrantes a los mexicanos-americanos ya en los E.U. En los años 1870 empezaron a establecer sociedades mutualistas en Texas, y se extendieron mucho, ayudando a la gente con consejo legal, préstamos, cuidado médico, y el entierro.

Las mujeres a menudo iniciaron la creación de las mutualistas en los años 1920-30, cuando eran la organización social más importante entre los chicanos. Frecuentemente fueron limitadas a un "auxiliar de mujeres", que principalmente hacía trabajo caritativo y recaudación de fondos. De 19 mutualistas en San Antonio, 7 permitieron a mujeres ser miembros y ocupar un puesto. Existieron también algunos grupos de mujeres solamente, como la sociedad Josefa Ortiz de Domínguez, nombrada por la heroína de la lucha de México por su independencia.

- La Alianza Hispano Americana, 1894, Tucson, Arizona, 88 chapters, by 1919. * 88 capítulos en 1919.
- San Antonio chapter was led by a woman, Luisa M. González * el capítulo en San Antonio era encabezado por una mujer, Luisa M. González
- La Sociedad Mutualista Benito Juárez, 1919, California
- La Liga Protectiva Mexicana, 1921, Kansas City
- La Orden de Hijos de América, 1921, San Antonio, Texas
- La Sociedad Mutualista Miguel Hidalgo, 1921, Brawley, California
- La Sociedad de Madres Mexicanas, 1926, Los Angeles
- La Sociedad Miguel Hidalgo, 1927, Crystal City, Texas

ADOPTED ORPHANS OF THE REVOLUTION
HUÉRFANOS ADOPTADOS

Douglas, Arizona, 1928. **Isabel Burques Estrada** (centro), una refugiada de la Revolución Mexicana, quien adoptó a 40 huérfanos de la Revolución durante un período de 20 años * **Isabel Burques Estrada** (center), a refugee of the Mexican Revolution, who adopted 40 orphans of the Revolution over a 20-year period

As "strangers in our own land," we faced great needs when we came to work and live in the U.S. To meet these needs, *mexicano* culture led naturally to mutual assistance that brought together new immigrants and Mexicans already here. In the 1870's, people in Texas started establishing *sociedades mutualistas* and they spread, helping people with legal aid, loans, health care, and burial.

Women often sparked the creation of *mutualistas* in the 1920's-30's when they were the most important social organization among Chicanos. Often they were limited to being in a "women's auxiliary" that mostly did charity work and fundraising. Out of 19 *mutualistas* in San Antonio, 7 allowed women to be members and hold office. A few women-only groups also existed like the Sociedad Josefa Ortiz de Domínguez, named for the heroine of Mexico's independence struggle.

LA CRUZ AZUL

Miles de mexicanos recién-llegados y otras familias pobres acudieron a La Cruz Azul Mexicana (un nombre semejante a la Cruz Roja de los E.U.) Siendo una de las pocas mutualistas integradas totalmente por mujeres, tenía capítulos organizados por cónsules mexicanos desde Los Ángeles hasta Houston, de Denver a Detroit. Proveían cuidado de la salud, educación, y otros servicios sociales en los barrios, donde las necesidades—ya fueran de auxilio para desastres, o la lucha contra la altísima tasa de mortalidad infantil—eran muy grandes.

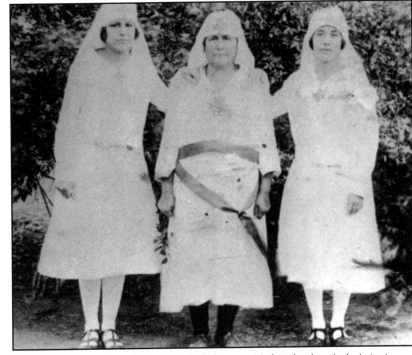

Texas: La Cruz Azul, Crystal City, década de los 1920. Madre, abuela y tía de Antonia Castañeda (vea p. 156) * Mother, grandmother and aunt of Antonia Castañeda (see p. 156)

WOMEN OF THE BLUE CROSS

Thousands of newly arrived *mexicanos* and other poor families sought help from La Cruz Azul (the Blue Cross, a name similar to the U.S. Red Cross). One of the few *mutualistas* composed entirely of women, it had chapters organized by Mexican consuls from Los Angeles to Houston, Denver to Detroit. They provided health care, education and other social services in the *barrios*, where the need—whether for disaster relief or fighting sky-high infant mortality—was great.

Indiana: La Cruz Azul, al Este de Chicago, 1926 * La Cruz Azul, East Chicago 1926

Kansas: La Cruz Azul, Hutchinson, década de los 1920 * La Cruz Azul, Hutchinson 1920's

"Escuelitas" ofrecen educación en español

From the early 1900's until World War II, Chicanas/os were often denied access to public schools. To meet the need for education, always highly valued, many communities brought a Spanish-speaking teacher and set up an "escuelita." Some Chicanas traveled to Bible colleges or teachers' colleges in the Midwest to get teaching degrees. But they couldn't teach in secondary school; that was reserved for Anglos. **Sarah Tafolla**'s "classroom" was a desk in the hallway, where she could teach Mexican students, so long as they kept quiet enough to not disturb regular classrooms.

* * *

Desde principios de los 1900 hasta la Segunda Guerra Mundial, los chicanos frecuentemente fueron negados acceso al sistema escolar público. Muchas comunidades organizaron para traer a maestros de habla hispana para sus niños. Algunas chicanas viajaron a las universidades religiosas o pedagógicas de los estados del medio oeste para obtener sus títulos. Pero se les negarían trabajos en la escuela secundaria; eso fue reservado para los Anglos. El salón de **Sarah Tafolla** era un escritorio en el corredor, donde niños Mexicanos aprendían calladitamente para no "molestar a otras clases.

Micaela Tafolla, who ran numerous *escuelitas* in 1910-20 to raise the consciousness of Chicanos in South and Central Texas.
Micaela Tafolla, quien dirigió numerosas escuelitas de 1910-1920 para concientizar y empoderar a los chicanos en el sur y la parte central de Texas.

Escuelita in/en Coleman, Texas, 1929. Teacher, **Sarah Tafolla**, 21 years old, in back row
La maestra, **Sarah Tafolla**, 21 años, en la fila de atrás con sombrero

María Gonzáles Marroquín was a teacher and a 1901 *colegio* graduate in Mexico, but after moving to the U.S. in 1913 (above), the only job she could find was ironing clothes. * **María Gonzáles Marroquín** era maestra y graduada de un colegio mexicano en 1901, pero al pasar a los E.U. en 1913 (foto), el único empleo que ella podía conseguir era planchando ropa.

Doña Erlinda's Escuelita, Crystal City, Texas * La escuelita de Doña Erlinda, Crystal City, Texas

"Little Schools" to Defend Our Culture

Annie Tafolla went on to get her teaching certificate but was not allowed to teach secondary school because she was not Anglo. * **Annie Tafolla** pasó a conseguir su certificado de enseñanza pero no fue permitida a trabajar en una escuela secundaria porque no era anglo.

Phoebe, **Anita (Annie)** and **Sarah Tafolla**, sisters, of San Antonio, Texas, 1920. The two on the right became college graduates and pioneers in bilingual education when speaking Spanish on school grounds was still illegal. * Phoebe, **Anita (Annie)** y **Sarah Tafolla**, hermanas, de San Antonio, Texas, 1920. Las dos a la derecha, quienes se habían graduado de la universidad, llegaron a ser pioneras en la educación bilingüe cuando el hablar español en las escuelas y sus alrededores aun era ilegal.

La Noria Raid: Texas Rangers with murdered Mexicans. *The Texas Rangers were responsible for the killing of over 5,000 Tejanos in 1914-19.*
Redada de La Noria: Texas Rangers con mexicanos asesinados. *Los Texas Rangers mataron a más de 5,000 Tejanos en 1914- 19.*
*Report by * Informe de: Texas State Senate and House, Joint Committee*

STOP THE LYNCHINGS!
¡ALTO A LOS LINCHAMIENTOS!

LA CRONICA

EL CONGRESO MEXICANISTA

POR LA RAZA Y PARA LA RAZA

Por fin se hi visto realizado el grandeses toda las garantias, que
gran ideal de los mexico-texanos, ofrece una nación quita á los mo-
el sublime ideal por que venian divididos y capitales etia in

The many lynchings of *mexicanos* by ranchers and Texas Rangers were a major reason for the Congreso. In a strong speech, **Hortencia Moncayo** recalled recent cases and called for unity to stop them.

Una de las razones principales de la reunión fue los muchos linchamientos de mexicanos por rancheros y los Texas Rangers. En un discurso poderoso, **Hortencia Moncayo** hizo recordar varios casos e hizo un llamado por la unidad para acabar con ellos.

A la medida que los mexicanos perdieron sus tierras en Texas y se convirtieron en una reserva de mano de obra barata, el racismo creció. Para combatirlo, la familia periodista Idar convocó el Primer Congreso Mexicanista en Laredo, Texas, del 14 al 22 de septiembre de 1911.

Aunque dominado por los hombres, el Congreso trató con la discriminación en las escuelas, la necesidad de enseñar el español, la formación de organizaciones de mujeres y la educación de las mujeres, la necesidad de la unidad contra el opresor. Unos meses después, Jovita Idar fundó y fue elegida presidenta de la Liga Femenil Mexicanista. Aunque el Congreso no prosperó, fue un precursor del chicanismo de los 1960.

As Mexicans lost their land to Anglos in Texas and became a cheap labor pool, racism against them increased. To combat it, the Idar newspaper family called the Primer Congreso Mexicanista, held in Laredo, Sept. 14-22, 1911.

Although male-dominated, the Congress took on many problems including: school discrimination, the need to teach Spanish, formation of women's groups and the education of women, and the need for unity against the oppressor, especially by working class *mexicanos*.

A few months later, Jovita Idar founded and was elected President of the Liga Feminil Mexicanista. Although the Congress did not grow, it was a precursor for the Chicanismo of the 1960's.

1929 - 1960

The Great Depression
and "Repatriation"
Labor Explodes
World War II
Racism &
Resistance

La gran Depresión
y "Repatriación"
¡Huelga!
La Segunda
Guerra Mundial
Racismo y
Resistencia

1,400 Mexicans at Central Station, Los Angeles, being "repatriated," Jan. 14, 1932
1,400 mexicanos en la estación Central de Los Ángeles esperando ser "repatriados", enero 14, 1932

A woman back in Mexico. * Regresando a México, 1937.

The Great Depression and the "Repatriation"

When the Great Depression hit the United States, many looked for a scapegoat—and found it in the Mexican community. Mass roundups and deportation of *mexicanos* took place with the excuse that jobs would thereby be saved for "real" Americans. *Colonias* and *barrios* disappeared as the racist cry sounded: "Get rid of the Mexicans! Send them home!"

They were called "repatriation" campaigns but 75% of the children deported were U.S. citizens, born here, who knew nothing of Mexico. Parents and children were separated for years. Some *mexicanos* who had lost jobs left because they were denied county and township relief. Financial hardship hit everyone. It was a traumatic, tragic time for probably over a million *mexicanos*.

La Gran Depresión y los "repatriados"

Cuando la Gran Depresión atropelló a los E.U. en los 1930, muchos buscaron a quién culpar—y lo encontraron, en la comunidad mexicana. Hubo redadas masivas y deportaciones de mexicanos bajo el pretexto de que esto conservaría empleos para los americanos "verdaderos". Colonias y barrios completos desaparecieron al sonar del grito racista, "¡Fuera a los mexicanos!"

Estas acciones fueron llamadas campañas de "repatriación" pero casi el 75% de los niños deportados habían nacido en los E.U. y no sabían nada de México. Padres e hijos fueron separados por años. La ruina financiera golpeó a todo el mundo. Fue un tiempo traumático y trágico para más de un millón de mexicanos.

COTTON WORKERS ON STRIKE 1933

By 1926, *mexicanos* made up 80% of the labor force in California's cotton industry. The Depression made bad conditions worse for them. In 1933, when wages were cut in half, 50,000 workers went on 37 strikes in California. Women were crucial to the strikes, as organizers using personal networks to build great strength and fighting strike-breakers "like a man," as onlookers said.

Growers with police support attacked strikers as they left a meeting in Pixley on Oct. 10, killing two and wounding others. Workers won some increased pay rates but cotton strikes continued in 1938-39 with the women as fierce as ever.

1933-Huelga de los trabajadores del algodón

Ya para 1926, los mexicanos componían el 80 por ciento de la fuerza laboral en la industria algodonera en California. La Depresión empeoró sus condiciones, que eran ya terribles. Cuando cortaron los sueldos por la mitad en 1933, 50,000 trabajadores salieron en 37 huelgas en California. Las mujeres fueron indispensables en las huelgas, sirviendo de organizadoras con sus redes personales, y enfrentando a los rompe-huelgas "como un hombre", se dijo.

El 10 de octubre, agricultores apoyados por la policía atacaron a los huelguistas mientras salían de una reunión en Pixley, matando a dos e hiriendo a otros. Aunque los trabajadores ganaron algunos aumentos de pago, las huelgas del algodón continuaron en 1938-39 con las mujeres más feroces que nunca.

Evicted from their homes, workers lived in tents. * Expulsados de sus hogares, los trabajadores vivían en carpas.

Message to shoppers from Amalgamated Clothing and Textile Workers Union (ACTWU), Los Angeles, which merged with the ILGWU

Mensaje a los consumidores, de la Unión Amalgamada de Trabajadoras de Ropa y Textiles (AC-TWU), Los Ángeles, que se unío con el ILGWU

1937: ILGWU Chicana striker and a Russian Jewish organizer from N.Y. Mostly Chicanas, garment workers also included Russian, Italian, and Anglo women. * 1937: Huelguista chicana de la ILGWU y una organizadora judía/rusa de N.Y. Aunque principalmente integrada por chicanas, las trabajadoras de ropa también eran mujeres rusas, italianas y anglo.

Right/der: Youth Adm. official from Wash. D.C. inspecting conditions of young garment sewers, 1937, San Antonio * Oficial de la Administración de Asuntos Juveniles en Washington, D.C. inspeccionando las condiciones de costureras jóvenes, 1937, San Antonio

GARMENT WORKERS MARCH
THE ROARING '30s

With union recognition their major demand, 1500 mostly *mexicana* garment workers called a huge general strike in Los Angeles in 1933 that grew to 2,000-3,000. Despite many arrests, the women held firm with the International Ladies Garment Workers Union (ILGWU). Often the strikers had been influenced by the militancy of Mexico's 1910 revolution.

The strike leadership made sure communication was bilingual. But Mexicans held no important union positions and women in general had little power. In 1936, 3,000 workers went on strike again and won agreements with 56 firms, gaining a weekly minimum wage of $28 to $35 and a 3-year contract. Still, the struggle went on.

Lulú Monroy

ILGWU, Los Angeles, Spanish speaking branch, 1936 Labor Day parade. Float designed by activist **Lulú Gonzalez Monroy**, standing in front row with her son Jaime
ILGWU, Los Ángeles, capítulo de habla hispana, 1936, parada del Día del Trabajo. Flota diseñada por **Lulú Gonzalez Monroy** activista, de pie en la primera fila con su hijo, Jaime

Costureras demandan justicia

Siendo el reconocimiento del sindicato su demanda principal, 1,500 trabajadoras de ropa, principalmente mexicanas, llamaron una enorme huelga en general en Los Ángeles en 1933, la que creció a 2,000-3,000 participantes. A pesar de muchos arrestos, las mujeres se mantuvieron firmes con la Unión Internacional de Trabajadoras de Ropas de Mujer (ILGWU). La militancia de la Revolución Mexicana del 1910 a menudo influenció a los huelguistas.

El liderazgo de la huelga se aseguró de que las comunicaciones fueran bilingües. Pero las mexicanas no ocuparon ningún puesto sindical importante y las mujeres en general tenían muy poco poder. En 1936, 3,000 trabajadoras salieron en huelga nuevamente y ganaron acuerdos con 56 compañías, lo que incrementó el sueldo mínimo semanal de $28 a $35 y estableció un contrato de tres años. Aun así, la lucha continuó.

ILGWU strikers, Los Angeles 1941 * Huelguistas de la ILGWU, Los Ángeles

EMMA TENAYUCA 1916-1999

EMMA TENAYUCA, STRIKE LEADER

As a 16-year old high school student, Emma joined striking *mexicanas* at San Antonio's Fincke Cigar Co. plant in 1934, and was arrested for picketing with them. She went on to become a leader in the Workers Alliance, an organization of the unemployed led by San Antonio socialists and Communist Party members.

In 1938, 2,000 pecan shellers went on strike against a cut in pay. *Mexicanas* formed the majority of San Antonio's 20,000 pecan shellers and were paid less than in almost any other U.S. industry—about $2.50 a week. They made Emma their honorary strike chair.

Less than five feet tall, she was a powerful speaker and excellent writer, lovingly called La Pasionara (the Passionate One).

Thousands more joined the strike. Tear-gassed by police at least six times and with over 1,000 arrested, workers finally blocked half the pay cut and won free health exams. In 1939, Emma became chair of the Texas Communist Party, then a strong voice for the oppressed. Forced to leave Texas by Red-baiting, she returned later to be a teacher and a beloved inspiration always.

MANUELA SOLIS SAGER 1912-1996

Manuela Solís Sager

Igual a Emma Tenayuca, con quien trabajó en la huelga de pacanas, Manuela fue activista y organizadora por vida. Organizó a trabajadores algodoneros, luego a los de cebolla. Miembro también del Partido Comunista, Manuela fue activa en otras luchas, por ejemplo, en contra de la guerra de Vietnam, para liberar a Angela Davis, y por los derechos de los inmigrantes.

* * *

Like Emma Tenayuca, with whom she worked in the pecan strike, Manuela Solís Sager was a lifelong activist/organizer. She began by organizing cotton pickers, then onion workers. Also a member of the Communist Party, Manuela was active in struggles to end the Vietnam war, to free Angela Davis, and for immigrant rights.

Top left/arriba izquierda: Emma leading Workers Alliance members at a City Hall demonstration, 1937 * Emma dirigiendo a miembros de la Alianza Obrera en una manifestación, 1937

Una Leyenda
EMMA TENAYUCA

A los 16 años y estudiante en la escuela superior, Emma se unió a las *mexicanas* en huelga contra la compañía de cigarros Fincke en 1934 y fue arrestada por hacer piquetes con ellas. Llegó a ser una líder en la Alianza Obrera, una organización de los sin empleo, mantenida por socialistas y comunistas de San Antonio.

En 1938, 2,000 descascaradoras de pacanas salieron en huelga en protesta de un corte de pago. Mexicanas formaron la mayoría de las 20,000 pacaneras en San Antonio y se les pagaba menos que en casi cualquier otra industria de E.U. –o sea $2.50 por semana. Hicieron a Emma su directora de huelga honoraria. Aunque medía menos de 5 pies de altura, era una oradora convincente y una excelente escritora, cariñosamente llamada La Pasionara.

Miles más se unieron a la huelga. Fueron atacados por la policía con gas lacrimógeno por lo menos seis veces, y después de 1,000 arrestos, los trabajadores al fin pararon la mitad del corte de pago y ganaron exámenes de salud gratuitos. En 1939 Emma fue la presidenta del Partido Comunista de Texas, en ese entonces una voz fuerte para los oprimidos. Acusada de "colorada", fue obligada a salir de Texas, aunque regresó después para ser maestra y una inspiración querida para siempre.

¡QUE VIVA "LA PASIONARA"!

Name given to Dolores Ibarruri, legendary communist heroine of the Spanish Civil War, and to Emma * Así llamaron a Dolores Ibarruri, heroina comunista legendaria, heroina de la Guerra Civil en España, y a Emma

Top/arriba: Emma in jail, San Antonio * Emma en la cárcel, San Antonio

Middle/centro: Emma with people protesting Border Patrol beatings of mexicanos, Federal Building, San Antonio, 1937 * Emma con gente protestando el abuso de mexicanos por la Patrulla Fronteriza, Edificio Federal, San Antonio, 1937

Bottom/abajo: Police ready to attack strikers and protesters * Policías listos para atacar a huelguistas y manifestantes

Picketing laundry worker risks injury trying to stop strike-breaker from speeding into the plant. * Huelguista arriesga ser herida tratando de parar a un rompehuelgas.

Laundry Workers Strike

1937, San Antonio, Texas: 78 laundry workers—mostly women—went on strike, picketing the laundry in the rain. Many tried to stop strike-breakers from driving in to work (see above), even when it meant risking their lives and getting arrested.

Lavanderos En Huelga

1937, San Antonio, Texas: 78 trabajadores de lavandería – la mayoria mujeres – salieron en huelga, piqueteando al patrón en la lluvia. Muchos trataron de prevenir que los esquiroles entraran la lavandería, hasta corriendo el riesgo de ser arrestados o de perder sus vidas.

Picketing outside San Antonio Laundry • Piquetiando afuera de San Antonio Laundry

Police arrest Aurora Valle, who allegedly hit strikebreaker
Policia arresta a Aurora Valle por supuestamente haber golpeado a un rompehuelgas.

CANNERY WORKERS UNITE

In food processing, the second largest industry in California, Mexican women formed the great majority of its workers in the 1930's. A typical wage was $2.50 a day, and working conditions were miserable. So workers formed the United Cannery, Agricultural, Packing and Allied Workers of America (UCAPAWA) in 1937.

The union sought to build a democratic body with power flowing from the bottom up, and was committed to women's leadership. It also believed in solidarity across racial lines so it organized Filipino asparagus workers and Black tenant farmers along with others.

One of the union's biggest successes was the 1937 strike against California Sanitary Canning Co. ("Cal San") in Los Angeles. 430 workers walked out and won the first closed shop contract on the West Coast. UCAPAWA was widely admired but the Communist scare brought it down. Union leaders were deported as "subversives," the CIO expelled it in 1950, and UCAPAWA became a memory of what a union could be.

Las enlatadoras se unen

En la industria de procesar alimentos, la segunda más grande de California, mujeres mexicanas formaban la gran mayoría de sus trabajadores en los años 1930. Un sueldo típico era $2.50 al día, y las condiciones de trabajo eran miserables. Así que los trabajadores formaron una unión, la United Cannery, Agricultural, Packing and Allied Workers of America (UCAPAWA) en 1937.

La unión quería construir un organismo democrático y estaba comprometida al liderazgo de las mujeres. También creía en la solidaridad a través de las líneas raciales, y organizó a los trabajadores de espárragos filipinos y arrendatarios negros, junto a otros más.

Uno de los éxitos mayores de la unión fue la huelga de 1937 contra California Sanitary Canning Co. ("Cal San"). 430 trabajadores se salieron del trabajo y ganaron el primer contrato en la costa del oeste en el cual una compañía sólo podía contratar con trabajadores miembros de un sindicato, o sea un "closed shop". La UCAPAWA fue muy admirada pero el pánico comunista la destruyó. Líderes sindicales fueron deportados por "subversivos", el CIO la expulsó en 1950, y la UCAPAWA sólo permaneció un recuerdo de lo que una unión podría ser.

¡QUE VIVA UCAPAWA!

Above/arriba: Tuna clippers and other cannery workers. Cortadoras de atún, San Diego, CA.
Below/abajo: Workers at California Sanitary Canning Co. Trabajadoras de CAL SAN

Luisa Moreno 1907-1992

Luisa Moreno traveled under different names. * Luisa Moreno viajó bajo diferentes nombres a través de los años

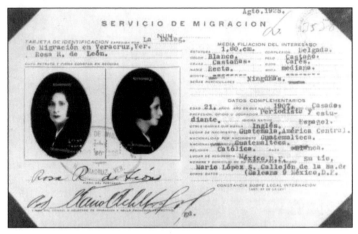

De Nueva York a California
A UNIQUE LABOR ORGANIZER

Originally from Guatemala, **Luisa Moreno** devoted herself to workers in the U.S. and their struggles for a decent life. In 1928 she began organizing exploited workers in a New York (Harlem) sweatshop. There she came to know Puerto Rican socialists, and joined the Communist Party. She went on to organize Black and Latina workers in Florida and helped build a cigar workers union that had been terrorized by the Ku Klux Klan.

She organized cane workers in New Orleans and then tuna packing workers in San Diego, becoming chief organizer of their union UCAPAWA in 1938. That same year she helped organize the great Congress of Spanish-speaking People with **Josefina Fierro de Bright**, and they became life-long friends. She was elected the first Latina member of the California CIO Council.

Luisa was attacked in the "Red Scare" and threatened with deportation if she did not testify against another labor organizer. She refused and was deported in 1950. After a stay in Mexico, she went to Cuba where she participated in the Revolution's early years.

Originalmente de Guatemala, **Luisa Moreno** se dedicó a los trabajadores en los E.U. y sus luchas por una vida decente. En 1928 empezó a trabajar de organizadora laboral en una fábrica de costura explotadora en la ciudad de Nueva York (Harlem) donde llegó a conocer a socialistas puertorriqueños, y se unió al Partido Comunista. De ahí siguió a Florida a sindicalizar a enrolladoras de cigarros latinas y negras, y ayudó a una unión de trabajadores de cigarros que había sido aterrorizada por el Ku Klux Klan.

Organizó a trabajadores de la caña en New Orléans y luego los empacadores de atún en San Diego, así llegando a ser la organizadora principal de su unión, la UCAPAWA en 1938. Ese mismo año, ayudó a organizar el gran Congreso de Pueblos de Habla Española con **Josefina Fierro de Bright**, y se hicieron amigas por vida. Fue elegida la primera latina a ser miembro del CIO de California.

Luisa fue atacada durante el "Pánico Comunista" y amenazada con deportación si no testificaba contra otro organizador laboral. Ella rehusó y finalmente fue deportada en 1950. Después de pasar unos años en México, fue a Cuba donde trabajó en los primeros años de la revolución.

Josefina Fierro de Bright explaining the war on workers * **Josefina Fierro de Bright** explica la guerra contra los trabajadores

BUILDING A RADICAL CONGRESS

Born in Mexico, **Josefina Fierro** came to Los Angeles in 1920. She began organizing in the Mexican community: a boycott against factories and shops that would sell to *mexicanos* but refused to hire them. When **Luisa Moreno** heard about this dynamic young woman, she contacted her to help build the Congreso de Pueblos de Habla Española (Congress of Spanish-Speaking People). At the age of 18, Josefina became one of its main organizers.

Congreso de Pueblos de Habla Española

The *Congreso* opened in Los Angeles on April 29, 1939. Josefina jubilantly addressed the crowd of migrant workers, teachers, housewives, youth leaders, social workers and others: "For the first time Mexican and Spanish American people have gathered together for unified action against the abuses of discrimination and poverty . . ."

The Congreso pledged to oppose any legislation that would tend to do harm to any national minority group or race, adopted various resolutions on labor, and took many other actions.

Under the leadership of Moreno and Fierro de Bright, El Congreso recruited about 80,000 members who mobilized against police abuse and deportations. It organized a "hunger march" to the state capitol in Sacramento to protest a bill banning home relief for noncitizens "who made no effort to become citizens." The Governor vetoed the bill.

But the Red-baiting of radical organizers like Luisa and Josefina, who were both members of the Communist Party, grew worse. Josefina decided to leave the U.S. rather than provide names of supposed Communists to the government. Her husband, John Bright, a radical Hollywood screenwriter, left with her. Luisa Moreno was deported. It was a bad time for the Left.

Las creadoras de un congreso radical

Nacida en México, **Josefina Fierro** vino a Los Ángeles en 1920. Empezó a organizar en la comunidad mexicana un boicoteo de fábricas y tiendas que vendían a mexicanos pero se negaban a emplearlos. Cuando **Luisa Moreno** supo de esta dinámica joven, la buscó para ayudar a construir el Congreso de Pueblos de Habla Española.

El Congreso abrió en Los Ángeles el 29 de abril de 1939. Josefina le habló al gentío de trabajadores inmigrantes, maestros, amas de casa, líderes juveniles, trabajadores sociales y otros: "Por primera vez, mexicanos e hispanoamericanos se han unido para tomar acción contra los abusos de la discriminación y la pobreza . . ."

El Congreso prometió oponer cualquier legislación que pudiera causar mal a algún grupo nacional minoritario, y adoptó varias resoluciones sobre asuntos laborales.

Bajo el liderazgo de Moreno y Fierro de Bright, el Congreso reclutó aproximadamente a 80,000 miembros, los que se movilizaron contra el abuso policíaco y las deportaciones. Organizó una "marcha de hambre" a la capital estatal en Sacramento para protestar un proyecto de ley que prohibía el auxilio doméstico para los que no eran ciudadanos y "no hacían ningún esfuerzo para serlo." El Gobernador vetó el proyecto de ley.

Pero las acusaciones de comunista a organizadores radicales como Luisa y Josefina empeoraron. Josefina decidió irse de los E.U. para no tener que proveer al gobierno los nombres de supuestos comunistas. Su esposo, John Bright, un escritor de películas, partió con ella. Eran malos tiempos para la Izquierda.

REVOLUTIONARY MADRE OF JOSEFINA

Josefa Arancibia, mother of Josefina, active in the Mexican Revolution from age 17, sang and carried arms across the border for the PLM. She moved to L.A. and joined the Communist Party. * Josefa Arancibia, madre de Josefina, activa en la Revolución Mexicana desde la edad de 17, cantó y cruzó armas por la frontera para el PLM. Se mudó a Los Ángeles y se unió al Partido Comunista.

RECOMMENDATIONS BY EL CONGRESO

Los Angeles, 1939

Delegates traveled from as far as Montana, Illinois, New York and Florida. The Congreso called for:

- an end to segregation in public facilities, education, housing, jobs
- an end to discrimination in public assistance
- the right of immigrants to live and work in the U.S.
- a national health care plan
- bilingual education
- a women's committee to work for women's equality
- establishing university departments of Latino studies

RECOMENDACIONES DEL CONGRESO

Los Ángeles, 1939

Delegados viajaron desde lugares tan lejanos como Montana, Illinois, Nueva York, y Florida. El Congreso delineó una plataforma que reclamaba:

- fin a la segregación de facilidades públicas, educación, vivienda y empleos
- fin a la discriminación en la asistencia pública
- el derecho para inmigrantes de vivir y trabajar en los E.U.
- un plan nacional de cuidado de salud
- educación bilingüe
- un comité de mujeres por la igualdad de la mujer
- programas de estudios latinos en las universidades

¡MÁS CAMPEONAS! 1939-50

Top right/arriba derecha: **Rose Columbana**, First Base, Tubbs Cordage, c. 1950 * **Rose Columbana**, Primera Base, Tubbs Cordage, c. 1950

Top left/arriba izquierda: **Las Gallinas**, girls baseball team, East Chicago IN, 1939 * **Las Gallinas**, equipo de niñas de béisbol, East Chicago, IN, 1939.

Champions In The Field

Women formed baseball and soccer teams, often with fellow workers, and worked hard to win.

Above/arriba: Girls softball team, East Chicago, IN, 1949 * Equipo de niñas de béisbol, East Chicago, IN, 1939

Right/derecha: **Las Aztecas** Women's Baseball Team, Kansas City, MO, c. 1940 * Equipo de mujeres de béisbol, **Las Aztecas**, Kansas City, MO, c. 1940

Mujeres formaron equipos de béisbol y fútbol, muchas veces con compañeras del trabajo. Trabajaban fuerte para ganar.

LA TRADICIÓN
Curanderas, Parteras y Sobadoras

La tradición nunca ha muerto: la de mujeres sirviendo de curanderas, parteras, y sobadoras. El conocimiento que ellas aplicaban, desarrollado en áreas rurales remotas durante los tiempos coloniales, a menudo provenía de los indígenas. Las más hábiles podían reconocer y utilizar docenas de hierbas. Muchas veces el conocimiento de las mujeres se mantuvo en secreto de los misioneros y oficiales porque lo asociaban con poder femenino y costumbres paganas.

Healers, Midwives and Massagers

The tradition has never died: of women as healers, midwives, and massagers. Their knowledge, developed in remote, rural areas during colonial times, often came from indigenous peoples. The most skillful could recognize and utilize dozens of herbs. The women's knowledge was often kept secret from missionaries and officials because it was associated with female power and pagan ways.

Five New Mexican midwives * Cinco parteras de Nuevo Mexico, Taos, 1940

Chola Martina, healer * curandera

Right/derecha: **Eva Castellanoz**, healer in Nyssa, Oregon. She also makes wax flower bouquets for communal ceremonies, as a spiritual act with prayers. * **Eva Castellanoz**, curandera en Nyssa, Oregon. También hace ramos de flores de cera para ceremonias comunales, como acto espiritual con oraciones.

Mujeres en el WAC

WORLD WAR II

When World War II came, Chicanas served by the thousands in the military. This sampling of women from the Middle West shows some of the assignments they had. The largest number were in the Women's Army Corps (WAC), as seen in the group photo above.

La Segunda Guerra Mundial

Cuando llegó la Segunda Guerra Mundial, miles de chicanas se alistaron en el servicio militar. Estas fotos de mujeres del Medio Oeste demuestra algunas de las misiones a las que fueron asignadas. La mayoría de ellas sirvió en el Cuerpo de Mujeres del Ejército (WAC), como vemos en la foto arriba.

Marge Villanueva Lambert, Driver for officers, Camp Chaffee * Chofer en Camp Chaffee, Lincoln, Nebraska

Ann Torres, WAC, East Chicago, Indiana

Pfc. Gloria Guerrero, Women's Army Corp * Cuerpo Aéreo de Mujeres, East Chicago, IN

Sra. St. Claire, Kansas City, Missouri

Natalie Ruiz García, Omaha, Nebraska

In WWII
NEW JOBS FOR CHICANAS

During the Depression, jobs had been scarce for Chicanas. But with the industrial boom brought on by World War II and so many men gone to war, jobs opened up. Chicanas were soon doing many kinds of work they had never performed before. Doing work formerly limited to men and earning a decent wage gave them a new self-esteem.

La Segunda Guerra Mundial
CHICANAS EN EMPLEOS NUEVOS

Durante la Depresión, hubo escasez de empleos para chicanas. Pero la explosión industrial ocasionada por la Segunda Guerra Mundial y la ausencia de tantos hombres que se fueron a la guerra, crearon nuevos empleos. Pronto las chicanas estaban haciendo trabajos que nunca habían hecho antes. El poder trabajar en empleos anteriormente limitados sólo a hombres y ganar un sueldo decente les dío un nuevo sentido de amor propio.

Top/arriba: Women working on the railroad in Arizona * Mujeres trabajando en el ferrocarril en Arizona

Bottom Left/abajo izquierda: San Bernadino, California, women working as "suppliers" to incoming trains at the Atchison, Topeka and Santa Fe Railroad roundhouse * San Bernardino, California, mujeres trabajando de "suministradoras" a los trenes entrantes en el garaje de la compañía ferroviaria Atchison, Topeka y Santa Fe

Bottom Right/abajo derecha: San Diego, California factories. Women making pilot parachutes at long lines of sewing machines. * Fábricas en San Diego, California. Mujeres sentadas en largas filas de máquinas de coser haciendo paracaídas para pilotos

ROSITA LA RIVETER!

Chicanas working in factories during World War II sometimes earned the title "Rosie the Riveter," and could be proud of it. They included **Joan Posada Valente**, Chicago riveter in 1943. **Petra Perez** worked as a riveter in Wichita, Kansas. **Alice Shelit** worked for Douglas Aircraft in Long Beach, California, from 1940-1976, first as a parachute maker and then as station mechanic.

¡Rosita La Remachadora!

Las chicanas que trabajaban en fábricas durante la Segunda Guerra Mundial a veces se ganaban el título de "Rosita la Remachadora", algo de que se podrían sentir orgullosas. Estas incluyeron a **Joan Posada Valente**, remachadora en Chicago, 1943. **Petra Pérez** trabajó de remachadora en Witchita, Kansas. **Alice Shelit** trabajó para Douglas Aircraft en Long Beach, California, de 1940-1976, primero haciendo paracaídas y después de mecánica de la estación.

Above/arriba: **Pascuala Martínez**, worked for Carnegie Steel in the 1940's as an oiler in the roundhouse. * **Pascuala Martínez** trabajó de petrolera en la estación de trenes para la compañía de acero Carnegie Steel en los 1940, en Chicago.

JOAN POSADA VALENTE

PETRA PEREZ

ALICIA SHELIT

GI Forum Women for Justice

When thousands of Chicano GI's came home from World War II, they met the same racist treatment as before leaving. They were the most decorated ethnic group in the war; they had been killed out of all proportion to their population. But once again they were second-class citizens. What could they do?

In March, 1948 some 700 veterans met in Corpus Christi, Texas, and formed the GI Forum, headed by Dr. Hector García, to work for their rights. One of its first struggles was to win a proper burial for Pvt. Felix Longoria, scheduled for internment in a segregated "Mexican" cemetery. That victory made history.

The GI Forum was primarily composed of working-class people. The women, although grouped in auxiliaries, were seen as especially effective organizational leaders. **Isabelle Téllez** was a major figure in developing the New Mexico chapter. **Dominga Coronado** undertook often dangerous projects to desegregate public facilities in Texas. The Forum women made a priority of grassroots leadership training.

In 1955 the Forum voted to support including Blacks in its school desegregation work. In the 1970's it succeeded in forcing Coors Beer to hire more Latinos. Since the Reagan administration, the Forum's strength has lessened but its example stands.

GI Forum, Chicago Convention, 1963. * Convención de Chicago.

¡Que vivan las del Foro GI!

Cuando miles de chicanos regresaron de la Segunda Guerra Mundial, enfrentaron el mismo tratamiento racista que antes de haberse ido. Fueron el grupo étnico más decorado de la guerra. Murieron muchos, más de lo que representaban en la población. Pero todavía eran ciudadanos de segunda clase. ¿Qué se podía hacer?

En 1948, aproximadamente 700 veteranos se reunieron en Corpus Christi, Texas y formaron el GI Forum para luchar por sus derechos. Una de sus primeras peleas fue para que no enterraran a Pvt. Félix Longoria, muerto en batalla en las Filipinas, en un cementerio segregado "mexicano". Esa victoria era histórica.

Los miembros del GI Forum eran mayormente de clase trabajadora y su constitución decretaba la participación plena de las mujeres y la juventud. Las mujeres, aunque agrupadas en tropas auxiliares, fueron consideradas dirigentes especialmente efectivas. **Isabelle Téllez**, por ejemplo, fue un personaje principal en el desarrollo del Forum en Nuevo México, y de la organización a nivel nacional. **Dominga Coronado** trabajó contra la segregación de las facilidades públicas en Texas. Mujeres del Forum hicieron los derechos educacionales una prioridad, incluso el entrenamiento de liderazgo a nivel de base.

En 1955 el Forum votó para la inclusión de los negros en su trabajo contra la segregación de las escuelas. En 1970 el Forum obligó a Coors Beer a emplear a más latinos. Aunque desde la administración Reagan la fuerza del Forum no ha sido la misma, su ejemplo todavía sigue.

Texas GI Forum, June 1966, march to support United Farm Workers, **Dr. Cleotilde García**, sister of Hector García on left Marcha para apoyar la unión UFW, junio 1966, **Dra. Cleotilde García**, hermana de Hector García, a la izquierda.

LULAC WORKS TO OPEN DOORS

Founded in Corpus Christi, Texas, in 1929, the League of United Latin American Citizens (LULAC) became the largest Mexican-American organization for years. It upheld middle-class models, "Americanization," and anti-Communism. Like the National Association for the Advancement of Colored People (NAACP), it took on many key issues of discrimination, such as segregated schools and other public facilities. It also focused on aid to immigrants, voting rights, etc.

LULAC did little to encourage women's participation as equals; until the 1970's, it left them to join "Ladies LULAC Councils." One outstanding exception was **Alicia Dickerson Montemayor** (1902-1989). "Monty" became Second Vice-President of national LULAC in 1937, its third highest position. She also became the first woman Associate Editor of *LULAC News*, where she published many anti-sexist articles, and Director General of Junior LULAC.

ALICIA DICKERSON MONTEMAYOR

Top right/arriba derecha: National LULAC Convention, Ladies LULAC luncheon, 1951 * Convención Nacional de LULAC, un almuerzo de las Damas de LULAC, 1951

Middle/centro: Officers of Ladies' LULAC Council No. 17, Albuquerque N.M., 1939 * Oficiales del Concilio Número 17 de las Damas de LULAC, Albuquerque, N.M., 1939

Above/arriba: Cover of *LULAC News*, Sept. 1937, dedicated to Mrs. F.I. **Alicia Dickerson Montemayor** * Cubierta de LULAC News, septiembre 1937, dedicada a Sra. F.I. **Alicia Dickerson Montemayor**

LULAC trabaja para abrir puertas

Fundada en Corpus Christi, Texas en 1929, la League of United Latin American Citizens (LULAC) (Liga de Ciudadanos Latino Americanos Unidos) llegó a ser la organización méxico-americana más grande por muchos años. Apoyaba los modelos de la clase media, la "Americanización" y el anti-comunismo. Igual al National Association for the Advancement of Colored People (NAACP), luchó contra muchos problemas claves de la discriminación, como la segregación de las escuelas y de otras facilidades públicas. También se concentró en obtener ayuda para inmigrantes, el derecho al voto, etc.

LULAC hizo muy poco para estimular la participación de las mujeres como iguales. Hasta los 1970 ellas sólo podían pertenecer a los "Ladies LULAC Councils" (Concilios de Damas de LULAC).

Una excepción sobresaliente fue **Alicia Dickerson Montemayor** (1902-1989). Basada en Laredo, Texas, "Monty" llegó a ser la Segunda Vice-Presidenta de la LULAC nacional en 1937, la tercera posición más alta. También fue la primera mujer a ser Editora Asociada del *LULAC News*, donde publicó muchos artículos contra el sexismo. Una pintora notable, también fue directora general de Junior LULAC.

FIGHTING RACISM

Without a warrant, on May 26, 1951, about 10 club-swinging Los Angeles police invaded a baptismal party for a Chicano baby, saying only they had come "to see the party was broken up." They beat up an 8-month-pregnant woman and threw a paraplegic man who protested to the floor, then hit him with a nightstick. Later in court, the 7 arrested were asked if they were Communists.

The Los Angeles Civil Rights Commission received many such complaints from *mexicanos*. In 1957 it filed a petition to the United Nations requesting an investigation into the many violations of human rights of over 5 million people of Mexican origin in the U.S. In 1951, African Americans had filed a similar petition to the UN.

OPERATION "MOJADOS" 1953-56

In 1953, Lt. Gen. Joseph Swing, head of the Immigration & Naturalization Services (INS), launched a massive military campaign called "Operation Wetbacks" to deport undocumented Mexicans. In 1954-56, an estimated 2 million were deported.

* * *

En 1953, el Ten. General Joseph Swing, jefe del Servicio de Inmigración y Naturalización, lanzó una masiva campaña militar llamada "Operación Mojados" para deportar a mexicanos indocumentados. Desde 1954 a 1956, se estima que dos millones de mexicanos fueron deportados.

Luchando contra el racismo

El 26 de mayo de 1951, aproximadamente 10 policías de Los Ángeles, tirando golpes con sus macanas y sin un mandamiento de registro, invadieron una fiesta de bautizo de un bebé chicano. Golpearon a una mujer embarazada de 8 meses y arrojaron a un parapléjico al suelo por protestar y lo golpearon con una macana. Más tarde en la corte, se les preguntó a los 7 arrestados si eran comunistas.

La Comisión de Derechos Civiles de Los Ángeles recibió muchas quejas similares de mexicanos. En 1957, presentó una petición a la Organización de las Naciones Unidas (ONU) invitando una investigación de las muchas violaciones de derechos humanos entre los más de 5 millones de personas de origen mexicano en los E.U. En 1951, los africano-americanos habían presentado su petición a la ONU, titulada "Les cargamos de genocidio" con un mensaje similar.

Los Angeles, 1941. 300 Chicanas and others protest racist treatment of streetcar workers. * Los Ángeles, 1941. 300 chicanos/as protestan el tratamiento racista a los trabajadores de tranvía.

Right/derecha: Signs like these, dating back to the 1930's, were common all over public establishments for years. * Por muchos años rótulos como éstos, datando de los años 30, eran comunes por todos los establecimientos públicos.

LOS MEXICANOS INTEGRAN LAS ESCUELAS

Dos veces en la historia de California, familias mexicanas se opusieron a la segregación de sus niños en escuelas "sólo para mexicanos". En 1931 en Lemon Grove, cerca de San Diego, unos padres desafiaron la orden del Concilio de Educación de mandar a sus niños a una de esas escuelas y ganaron.

En 1944, Gonzalo y Felícitas Méndez trataron de matricular a sus niños en la escuela pública en Westminster, Orange County. Se les dijo que Sylvia y sus hermanos tendrían que asistir a la escuela mexicana. En 1946, sus padres ganaron un pleito que entablaron de parte de sus hijos y 5,000 otros, reclamando que la segregación básicamente era contra la Constitución de los EU. Esta decisión estableció un precedente para la decisión de 1954 por la Corte Suprema que dictó la desegregación de todas las escuelas en los E.U.

Años más tarde, después de jubilarse de enfermera, **Sylvia Méndez** empezó a difundir la poco-conocida lucha de su familia. "Tenemos que contarles a los latinos que alguien luchó por ellos". Poco a poco se está aprendiendo cómo los negros al igual que los morenos lucharon contra el racismo.

Sylvia Méndez teaches how her family fought segregation

Twice in California history, Mexican families resisted their children being segregated in "all-Mexican" schools.

In 1931, parents in Lemon Grove, near San Diego, defied a School Board order to send their children to such a school, and won. In 1944, Gonzalo and Felicitas Méndez tried to enroll their children at the regular elementary school in Westminster, Orange County. They were told the children would have to attend the Mexican school. The parents filed a suit on behalf of their children and 5,000 others. In 1946, a federal judge ruled that segregation violated the U.S. Constitution. This decision served as a precedent for the 1954 Supreme Court decision that ordered all U.S. schools desegregated.

Years later, daughter **Sylvia Méndez** began speaking in public about her family's little-known struggle. "We have to let Latinos know somebody fought for them." Slowly people are learning how Brown and Black people have both struggled against racism.

Sylvia Méndez at Santa Ana Community College with photos to teach about her family's 1946 desegregation victory * **Sylvia Méndez** en Santa Ana Community College, usando fotos para enseñar acerca de la victoria de los los Méndez contra la segregración en 1946

Feb. 18, 2004 Memorial march for Méndez v. Westminster victory Marcha para conmemorar la victoria de Méndez v. Westminster

March supporting project to teach Méndez case in California schools * Marcha para apoyar la esfuerza de enseñar el caso Méndez en las escuelas de California

WARRIORS IN WORDS AND DEEDS

MARÍA DE HERNÁNDEZ 1896-1986

In the struggle for civil, political and cultural rights, **María L. de Hernández** was an amazing *tejana* champion starting in 1929. She worked to improve education for *mexicanos*, including school desegregation, and wrote on many issues such as labor, politics, and religion. A strong feminist and noted orator, she co-founded the *mutualista,* mutual aid organization that lasted 40 years and even helped build the Raza Unida Party in the 1970's.

One of the first *tejanas* to write in English about her people, **Jovita González de Mireles** became the first Chicana President of the Texas Folklore Society in 1931. She co-authored Spanish language textbooks, always opposing the usual Anglo picture of Mexicans as "a social problem."

Celia Mendoza: A beauty queen by day, anti-racist by night, she sat down in the segregated Anglo section of the Hayden, Arizona movie theater in 1946. The manager threw her out but relatives who had served in World War II organized a boycott of the theater and won.

Guerreras de palabras y hechos

Empezando en 1929, la tejana **María L. de Hernández** fue una defensora extraordinaria en la lucha por derechos civiles, políticos y culturales. Trabajó para mejorar la educación para los mexicanos, incluso la integración racial de las escuelas, y escribió sobre la política, la religión y el laborismo entro otros asuntos. Una oradora feminista fuerte y notable, fue fundadora de una mutualista que servía por 40 años y hasta ayudó a formar el Partido Raza Unida en los 1970.

Jovita González de Mireles fue una de las primeras tejanas en escribir en inglés sobre su gente y la primera presidenta chicana de la Sociedad Folklórica de Texas en 1931. Fue coautora de libros de texto en español, siempre refutando la imagen anglo usual de los mexicanos como "problemas sociales".

Celia Mendoza, reina del 16 de septiembre de día y anti-racista de noche, se sentó en la sección anglo del cine en Hayden, Arizona en 1946, y el gerente del cine la expulsó. Pero algunos parientes organizaron un boicoteo de cine y ganaron.

CELIA MENDOZA

JOVITA GONZÁLEZ DE MIRELES 1903-1983

JULIA LUNA MOUNT

"THE 2-PARTY SYSTEM IS NO GOOD!"

Julia Luna Mount with her sister Celia, also an activist, at a 1948 rally to support the campaign of Henry Wallace (Progressive Party) for President
Julia con su hermana Celia, también activista, en 1948 en un mitin para apoyar a Henry Wallace (Partido Progresista) para Presidente

"The 2-party system is ruining the country!" declared **Julia Luna Mount** more than once. Born in 1922 in East Los Angeles, she was active for decades on education, labor, community issues, and electoral reform.

Julia's activism began at age 14 as a nighttime cannery worker who joined the big 1937 strike at Cal San by UCAPAWA. She went on to help organize other workers at Douglas Aircraft and a Los Angeles hospital. She broke the L.A. public school policy of teaching only Home Economics to Mexican girls and was later a candidate for the L.A. Board of Education. In 1951, with anti-Communist hysteria in full swing against any progressive ideas, she refused to sign a Los Angeles County oath stating she was not a Communist, although FBI harassment followed.

She lobbied for bilingual education, sup-

Julia ran for the Los Angeles Board of Education in 1967.
Candidata por la Mesa de Educación de Los Angeles, 1967.

ported the farmworker grape boycott, stood with Hopi and Navajo demands to stop Los Angeles's use of a polluting power plant, and worked for many other struggles. She was a founder of the Peace and Freedom Party. Julia always fought for people's needs in every way.

Julia Luna Mount, luchadora

"¡El sistema de dos partidos está arruinando el país!" declaró **Julia Luna Mount** más de una vez. Nacida en 1922 en East Los Ángeles, fue activa por muchas décadas en torno a problemas de la comunidad, educación, trabajo y también la reforma electoral.

El activismo de Julia empezó a la edad de 14 años cuando trabajó de noche como enlatadora y participó en la gran huega de 1937 a Cal San por UCAPAWA. Después ayudó a organizar a trabajadores en la fábrica de Douglas Aircraft, y luego en un hospital. Quebró la política de las escuelas públicas de limitar la enseñanza de muchachas mexicanas a "economía doméstica" y fue candidata para la Mesa Educativa de Los Angeles.

En 1951, con la histeria anticomunista en plena actividad contra cualquier idea progresista, rehusó firmar un juramento del Condado de Los Ángeles declarando que no era comunista, aunque esto resultó en su persecución por la FBI. Abogó por la educación bilingüe, apoyó el boicoteo de la uva de los trabajadores campesinos, y se unió a demandas hopi y navajo en una lucha contra la contaminación. Fue fundadora del Partido "Peace and Freedom". Julia siempre luchó por las necesidades del pueblo.

ISABEL, BELOVED YOUNG REBEL

Born in 1910, so poor that she did not have a pair of shoes until her late teens, **Isabel Magran González** moved from her native New Mexico to Denver. She worked on health issues and also fought to get pre-natal care for Chicanas. She always insisted on recognizing the key role of women in the Movement, saying "It's time to stop seeing the Mexican woman as man's slave; she is his equal in every way."

In 1947, Isabel ran for the Denver City Council as an independent, the only woman candidate in that race. She was a leader in the Progressive Party headed by Henry Wallace, which challenged the 2-party system. She also supported workers' struggles, fought racism, edited a progressive newspaper and helped found the Asociación Nacional Mexicana Americana (ANMA), becoming Vice President of this historic body. Isabel died at 39, hailed as a *mexicana* far ahead of her time.

**ISABEL MAGRAN GONZÁLEZ
1910-1949**

Una joven revolucionaria

Nacida en 1910, tan pobre que ni tuvo un par de zapatos hasta ya casi adulta, **Isabel Magran González** se mudó de su Nuevo México nativo a Denver. Trabajó en resolver problemas de la salud y luchaba para obtener cuidado prenatal para chicanas. Siempre insistió en que se reconociera el papel clave de las mujeres y decía "ya es tiempo que se deje de juzgar a la mujer mexicana como una esclava del hombre y se le coloque al mismo nivel del hombre en todo concepto".

De la izquierda Chicana: ANMA
Asociación Nacional Mexicana-Americana

La ANMA, establecida en 1949 para proteger los derechos civiles, económicos y políticos de los mexicanos en los E.U., llegó a ser la segunda organización izquierdista principal de su tiempo. Abogó por un frente unido con otros pueblos oprimidos, como los negros y los judíos. También se opuso fuertemente a la deportación de más de un millón de mexicanos, se declaró en contra de la guerra con Corea, y promovía la paz mundial. La ANMA fue la única organización principal de derechos civiles en los E.U. en denunciar públicamente las muchas violaciones de la Bill of Rights de EU. Perseguida por la FBI, al fin fracasó en 1954.

En 1947, Isabel se presentó como candidata independiente para el Concilio Municipal de Denver, la única mujer en esa carrera. Fue una líder en el Progressive Party que representaba un desafío al sistema de dos partidos. También ayudó a las luchas obreras, fue editora de un periódico progresista, luchaba contra el racismo y llegó a ser vicepresidenta de la Asociación Nacional Mexicana Americana (ANMA). Murió a los 39 años, una mujer del futuro.

The Chicano Left: ANMA
National Mexican-American Association

ANMA, established in 1949 to protect the civil, economic and political rights of Mexican people in the U.S., became the second major Chicano left organization in its time. It advocated building a united front with other oppressed peoples like Blacks and Jews, strongly opposed the deportation of over a million Mexicans in Operation Wetback, stood against the Korean War and for world peace. ANMA was the only major civil rights organization in the U.S. to speak out publicly against the many violations of the Bill of Rights in the McCarthy years. Hounded by the FBI, it finally collapsed in 1954.

"GO AFTER THE REDS!"

Los Angeles protest against repression under the Smith and McCarran Acts
Protesta en Los Ángeles contra la represión bajo Las Actas Smith y McCarran

Go after the Reds—and forget civil rights! The cry went out after World War II. We were told that our problem was the Soviet Union and the Communism it represented—not the rich white power structure here at home.

A fierce attack was launched aimed at using the Smith and McCarran Acts to weaken or disband labor unions and block any kind of progressive action. The Smith Act, for example, was the first law since 1798 to make the mere advocacy of ideas a federal crime! For Mexicans, this often meant illegal arrests, unreasonable bail, and deportation without due process. To defend the rights of labor, left political activism and especially protest by Mexican Americans, Blacks and other peoples of color, the Civil Rights Congress of Los Angeles was founded in 1946. It had 8 sub-chapters in the Los Angeles area. **Celia Luna Rodriguez** was an active staff member. The Los Angeles CRC survived until 1956. But it could not prevent the persecution of Luisa Moreno and Josefina Fierro de Bright (see pp.76-78).

Celia Luna Rodriguez (Izq./left) and Shifra Meyers (en medio/center), staff of the Civil Rights Congress, sign up Lester Tate as the first 1950 CRC member.
Celia Luna Rodríguez y Shifra Meyers, en la plantilla del Congreso de Derechos Civiles, matriculan al primer miembro del CRC, Lester Tate 1950.

¡Persigan a los comunistas!

¡Persigan a los comunistas y olvídense de los derechos civiles! Así subió el grito después de la Segunda Guerra Mundial. Se nos dijo que nuestro problema era la Unión Soviética y el comunismo que ésta representaba—y no la estructura de poder rica y blanca aquí mismo en nuestra patria.

Se lanzó un ataque feroz, tratando de utilizar las actas Smith y McCarran para debilitar y disolver los sindicatos y bloquear cualquier tipo de acción progresista. El Acta Smith, por ejemplo, fue la primera ley desde 1798 en hacer un crimen el mero hecho de abogar por una idea. Para los mexicanos esto a menudo significaba deportación sin proceso debido, fianzas exageradas, y arrestos ilegales.

El Congreso de Derechos Civiles (CRC) de Los Ángeles fue fundado en 1947 para defender los derechos de los trabajadores, el activismo político de izquierda y el derecho de protestar de los mexicano americanos, los negros y otras gentes de color. Tenía ocho subcapítulos en el área de Los Ángeles. **Celia Luna Rodríguez** fue una empleada activa. El CRC de Los Ángeles sobrevivió hasta 1956. Pero no pudo parar la persecución de Luisa Moreno y Josefina Fierro de Bright (vea pp.76-78).

De Kansas, Indiana, Illinois...

Wellington, Kansas - Fiesta queen * Reina de la fiesta, c. 1939

From the rancho to the barrio, we keep on coming! There have long been *mexicanas* who moved from the Southwest to the Midwest. In the 1920's, Mexicans were 40% of the railroad maintenance crews in Chicago. Others labored in the beet fields and slaughterhouses while women also worked as domestics and taking in boarders. Everywhere we tried to "fit in" but also to keep our culture alive.

* * *

¡Del rancho al barrio, seguimos viniendo! Desde hace tiempo hubo mexicanas que se mudaron del suroeste al medio oeste de los E.U. En los 1920, los mexicanos formaban el 40% de los equipos de mantenimiento del ferrocarril en Chicago. Otros laboraban en los campos de betabel y en los mataderos mientras que las mujeres también trabajaron de empleadas domésticas y alojando a huéspedes en sus hogares. Siempre estamos buscando ser aceptadas, y a la vez intentando mantener viva nuestra cultura.

Illinois, Fiesta de independencia, 1960

Kansas - Fiesta in Parsons, 1946

East Chicago, Indiana - Ballet Folklórico

¡y Idaho!

Left/izquierda: Making piñatas and parts of floats, late 50's-early 60's * Haciendo piñatas y partes de flotas, al final de los 1950-principio de los 1960

Top right/arriba derecha: Paula Salinas and Margarita Martínez, late 1950's-early 60's * Paula Salinas y Margarita Martínez, al final de los 1950-principio de los 1960

Bottom right/ abajo derecha: Float at fiesta in Homedale, Idaho, late 50's - early 60's * Flota para una fiesta en Homedale, Idaho, al final de los 1950-principio de los 1960

Los primeros mexicanos, principalmente hombres solteros, viajaron a Idaho a principios de los 1800 como tramperos y aventureros. Después de 1846, hombres y mujeres mexicanos ayudaron a construir la economía de Idaho, sirviendo de mineros, muleteros, vaqueros, y amas de casa. Antes de la Primera Guerra Mundial, mexicanos fueron reclutados para trabajar en los campos de betabel y el ferrocarril en Idaho. Siempre han tratado de sostener su cultura a través de los años.

* * *

The first Mexicans, mostly single men, traveled to Idaho in the early 1800's as trappers and adventurers. After 1846, men and women helped build Idaho's economy as miners, mule-packers, cowboys, and housekeepers. Before World War I, *mexicanos* were recruited for sugar beet and railroad work in Idaho. They have often tried to sustain their culture over the years.

VIRGINIA CHACÓN, 2003

Above/arriba: Women on picketline * Mujeres en el piquete

Top left/arriba izquierda: **Virginia Chacón**, wife of a miner and one of the picketers arrested, who convinced many local women to support the strike. She has continued working for social justice since then. * **Virginia Chacón**, esposa de un minero y una de las arrestadas, quien convenció a muchas mujeres a apoyar la huelga. Ha seguido en la lucha por la justicia social.

Middle left/medio izquierda: Mexican actress Rosaura Revueltas playing Virginia Chacón in the movie, *Salt of the Earth* (as the wife, Esperanza) * La actriz mexicana Rosaura Revueltas en el papel de Esperanza, quien en realidad representaba a Virginia Chacón

ESPERANZA (to miner-husband): *"Why are you afraid to have me at your side? Do you still think you can have dignity only if I have none…Do you feel better having someone lower than you?"* * **ESPERANZA (al marido):** *¿Por qué tienes miedo de tenerme a tu lado? ¿Todavía crees que sólo puedes tener dignidad si yo no tengo ninguna?… ¿Te sientes mejor al tener a alguien más bajo que tú?"*

"¿NECESITAS TENER A ALGUIEN MÁS BAJO?"

"Equality Can't Be Divided"

In 1950, miners—mostly Chicanos—at the Empire Zinc Co. in southern New Mexico went on strike. When the company got an injunction against picketing by the strikers, the miners' wives took over the picket line (see photo above). Attacked by company gunmen, police and scabs, 45 women and 17 children were jailed.

But they all held fast until the strike was won. Made into a famous movie, *Salt of the Earth*, the story of the strike became the story of how women taught men that "equality is not divisible."

La igualdad no se puede dividir

En 1950, los mineros de la compañía Empire Zinc en el sur de Nuevo México, principalmente chicanos, salieron en huelga. Cuando la compañía obtuvo un interdicto prohibiendo la línea de piquete de los huelguistas, sus esposas tomaron cargo de la línea (vea foto arriba). Atacados por la policía, esquiroles, y pistoleros de la compañía, 45 mujeres y 17 niños fueron encarcelados.

Pero ellos se mantuvieron fuertes hasta que la huelga se ganó. De la huelga se hizo una película famosa, *Salt of the Earth*, que es la historia de cómo las mujeres enseñaron a los hombres que "la igualdad no es divisible".

WOMEN ARE THE "SALT OF THE EARTH"

LAS MUJERES SON LA "SAL DE LA TIERRA"

GARMENT STRIKERS FACE RACISM, SEXISM

"Strikers riot" blared the newspaper headlines on Feb. 26, 1959.

Reports like that made people believe those "non-white" women on strike against the Tex-Son garment factory in San Antonio did not deserve respect. They were just ignorant Mexicans who deserved to be beaten and arrested at will.

The workers had asked a wage increase from $1.05 to $1.15 an hour and other minor demands. The company refused and 200 workers walked out.

Many believed the real issue was the company's desire to abolish the union, the ILGWU. After 2 years, the strikers lost but they had set a brave, persistent example in the face of police and company violence.

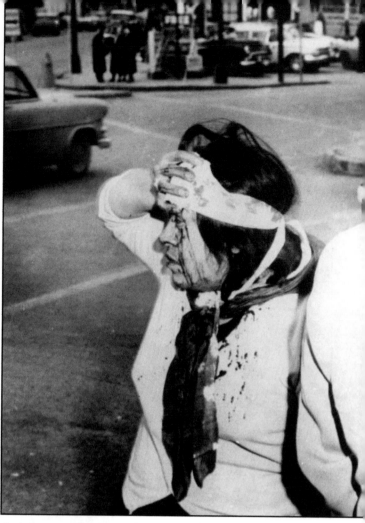

Janie Lozano a Tex-Son striker beaten with an iron bar by a scab.
Janie Lozano, huelguista de Tex-Son, golpeada con una barra de hierro por un esquirol, 1959.

We Tex-Son garment workers have been on strike since February for a living wage for ourselves and our children. For OUR children's sake, please don't buy Tex-Son clothing for YOUR children until our strike is settled on fair terms.

Please DON'T BUY the TEX-SON

TEX-SON brand boys' clothing

or the TEX-SIS brand girls' clothing TEX-SIS SAN ANTONIO that is

Sold at
LEVINE DEPARTMENT STORES
WE ARE NOT ON STRIKE AGAINST THIS STORE.
OUR STRIKE IS AGAINST TEX-SON, INC. ONLY.

Over please, for a letter to your children.

TEX-SON STRIKE COMMITTEE
Local 180
International Ladies' Garment Workers' Union, AFL-CIO
214½ West Commerce, San Antonio, Texas

Tex-Son strike poster * Cartel de la huelga

Daughters of women strikers * Hijas de mujeres en huelga

96

Textileras en huelga enfrentan racismo, sexismo

"Huelguistas se amotinan", gritaron los titulares de los periódicos el 26 de febrero de 1959. Ese tipo de reportaje promovía la idea que "esas mujeres no blancas" en huelga contra la fábrica textilera Tex-Son en San Antonio no merecían respeto. Sólo eran mexicanas ignorantes que merecían ser golpeadas y arrestadas arbitrariamente.

Las trabajadoras habían pedido un aumento de sueldo de $1.05 a $1.15 la hora y otras demandas menores. La compañía rehusó y 200 trabajadoras se salieron del trabajo. Muchos creen que el problema en realidad era el deseo de la compañía de abolir la unión, el ILGWU.

Después de luchar 2 años, las huelguistas perdieron, pero establecieron un ejemplo valiente y persistente.

Striking women in jail as "rioters" * Mujeres encarceladas por haber "amotinado"

Police violence against ILGWU picketers * Violencia policíaca contra huelguistas del ILGWU

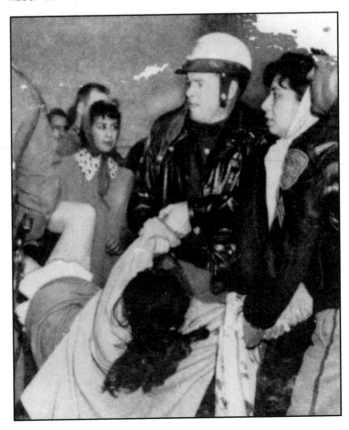

UNA MUJER PARA SIEMPRE

NUESTRA SEÑORA DE GUADALUPE Y TONANTZIN

Dicen algunos que España usó para su propio beneficio la historia de un indígena llamado Juan Diego y su visión milagrosa de una santa mujer morena. El motivo era ganar la aceptación de los pueblos indios de un imperio Católico. Pero no obstante la intención original, la Virgen de Guadalupe ha llegado a ser una santa adorada y la diosa de la resistencia de La Raza.

Sus raíces se extienden al pasado a Tonantzin, nuestra madre indígena, y al futuro hacia la liberación de nuestro pueblo. Desde la guerra de la independencia de México y la revolución de 1910, hasta la lucha de los trabajadores campesinos hoy día, ella ha sido una inspiración. Sigue siendo una imagen de esperanza para todos los oprimidos.

Chicano Moratorium, Los Angeles, Aug. 29, 1970
Moratorio Chicano, 29 de agosto 1970

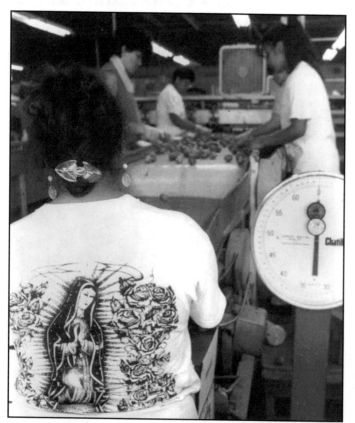

Winters, California 1995. Women sorting plums in packing shed
Mujeres separando ciruelas para el empaquetado

A WOMAN FOR ALL TIME

OUR LADY OF GUADALUPE AND TONANTZIN

The story of an Indian named Juan Diego and his miraculous vision of a holy brown woman was used by Spain, some say, to win the native people's acceptance of a Catholic empire. Whatever the original intent, over the centuries Our Lady of Guadalupe became a beloved saint and symbol of Raza resistance. Her roots reach back to Tonantzin, our ancient indigenous mother, and forward to the liberation of our people.

From Mexico's War of Independence to Zapata's revolution to the farmworkers' struggle for justice today, she has been a powerful image bearing hope for all oppressed people.

EL MOVIMIENTO NACE
IS BORN

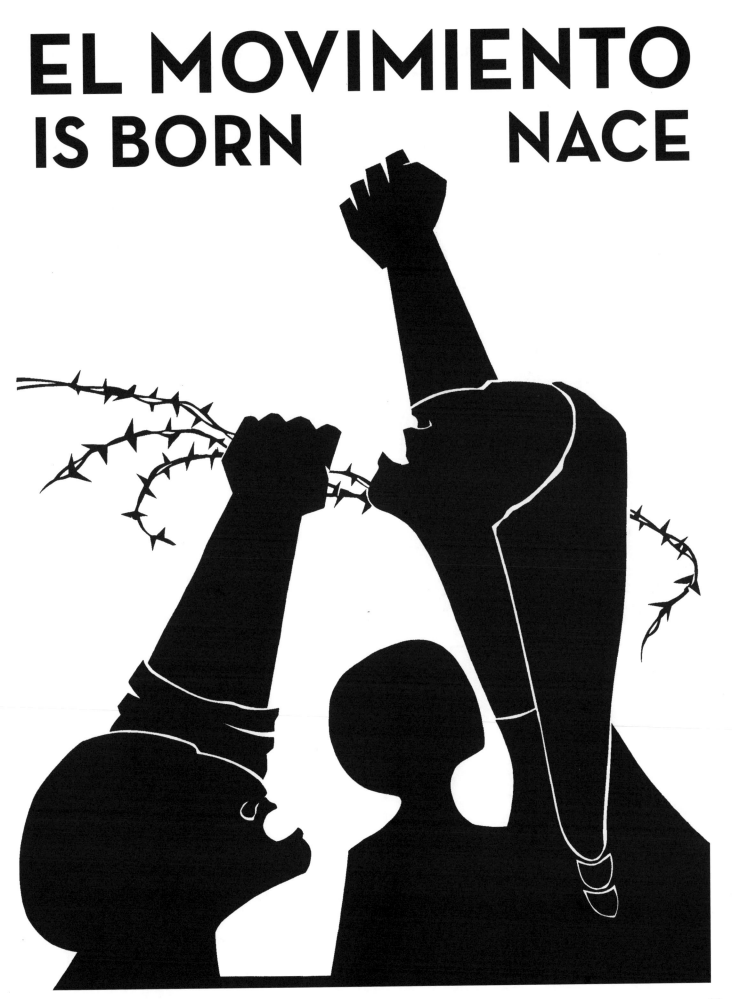

LAND OR DEATH

The Story of New Mexico and "THE COURTHOUSE RAID"

Mass arrest of Alianza members and supporters after June 5 "courthouse raid" * Arresto masivo de familias de la Alianza después del asalto al Palacio de Justicia

U.S. Occupation Forces invade after "the raid." * Las Fuerzas de Ocupación de los E.U. invaden después del ataque.

Village homes near Tierra Amarilla * Hogares cerca de Tierra Amarilla

Mexicanos have long struggled to win back what they considered their right to lands they had been formally granted by Spain in the 1700's. In New Mexico, as members of the Alianza Federal de Pueblos Libres, headed by Reies López Tijerina, they tried everything: petitions, marches, direct action. Their struggle exploded on June 5, 1967 in the mountain village of Tierra Amarilla, when armed Alíanza members took over the local courthouse.

They were protesting denial of their right to hold a meeting and sought to perform a citizen's arrest on the District Attorney who had had 10 men jailed for *planning* to attend it. A wave of repression followed as 2,000 troops, police and others with tanks invaded. But people in northern N.M. continued the struggle.

* * *

Los mexicanos han luchado por mucho tiempo para recuperar lo que consideraban ser sus derechos a las tierras que les fueron otorgadas en forma de mercedes por España en los años 1700.

En Nuevo México, la Alianza Federal de Pueblos Libres, encabezada por Reies López Tijerina, trató todo tipo de tácticas para recuperar las tierras, incluso peticiones, marchas, y acción directa. Su lucha estalló el 5 de junio de 1967 en la aldea montañera de Tierra Amarilla cuando un grupo armado asaltó el Palacio de Justicia local. Protestaban habérseles negado su derecho de convocar una reunión. Querían hacer un "arresto cuidadano" al Fiscal que habia encarcelado a 10 hombres por haber tenido *la intención* de asistir a la reunión. Una ola de represión siguió cuando 2,000 tropas, policías y otros con tanques invadieron. Pero la gente continuó con su lucha.

Police noting the names of those arrested including **Rose Tijerina**
La policía anotando los nombres de los arrestados, incluso **Rose Tijerina**

La Rose Tijerina
y el asalto al Palacio de Justicia en Nuevo México

One woman participated in the "courthouse raid": **Rose Tijerina**, the beautiful 18-year old daughter of Reies López. At her father's bidding, she joined the well-armed raiders and paid a stiff price. She spent 28 days in the state penitentiary, in "the hole" (not just in solitary because of fear that her father would break her out) and with no formal charges against her. Finally released, Rose was arrested again after the Tierra Amarilla jailer was mysteriously killed. She spent another month in the pen, in solitary. Her story is a tale of injustice and abuse lasting longer than anyone else's.

* * *

Una mujer, **Rose Tijerina**, la bella hija de 18 años de Reies López, participó en el "asalto" armado al Palacio de Justicia. Cumpliendo con el mandato de su padre, se unió a los asaltantes armados y pagó un precio muy alto. Fue encarcelada en el presidio estatal por 28 días sin ningún cargo formal, en "el hoyo", porque temían que su padre la trataría de liberar. Cuando al fin libre, Rose fue arrestada otra vez después que el carcelero de Tierra Amarilla fue asesinado misteriosamente. Pasó un mes más en la cárcel, en reclusión solitaria. Su historia es un cuento de injusticia y abuso que duró más que el de los demás asaltantes.

State policeman takes **Rose Tijerina** into custody shortly after the raid
Policía estatal detiene a **Rose Tijerina** poco después del asalto.

"Land or Death" poster found in many areas of New Mexico * Cartel de "Tierra o Muerte" encontrado en muchos lugares de Nuevo México

Valentina Valdez Martínez, founder * fundadora

Maria Varela, founder * fundadora

Beronice Archuleta, founder * fundadora

Birth of the
PEOPLE'S
CLINIC
in Tierra Amarilla

Rio Arriba County, where Tierra Amarilla, N.M., is located, was one of the poorest U.S. counties in 1969. Along with the lack of land, the people had no medical facility within 75 miles. With help from friends, the small clinic of a departing doctor was purchased by a group of community activists.

Arsonists set it on fire in September, 1969 but this only brought more support. Soon the Clinic was offering emergency and maternity services 7 days a week, with mostly volunteers working around the clock. Despite many problems, the Clínica has expanded steadily for 35 years. It proves that community-controlled solutions can work—especially when women play a crucial role.

**Dedicated to * Dedicado a
ANNA MARIA LOPEZ
Founder * Fundadora 1919-1996**

The Clinic today * La Clínica hoy

NACE LA CLÍNICA DEL PUEBLO

En 1969 el Condado de Río Arriba, donde queda Tierra Amarilla, era uno de los condados más pobres de los E.U. Además de la falta de tierra, el pueblo no tenía ninguna facilidad médica a menos de 75 millas. Con la ayuda de amigos cercanos y lejanos, un grupo de activistas de la comunidad compró la pequeña clínica de un médico que se marchaba y empezó a renovarla.

Incendiarios trataron de quemarla en septiembre de 1969 pero esto sólo ocasionó más apoyo. Dentro de poco la clínica ofrecía servicios de emergencia y de maternidad siete días a la semana, ofrecidos por voluntarios que trabajaban las 24 horas del día. A pesar de muchos problemas, la clínica ha expandido constantemente por 35 años.

Esto comprueba que las soluciones controladas por la comunidad sí pueden funcionar—especialmente cuando las mujeres juegan un papel crítico.

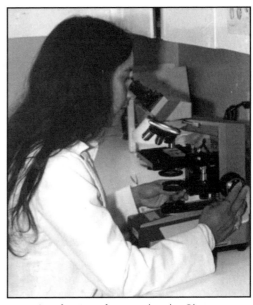

Marie Sanchez March, trained at the Clinic, obtained an RN degree. * entrenada en la Clínica, obtiene grado de enfermera registrada.

Constancia Valdez, land grant activist, working in a greenhouse similar to the Clinic's * **Constancia Valdez**, activista en la lucha para la tierra, trabajando en un invernadero semejante al de la Clínica.

Stella Martinez, trained at the Clinic, obtained an X-ray technician degree. **Stella Martínez**, entrenada en la Clínica, obtiene un grado de técnica de rayos X.

Víva la Cooperación

To continue the land struggle, people realized they needed an economic base. So in April, 1969, the People's Agricultural Cooperative of Tierra Amarilla was launched with 300 acres of land to be farmed communally, as in the past. They borrowed tractors, planted potatoes, and put out a call for volunteers (see below). Gregorita Aguilar was a founder of the Co-op and the Clinic.

* * *

Para continuar la lucha por la tierra, la gente se dio cuenta de que necesitaban una base económica. Así es que en abril de 1969, la Cooperativa Agrícola del Pueblo de Tierra Amarilla se lanzó con 300 acres de tierra, para ser cultivada comunalmente, como se había hecho en el pasado. Tomaron prestado tractores, sembraron papas, e hicieron un llamado para voluntarios (vea abajo). Gregorita Aguilar era una fundadora de la Cooperativa y la Clínica.

Gregorita Aguilar feeding baby goats abandoned by the mother. * alimentando a cabritos abandonados por la madre.

Announcement in newspaper *El Grito del Norte* * anuncio en *El Grito del Norte*

¡VEN!   COME!

TIERRA·O
MUERTE

The Tierra Amarilla Co-op Needs VOLUNTEERS

IN NORTHERN N.M. FROM JUNE THROUGH SEPTEMBER

MOST WORK WILL BE ON LAND BUT COOKS, OFFICE WORKERS, etc. ALSO NEEDED

COME WORK WITH YOUR BROTHERS AND SISTERS:

WORK!   SO THAT PEOPLE MAY EAT

WORK!   FOR UNITY AND POWER

WORK!   TO BE INDEPENDENT FROM THE BLOOD-SUCKERS

'CHE' IS ALIVE
and ~~Hiding~~ farming in Tierra Amarilla

CHICANO PRESS
Demands Justice

The Chicano movement produced over 40 different newspapers and 11 magazines, with several edited by women. Among them was *El Grito del Norte*, published from 1968-73 in northern New Mexico. It included news about Third World people everywhere fighting imperialism.

In Los Angeles, Francisca Flores of the Comisión Femenil published a newspaper *Regeneración* (1970-75) named after the famous paper of the Mexican Revolution years. At California State University, Long Beach, a group of feminist Chicanas published *Las Hijas de Cuauhtemoc* in 1971, named after a group of Mexican feminists. It later became the journal *Encuentro Femenil*, edited by **Adelaida del Castillo** and **Anna Nieto Gomez**. The newspaper *El Chicano* in San Bernadino County was edited by **Marta Macías McQueen** and **Gloria Macías Harrison**.

LA PRENSA CHICANA RECLAMA JUSTICIA

El movimiento chicano produjo más de 40 periódicos, varios editados por mujeres. Entre ellos se encontraba *El Grito del Norte*, publicado desde 1968-73 en el norte de Nuevo México. Incluía noticias acerca de las luchas populares del Tercer Mundo contra el imperialismo.

En Los Ángeles, Francisca Flores, de la Comisión Femenil, publicó *Regeneración* (1970-76, el nombre del famoso periódico de la Revolución. Como su antecedente, publicaba muchos artículos en apoyo a las luchas de las mujeres. En California State University, Long Beach en 1971, un grupo de feministas chicanas publicó un periódico llamado *Las Hijas de Cuauhtemoc*, en honor a un grupo de feministas mexicanas que apoyaron la Revolución. Luego se convirtió en la revista *Encuentro Femenil* con **Adelaida del Castillo** y **Anna Nieto Gomez**. El periódico del condado de San Bernadino *El Chicano* fue editado por **Marta Macías McQueen** y **Gloria Macías Harrison**.

EL GRITO DEL NORTE - **Sylvia Gutiérrez** and **Adelita Medina** (on right) distributing *El Grito del Norte* in Las Vegas, N.M. * **Sylvia Gutiérrez** y **Adelita Medina** (a la derecha) distribuyendo *El Grito del Norte* en Las Vegas, N.M.

Walkout * Protesta, Roosevelt High School, L.A. 1968

Lincoln High School

Lincoln High School

Denver: "Necesitamos un director chicano. Necesitamos más maestros chicanos"

BLOW-OUT! HUELGA!

In March, 1968, 10,000 students walked out of five mostly Chicano high schools in East Los Angeles. Their week-long protest shut down the L.A. school system, the largest in the country. Student demands included Chicano/a teachers and staff, and courses in Chicano history and culture. The walkouts continued all over the Southwest. It was the first mass protest against racism by Chicanos in U.S. history, the first loud cry for Chicano Power!

En marzo de 1968, 10,000 estudiantes de cinco escuelas superiores en East Los Ángeles, en su mayoría chicanas, se salieron de sus clases. La protesta duró una semana y cerró el sistema escolar de Los Ángeles, el más grande de todo el país. Los estudiantes exigían que se empleara a chicanos y chicanas de maestros y personal escolar, y que se establecieran cursos de historia y cultura chicana. Estas huelgas luego se extendieron por todo el suroeste de los E.U. Fue la primera protesta en masa de chicanos en contra del racismo en la historia de los E.U., el primer grito fuerte del Poder Chicano.

CONFERENCIA NACIONAL DE JUVENTUD CHICANA

Más de 1500 jóvenes de todas partes de los E.U. asistieron a la Cruzada por la Justicia en Denver, una conferencia que se llevó a cabo del 25 al 29 de marzo, 1969. Los objetivos eran construir la fuerza y la unidad chicana y controlar nuestras propias comunidades. Aunque algunos de los organizadores se oponían, tuvo lugar una reunión de mujeres; parecía rechazar objetivos feministas separados. Se presentó El Plan Espiritual de Aztlán: una nueva declaración de independencia.

Olivia Puentes-Reynolds leyendo poesía * reading poetry

NATIONAL CHICANO YOUTH CONFERENCE

Over 1500 youth from all over the U.S. attended the conference March 25-29, 1969, at the Crusade for Justice in Denver. Its goals were to build Chicano strength and unity, and win Chicano control of Chicano communities. Despite opposition from some organizers, a women's meeting took place; it seemed to reject separate, feminist goals. Finally, El Plan Espiritual de Aztlan was presented: a new declaration of independence.

¡QUE VIVAN

Marcha de La Reconquista, Sacramento 1971

Left/izquierda:
Los Angeles, Chicano Moratorium, 1970 * Moratorio Chicano, 1970.

Right/derecha:
eliza perez-qualls, member of the Detroit chapter of Brown Berets de Aztlan, providing security at an amnesty rally in Wash. D.C. * **eliza perez-qualls**, miembro de las Boinas de Aztlán de Detroit, en Wash. D.C. para dar protección a una manifestación pro-amnistía

The Brown Berets had roots in an educational reform group started by **Vicki Castro** in Los Angeles in 1967. Primarily composed of working class and poor youth, it soon became a self-defense group affirming Chicano pride, with a male-dominated military structure. Strong women Berets emerged in many cities. In Los Angeles they staffed the Barrio Free Clinic, which was very successful under the direction of **Gloria Arellanes**. Struggling against sexism, the women resigned in February 1970 and renamed themselves Las Adelitas de Aztlan, a "family of sisters" opposed to the Vietnam war.

LAS BROWN BERETS!

San Diego, 1994

Los Angeles, 1970 Chicano Moratorium against the Vietnam War * 1970, Los Ángeles, Moratorio Chicano contra la guerra en Vietnam

Austin, TX, anti-police brutality March, 1981 * Marcha en contra de la brutalidad policíaca, marzo, 1981

Los Angeles, 1970's

Las Boinas Café originaron con un grupo de reforma educacional comenzado por **Vicki Castro** en Los Ángeles en 1967. Compuesto principalmente por jóvenes pobres y de clase trabajadora, pronto se convirtió en un grupo de autodefensa que afirmaba el orgullo chicano, con una estructura militar y controlado por hombres: Las Boinas Café. Mujeres fuertes de las Boinas aparecieron en muchas ciudades. En Los Ángeles, dirigieron La Clínica Gratuita del Barrio, la que fue muy exitosa bajo la dirección de **Gloria Arrellanes**. Luchando contra el sexismo, las mujeres renunciaron en febrero de 1970 y se renombraron Las Adelitas de Aztlán, "familia de hermanas" opuestas a la guerra de Vietnam.

Women del Centro de la Raza in Seattle

International Women's Day, 2004: women workers at Centro and children in child care.
Día Internacional de la Mujer, 2004: trabajadoras en el Centro y niños en la guardería.

Carmen Miranda at anti-globalization (WTO) rally, 2001
Carmen Miranda en una protesta contra la globalización

Elisa Miranda, 2000 Get out the vote campaign * 2000, campaña promoviendo la votación

"El Centro de la Raza en verdad es una organización de mujeres", dijo la directora **Estela Ortega**, y sus programas nos dicen porqué. El Centro fue organizado en 1972 cuando activistas locales se apoderaron de una escuela abandonada en Seattle. Tiene programas para los niños y la juventud, programas educativos y técnicos, y servicios humanos incluso un banco de alimentos, la prevención de la mortalidad infantil, asistencia a familias sin hogar y el bienestar de los mayores. También promueve actividades y esfuerzos por la paz y a justicia global.

"El Centro de La Raza in Seattle is really a women's organization," said director **Estela Ortega** and the programs tell you why. The Centro began in 1972 when local activists took over an abandoned school building. It now has a child and youth program, educational and skills building programs and human services including a Food Bank, Infant Mortality Prevention Program, Homeless Assistance for families with children and Senior Nutrition and Wellness. It is also active in global justice and peace efforts.

ESCUELA TLATELOLCO

Founded in 1970 by Chicano movement leader Rudolfo "Corky" Gonzáles and others at the Crusade for Justice, the Escuela Tlatelolco continues under the leadership of Corky's inspiring, imaginative, daughter Nita. With pre-K-12 courses ranging from "The Conquest of Indigenous Peoples" to "The Science of Roller Coasters" (physics, math), it serves about 150 Latino and indigenous youth yearly. Graduates receive diplomas that meet Colorado state standards.

* * *

Fundada en 1970 por el líder del movimiento chicano, Rudolfo "Corky" Gonzáles y otros de la Cruzada por la Justicia, la Escuela Tlatelolco continúa, dirigida por la hija de Corky, Nita. Con cursos para los grados pre-kinder-12, que incluyen "La Conquista de los Pueblos Indígenas" y "La Ciencia de Las Montañas Rusas" (física, matemática), la escuela sirve a aproximadamente 150 jóvenes latinos e indígenas cada año, Los graduados reciben diplomas que cumplen con las normas del estado de Colorado.

Nita Gonzáles (right), Escuela Executive Director, with Janie Perry at Educational Empowerment for Children of Color Conference, 2001 * **Nita Gonzáles** (derecha), Directora Ejecutiva de la Escuela, con Janie Perry en el encuentro, "Ganando Poder Educativo para Niños de Color", 2001

At the Crusade for Justice

The Niños de Círculo Montessori, in Escuela's pre-K-6 program, sing at their 2004 graduation * Los Niños del Círculo Montessori, en el programa pre-K-6, cantan en su graduación

Grupo Tlaloc Aztec Dancers teach Escuela students, who also perform with them * Danzantes aztecas Grupo Tlaloc enseñan a estudiantes de la Escuela, los cuales bailan también con ellos.

"Corky" Gonzáles' great granddaughter **Estella Guerrero** (left) and granddaughter **Gabriela Gonzáles-Lucero** read from his poem "I am Joaquín" at memorial service after his death April 12, 2005. * La bisnieta de "Corky" Gonzáles, **Estella Guerrero** (izquierda) y nieta **Gabriela Gonzáles-Lucero** leen del poema de Corky, "Yo soy Joaquín" en un servicio conmemorativo después de su muerte el 12 de abril 2005.

ALICIA ESCALANTE

Left/izquierda: **Alicia Escalante** in her Welfare Rights Organization office * Alicia en su oficina pro-Welfare Rights.
Right/derecha: Alicia and Catherine Germany, of the National Welfare Rights Organization, protesting Gov. Reagan's investigation of supposed welfare fraud at City Hall, L.A. * Alicia y Catherine Germany de la Organización Nacional Pro-Derechos a la Asistencia Social, protestando investigación por Gob. Reagan de supuesto fraude por receptores de asistencia social

For Welfare Rights

"In 1962 I became a single mother with 5 children and went on welfare. When I took my oldest to the doctor, he said the governor was going to cut off Medical and told me about a demonstration. I went, we stopped the cuts and a movement of the poorest was born."

Alicia started the East Los Angeles Welfare Rights Organization in 1967 for Spanish-speaking people. She worked to build alliances with Blacks on welfare and defeated punitive actions against clients. Also active against police abuse, she continually experienced police harassment. She opened the first Mexican restaurant staffed by welfare recipients and traveled to study hunger in southeast Asia. The list of Alicia's work goes on!

Con los más pobres

"En 1962 me quedé soltera con 5 hijos y tuve que solicitar asistencia social (welfare). Cuando llevé a mi hijo mayor al médico, me dijo que el gobernador iba a recortar el MediCal y me avisó de una manifestación. Detuvimos los recortes y nació un movimiento de los más pobres".

Alicia comenzó la Organización de Derechos para receptores de Asistencia Social de East Los Ángeles en 1967 para gente de habla española . Trabajó para construir alianzas con los negros que recibían asistencia social y derrotó acciones punitivas contra clientes. Como activista contra el abuso policíaco, fue atormentada por la policía. Abrió el primer restaurante mexicano con empleados que recibían "welfare" y viajó a Asia para estudiar el hambre. ¡Y así sigue la lista!

Maricopa City, Arizona, company housing at migrant camp in the 1930's * Campamento de vivienda para trabajadores migratorios en los años 1930.

LA VIDA DE LA CAMPESINA
The Life of a Farmworker Woman

Farmworker demanding correct payment for work * trabajadora demanda su pago correcto

Grandmother working * Abuela trabajando, Santa Clara, CA

THE LONG FIGHT
for Farmworker Rights

Salinas, California, workers and supporters of UFW celebrate a victory * Trabajadores de la UFW y sus partidarios claman por una victoria.

¡VIVA LA CAUSA!

For decades, Mexican women and men in the U.S. had grown much of the food everyone ate, under terrible conditions. We had no union, no legal rights. Then, in 1962, the National Farm Workers Association (NFWA, later the United Farm Workers, UFW) was started by César Chávez and Dolores Huerta. When Filipino grape workers struck in Delano, California, the NFWA joined them. Women were there throughout the struggle: organizing, fighting off scabs, keeping up spirits at rallies. History would soon be made.

Por décadas, mexicanos en los E.U. habían cosechado, bajo condiciones terribles, muchos de los alimentos que todos consumían. No teníamos unión ni derechos legales. Entonces, en 1962, la National Farm Workers Association (NFWA, luego llamada United Farm Workers) fue fundada por César Chávez y Dolores Huerta. Cuando trabajadores filipinos de la uva salieron en huelga en Delano, California, la NFWA se unió a ellos. Las mujeres estuvieron presentes en todo: organizando, repelando a los esquiroles, y animando las manifestaciones. Así empezó una lucha histórica.

Jessie De La Cruz

Jessie became one of the UFW's first women organizers in 1964 and its best recruiter. She stayed with the UFW, marching, picketing, and doing office work, until she retired in 1993. In her 80's, she has continued to work helping the rural poor.

***

En 1964 Jessie llegó a ser un de las primeras mujers organizadoras de la UFW y también era su mejor reclutadora. Permaneció con la UFW, marchando, haciendo piquetes, y trabajando en la oficina hasta 1993. Ya con más de 80 años, sigue ayudando a los pobres del campo.

Jessie De La Cruz taking charge at demonstration supporting grape boycott of Gallo Wine * En una manifestación en apoyo al boicoteo de Gallo Wine

Jessie and other UFW women sing "De Colores" on Coachella, CA march, spring 1969
Canta Jessie "De Colores" con otras en la marcha a Coachella, CA primavera, 1969

Maria Moreno

Originally a member of the mostly Filipino union, AWOC, this tireless organizer worked in the fields or the camps from dawn to dusk.

* * *

Originalmente miembro de la unión filipina AWOC, esta organizadora infatigable trabajaba desde la madrugada hasta el atardecer.

María Moreno speaking at a labor camp meeting * Habla en una reunión en un campamento

115

Fresno, September 30, 1962, Dolores and others sign documents founding the NFWA.

Fresno 30 de septiembre, 1962, Dolores y otros firman documentos para fundar la NFWA.

DOLORES HUERTA

1969, Coachella. Dolores organizing UFW marchers
Dolores organiza a marchadores de la UFW

1969, Central Valley, CA, grape pickers discuss labor issues with Dolores * Pizcadores de uvas discuten problemas laborales con Dolores

The life of **Dolores Huerta** reveals a woman who is not only a fearless and committed organizer for farmworker rights but also takes a stand for justice wherever needed. Born in New Mexico in 1930, she co-founded the union with César Chávez in 1962 and soon negotiated contracts with growers, organized strikes, fought pesticides, led boycotts, was arrested more than 20 times, and had 11 children! Later she went on to work organizing and developing leadership in under-represented communities by establishing the Dolores Huerta Foundation.

La vida de **Dolores Huerta** nos muestra una mujer que no sólo es una organizadora valiente de los trabajadores campesinos, sino que también respalda causas por la justicia donde sea necesario. Nacida en Nuevo México en 1930, fue co-fundadora de la unión con César Chávez en 1962. Negoció contratos con cultivadores, organizó huelgas, luchó contra el uso de insecticidas, dirigió boicoteos, fue arrestada más de 20 veces, y tuvo 11 hijos. Posteriormente, estableció la Fundación Dolores Huerta para organizar y desarrollar liderazgo en comunidades de baja representación.

Dolores se dirige a una reunión de trabajadores de rosas * Dolores addresses meeting of rose workers

¡Sí se puede!

Salinas, 1970

Dolores habla durante una huelga contra la viñeria Gallo, 1973 * speaking during Gallo winery strike, 1973
Below/Abajo: Coachella, 1969

Sangre sobre las uvas
BLOOD ON THE GRAPES

Edison, CA 1973 Guimarra vineyards * viñas Guimarra
Marta Rodriguez, 18 yrs. old, 85 lbs * 18 años, 85 libras

En Texas, en 1967, los Rangers atacaron ferozmente a los trabajadores en huelga. En California, 1973 la policía arrestó a miles y mató a un joven trabajador árabe, Nagi Daifullah. "Changos" golpearon a huelguistas y mataron a Juan de la Cruz. La lucha continuó por muchos años.

In Texas, 1967, Rangers viciously attacked striking workers. In California, 1973, police arrested thousands and killed young Arab worker Nagi Daifullah. Goons beat up striking workers and killed Juan de la Cruz. The struggle went on for many years.

"¡Vénganse, señores! ¡Huelga! ¡Para su respeto y dignidad!" * "Come out people, strike! For respect and dignity!"

Two Great Hearts of the UFW

JOSEFINA FLORES began working in the fields when she was 7. She wanted to attend school but had to work instead. One of the first to join the UFW, when she went to collect donated food from a restaurant during the grape strike, a foreman came in and shot her 7 times. After taking two years to recover, she became a UFW organizer and veteran of the war in the fields. She worries about today's youth: "To them, César Chávez is a boxer" (referring to the Mexican champion).

ARTEMISA TORRES GUERRERO

Born in 1925, Artemisa worked in the fields and, as the oldest sister, had to drop out of school to help her family. She taught herself to read from the newspapers used as wallpaper in her family's shanties. After a series of regular jobs, she discovered the UFW and became its godmother, as César Chávez called her: picketing, organizing, cooking, and serving as Chávez's primary confidante—all despite serious illness.

Artie always left her door open, for the homeless and hungry. On June 17, 1993, she was strangled and repeatedly stabbed, victim of an unsolved murder. Artie was an inspiration who should be much better known by us all.

Josefina Flores shot 7 times by a foreman * fue herida con 7 tiros por un patrón

Dos grandes corazones

JOSEFINA FLORES empezó en los campos a los 7 años de edad. En vez de asistir a la escuela como lo hubiera querido, tuvo que trabajar. Era una de las primeras en unirse a la UFW. Un día fue a recoger unos alimentos donados por un restaurante durante la huelga de las uvas y un mayordomo entró dándole siete tiros. Tardó dos años en recuperarse y después se hizo una organizadora de la UFW y una veterana de la guerra en los campos. Se preocupa por los jóvenes: "Piensan que Cesar Chávez es un boxeador."

ARTEMISA TORRES GUERERRO

Artemisa nació en 1925. Trabajó en los campos, y siendo la hija mayor, tuvo que salirse de la escuela para ayudar a su familia. Se enseñó a leer con los periódicos que decoraban las paredes de la casita pobre donde vivía su familia. Después de una serie de trabajos, descubrió a la UFW y vino a ser su madrina, como la llamó César Chávez: haciendo piquetes, organizando, cocinando, y sirviendo de confidenta primaria a Chávez, todo esto a pesar de tener enfermedades serias.

Artie siempre dejaba abierta su puerta para quien tuviera hambre o estuviera sin hogar. En junio 17, 1993, fue estrangulada y apuñalada repetidas veces, víctima de un homicidio sin resolución. Artie fue una inspiración a la que todos nosotros debemos conocer mejor.

Artemisa Torres Guerrero protesting at Archdiocese office for rights of Catholic cemetery workers to unionize * Protestando por los trabajadores del cemeterio católico que querían una unión

Josefina Castillo in Hereford, Texas, 1981, a strong Texas Farmworkers Union leader * **Josefina Castillo** en Hereford, Texas, 1981, una líder muy capaz de la Texas Farmworkers Union

Cabbage cutter near Mission, Texas, 1979
Cortador de col, cerca de Mission, Texas 1979

STRUGGLE IN THE TEXAS FIELDS

Rebecca Flores, state director of the UFW in Texas, who helped pass more state laws to protect agricultural workers than at any other time in Texas history. * **Rebecca Flores**, directora de la UFW en Texas, ayudó a aprobar más leyes para proteger a los trabajadores agrícolas que en cualquier otra etapa en la historia de Texas.

Since the early 1900's, Texas women have worked the spinach, onion and many other vegetable crops or picked cotton. The pay and working conditions were terrible. Men were often paid the working wife's wages.

Organizing was always hard: the endless supply of cheap labor from Mexico, right-to-work laws and repression by the Texas Rangers. Many strikes were started in the 1930's, but broken. In 1966, inspired by California farmworker organizing, a local union joined under the UFW banner. They organized a march of strikers to Austin, where 10,000 arrived with support from César Chávez. But a hurricane ended the strike. Chávez later pulled back and the movement faded, despite dedicated local organizers.

Lucha en los campos de Texas

Desde a principios de los años 1900, mujeres tejanas trabajaban en las cosechas de espinacas, cebollas, y muchos otros vegetales o pizcaban algodón. El pago y las condiciones de trabajo eran terribles. Sus sueldos a menudo fueron pagados a sus maridos.

El organizar siempre era difícil. Entre los obstáculos existían la enorme fuente de labor barata que venía de México, las leyes del "derecho a trabajar", y la represión por los Texas Rangers. Se comenzaron muchas huelgas en los años 1930, pero fueron quebradas. En 1966, inspirada por los trabajadores agrícolas en California, una unión local se unió bajo la bandera de la UFW. Con el apoyo de César Chávez, organizaron una marcha de 10,000 huelguistas a Austin. Pero las condiciones laborales ahí fueron deprimidas por un huracán, lo que acabó con la huelga. Más tarde Chávez se retiró y el movimiento eventualmente se disipó, a pesar de que los organizadores locales seguían muy comprometidos con la causa.

Farm Labor Organizes In The Midwest
Trabajadores agrícolas se organizan

María Elena Lucas

Rose Rivera (left) and **Lucy Sandoval** (right) march to boycott Campbell's tomato products, 1978 * **Rose Rivera** (izq.) y **Lucy Sandoval** en una marcha del boicoteo contra Campbell

Sarita Rios, longtime FLOC organizer, then Vice-president
Sarita Rios, organizadora de FLOC por mucho tiempo, luego Vice-presidente

Leticia Zavala, Campaign Director, signing up workers for the union in the early 2000's. * **Leticia Zavala** registrando nuevos miembros en los años 2000

Born in Toledo, Ohio in 1967, the Farm Labor Organizing Committee (FLOC), led by Baldemar Velásquez, has an amazing history. It led a walkout from Ohio tomato fields in 1979, then waged a 6-year boycott against Campbell's Soup Co. that won contracts with better wages and working conditions. For 40 years, FLOC's work has never stopped.

María Elena Lucas helped organize over 5,000 Midwestern farmworkers and became a union vice-president. Severely poisoned by pesticide spraying in 1988, she went on working for *la causa* while also writing poems and songs and opposing sexism on the job.

* * *

Nacido en Toledo, Ohio en 1967, el FLOC (Comité Organizador de Trabajadores Agrícolas), encabezado por Baldemar Velásquez, tiene una historia extraordinaria. En 1979, dirigió la salida de los trabajadores de tomates en Ohio y después un boicoteo de 6 años contra la compañía de sopas Campbell. Así ganó contratos con mejores sueldos y condiciones de trabajo. Durante 40 años, el trabajo de FLOC nunca ha parado.

María Elena Lucas ayudó a organizar a más de 5,000 trabajadores agrícolas y llegó a ser vicepresidenta de la unión. Aunque en 1988 fue severamente envenenada por pesticidas, nunca dejó de trabajar por la causa mientras que también escribía poemas y canciones y se oponía al sexismo en el trabajo.

Left/izquierda: **Lupe Briseño**, union president (on right) and Martha del Real (pointing to deputies) block main gate. * **Lupe Briseño**, presidente de la unión (a la derecha) y Martha del Real (señalando hacia los guardias) bloquean la entrada.

Flower workers in Brighton, Colorado, mostly Mexican women, voted to strike on June 27, 1968 at the Kitayama Rose and Carnation plant to gain recognition for their union, the National Floral Workers Organization. Ten-hour days, six days a week, low wages, no overtime and having to stand in water and mud were too much. With their leader, **Guadalupe "Lupe" Briseño**, a group chained themselves to the main gate in February 1969. Sheriff's deputies moved in with tear gas. A broad-based coalition supported the workers.

Huelga en las flores

Trabajadores de flores en Brighton, Colorado, principalmente mujeres mexicanas, votaron para salir en huelga el 27 de junio de 1968, buscando reconocimiento de su unión. Trabajar días de 10 horas, pago bajo, cero *overtime* y tener que trabajar de pie en agua y lodo, era demasiado. Con su líder, **Guadalupe "Lupe" Briseño**, un grupo se encadenó al portón principal. Guardias del condado avanzaron contra ellos con gas lacrimógeno. Una coalición amplia apoyaba a los trabajadores.

Mrs. Mary Sailas, tries to stop chain from being cut but deputy sheriff holds it. * **Sra. Mary Sailas** trata de impedir que corten la cadena pero el guardia lo aguanta.

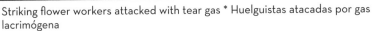
Striking flower workers attacked with tear gas * Huelguistas atacadas por gas lacrimógena

Chicanas lead 1968 Furniture Strike

Chicanas also led the way in the 1968-71 Austin, Texas strike at Economy Furniture. Working for low wages as upholsterers, most were single mothers with children, but still they picketed for hours, leafleted, and raised funds. A Texas Court of Appeals ordered the company to recognize the workers' union and re-instate the strikers.

* * *

Chicanas también estuvieron al frente de la huelga contra Economy Furniture en Austin, Texas en 1968-71. Trabajando de tapiceras con sueldos bajos, la mayoría eran madres solas con hijos, pero aun así hicieron pi-quetes por muchas horas, distribuy-eron volantes, y recaudaron fondos. Un tribunal de apelación de Texas ordenó que Economy Furniture reconociera el sindicato de los tra-bajadores y que reincorporara a los huelguistas.

Party Platform on Chicanas

In many parts of the country, Chicanos are getting together under the banner of the Raza Unida party--a new, independent party of and for Chicanos. The Raza Unida party of northern California adopted a platform this spring with a section on Raza women. Below is the platform and some of the introduction to it.

We feel that the importance of the Raza Unida party will be determined by the measure to which it takes into account the needs of La Raza <u>as a whole</u>, and by the measure to which it actively works to meet those needs and to eradicate every form of exploi-

One effort by the party to address sexism
Un esfuerzo por el partido para combatir el sexismo

Mercedes Peña, legal aide * asistente legal

Evey Chapa, 1974

Virginia Musquíz

Members of Ciudadanos Unidos march on 10th anniversary of LRU founding, Crystal City, 1979 * Miembros de Cuidadanos Unidos marchan en el 10mo aniversario de LRU, Cristal, 1979

Susan Elizondo, 1974

Left to Right /izquierda a derecha: **Luz Gutierrez**, **Lydia Espinoza**, **Abbie Piña Muñiz**. 1972, Mujeres Pro-Raza Unida meeting / reunión LRU

OUR OWN PARTY
Nuestro propio partido

We had long known the 2-party system did not serve Raza needs. A party to do that was born in 1969 in the Rio Grande Valley, Texas, where Anglo racism was brutal. Inspired by successful high school student protests, La Raza Unida won total control of the Crystal City Council and majority control of the school board in 1970-71 elections.

The party was also born in Colorado, California, Arizona and New México. Thousands attended its 1972 convention in El Paso. Although many women helped build LRU and sometimes ran for office, the party remained mostly male-dominated. Slowly it faded, but the dream of liberation through grassroots unity still stands.

***

Desde hace tiempo se ha sabido que el sistema de dos partidos no servía las necesidades de La Raza. Así es que en 1969 en el valle del Río Grande en Texas, donde el racismo gringo era brutal, nació un partido con ese propósito. Inspirado por las protestas exitosas de alumnos en las escuelas secundarias, La Raza Unida ganó control total del Concilio Municipal de Crystal City y control mayoritario del Concilio de Educación en las elecciones de 1970-71.

El partido nació también en Colorado, California, Arizona y Nuevo México. Miles asistieron a su convención en 1972 en El Paso. Aunque muchas mujeres ayudaron a construir el partido LRU y a veces eran candidatas en las elecciones, permaneció dominado principalmente por hombres. Poco a poco se desvaneció, pero vive aun el sueño de la liberación por medio de la unidad del pueblo.

Martha Cotera

Beirut, Lebanon, **Rebecca Hill**, (N.M.) and others from LRU meet Yasser Arafat of the Palestinian Liberation Organization (PLO) * **Rebecca Hill** (N.M.) y otros miembros del LRU en reunión con Arafat

Demonstration in Sacramento * Manifestación en Sacramento

Arriving in Sacramento * Llegando a Sacramento

¡ABAJO REAGAN! Stop the Attack on Raza

Chicano protesters completed an 800-mile long "March of the Reconquest" from Calexico to Sacramento on Aug. 7, 1971. They were demanding that Gov. Reagan stop his planned cuts in welfare and public education (including cuts in Chicano Studies), and an end to police abuse in the barrio, to the use of Raza youth in the war on Vietnam, and to the forced deportation of Raza. It was a spirited march and rally, calling for more Chicano/a activism.

* * *

El 7 de agosto de 1971, protestadores chicanos finalizaron una marcha de 800 millas, la "Marcha de la Reconquista" desde Caléxico a Sacramento. Exigían que el Gobernador Reagan suspendiera su plan de recortes de asistencia y educación pública (incluso cortes de Estudios Chicanos), cesación del abuso policíaco, suspensión del empleo de juventud de la raza en la guerra de Vietnam, y fin a las deportaciones forzadas de gente de la raza. Fueron una marcha y manifestación muy animadas, haciendo una llamada por más activismo Chicano.

Famous Chicana singer and anti-war activist **Joan Baez** in London, early 1970's
Joan Baez, famosa cantante Chicana y activista por la paz , canta en Londres

¡NO A LA GUERRA EN VIETNAM!

Delia Álvarez is the sister of Everett Álvarez, a Navy bomber pilot who became the first Vietnam prisoner of war in 1964. Delia came out strongly against the war, and thanks the Chicano movement for "opening her eyes to things as they really are." * **Delia Álvarez** es la hermana de Everett Álvarez, un piloto bombardero de la marina quien fue el primer prisionero de guerra en Vietnam en 1964. Delia se opuso fuertemente a la guerra, y agradece al movimiento chicano por "abrir sus ojos a las cosas como verdaderamente son".

Pamphlet published in 1970 by Chicana activists/teachers **Nina Genera** and **Lea Ybarra**. They also worked on the Chicana delegation to the 1973 Vancouver meeting with Indo-Chinese women. * Panfleto publicado en 1970 por activistas/maestras chicanas **Nina Genera** y **Lea Ybarra**. Las dos también trabajaron para mandar una delegación de chicanas a la reunión con mujeres de Indochina en Vancouver en 1973.

Chicano Moratorium contra la guerra

Over 25,000 Raza marched against the Vietnam war in East Los Angeles on August 29, 1970. People came from all over the U.S., including Seattle, San Antonio, Denver, Chicago, New York and New Mexico. Thousands of women participated with some playing key roles, like Gloria Arellanes, Katarina Davis del Valle, and Irene Tovar, although this was not recognized at the time. We all protested that Chicanos were being killed in Vietnam out of proportion to our numbers, and shouted "our battle is here!"

Then came the police attack . . .

* * *

Más de 25,000 personas de la Raza marcharon contra la guerra de Vietnam en East Los Ángeles el 29 de agosto de 1970. Vino gente de todas partes de los E.U., incluso Chicago, Seattle, San Antonio, Denver, Nueva York y Nuevo México. Miles de mujeres participaron y algunas, como Gloria Arellanes, Katarina Davis del Valle e Irene Tovar, jugaron papeles importantes, aunque esto no fue reconocido en ese entonces. Todos protestamos la gran desproporción de chicanos muertos en Vietnam con respecto a nuestros números, y gritamos, "¡Nuestra batalla está aquí!"

Entonces llegó el ataque de la policía . . .

Las Adelitas, many of them ex-Brown Berets now standing for "woman power," holding crosses with names of Chicanos killed in Vietnam * Las Adelitas, muchas de ellas ex-Boinas Café, ahora representando el "poder para la mujer", sostienen cruces con los nombres de chicanos muertos en Vietnam.

La policía ataca
EL MORATORIO

Hilda Reyes Jensen, age 16, Brown Beret who helped organize moratoriums in 1969 and 1970 * **Hilda Reyes Jensen**, de 16 años, una Boina Café que ayudó a organizar los moratorios de 1969 y 1970

Police beat young woman demonstrator trying to get away. * Policía pega a una mujer joven tratando de escaparse.

At the end of the march in Laguna Park, police attacked the rally with tear gas and clubs swinging wildly. Contradictions with the police version of events left many believing what happened was a set-up. Police killed or fatally wounded three Chicanos that day: the *Los Angeles Times* journalist Rubén Salazar, murdered as he sat in a café, Angel Díaz, and 15-year old Lynn Ward. But Chicano anti-war protests continued.

* * *

Al final de la marcha en Laguna Park la policía atacó la manifestación con gas lacrimógeno, tirando garrotazos furiosamente. Contradicciones con la versión de la policía de los eventos dejó a muchos pensando que lo que había sucedido fue una trampa. La policía mató o hirió fatalmente a tres chicanos aquel día: el periodista del *Los Angeles Times* Rubén Salazar, asesinado mientras estaba en un café; Ángel Díaz; y un joven de 15 años, Lynn Ward. Pero las protestas continuaron.

Women for the Seven of La Raza
LIBERTAD PARA LOS SIETE DE LA RAZA

Seven Latino youth were arrested in May, 1969, and charged with the shooting death of an undercover policeman. Police brutality in San Francisco's Mission District was well-known and support for the 7 came quickly. Key to the acquittal finally won in court was a defense committee filled with strong Chicanas and other Latinas. They produced the newspaper *Basta Ya!*, ran a restaurant and a free clinic, and organized demonstrations. Later they became teachers, artists, a doctor—still devoted to serving the people.

***

Siete jóvenes latinos fueron arrestados en mayo de 1969, acusados del asesinato a balazos de un policía clandestino. La brutalidad policíaca en el distrito de la Misión en San Francisco era famosa y dentro de muy poco hubo apoyo para ellos. Al fin se ganó una absolución en la corte, cuya clave fue un comité de defensa lleno de chicanas y otras latinas fuertes. Produjeron un periódico, *¡Basta Ya!*, dirigieron un restaurante y una clínica gratuita, y organizaron manifestaciones. Más adelante, se hicieron maestras, artistas, y un médico–siempre dedicadas a servir al pueblo.

With kids on a breakfast program field trip, (from front to back) **Stella Richardson**, **Donna Amador** and **Judy Zalazar Drummond** of Los Siete * Con niños visitando un programa de desayunos gratuitos, mujeres de Los Siete (del frente hacia atrás)

Linda Perez (left/izq.) and **Yolanda Lopez**

Nilda Alverio

Maria Elena Ramirez

FREE OLGA
¡Libertad para Olga!

At the age of 26, activist Olga Talamante from Gilroy, California was arrested in Argentina on Nov. 10, 1974, charged with possession of "subversive literature," guns and attending a "subversive event" (actually a barbecue). She was visiting Argentine friends whom she had met before on a trip to Mexico.

In prison, she was tortured with electric shock, beaten and repeatedly threatened with rape. A nationwide campaign to free Olga, led by her farmworker parents and friends, finally had her freed in March, 1976. She now directs the Chicana Latina Foundation in California which works to empower Latinas by providing scholarships, skill building and health education and by providing leadership development in the pursuit of social justice.

* * *

Olga Talamante, una activista de Gilroy, California de 26 años, fue arrestada en Argentina en noviembre de 1974. Fue acusada de poseer literatura "subversiva," fusiles y otros crímenes. Había viajado a Argentina para visitar a amigos que conoció en México.

En la prisión, fue torturada con corrientes eléctricas, golpeada y amenazada repetidas veces con ser violada. Los padres de Olga, quienes eran trabajadores campesinos, dirigieron una campaña a nivel nacional para liberarla. Al fin fue liberada en marzo de 1976. Ahora dirige la Chicana Latina Foundation que ofrece un programa de becas, educación sobre la salud y cursos de capacitación para impulsar el liderazgo y la justicia social.

La madre de Olga, Doña Cuca, y su hermano Eddie, dirigen una de las muchas manifestaciones para liberar a su hija * Olga's mother, Doña Cuca, and her brother Eddie lead one of many demonstrations to free her

Olga apoyando al UFW en una gira, 1970 * Olga on tour speaking in support of the UFW 1970

Doña Cuca, Olga y el papá de Olga Don Lalo * Olga's mother, Olga and her father

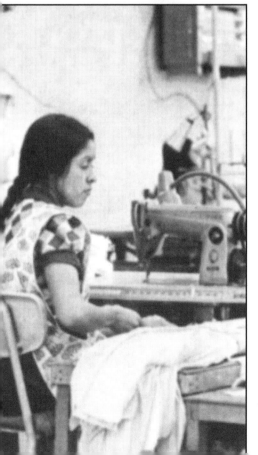

LA LUCHA OBRERA
Work = Struggle

Long hours, low pay
No overtime, no health care
Hurry, hurry!
Sew till your eyes fall out
Work for a racist boss
Sell on the street
But laugh at them anyway!
***

Bajo pago, largas horas
No hay cuidado de salud
No hay *overtime*
¡Rápido, rápido!
Cose hasta que ciegues
P'a un patrón racista
O vende en la calle
Pero siempre ríete de ellos

133

ON STRIKE AT FARAH

In 1972, over 4,000 mostly Raza workers—85% of them women—went on strike in Texas and New Mexico against the Farah Co. Farah was the largest U.S. manufacturer of men's and boy's pants. The women demanded representation by the Amalgamated Clothing Workers' Union (ACWU). They won in 1974, thanks to a nationwide boycott of Farah clothing and Chicana strength.

Later, Farah closed many of their plants and laid off over half of its workers. But the women who organized the strike had come to recognize their collective power and the problems in relying on ACWU. Some founded La Mujer Obrera in El Paso, an independent workers' center.

Huelguistas de Farah

En 1972, más de 4,000 trabajadores la mayoría Chicanos–el 85% mujeres–salieron en huelga en Tejas y Nuevo México contra la compañía Farah. Farah era la industria más grande en la fabricación de pantalones para hombres. A través de la huelga, las mujeres lograron representación por el sindicato, Amalgamated Clothing Workers' Union (ACWU) en 1974. Ganaron, gracias al boicoteo nacional que se logró y la fuerza de la mujeres.

Después, Farah cerró varias plantas y despidió más de la mitad de sus empleados. Pero las huelguistas habían llegado a conocer su poder colectivo y los problemas en depender del ACWU. Algunas crearon Mujer Obrera, un centro independiente para trabajadoras en El Paso.

Women of Steel

Affirmative Action campaigns to hire women and "minorities" won heavy industry jobs for **Maria Magana** and **Ángela Serafin**. During Angela's 20 years, working with cancer-causing chemicals made her temporarily sterile. But she and others created libraries and barter networks, argued over politics; she was sorry to retire with pay. When Wisconsin Steel of Chicago closed down in 1980, leaving 3,500 workers without jobs, pensions or even final paychecks, a committee including Juanita Andrade fought back for 17 years. They won a $14.8 million settlement, thanks to Black, brown and white workers united.

Mujeres de acero

Las campañas de Acción Afirmativa para emplear a mujeres y "minorías", ganaron para **María Magana** y **Ángela Serafín** trabajos en la industria pesada. Durante los 20 años que Ángela trabajó ahí, los químicos carcinogénicos por un tiempo la dejaron estéril. Pero ella y otros crearon bibliotecas y redes de intercambio, y discutieron la política. Cuando Ángela se jubiló, aunque fue con paga, sintió pena. Cuando cerraron Wisconsin Steel de Chicago en 1980, lo que dejó a 3,500 trabajadores sin empleo ni pensiones y hasta sin cheques de paga final, un comité, incluso Juanita Andrade, respondió con una lucha que duró 17 años. Ganaron un acuerdo de $14.8 millones, gracias a la unidad entre los trabajadores negros, morenos y blancos.

Juanita Andrade (left), an outstanding leader in the fight for justice by Wisconsin Steel Workers, whose aunt had fought in the Mexican Revolution * **Juanita Andrade** (izq.), una líder sobresaliente en la lucha de los trabajadores de Wisconsin Steel, cuya tía había luchado en la Revolución Mexicana

Ángela Serafín, August 1981, Long Beach, CA, curing resin and fiberglass with heat for McDonnell Douglas aircraft. * **Ángela Serafín**, agosto de 1981, aplicando calor a resina y fibra de vidrio para la compañía de aviones McDonnell Douglas, Long Beach, CA

1980, Under Affirmative Action, **María Magana** and two other Chicanas were hired by Inland Steel in East Chicago, Indiana. * Bajo los términos de Acción Afirmativa, **María Magana** y dos otras chicanas fueron empleadas por Inland Steel en East Chicago, Indiana.

MUJERES DE ARIZONA EN LUCHA

Women protesting evictions of strikers' families * Mujeres protestando la expulsión de las familias huelguistas de sus hogares

When the mostly Mexican copper miners working for Phelps-Dodge in Arizona went on strike against brutal cuts in wages, benefits and safety, nobody thought women would be so crucial. But that's who held the strike together from 1983 until the U.S. government ruled against it in 1986.

In the Clifton-Morenci area, a Women's Auxiliary headed by **Fina Roman** set up an all-female picket line a mile long, defied scabs, tear gas, many arrests and National Guard helicopter attacks. It was a war on several fronts. As **Anna Ochoa O'Leary**, another leader, commented "We've got to battle not only the company and the DPS (Dept. of Public Safety), we've got to battle the husbands too."

Cuando empezó la huelga de mineros de cobre contra Phelps-Dodge en Arizona, de los que la mayoría eran mexicanos, nadie pensó que las mujeres serían tan importantes a esta lucha para parar los recortes de pago, beneficios y seguridad. Pero fueron ellas las que mantuvieron la huelga de 1983 hasta que el gobierno estadounidense decidió contra la huelga en 1986. En el área de Clifton-Morenci, el auxiliar de mujeres encabezado for **Fina Roman** sostenía una línea de piquete una milla de largo, todas mujeres, desafiando a los esquiroles, gas lagrimógeno, arrestos y ataques por los helicópteros de la Guardia Nacional. Fué una guerra con varios frentes. Comentaba otra líder, **Anna Ochoa O'Leary**, "Teníamos que luchar no sólo contra la empresa y el Departamento de Seguridad Pública sino también contra los maridos.."

WOMEN IN THE ARIZONA MINE STRIKE

Strikers and supporters often faced brutality from hundreds of National Guardsmen and state troopers. * Huelguistas y partidarios a menudo enfrentaban brutalidad por parte de la Guardia Nacional y soldados estatales.

Thousands of strike supporters blocked the mine gates in Morenci and Ajo when Phelps Dodge began hiring replacement workers. Later Morenci and Clifton were occupied by 400 state troopers and seven units of National Guard to let in replacement workers. * Miles de partidarios de la huelga bloquearon las entradas de la mina en Morenci y Ajo cuando Phelps Dodge empezó a emplear otros trabajadores. Más tarde, para permitir entrar a éstos, Morenci y también Clifton fueron ocupados por 400 soldados estatales y siete unidades de la Guardia Nacional.

Morenci Miners Women's Auxiliary on picket lines to greet strikebreakers. On right, **Anna Ochoa O'Leary**. From left: **Josefina Ruiz**, **Jenny Castañeda**, **Sylvia Jaquez** and **Alice Castañeda** * Auxiliar de Mujeres de los Mineros de Morenci en las líneas de piquete para recibir a los rompe-huelgas. A la derecha, **Anna Ochoa O'Leary** y otras a la izquierda

GRAN HUELGA EN WATSONVILLE

Watsonville es un pequeño pueblo en el norte de California, una vez llamado "la capital del mundo para alimentos congelados", donde trabajadores mexicanos desde hace mucho tiempo han enfrentado el racismo y la explotación. En 1985, cuando se les cortó sus sueldos y beneficios, 1700 enlatadores, principalmente mujeres, salieron en la gran huelga de 18 meses. Lograron ganar un recorte de sueldo más pequeño y pudieron quedarse con los beneficios. Pero en 1990, Green Giant transfirió la mayoría de sus operaciones a Irapuato, México, y comenzó una nueva lucha.

La verdadera victoria fue la conscientización de los participantes. "Aprendí que puedo decir lo que pienso cuando quiera," dijo Aurora Trujillo. En ese mismo espíritu, 22 trabajadoras hicieron una procesión Católica tradicional, de rodillas, rogando por un acuerdo—el cual llegó al día siguiente.

Watsonville is a small northern California town, once called "the frozen food capital of the world," where Mexican labor has long faced racism and exploitation. In 1985 came the great 18-month strike by 1700 cannery workers, mostly women, when wages and benefits were cut. They won a lower cut and kept the benefits. But in 1990, Green Giant moved most of its operations to Irapuato, Mexico, and a new struggle began.

The real victory was a transformation of consciousness. "I learned that I can speak out whenever I want," as Aurora Trujillo said. In that spirit, 22 workers made a traditional Catholic procession on their knees, praying for a settlement—which came the next day.

Procession praying for a settlement * Procesión para rogar por un acuerdo

Soledad "Chole" Alatorre, co-founder • co-fundadora

Tolteca Foods strike (CASA), Richmond, CA
Huelga contra Tolteca Foods (CASA), Richmond, CA

CASA. **Norma Barragán**, August 1976 * agosto de 1976

¡CASA VA!

En 1968, el Centro de Acción Social Autónoma-Hermandad General de Trabajadores, conocido como CASA-HGT, nació en Los Ángeles y estuvo vigente por diez años. Fundado por Bert Corona y la inspiradora **Soledad "Chole" Alatorre**, desde hace mucho tiempo organizadores de trabajadores mexicanos, tenía como objetivo ayudar a los indocumentados. Dentro de poco establecieron capítulos en otras ciudades, incluso Chicago.

En 1974, un nuevo liderazgo asumió responsabilidad de CASA a la medida que ésta se transformó de un dedicado centro de servicio en una organización nacional única con política marxista-leninista tercermundista y revolucionaria. Su periódico, *Sin Fronteras*, comunicaba el mensaje que trabajadores en México y en los E.U. "somos uno porque América es una" y debíamos formar un frente unido.

MAGDALENA MORA

No hubo organizadora más querida que Magdalena Mora. Nacida en Michoacán, México, se estableció con su familia en California y trabajó en una enlatadora y con la huelga de Farah. Se graduó de la universidad de California en Berkeley. Llegó a ser un miembro dirigente de CASA, escribió para su periódico, dirigió varias huelgas victoriosas contra Tolteca Foods, y apoyó las luchas de las mujeres. A la edad de 29 murió de cáncer, siempre luchando por la humanidad.

Evelina Marquez, CASA leader at press conference * **Evelina Marquez**, dirigente de CASA en una conferencia de prensa

CASA ROCKS!

In 1968, the Center for Autonomous Social Action-General Brotherhood of Workers, known as CASA-HGT, was born in Los Angeles and served for ten years. Founded by Bert Corona and the inspiring **Soledad "Chole" Alatorre**, longtime organizers of Mexican workers, it aimed to help the undocumented and soon had chapters in other cities, including Chicago.

In 1974, new leadership took over as CASA changed from a dedicated service center into a unique national organization with Marxist-Leninist and Third World revolutionary politics. Its newspaper *Sin Fronteras* carried the message that Mexican workers in Mexico and in the U.S. are all one people, and must build a united front.

MAGDALENA MORA

No organizer was more beloved than Magdalena Mora. Born in Michoacán, Mexico, she settled with her family in California, working in a cannery and on the Farah Strike, and graduated from the University of California, Berkeley. She became a leading member of CASA, wrote for its newspaper, directed the victorious Tolteca Food strike, and supported women's struggles. At 29 she died of cancer, still fighting for humanity.

Los Angeles, Advanced Engine Products, CASA strikers * Los Ángeles, Productos de Motor Avanzados, huelguistas de CASA

CASA says: Carter's amnesty plan is "hot air" * CASA dice: El plan de amnistía de Carter es "puro pedo"

MAGDALENA MORA
1952-1981

VICTORIA MERCADO
GUERRERA, HERMANITA, AMANTE, COMPAÑERA

Originally from Watsonville, California, Vicky was the first in her family to attend college. She graduated from San Francisco State University during the Third World Strike, and went on to work in several warehouses. A highly effective union organizer for Local 6 of the ILWU (International Longshore and Warehouse Union) and Communist Party member, everyone remembers Vicky's passion for justice. She worked to make the union more democratic, and became one of the first women on Local 6's Executive Board. At the age of 31, she was mysteriously murdered.

Those who knew her said she would take on anybody and stick up for anybody—especially the Spanish-speaking women. She played a central role in the campaign to free Angela Davis, and also fought apartheid in South Africa, repression in Latin America, and to free the San Quentin 6. "The girl knew how to party, too!" friends said.

VICTORIA MERCADO 1951-1982

> "Standing hand on hip—smoking, talking, driving, yelling, laughing, crying, she was so very much alive.
>
> She hated bosses and loved her friends/She put catsup on everything, including porterhouse steak/She loved her family and hated male supremacy/Her race and heritage were her pride/And she believed absolutely in the unity of Black and Brown
>
> She was a daughter, sister, fighter, Chicana, lover, friend, and comrade/ And in all our hearts, she is very much alive."
>
> **Kendra Alexander, May 26, 1982**

> "Parada con la mano en la cadera—fumando, hablando, manejando, gritando, riéndose, llorando—¡tanta vida que tenía!
>
> Odiaba a los patrones y amaba a sus amigos/Le ponía catchup a todo, incluso bistec de primera/Amaba a su familia y odiaba la supremacía machista/Su raza y su herencia eran su orgullo/Y ella afirmaba absolutamente la unidad de los negros y los morenos
>
> Era una hija, hermana, luchadora, chicana, amante, amiga, y compañera/Y en el corazón de todos nosotros está aun muy viva."
>
> **Kendra Alexander, 26 de mayo 1982**

WARRIOR, LITTLE SISTER, LOVER, COMRADE

Originalmente de Watsonville, California, Vicky fue la primera de su familia en asistir a la universidad. Se graduó de San Francisco State University durante la Huelga Tercermundista, y luego fue a trabajar en varias bodegas. Una organizadora sindical muy efectiva para Local 6 de la ILWU (Unión Internacional de Estibadores y Bodegueros) y miembro del Partido Comunista, todos recuerdan su pasión por la justicia. Trabajó para democratizar la unión y fue una de las primeras mujeres en la Mesa Ejecutiva de Local 6. A la edad de 31, fue asesinada misteriosamente.

Aquellos que la conocían dijeron que se enfrentaba con cualquiera y defendía a quien fuera, especialmente mujeres de habla hispana. Jugó un papel central en la campaña para liberar a Angela Davis, y también luchó contra el apartheid en Sudáfrica, la represión en Latinoamérica, y para liberar a los 6 de San Quentin. "La muchacha también era una fiestera", dijeron sus amigos.

Vicky y/and Angela Davis

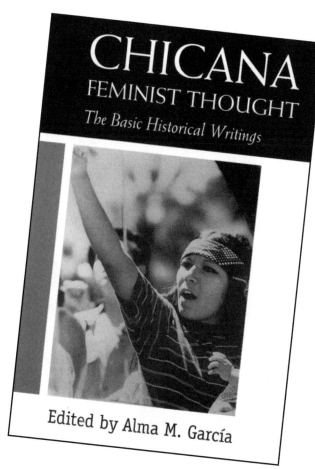

Edited by Alma M. García

¡VIVA LA MUJER!

Pioneers * Las Pioneras
Activist Academics * Profesoras activistas
Women's Organizations * Organizaciones de mujeres

CHICANA IDENTIFY

From *Women's Press*, Eugene, Oregon, July, 1971 coverage of the conference * Del *Women's Press*, Eugene, Oregon, julio de 1971, reportaje sobre la conferencia

couple of years, Chicana
on a common event
Chicanas have
with

With no one and no place to go to deal with this situation one of three things can happen: Drop out; keep hidden; or get together with people brave enough to admit the problems and to define what has to be done!

Hijas de Cuahtemoc,
son las flores de nuestra nacion,
dieron luz a nuestra gente Azteca,
fueron sacrificadas al Dios Huitzilopochtli,
fueron violadas por los espanoles y
dieron luz a nuestra gente mestiza.
Hijas de cuahtemoc,
fueron las Adelitas de la revolucion,
Luchadoras por la libertad.

Les damos gracias a ustedes, nuestras madres,
que nos han dado el sagrado privilegio
de ser tambien, Hijas de Cuahtemoc,
Luchadoras por la libertad no solo
para nuestra Raza, pero libertad para
nosotras, las Hijas de Cuahtemoc que
somos las reinas y madres de nuestra nacion.
por
Leticia Hernandez

ify
te Chicanas

he

Daughters of Cuahtemoc
flowers of our nation,
to our Aztec people,
ood Huitzilopochtli,
and
peoples.

She wrote about unhappiness with housing and transportation arrangements. Also, "complaints that the conference was turning into a women's liberation movement and many of us felt 'women's lib' is irrelevant to the Chicano movement."

* * *

Ella escribió acerca del descontento con los arreglos de vivienda y transporte. También, quejas de que "la conferencia se convirtió en un movimiento de liberación para la mujer y 'la liberación femenil' no era relevante para el movimiento chicano".

Carmen Speaks Out

by Carmen Hernandez

The Conferencia de Mujeres por la Raza was to me a way for all the women of La Raza to get together and become ainted with the movimie- to get to know the ems and some

went

San Jose, Mercedes, and Houston and rapped for several hours. The young women were having problems with gasfares plane fare, and housing. Some of the women were supposed to get travel grants, but the grants had never arrived. Some had been told that the housing at the Downtown Y would be $3 a night, but it was $6. We all felt left out of the party for "leaders " that was being held ht.

Gloria and Yolanda Point of view

by Gloria Guardiola and Yolanda Birdwell

Friday, May 28, was the beginning of a memorable event for the women of our Raza. Hundreds of women from different states came together for the first to study, lea ann

thusiasm this topic generated in the women, and th at the majority was able to express its ideas and opinions which were varied.

There was ev sever

"The enthusiasm was beautiful on Saturday. Over 100 women attended the workshop on "Sex and the Chicana." But then, on Sunday morning, a walk-out took place because of "the predominance of middle-class participants ... We think the lack of barrio representation was all our responsibility."

* * *

"El sábado el entusiasmo estuvo muy alto. Más de 100 mujeres asistieron al taller sobre "El sexo y la Chicana". Pero entonces el domingo por la mañana, algunas organizaron un abandono, debido a la "predominancia de participantes de la clase media". "Nosotras creemos que la falta de representación del barrio fue toda nuestra responsabilidad".

LA CONFERENCIA De Mujeres Por La Raza

UNDER THE AUSPICES OF THE

YWCA

Young Women's Christian Association

May 28 - 30, 1971

Houston, Texas

Speaking at the conference: **Graciela Olivares**, who later served with the U.S. Civil Rights Commission
Dando un discurso: **Graciela Olivares** quien más tarde sirvió con la Comisión pro Derechos Civiles

The cover of the program for La Conferencia De Mujeres Por La Raza, 1971, a major expression of Houston's militant Chicanas * La portada del programa para La Conferencia de Mujeres Por la Raza, 1971, una de las más grandes expresiones de las militantes Chicanas de Houston

FIRST NATIONAL CHICANA CONFERENCE
LA PRIMERA CONFERENCIA DE MUJERES POR LA RAZA

La primera Conferencia de Mujeres por la Raza se llevó a cabo en Houston, Texas, del 28-30 de mayo de 1971, reuniendo a más de 600 chicanas. La conciencia chicana había crecido tanto que parecía ser tiempo de estudiar, aprender e intercambiar ideas acerca de muchos de nuestros diversos problemas.

Existían inmensas diferencias políticas entre las mujeres. Un debate feroz ocurrió, por ejemplo, cuando la información sobre el control de la natalidad y el aborto fue designada un "problema de mujeres blancas, el cual va en contra de nuestra cultura". Éste y otros conflictos condujeron a un abandono de la conferencia por muchas mujeres (vea comentario por Gloria y Yolanda). Aun así, fue un evento histórico de primera categoría.

The first National Chicana Conference/Conferencia de Mujeres por La Raza took place in Houston, Texas, May 28-30, 1971, bringing together some 600 Chicanas. With so much growth in Chicana consciousness, it seemed time to study, learn and exchange ideas about our many different problems.

Vast political differences existed among the women. Fierce debate occurred; for example, when information on birth control and abortion was labelled "a white woman's issue contrary to our culture." These and other conflicts led to a walkout by many women (see comments by Gloria and Yolanda). Still, the conference was a historic First.

DORINDA MORENO
Poeta, actriz, feminista, activista

Dorinda Moreno

Dorinda Moreno in *Las Cucarachas* * Dorinda Moreno en *Las Cucarachas*

Born in California of a New Mexican family, this Chicana/Mescalero Apache had a grandfather who fought in the 1910 Mexican Revolution and never let her forget it. While a student at San Francisco State University, she formed Concilio Mujeres with the goal of helping Raza women move into higher education. As an undergraduate, she led the first La Raza Women's Seminar in the nation when Ethnic Studies was opened there and has since taught at several Bay Area colleges.

A single mother of three, Dorinda published a major anthology, *La mujer en pie de lucha*, in 1973. That year the Concilio opened an office to serve broader community needs in San Francisco's Mission District, where she was active for many years. As a graduate student at Stanford, she began a Concilio newsletter *La Razón Mestiza* and a performing arts group "Las Cucarachas." The Lifetime Achievement Award granted her by the UFW in 2003 is one token of the service she has given to Raza women and the whole community.

Cover of *La Razón Mestiza*, summer 1976
Portada de *La Razón Mestiza*, verano 1976

Nacida en California de una familia nuevo mexicana, esta chicana/apache mezcalera tenía un abuelo que luchó en la Revolución Mexicana de 1910, la cual él nunca dejó que ella olvidara. De estudiante en San Francisco State University, formó el Concilio Mujeres con la meta de ayudar a mujeres de la Raza a ingresar en la educación universitaria. Aun antes de graduarse, dirigió el primer seminario para mujeres de la Raza en toda la nación cuando abrieron la facultad de Estudios Étnicos. Desde entonces ha enseñado en varias universidades en el Área de la Bahía.

Madre soltera de tres hijos, Dorinda publicó una antología destacada, *La mujer en pie de lucha*, en 1973. Ese mismo año, el Concilio abrió una oficina para satisfacer necesidades comunitarias más amplias en el distrito de La Misión en San Francisco, donde ella estuvo activa por muchos años. De estudiante graduada en Stanford, comenzó una carta noticiosa del Concilio, *La Razón Mestiza* y un grupo de artistas interpretativos, Las Cucarachas.

Continuado en la próxima página

DORINDA MORENO
Continuado de la página 146

Una activista pro derechos humanos en las Américas, la UFW le otorgó el premio Lifetime Achievement (Logros de toda una vida) en 2003, muestra del servicio inmenso que ella ha provisto a mujeres de La Raza y a toda la comunidad.

Rebecca Yerma in "Las Cucarachas," play by Dorinda Moreno * Rebecca Yerma en "Las Cucarachas," obra de Dorinda Moreno

INEZ GARCÍA - GUILTY OF MURDER OR ???

Inez García became a symbol of feminist resistance in 1974 when she shot a man who had raped her while another man stood by to keep her down, she said. On trial for murder in Monterey, California, Inez insisted she had acted with justifiable rage. illiterate, married at fourteen, Inez was found guilty of murder and sentenced to prison.

Of Puerto Rican/Cuban background, Inez Garcia set a strong example for Chicanas of refusing to be just another rape victim. Acquitted at a second trial, she died of cancer in Florida in May, 2003.

Inez García llegó a ser un símbolo de resistencia feminista cuando (según ella) mató en 1974 al hombre que la había violado mientras que otro hombre la controlaba. Enjuiciada en Monterey, California, insistió siempre que había actuado en defensa propia. Una mujer del ghetto, analfabeta, casada a los catorce años, fue encontrada culpable de asesinato y fue sentenciada a prisión.

Inez era de descendencia puertorriqueña y cubana. Pero sirvió de ejemplo para muchas Chicanas al no permitir que la convirtieron en otra víctima callada de la violación sexual. Hubo un segundo juicio y esta vez salió libre. Inez murió de cáncer en Florida en mayo de 2003.

Women demand freedom for Inez. * Las mujeres demandan libertad para Inez.

Inez García honored at San Francisco State University, 1976 * Honrando a **Inez García** en San Francisco State University, 1976

FRANCISCA FLORES 1913-96

COMISION
FEMENIL MEXICANA
NACIONAL

Above/arriba: From cover of the 1985-86
Annual Report, 16th Anniversary Edition *
De la cubierta del Informe Anual de 1985-86,
Edición del Decimosexto Aniversario

Right/derecha: Meeting of the Comisión * Reunión de la Comisión

FRANCISCA FLORES, Pionera

Born and based in Los Angeles, Francisca Flores had fabulous organizing energy despite a long struggle with tuberculosis that left her with
only one lung. She worked on the Sleepy Lagoon case (1942-44), and
fought U.S. government Red-baiting in the 1950's. Later she became the
first Latina editor of the magazine *La Carta Editorial* and then edited
Regeneración, focused on women's issues. She was inspired by Martin
Luther King Jr. and once said "we must march with him."

Francisca was Founding President of the Comisión Femenil Mexicana Nacional in 1970. With 35 chapters at one time, it has offered
many programs which include stopping the forced sterilization of Latinas in L.A. county hospitals, addressing teenage pregnancy, setting up
innovative child care centers, and training Latinas to run for public office. Francisca also founded the Chicana Service Action Center to train
and employ low-income unskilled women.

* * *

Nacida y ubicada en Los Ángeles, Francisca era una organizadora
muy energética a pesar de una larga lucha contra la tuberculosis que la
dejó con sólo un pulmón. Trabajó en el caso de Sleepy Lagoon (1942-44)
y luchó contra la persecución de comunistas por el gobierno de los E.U.
en la década de los 1950. Después, fue la primera editora latina de la
revista *La Carta Editorial* y luego editó *Regeneración*, que se enfocaba
en los problemas de las mujeres. Fue inspirada por Martin Luther King
Jr. y dijo, "tenemos que marchar con él".

Francisca fue presidenta fundadora de la Comisión Femenil Mexicana Nacional en 1970. Con sus 35 capítulos, la organización ha ofrecido muchos programas, incluso ponerle fin a la esterilización forzada de
latinas en los hospitales del condado de Los Ángeles, dirigirse al problema del embarazo entre adolescentes, establecer centros innovadores
de cuidado de niños, y entrenar a latinas para competir en puestos públicos. Francisca también fundó el centro Chicana Service Action para
entrenar y emplear a mujeres de bajos recursos y destrezas.

Nov. 7, 2003, reception to celebrate opening of the Comisión Femenil archives at U.C. Santa Barbara. In second row, white scarf, L.A. Supervisor Gloria Molina. On her left, Sandra Serrano Sewell, past Director, now Director of the Comisión's Centro de Niños.

7 de noviembre de 2003, recepción para inaugurar los archivos de la Comisión Femenil en U.C. Santa Bárbara. En la segunda fila, con pañuelo blanco, la Supervisora de Los Ángeles, Gloria Molina. A su izquierda, Sandra Serrano Sewell, directoria previa de la C.F.

Domitila Barros del Chungara of Bolivia, who spoke on the terrible living and working conditions of her people at a meeting of UN-related women's organizations in Copenhagen, Denmark, July 1980. The Comisión attended these international conferences. Domitila Barros del Chungara de Bolivia, quien habló sobre las terribles condiciones de vida y trabajo de su pueblo en una reunión de las organizaciones de mujeres afiliadas con la ONU en Copenhague, Dinamarca, julio de 1980. La Comisión asistió a ésa y a otras conferencias internacionales.

Washington, D.C. July/Julio 1978

The Voice of ENRIQUETA VAZQUEZ

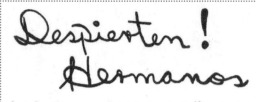

by Enriqueta Longauex y Vasquez

Born in Colorado of farmworker parents, Enriqueta worked with the Crusade for Justice led by Rodolfo "Corky" Gonzales in the 60's. After moving to New Mexico, she began writing for the newspaper *El Grito del Norte* in 1968. and traveled to report on Cuba for the paper. Her column "Despierten! Hermanos" became known for its eloquent efforts to combat sexism within the movimiento while also working for an anti-colonial liberation to benefit all Raza. Her columns were published in the book *Enriqueta Vasquez and the Chicano Movement*, 2006.

After *El Grito* stopped publication in 1973, Enriqueta continued as an artist, activist and writer based in a rural area near Taos, N.M. She co-authored a Chicano history book for youth entitled *Viva La Raza* with Elizabeth Martinez (1974). She painted the first large mural in Taos and in Mirage, Arizona, she made a video on the women farmworkers there. She traveled to Spain in 1992 with an indigenous delegation to challenge celebration of Columbus's "discovery" 500 years before. Enriqueta has been increasingly involved in indigenous spirituality, often as an elder in sacred ceremonies, and working on a new history of Raza women.

Nacida en Colorado de padres campesinos, Enriqueta trabajó con la Cruzada por la Justicia dirigida por "Corky" Gonzáles en los 1960. Después de mudarse a Nuevo México, empezó a escribir para el periódico *El Grito del Norte* en 1968, lo que la llevó a viajar y a relatar sobre Cuba. Su columna, "¡Despierten! Hermanos", llegó a conocerse por sus esfuerzos elocuentes en combatir el sexismo dentro del movimiento, a la vez que ella trabajaba para una liberación anticolonial que beneficiaría a toda La Raza. Sus columnas salieron en el libro *Enriqueta Vasq uez and the Chicano Movement*, 2006.

Enriqueta (left) and Juanita Jaramillo Lavadíe honoring el Día de Tonantzin, 1997. * Enriqueta (izquierda) y Juanita Jaramillo Lavadíe celebrando el Día de Tonantzin, 1997.

Después de que *El Grito* dejó de publicarse en 1973, Enriqueta continuó trabajando como artista, activista y escritora, en un área rural cerca de Taos, NM. Con Elizabeth Martínez, escribió un libro de historia chicana para jóvenes titulado *Viva La Raza* en 1974. Pintó el primer mural grande en Taos y en Mirage, Arizona, hizo un video sobre las trabajadoras campesinas de ese lugar.

En 1992 viajó a España con una delegación de indígenas para desafiar la celebración del "descubrimiento" de Colón 500 años antes. Se ha involucrado en la espiritualidad indígena más y más, sirviendo de "anciana" en ceremonias sagradas, y trabajado en un nuevo libro de historia de mujeres de La Raza.

WOMEN ❖ STRUGGLE

1976

Support Anna Nieto-Gomez

Anna Nieto Gómez

Anna is a pioneer in today's Chicana feminism. As a graduate student at California State University, Long Beach, she published *Hijas de Cuauhtemoc*, the first national Chicana newspaper, in 1970-72. Later it became *Encuentro Femenil*, an influential journal.

Anna began teaching courses on La Chicana at California State University, Northridge, and also sparked a student newspaper, *El Popo*. When she criticized the sexism encountered in the Chicano Studies Department, she was denied tenure and effectively fired in 1976 (as well as blacklisted). Massive protest followed. Anna, whose grandfather was Puerto Rican, also worked with the Chicana Service Action Center and other projects for women.

Anna es una pionera del feminismo chicano de hoy. Siendo estudiante de posgrado en la California State University, Long Beach en 1970-72, publicó *Hijas de Cuauhtemoc*, el primer periódico nacional de chicanas, el que luego se convirtió en *Encuentro Femenil*, redactado con Adelaida del Castillo.

Anna comenzó a enseñar cursos sobre La Chicana en la California State University, Northridge, y también estimuló la creación de un periódico estudiantil, *El Popo*. Cuando criticó el sexismo que enfrentó en la Facultad de Estudios Chicanos, fue negada su permanencia y efectivamente fue despedida en 1976 a la vez que la pusieron en una "lista negra". Hubo protestas masivas. Anna, cuyo abuelo era puertorriqueño, también trabajó con el centro Chicana Service Action y otros proyectos para mujeres.

Gracia translating into Spanish for Comisión Femenil women's conference in Copenhagen, Denmark, 1980* Traduciendo al español en una asemblea de mujeres, Copenhagen

San Diego, March/marzo 2004, Gracia registering new citizens to vote Registrando nuevos cuidadanos para votar

GRACIA MOLINA DE PICK

Como ella no hay otra

Nobody Like Her

Nacida en México, nieta de dos líderes honrados de la Revolución Mexicana, Gracia se identifica como activista feminista chicana. En México trabajó para exponer el racismo de los E.U. contra los mexicanos americanos en el servicio militar y encabezó esfuerzos para obtener el voto para las mujeres, lo que al fin se logró en 1957.

Ese mismo año se fue a vivir a San Diego, California. Fue activa contra la guerra de Vietnam y por la paz, contra la segregación de niños de habla español en clases para niños retardados, y en la UFWOC. Desarrolló programas de Estudios Chicanos, apoyó a los primeros grupos estudiantiles de MEChA, obtuvo un grado de Máster en Humanidades de San Diego State University, y ha contribuido al desarrollo del profesorado de UCSD. En 1970 fundó la Comisión Femenil Mexicana Nacional con Francisca Flores. Ha participado en las Conferencias Mundiales sobre las Mujeres de la ONU y por muchos años ha ayudado a nuevos ciudadanos a registrarse a votar.

At the 1980 Democratic Party Convention
En la convención del Partido Demócrata, 1980

Born in Mexico, granddaughter of two honored leaders of the Mexican Revolution, Gracia identifies as a feminist Chicana activist. In Mexico she worked exposing U.S. racism toward Mexican Americans in the military and headed efforts to get the vote for women, which they finally did in 1957.

That year she moved to San Diego, California. She has been active against the Vietnam war and for peace, against the segregation of Spanish-speaking students into classes for the mentally retarded, and with the UFWOC.

She developed Chicano Studies programs, sponsored the first MEChA student groups, holds an M.A. from San Diego State University, and has been involved in faculty development at UCSD. With Francisca Flores, she founded the Comisión Femenil Mexicana Nacional in 1971. She has participated in the U.N. World Conferences on Women and for many years has helped new citizens to register to vote.

Elisa Facio protesting Gov. Pete Wilson's administration, Sacramento, CA, 1990

Elisa Facio protestando la administración del Gob. Pete Wilson, Sacramento, CA, 1990

ACTIVISTAS IN ACADEMIA

Las chicanas que enseñan en las universidades de los E.U. pueden sentirse orgullosas de ser estudiosas y muchas veces también activistas. En las próximas páginas conocerán a algunas que han sido activas en las luchas dentro de la sociedad en general. Nuestras raíces nacen en la lucha; ¿cómo lo podríamos hacer de otra forma?

* * *

Chicanas who teach in the universities and colleges of the United States can pride themselves on often being both scholars and activists. In the next pages you will meet some of those who have been very active in struggles waged within the society at large. Our roots as a people lie in struggle; how could we do otherwise?

ELISA FACIO

A Professor of Ethnic Studies at the University of Colorado, Boulder, Elisa was the daughter of union-minded farmworkers. She helped form a Chicano youth group and supported the UFW in high school. As a graduate student at U.C. Berkeley in 1985, she joined the anti-apartheid movement and occupied California Hall in a protest. In 1994, she led a success-ful hunger strike to make Ethnic Studies a department at University of Colorado, Boulder.

In 1995, returning from an anti-U.S. blockade trip to Cuba, she was arrested in the Dallas airport. For four hours she was questioned and physically assault-ed when she refused to give any information. In 2001, she was arrested for blocking a Columbus Day parade. Elisa is a fighter!

Profesora de Estudios Étnicos en la Universidad de Colorado, Boulder, Elisa era la hija de trabajadores campesinos sindicalistas. Ayudó a formar una orga-nización de jóvenes chicanos y apoyó a la UFW en la escuela superior. Siendo estudiante de posgrado en U.C. Berkeley en 1985, se unió al movimiento contra el apartheid y en una protesta ocupó el edificio Califor-nia Hall. En 1994 dirigió una exitosa huelga de hambre para que la Universidad de Colorado, Boulder estab-leciera los Estudios Étnicos como departamento.

En 1995, regresando de un viaje a Cuba que pro-testaba el bloqueo de los E.U. a aquel país, fue ar-restada en el aeropuerto de Dallas. Por cuatro horas fue interrogada y atacada físicamente cuando rehusó proveerles información. En 2001, fue arrestada por bloquear un desfile del Día de Colón en Denver. ¡Elisa es una luchadora!

Yolanda Broyles-González announcing her Equal Pay victory at U.C. Santa Barbara, 1977 * Yolanda Broyles-González anuncia su victoria por el pago igual en U.C. Santa Bárbara, 1977

Adelaida del Castillo at home* Adelaida del Castillo en casa

YOLANDA BROYLES-GONZÁLEZ

Una yaqui-chicana de la zona fronteriza de Arizona, Yolanda fue la primera mujer de color en recibir un título permanente en U.C. Santa Bárbara. En 1996, entabló un pleito histórico contra U.C. por el pago desigual a las mujeres profesoras, y ganó un requerimiento judicial permanente, colocando a U.C. Santa Bárbara bajo el escrutinio de la Corte. En una ceremonia en la Casa Blanca, al ser elogiada por Presidente Bill Clinton, dijo ella, "tenemos que continuar cruzando el límite del miedo y luchar por la buena causa". Su libro, *Lydia Mendoza's Life in Music*, ha sido recibido con entusiasmo, y podemos anotar que hace años era una acordeonista norteña profesional amante de la música.

* * *

A Yaqui-Chicana from the Arizona borderlands, Yolanda became the first woman of color to receive tenure at the U.C. Santa Barbara. In 1996 she filed a historic lawsuit against the entire U.C. system charging unequal pay for women professors and won a permanent injunction putting U.C. under court scrutiny. At a White House ceremony with President Clinton honoring her, she said: "We must continue to cross the fear threshold and fight the good fight." Her book *Lydia Mendoza's Life in Music* has been widely praised and we may note that many years ago she was a professional norteño accordionist who loved music.

ADELAIDA DEL CASTILLO

Antropóloga, conferencista, escritora, y ahora profesora en San Diego State University, se volvió famosa por desafiar la caracterización tradicional de La Malinche como una traidora a su pueblo, insignificante o tonta. De estudiante en U.C. Los Ángeles, fue arrestada por protestar los recortes en la educación bilingüe hechos por Reagan. En 1975 se unió a CASA y recuerda las ocasiónes cuando cubrieron las paredes debajo de la autopista con carteles de CASA a las 3:00 AM. Con Magdalena Mora de CASA, coeditó la antología pionera, *Mexican Women in the United States: Struggles Past and Present*,1980. Trabajó en dos revistas feministas y fue miembro de la Comisión Femenil de 1982-90. Continúa con su trabajo intelectual pionero sobre las relaciones entre los géneros.

* * *

Anthropologist, lecturer, writer, and now Professor at San Diego State University, Adelaida first became famous for challenging the usual portrayal of "Malinche" as a traitor to her people, insignificant or foolish. While a student at U.C. Los Angeles, she was arrested for protesting Reagan's cutbacks in bilingual education. She joined CASA in 1975 and remembers plastering CASA posters on walls under the freeway at 3 a.m. With Magdalena Mora of CASA, she co-edited the groundbreaking anthology *Mexican Women in the United States: Struggles Past and Present*, 1980. She worked on two feminist journals and was a member of the Comisión Femenil from 1982-90. Her pioneering work on gender relations continues.

The protest took place at Wilshire and Westwood, the busiest intersection in Los Angeles. * La protesta se llevó a cabo en el cruce de Wilshire y Westwood, la intersección más transitada en L.A.

CHICANA PROFS RALLY FOR JANITORS
Profesoras Para Los Porteros

On March 8, 1995, in Los Angeles, some 15 Chicana professors were arrested when they protested to support the Justice for Janitors' demand for a new contract.

* * *

El 8 de marzo de 1995 en Los Ángeles, unas 15 profesoras chicanas protestaron en apoyo a la demanda de un contrato nuevo para la organización Justice for Janitors. Todas fueron arrestadas.

Mary Pardo and Claudia Cuevas (right), both Chicano Studies CSUN. The professors were standing in for undocumented workers, so they would not be put at risk. * Mary Pardo y Claudia Cuevas (derecha), ambas en Estudios Chicanos en CSUN. Las profesoras estaban tomando el lugar de los trabajadores indocumentados para que éstos no se estuvieran arriesgando.

Mary Pardo, Chicano Studies Dept., California State University, Northridge with **Evangelina Ordaz**, also of CSUN * **Mary Pardo**, Departamento de Estudios Chicanos, California State University, Northridge con **Evangelina Ordaz**, también de CSUN.

Police arrest/ policía arresta a Rose Ayala, Justice for Janitors (video).

ANTONIA CASTAÑEDA

Born in Crystal City, Texas, and raised in Washington state where she worked in the hop fields, feminist historian Castañeda has fought for Chicana/o educational, labor and women's rights since the 1960s. She supported the United Farm Workers, and struggled to establish Chicana/o Studies programs (successfully at the Univ. of Washington). One of the founders of MALCS, she is an Associate Professor of history at St. Mary's University in San Antonio. Antonia also works with the Guadalupe Cultural Arts Center, Esperanza Peace and Justice Center, and Hispanas Unidas' Escuelitas Project for elementary school girls.

* * *

Nacida en Crystal City, Texas, y criada en el estado de Washington donde trabajó en los campos de lúpulo ("jape") , historiadora feminista, Antonia ha luchado desde los 1960 por los derechos educacionales y laborales de la Raza y por los derechos de las mujeres. Apoyó a los United Farm Workers, y luchó por establecer programas de Estudios Chicana/os (exitosamente en la Universidad de Washington). Una de las fundadoras de MALCS, actualmente es profesora asociada de historia en St. Mary's University en San Antonio. También trabaja con el Guadalupe Cultural Arts Center, Esperanza Peace and Justice Center, y el proyecto de las Hispanas Unidas, Escuelitas, para niñas en la escuela elemental.

Antonia Castañeda, May 16, 2001, celebrating outside courtroom on learning the Esperanza Center had won lawsuit charging City had withheld funds to punish the Center for work on social issues
Antonia Castañeda, 16 de mayo 2001, afuera de la corte, al saber que el Esperanza Center había ganado el pleito contra la ciudad, la cual suspendió los fondos del Centro como castigo por su trabajo en cuestiones sociales

LINDA APODACA

One of the first to write about Raza from a Marxist perspective, she taught most recently at California State University, Stanislaus. She was active with Mujeres Latinas, helped on the UFW boycott, against Propositions 187 and 209, and developed literacy programs for women and children. Like others, she struggled against sexism in the Chicano Studies programs.

* * *

Una de las primeras en escribir sobre asuntos de La Raza desde una perspectiva marxista, su trabajo más reciente fue de profesora en California State University, Stanislaus. Linda fue activa con Mujeres Latinas, ayudó en el boicoteo promovido por la UFW y contra las Proposiciones 187 y 209. También desarrolló programas de alfabetización para mujeres y niños. Al igual que otras, luchó contra el sexismo en los programas de Estudios Chicanos.

Linda Apodaca, March/marzo 1996 Chicago, NACCS

MERCEDES LYNN DE URIARTE

As an editor and writer at the *Los Angeles Times* from 1977-1986, Mercedes found space in the paper for previously unheard voices—especially Raza in the U.S., Mexico, and Central America. As a Professor of Journalism and Latin American Studies at the Univ. of Texas, Austin, she pioneered courses teaching coverage of under-represented communities. In her course on Community Journalism, students produced a newspaper, *Tejas*, for 10 years. She also provided press skills workshops for grassroots organizations. Her activism has brought hostility from campus bureaucrats but also many awards from others as a trailblazer.

* * *

Como editora y escritora en el *Los Ángeles Times* de 1977-1986, Mercedes encontró espacio en el periódico para voces que antes no se oían—especialmente las de la Raza en los E.U., México y América Central. Como profesora de Periodismo y Estudios Latino Americanos en la Universidad de Texas, Austin, ha enseñado cursos pioneros sobre el reportaje en comunidades de baja representación. En su curso, Periodismo Comunitario, los estudiantes produjeron un periódico, *Tejas*, durante 10 años a veces en colaboración con otro profesor. También ha facilitado talleres de capacitación en asuntos de prensa para organizaciones comunitarias. Su activismo invitó la hostilidad de muchos burócratas universitarios pero también le ganó muchos premios por ser precursora.

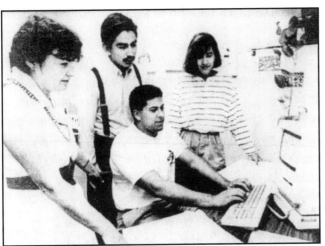

Three students who founded *Tejas*—Andrea Guerra and Enrique Torres (standing) and Louis López at computer with **Dr. Mercedes de Uriarte** in her office * Tres estudiantes que fundaron *Tejas*—Andrea Guerra, Enrique Torres (de pie) y Luis López (frente a la computadora) con la **Dra. Mercedes de Uriarte** en su oficina

Marta López with Sandinista soldiers at the Honduran border, as a U.S. citizen to discourage contra attacks * **Marta López** con soldados sandinistas en la frontera con Honduras, una ciudadana de los E.U. tratando de impedir los ataques de los Contras

MARTA LÓPEZ-GARZA

Profesora asociada en California State University, Northridge, con un puesto conjunto en Estudios Sobre la Mujer y Estudios Chicanos, el activismo de Marta empezó en 1984 en un viaje de solidaridad a Nicaragua (vea foto). En 1999 viajó a Cuba, invitada por el Departamento de Salud cubano, a investigar lo que Cuba consideraba ser un problema de drogas creciente. El viaje lo arregló la Coalición Comunitaria para Prevención y Tratamiento del Abuso de Estupefacientes en South Los Ángeles. En Cuba encontraron que los problemas con drogas eran mínimos y que los cubanos definitivamente los tenían bajo control.

Su activismo a nivel comunitario incluye trabajo con el Rainbow Coalition en 1988, el Proyecto Pastoral de la Misión Dolores (en East Los Angeles) para ayudar a los inmigrantes desamparados y con la Coalición Comunitaria acerca de problemas como ayuda a los ex-infractores.

* * *

An Associate Professor with a joint position in Women's Studies and Chicana/o Studies at Calif. State Univ., Northridge, Marta's activism began in 1984 on a solidarity trip to Nicaragua (see photo). In 1999, she traveled to Cuba to investigate what Cuba considered a growing drug problem. The trip was arranged by the Community Coalition for Substance Abuse Prevention and Treatment in South Los Angeles. They found a minimal drug problem and the Cubans "very much on top of it."

Marta's activism at the grassroots level includes working with the Rainbow Coalition in 1988, with Proyecto Pastoral at Dolores Mission in East L.A. on helping homeless immigrants, and with the Community Coalition on such issues as helping ex-offenders.

LAURA PULIDO

Teaching in the Geography Dept. at the Univ. of Southern California, Laura has worked with community organizations since 1990, when she started with the Bus Riders Union of the Labor/Community Strategy Center, Los Angeles. She has also worked in environmental justice groups, served as L.A. City Commissioner for the Dept. of Environmental Affairs and published books on environmental justice issues. She was arrested three times (1995, 1996, 1999) for participating in mass actions supporting local labor unions (Justice for Janitors, SEIU Local 399, now 877; and HERE Local 11). Her book *Black, Brown, Yellow and Left: Radical Activism in Southern California*, 2005, is a real eye-opener.

* * *

Actualmente profesora en el Departamento de Geografía en la Universidad de Southern California, Laura ha trabajado con organizaciones comunitarias desde 1990. Empezó con la Bus Riders Union (Unión de pasajeros de autobús) del Centro de Estrategia Laboral/Comunal, Los Ángeles. También ha trabajado en grupos pro justicia ambiental, sirvió de Comisionada por la Ciudad de Los Ángeles en el Departamento de Asuntos Ambientales, y publicó libros sobre la justicia ambiental. Fue arrestada tres veces (1995, 1996, 1999) por participar en acciones masivas apoyando a uniones laborales locales. Su libro, *Black, Brown, Yellow and Left: Radical Activism in Southern California* es una verdadera revelación.

Laura Pulido being arrested in downtown Los Angeles at action supporting U.S.C. workers of HERE, Local 11, 1998 * Arrestan a **Laura Pulido** en el centro de Los Ángeles en una acción apoyando a los trabajadores de la unión HERE, Local 11 de USC, 1998.

BEATRIZ PESQUERA

Born in Michoacán, Mexico, her parents migrated north and became meat-packing workers in Los Angeles. She attended college while doing clerical work for many years. In 1965, she began her activism in the anti-Vietnam war movement, for prison reform, on Chicano issues, and in solidarity with El Salvador. She also participated in the Venceremos Brigade to Cuba (1969), the Third World Women's Alliance, and the Puerto Rican Socialist Party. She became a professor at U.C. Davis in Chicano Studies and La Raza Cultural Studies in 1985, and was a founder of MALCS (see p.161).

* * *

Nacida en Michoacán, México, sus padres se mudaron al norte y trabajaron como empacadores de carne en Los Angeles. Beatriz asistió a la universidad mientras estaba haciendo trabajo de oficina, por muchos años. En 1965 empezó como activista en el movimiento contra la guerra en Vietnam, pro la reforma de las prisiones, en luchas chicanas y en trabajo de solidaridad con El Salvador. Participó en la Brigada Venceremos (1969), en la Alianza de Mujeres del Tercer Mundo, y el Partido Socialista Puertorriqueño. En 1985 se hizo Profesora en la Universidad de California, Davis en el Departamento de Estudios Chicanos y Estudios Culturales de La Raza. Es una de las fundadores de MALCS. (vea la página 161)

Beatriz Pesquera, May/mayo 1996

ADALJIZA SOSA RIDDELL

For 40 years, Ada has taken the lead in serving Chicana/o educational needs as: founder and Director of Chicano Studies at U.C. Davis; 1971-2000, founding member of the National Association of Chicana and Chicano Studies (NACCS) 1972-through today, and of MALCS 1981-through today. She was also a founding member of the New Raza Left in Los Angeles, a writer and editor. Now retired, she continues to write, mentor, and make life harder for the powers-that-be.

* * *

Por 40 años, Ada ha servido a las necesidades educativas de chicanas/os en muchísimas formas, incluso: de fundadora y directora de Estudios Chicanos en U.C. Davis, 1971-2000 y miembro fundador de la Asociación Nacional para los Estudios sobre Chicanas y Chicanos (NACCS) de 1972 hasta la actualidad y de MALCS de 1981 hasta la actualidad. Activa también en la comunidad, fue un miembro fundador de La Nueva Raza Izquierda y una escritora/editora. Hoy día jubilada, continúa escribiendo, aconsejando a estudiantes, y peleando por la justicia.

Priscilla Falcón, waiting in the rain for approval to visit an EZLN camp in the Lacandon Jungle, Chiapas, July 1996 * **Priscilla Falcón** esperando bajo la lluvia por el permiso para visitar un campamento del EZLN en la selva Lacandona, julio 1996

PRISCILLA FALCÓN

Born of migrant workers in southern Colorado, Priscilla became active in college and married a fellow activist, Ricardo Falcón. Driving to a Raza Unida Party conference in Texas, Ricardo was murdered by a racist gas station owner in 1973. Along with work to win justice for Ricardo, Priscilla studied imperialism and became a socialist. As a Professor at the Univ. of Northern Colorado, she has studied and supported women's role in the Zapatista movement.

* * *

Nacida de padres campesinos inmigrantes en el sur de Colorado, Priscilla se volvió activista en la universidad y se casó con otro activista, Ricardo Falcón. En camino a una conferencia del partido Raza Unida en Texas, Ricardo fue asesinado por el dueño racista de una gasolinera. Además de buscar justicia para Ricardo, Priscilla estudió el imperialismo y se hizo socialista. Como profesora en la Universidad de Northern Colorado, ha estudiado y apoyado el papel de las mujeres en el movimiento zapatista.

Priscilla Falcón, widow of Ricardo, with attorney "Kiko" Martínez * viuda de Ricardo con su abogado

MARGARITA MELVILLE

Born in Mexico of U.S. parents in 1930, **Margarita Melville** became a nun in the Maryknoll Order and was assigned to Guatemala during the 1950's. She taught the children of guerrilla fighters and worked with university students on labor and literacy issues, together with a priest, Tom Melville.

Expelled in 1967 for this activity, she married by then ex-priest Tom and they moved to the U.S. where they sought to change U.S. Latin America policy by showing parallels with Southeast Asia policy. They joined in anti-draft work that put her in Leavenworth prison for one year. After her release she went into academia, obtaining a PhD in Anthropology. She was brought to U.C. Berkeley by Prof. Carlos Muñoz and taught Chicano Studies in its Ethnic Studies Dept. as Associate Dean of the Graduate Division. She worked with Faculty for Human Rights in Central America and El Salvador. Since retiring in 1995, she has lived with her husband Tom Melville in Mexico.

1993, Celebrating her birthday * celebrando su cumpleaños

Prof. Margarita Melville

"El propósito de este volumen es modificar los estereotipos de las mujeres méxico americanas según los cuales son sufridoras pasivas, para que ellas puedan estar totalmente conscientes de su estatus y las causas del mismo . . . y así aumentar y mejorar sus esfuerzos para alterar su situación social".

"The purpose of this volume is to modify the stereotypes of Mexican American women . . . as passive sufferers . . . to reach Mexican American women so that they might be fully aware of their status and its causes . . . in order to increase and improve their efforts to alter their social situation."

Twice A Minority: Mexican American Women
Margarita Melville, Ed., C.V. Mosby Co. 1980

Nacida en México de padres norteamericanos en 1930, **Margarita Melville** se hizo monja en la Orden Maryknoll y fue asignada a trabajar en Guatemala durante los 1950. Les enseñó a los hijos de la guerrilla y trabajó con estudiantes universitarios en cuestiones laborales y de alfabetización, junto con el padre, Tom Melville.

Expulsada en 1967 por estas actividades, se casó con el ex cura Tom y se mudaron a los E.U. donde buscaron cambiar las políticas de los E.U. hacia América Latina al mostrar que existían paralelos con las políticas en el Sureste de Asia. Se unieron al trabajo contra el reclutamiento militar, por lo que Margarita fue encarcelada por un año en Leavenworth. Después de su liberación, entró a la academia y obtuvo un Ph.D. en antropología. Fue traída a U.C. Berkeley por los esfuerzos de Prof. Carlos Muñoz y enseñó Estudios Chicanos en el Departamento de Estudios Étnicos ahí. Trabajó con el grupo Facultad pro Derechos Humanos en América Central y El Salvador. Desde que se jubiló en 1995 vive con su esposo Tom Melville en México.

MALCS
Mujeres Activas en Letras y Cambio Social

Sacramento, 1995

In Spring 1982, a group of Chicana/Latina academic women gathered at the University of California, Davis, to find a way out of the isolation and lack of voice they felt. The result was the founding of MALCS, dedicated to unifying their academic life with their community activism and advancing a Latina feminist perspective. It hosts a summer research institute, a newsletter, and launched the *Journal of Chicana/Latina Studies*.

En la primavera de 1982, un grupo de mujeres académicas chicanas y otras latinas se reunieron en la Universidad de California, Davis, para buscar una salida del aislamiento y la falta de voz que sentían. El resultado fue la fundación de MALCS, dedicada a unificar sus vidas académicas con su activismo comunitario y el avance de una perspectiva feminista latina. MALCS produce un instituto de investigación cada verano y una carta noticiosa, y lanzó la *Revista de Estudios Chicana/Latina*.

Lupe Gallegos-Diaz, energetic and dedicated director of the Chicana/Latino Academic Student Development Office at U.C. Berkeley, is also Treasurer for MALCS and has served as national chair of NACCS.

* * *

Lupe Gallegos-Diaz, la energética y dedicada directora de la Oficina de Desarrollo Académico de Estudiantes Chicanos/Latinos en U.C. Berkeley, es también tesorera de MALCS y ha servido de presidenta nacional de NACCS.

Kathryn Blackmer Reyes, now a librarian at California State University, Sacramento, has played invaluable roles in many MALCS summer institutes and also leadership roles in NACCS as foco representative, caucus chair, and National Coordinator.

* * *

Kathryn Blackmer Reyes, ahora una bibliotecaria en California State University, Sacramento, ha jugado papeles invalorables en muchos de los institutos veraniegos de MALCS y también en funciones de liderazgo en NACCS, de representante del foco, presidenta de la Agrupación Chicana y Coordinadora Nacional.

JULIA CURRY RODRIGUEZ

Julia held several leadership positions in NACCS, including Executive Director and founding chair of the Chicana Caucus. She has always fought for social justice in higher education, labor organizing and women's rights. While at the University of Texas, Austin, she served as a community advocate for immigrants at regular meetings with the Austin Police Department. An award-winning professor at U.C. Berkeley, she now teaches Mexican American Studies at San Jose State University, winning still more awards.

Julia Curry at the NACCS Annual meeting, Tucson, AZ, 2001
Julia Curry en la reunión anual de NACCS, 2001

Julia ha ocupado varios puestos de liderazgo en NACCS, incluso Directora Ejecutiva y presidente fundadora de la Agrupación Chicana. Siempre ha trabajado por la justicia social en la educación universitaria y la organización sindical, y por los derechos de las mujeres. Mientras estuvo en la Universidad de Texas, Austin, sirvió como defensora de la comunidad de parte de los inmigrantes en reuniones regulares con el Departamento de Policía de Austin. Después fue testigo experto para inmigrantes que enfrentaban la deportación, y para mujeres maltratadas. Una profesora premiada en U.C. Berkeley, ahora enseña Estudios México Americanos en San José State University, y sigue ganando más premios.

1982. Tempe, Ariz. **Teresa Cordova** (right) with Gloria Cuadraz and Margarita Decierdo on the day Mujeres en Marcha presented at a NACCS panel that led to the Chicana Caucus being formed. * **Teresa Cordova** (a la derecha) con Gloria Cuadraz y Margarita Decierdo, el día que Mujeres en Marcha hicieron una presentación en una conferencia de NACCS, lo que condujo a la formación de la "Agrupación Chicana".

TERESA CORDOVA

Teresa Cordova is an Associate Professor of Community and Regional Planning at the Univ. of New Mexico. She is also Director of the Resource Center for Raza Planning in the School of Architecture and Planning, dedicated to sustaining traditional N.M. communities.

Dr. Cordova served as a Bernalillo County Commissioner. She has sat on many national and local boards of community development bodies, and works with the Environmental Justice Movement. Her writing has centered on partnerships between universities and communities.

* * *

Teresa Córdova es una Profesora Asociada de Planificación Comunitaria y Regional en la Universidad de Nuevo México. También es directora del Centro de Recursos de Planificación para la Raza dentro de la Facultad de Arquitectura y Planificación, dedicado al sostenimiento de comunidades tradicionales de Nuevo México.

La Dra. Córdova sirve de comisionada del Condado de Bernalillo. Ha sido miembro de muchas directivas nacionales y locales de organizaciones pro desarrollo comunitario, y trabaja estrechamente con el movimiento pro Justicia Ambiental. Sus escritos se han enfocado en las colaboraciones entre universidades y comunidades.

ORGANIZACIONES DE MUJERES
KANSAS TO SAN DIEGO

The story of Chicana organizations shows that machismo did not keep women out of politics and women didn't participate just as family members or in auxiliaries of male-dominated groups. Feminist scholar Cynthia Orozco and others also affirm they didn't learn their feminism from white women's activism. Also, lesbians have their own history of struggle, as a future section will show.

Here and in the pages that follow are some of the Mexican-descent women's groups that have made their mark since the 1970's.

MANA MEXICAN AMERICAN WOMEN'S ASSOCIATION

Founded in 1975, the Mexican American Women's National Association (MANA, now the National Latina Organization) works on legislation for Latina rights. Based in Washington, D.C., it now has members and chapters throughout the U.S. MANA's leadership has included women like President **Wilma Espinoza** (1979-81) from Colorado, who grew up working in the fields. With MANA, she initiated programs to advance her basic goal: empowering Latinas. Whether the issue was housing, health, youth employment, farmworker concerns, voting rights, or gender equality, she lobbied the White House and Congress constantly to inject a Latina perspective. Wilma now heads the Kahlo Group, a San Francisco organization development firm.

La historia de las organizaciones de mujeres chicanas demuestra que el machismo no impidió la participación de las mujeres en la política y que su participación no sólo fue como miembros de familia o grupos auxiliares a organizaciones dominadas por hombres. La estudiosa feminista Cynthia Orozco, y otras, también afirman que no aprendieron su feminismo del activismo de mujeres blancas. Las lesbianas tienen su propia historia de lucha, como se verá en una sección más adelante. Aquí y en las siguientes páginas presentaremos a algunos de los grupos de mujeres de descendencia mexicana que han dejado huella desde los 1970.

Fundada en 1975, la Asociación Nacional de Mujeres México Americanas (MANA, ahora la Organización Nacional Latina), trabaja promoviendo la legislación que favorece los derechos de las mujeres latinas. Basada en Washington, DC, actualmente tiene miembros y capítulos por todos los E.U. El liderazgo de MANA ha incluido mujeres como Presidenta **Wilma Espinoza** (1979-81) de Colorado, la que se crió trabajando en los campos. Con MANA, inició programas para avanzar hacia su objetivo principal: darle poder a las latinas. Así el problema fuera vivienda, salud, empleo para jóvenes u otro, ella constantemente presionaba a la Casa Blanca y el Congreso para que inyectaran una perspectiva de la mujer latina. Actualmente Wilma es directora del Grupo Kahlo, una empresa de desarrollo en San Francisco.

WILMA ESPINOZA

Sisters United for a Better World

Right/derecha: 1985, Las Hermanas, Washington, D.C. protesting vote by the Third Hispanic Encuentro to reject promotion of women to minister at all levels in the Church * Las Hermanas, Washington, DC protestando el voto del Tercer Encuentro Hispano rechazando la promoción de las mujeres para ministrar en todos los niveles de la iglesia Católica

Sister Rosa Marta Zárate of Las Hermanas singing at 1993 UCLA Hunger Strike for Chicano Studies Dept. * **Hermana Rosa Marta Zárate** de Las Hermanas cantando en la huelga de hambre por un Departamento de Estudios Chicanos en UCLA, 1993

Workshop facilitators at Las Hermanas national conference * Promotoras de talleres en la conferencia nacional de Las Hermanas

Las Hermanas

In 1971, 50 mostly Chicana nuns came together in Houston, Texas, to discuss how they could better serve the needs of Spanish-speaking Catholics. Stirred by the worldwide liberation struggles of the times, Las Hermanas quickly grew to 900 women representing 21 states, with lay women added in 1976. Members participated actively in the Chicano movement, including student protests and farmworker struggles.

Seeking such reforms as representation for the Spanish-speaking in Church institutions, women's ordination, and fair employment (no more importing Mexican nuns for domestic work), Las Hermanas influenced the policy decisions of major church bodies from 1971-85. With direct experience of a male-dominated church, they became consciously feminist by 1976.

Las Hermanas defined women's leadership as empowering others, not a hierarchical kind of leadership. Grassroots Latinas can show the way, based on their own experience. Above all, Las Hermanas say:

"Living one's faith means living one's politics."

Chicana Nuns Go!

En 1971, 50 monjas, casi todas chicanas, se reunieron en Houston, Texas para discutir cómo mejor servir las necesidades de católicos de habla hispana. Entusiasmadas por las luchas de liberación nacional a nivel mundial de esos tiempos, Las Hermanas rápidamente crecieron a 900 mujeres representando a 21 estados, añadiéndose mujeres laicas en 1976. Las miembros participaron activamente en el movimiento chicano, incluso en protestas estudiantiles y también en las luchas de los trabajadores campesinos.

En busca de reformas como la representación de los de habla hispana en las instituciones de la iglesia, la ordenación de las mujeres, y empleo justo (acabar con la importación de monjas mexicanas para el trabajo doméstico), Las Hermanas influyeron en las decisiones políticas de las principales entidades eclesiásticas entre 1971 y 1985. Con sus experiencias directas de una iglesia dominada por hombres, se hicieron feministas conscientemente en 1976.

Las Hermanas definieron el liderazgo de las mujeres en términos de dar poder a otros, no de forma jerárquica. Las latinas de base, de acuerdo a sus propias experiencias, nos enseñarán el camino. Sobre todo, dicen Las Hermanas: vivir nuestra fe significa vivir nuestra política.

1971, Los Angeles, Las Hermanas members from left to right/miembros de izq. a der.: **Clarita Trujillo**, **Conchita Rios**, **Dolores Martinez**, **Lucile Martínez**

Yolanda Tarango, who went on to become a feminist theologian and writer * **Yolanda Tarango**, quien se volvió teóloga feminista y escritora

Sister Sara Murrieta, a community leader at the Padre Hidalgo Center in Barrio Logan, San Diego, California, 1974-1983 * **Hermana Sara Murrieta**, líder comunitaria del Centro del Padre Hidalgo en Barrio Logan, San Diego, CA 1974-1983

LATINA WOMEN IN ACTION

Above and below: Latina Leadership program participants and Mujeres staff at April 25, 2004 "March for Women's Lives," Washington D.C. * Arriba y abajo: Participantes del programa de Liderazgo Latino de Mujeres en la "Marcha por la vida de las mujeres", Washington, D.C., 25 de abril de 2004

Founded in 1973, the programs of Chicago's Mujeres Latinas focus on issues of domestic violence, parent support, child care, youth and Latina leadership. Longtime leader **Alicia Amador** says, "We are not just about direct service, we are about advocacy—about making change." Alicia is also active in the lesbian organization Amigas Latinas.

The "Peace Program" is mainly for children of more recent immigrants, and looks into the whole school life of a child. For example: it counts negative check-marks on a report card and asks school staff about the reason for each. The domestic violence program includes combing hospitals for rape survivors; how are they being treated? Everywhere, Mujeres is holding accountable those who are supposed to serve the community.

* * *

Fundada en 1973, los programas de Mujeres Latinas de Chicago se enfocan en los problemas de la violencia doméstica, apoyo familiar, cuidado de niños, y liderazgo para latinas y jóvenes. **Alicia Amador** dice, "No sólo proveemos servicios, también buscamos hacer cambios." Alicia también es activa en la organización lesbiana, Amigas Latinas.

El "Programa de Paz" es principalmente para niños de inmigrantes recién llegados, y examina la vida escolar entera de un niño. Por ejemplo, cuenta las marcas negativas en un informe y le pregunta al personal escolar la razón de cada una. El programa de violencia doméstica incluye buscar a sobrevivientes de la violación en los hospitales—¿cómo las están tratando? En todas partes, Mujeres está supervisando el cumplimiento de aquellos que deben estar sirviendo a la comunidad.

Alicia Amador at National Council of La Raza conference, Milwaukee, WI, 2001 * **Alicia Amador** en la conferencia del Consejo naciónal de la Raza, Milwaukee, WI, 2001

Mujeres staff and volunteers during the Chicago Coalition Against Sexual Assault Walk-a-Thon, Sept. 15, 2002 * Empleadas y voluntarias de Mujeres durante la caminata de la Coalición en contra del asalto sexual, Chicago, 15 de septiembre de 2002

Hispanas Unidas Institute

Escuelita class at art museum, Oct. 2005 * Visitando un museo de arte

Una organización pro justicia social lanzada en San Antonio, Texas, por la concejal María Antonietta Berriozabal, Hispanas Unidas hizo una encuesta de las necesidades locales. En el 2000 comenzó su programa de Escuelitas para niñas de escuela elemental. El objetivo principal: rebajar el alto número de embarazos entre adolescentes al promover el ideal de logros en lo académico, social y cultural.

A social justice organization launched in San Antonio, Texas, by City Councilwoman Maria Antonietta Berriozabal, Hispanas Unidas surveyed local needs. In 2000 it started its Escuelitas Program for elementary school girls. The main goal has been to diminish the high rate of teen pregnancy by promoting the ideal of academic, social and cultural achievement.

AChA San Diego

AChA (Assoc. of Chicana Activists) was founded in 1991 and 1995 by Chicanas at San Diego State Univ. and the Univ. of San Diego. Their mission: enabling Chicanas/Latinas to develop the skills needed to advocate for Raza in educational, cultural, political and social issues. They hold annual college recruitment conferences for high school students.

* * *

AChA (Asociación de Activistas Chicanas) fue fundada en 1991 y 1995 por chicanas en San Diego State University y U.C. San Diego. Su misión: capacitar a chicanas/latinas para abogar por La Raza en cuestiones educacionales, culturales, políticas y sociales. Anualmente celebran convocatorias de reclutamiento a la universidad para estudiantes de escuela secundaria.

Past and present AChA members after performance of "Chicana Herstory" by Maria Elena Ramirez (above, left), March 2003 * Miembros anteriores y actuales de AChA después de una presentación de "Chicana Herstory" por María Elena Ramírez (arriba, a la izquierda), marzo de 2003

From parade protesting discrimination, including homophobia * En una parada protestando la discriminación, incluyendo la homofobia

March/marzo 2001. Raza Womyn participate in an affirmative action rally at UCLA * Raza Womyn en una manifestación pro acción afirmativa en UCLA

Woman demanding amnesty with a life-size resident alien card, May 2001
Una mujer con una enorme "carta verde" demanda amnistía, mayo de 2001

RAZA WOMYN DE UCLA

En 1981 nació la organización Raza Womyn de UCLA, dedicada a la educación, la liberación y el acceso al poder de todas las mujeres. Con un compromiso fuerte ante las luchas del sector laboral y de los inmigrantes, Raza Womyn también ha creado una alianza fuerte con la comunidad Queer Latina/Chicana en Los Ángeles, luchando contra la homofobia dentro y fuera de la universidad.

* * *

In 1981, Raza Womyn de UCLA (Univ. of Calif. Los Angeles) was born, dedicated to the education, liberation and empowerment of all women. It has a strong commitment to labor and immigrant struggles. Raza Womyn has also created a strong alliance with the Queer Chicana/Latina community of L.A., struggling against homophobia on and off campus.

Johanna Ley, dressed as Frida Kahlo, marches in the Latina Pride festival, August 2001. * **Johanna Ley**, vestida de Frida Kahlo, marcha en el festival Orgullo Latino, agosto de 2001.

Rosa Romero of Raza Womyn at May 1, 2002 protest for immigrant rights
Rosa Romero de Raza Womyn, en una manifestación pro derechos de los inmigrantes

Right/derecha: Carmen Íñiguez of Raza Womyn at anti-police brutality protest in downtown L.A. * Carmen Íñiguez de Raza Womyn en una manifestación en el centro de Los Ángeles contra la brutalidad policíaca

Raza Womyn support Justice for Janitors at rally in Westwood, May 2000. * Raza Womyn apoyan a Justice for Janitors en una manifestación en Westwood, mayo de 2000.

NO STOPPING THE MOTHERS OF EAST LOS ANGELES

"The women used gender, ethnic, and class identities to understand the political situation... to question social injustice and the authority of the state. Women took on a public identity and became personally empowered to speak about community issues."

From *Mexican American Women Activists* - by Mary Pardo

"Las mujeres usaron el concepto de identidad en cuanto a género, etnicidad y clase social para comprender la situación política...para cuestionar la injusticia social y la autoridad del estado. Las mujeres adoptaron una identidad pública y fueron potenciadas personalmente a discutir los problemas de la comunidad".

De *Mexican American Women Activists* - por Mary Pardo

Demonstrating against proposed state prison construction, which was finally cancelled in 1992
Protestando la propuesta de construcción del presidio estatal, la cual por fin fue cancelada en 1992

Juana Gutiérrez, co-founder of MELA * **Juana Gutiérrez**, cofundadora de MELA

Demonstration to protest closing of community clinics and cutbacks in health services in East L.A. * Protestando el cierre de clínicas comunitarias y recortes en servicios de salud en East L.A.

1,000 protest building of toxic waste incinerator adjacent to East LA., 1986, (right to left) Juana Gutiérrez, Congressman Edward Roybal, Assemblywoman Lucille Roybal-Allard, Aurora Castillo, MELA members. * 1,000 protestan la construcción de un incinerador de desperdicio tóxico adyacente a East L.A., 1986; (de derecha a izquierda) Juana Gutiérrez, Congresista Edward Roybal, Asambleísta Lucille Roybal-Allard, Aurora Castillo, miembros de MELA.

¡Que vivan las madres del Eastside!

LAS MADRES DE EAST LOS ANGELES

De East Los Ángeles, que en esos tiempos era 95% latino, salió una organización de base, integrada principalmente por mujeres chicanas e inmigrantes mexicanas. Fundada en 1986, MELA empezó con el objetivo de impedir la construcción de un presidio estatal en su vecindario ya muy superpoblado en el centro de L.A.—el primero en ser propuesto en California en una área como ésa.

En 1987 bloquearon la propuesta de un incinerador de desperdicios tóxicos, un oleoducto, y una planta de procesar desperdicios químicos. Entonces MELA fue reconocido como parte de una red de organizaciones pro justicia ambiental, uno de los primeros grupos de latinas en enfrentar estos problemas. En 1990 se dividió en dos grupos. MELA Santa Isabel trabajó en proyectos tales como la vacunación de niños, la disminución de plomo, y becas para la escuela secundaria hasta que concluyó sus actividades en el 2003. El otro grupo, conocido aun como MELA. por 10 años dirigió un mercado de bajo costo y hoy ayuda a los que quieren comprar una casa por primera vez.

MOTHERS OF EAST L.A.

Out of East Los Angeles, which was 95% Latino at the time, came a grassroots organization composed mainly of Chicana and Mexican immigrant women. Founded in 1985, MELA started with the goal of preventing construction of a state prison in their densely populated downtown neighborhood—the first ever proposed in California for such an area. In 1987 they blocked a proposed toxic waste incinerator, oil pipeline, and chemical waste processing plant. MELA was now recognized as part of a network of environmental justice organizations, one of the first Latina groups to address those issues. It divided into two groups in 1990. MELA Santa Isabel worked on such projects as child immunization, lead abatement, and high school scholarships until it closed in 2003. The other group, still called MELA, helps first-time home-buyers and ran a low-cost market for 10 years.

Luz Alvarez Martínez with a book on *curanderas* published by NLHO's Latina Press * **Luz Alvarez Martínez**, con un libro sobre curanderas publicado por Latina Press de NLHO

At conference on AIDS co-sponsored by NLHO, U.C. Riverside 1998 * En una conferencia sobre el SIDA co-auspiciada por NLHO, U.C. Riverside, 1998

"Girls Against Tobacco" campaign at Horace Mann Academic Middle School, San Francisco, CA, 1994
Campaña "Niñas Contra el Tabaco", en la Escuela Media Académica Horace Mann, San Francisco, CA 1994

NATIONAL LATINA HEALTH ORGANIZATION (NLHO)

Born on March 8, 1986—International Women's Day—NLHO is the first national Latina organization in the U.S. focused on health in the U.S. It is also the first Latina group to focus on reproductive health including abortion. As co-founder **Luz Alvarez Martínez**, its Executive Director for many years, said: "we always made self-help the heart of our work and... used it as a social change tool." Other co-founders were Paulita Ortiz, Alicia Bejarano and Elisabeth Gastelumendi.

NLHO's goals have been bilingual access to health care and self-empowerment of Latinas through education, advocacy and public policy. Based in Oakland, CA, its programs include school-based health education, activism on reproductive rights, and young Latina leadership development. Rosalinda Monte Palacios has been interim director since Luz Alvarez retired, and working to develop a new program.

ORGANIZACIÓN NACIONAL DE LA SALUD DE LA MUJER LATINA (NLHO)

NLHO nació el 8 de marzo, 1986, el Día Internacional de la Mujer, la primera organización nacional latina en los E.U enfocada en la salud y los derechos reproductivos, incluso el aborto. Co-fundadora y Directora Ejecutiva desde hace tiempo, **Luz Álvarez Martínez**, dijo, "el auto-auxilio es el corazón de nuestro trabajo... una herramienta para el cambio social". Otras co-fundadoras: Paulita Ortiz, Alicia Bejarano y Elisabeth Gastelumendi.

Las metas de NLHO son el acceso al cuidado de salud bilin-güe y dar poder a las latinas. Establecido en Oakland, CA, sus programas incluyen educación en las escuelas sobre la salud, activismo pro derechos reproductivos, y desarrollo de líderes latinas. Rosalinda Monte Palacios llegó a ser directora interina desde que Luz Álvarez se jubiló, y ha estado preparando un nuevo programa.

Nahui Ollin Summer Program, 2000. Girls were invited to make masks representing their true selves. * Programa del verano Nahui Ollin, 2000. Las niñas fueron invitadas a crear máscaras que representan sus verdaderos seres.

The NHLO helped involve women of color in the March. * La NHLO ayudó en la participación de mujeres de color.

Left to right: **Rosalinda Monte Palacios** of the NHLO. **Diana Oliva** of KPFA, **Dolores Huerta**, **Luz Álvarez Martínez** * Izquierda a derecha: **Rosalinda Monte Palacios** de NLHO, **Diana Oliva** de KPFA, **Dolores Huerta**, **Luz Álvarez Martínez**

Un millón marcha por la vida de las mujeres

La Organización Nacional de la Salud de la Mujer Latina (NLHO) jugó un papel importante en la gran marcha al lograr que se le cambiara el nombre de "Marcha por la libertad de escoger" a "Marcha por las vidas de las mujeres". Esto posibilitó que la marcha fuera más inclusiva de cuestiones más allá del aborto, lo que llamó más la atención de las mujeres de color.

* * *

A Million March For Women's Lives

The National Latina Health Organization played an important role in the great march by helping to have the name changed from "March for Choice" to "March for Women's Lives." That made it more inclusive of issues beyond abortion, thus more appealing to women of color.

Left to right: **Lourdes Rivera** of the National Health Law Program, with daughter and **Rocio Cordoba** of California Latinas for Reproductive Justice * De izquierda a derecha: **Lourdes Rivera** del National Health Law Program, con su hija y **Rocío Córdoba** de Latinas de California Pro Justicia Reproductiva

San Francisco demonstration, April 1989 * manifestación en San Francisco, abril de 1989

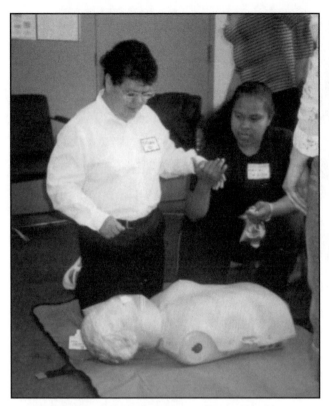

2006, **María Luna** of Manos Cariñosas (Caring Hands), training Maria Santiago in artificial respiration for home care * 2006, **María Luna** de Manos Cariñosas, entrenando a María Santiago en respiración artificial para el cuidado de la salud a domicilio

Clara Luz Navarro, co-founder and former director of MUA, 10th anniversary event Sept. 2000 * **Clara Luz Navarro**, cofundadora y directora previa de MUA, en un evento para el 10mo aniversario de MUA, septiembre de 2000

United Activist Women

Mujeres Unidas y Activas is a grassroots community organization run by and for Latina immigrant and refugee women. Founded in 1989, now with offices in San Francisco and Oakland, it aims to help immigrant Latinas identify domestic violence and workplace abuse, see their own strength, and work collectively to solve problems.

In 1994, MUA decided to develop economic opportunities so the women could leave abusive situations or give greater security to their families. The Caring Hands (Manos Cariñosas) Workers' Association was born: a workers' center providing jobs in home health care, housecleaning and child care. Manos Cariñosas offers training for such jobs and also for defending one's rights as a worker. MUA goes on working to increase immigrant access to health care, develop community leadership, and wage campaigns to defend immigrant rights.

2001, MUA Director **Juana Flores** demonstrating for health care rights at U.C.Davis * Directora de MUA **Juana Flores** en una manifestación a favor del derecho al cuidado de la salud en la Universidad de CA, Davis

> *"MUA me ayudó a transformarme a mí misma y a ver que es mi destino ayudar a la comunidad. En MUA te dicen, "Lo puedes hacer tú misma. Lo haremos juntas".*
>
> *"MUA helped me change myself and see that it is my destiny to help the community. At MUA they tell you "You can do it yourself. We'll do it together."*

¡QUÉ VIVA MUA!

Mujeres Unidas y Activas es una organización comunitaria de base, que sirve a inmigrantes y refugiadas latinas, dirigida por ellas mismas. Fundada en 1989, hoy con oficinas en San Francisco y Oakland, ellas intentan ayudar a inmigrantes latinas a identificar la violencia doméstica y el abuso en el trabajo, a reconocer su propia fuerza, y a trabajar colectivamente para resolver problemas.

En 1994 MUA decidió desarrollar oportunidades económicas para que las mujeres pudieran abandonar situaciones abusivas o darles mejor seguridad a sus familias. Nació la Asociación de Trabajadores Manos Cariñosas: un centro para trabajadores que provee empleos en cuidado de la salud a domicilio, limpieza de casas, y cuidado de niños. Manos Cariñosas ofrece entrenamiento para tales trabajos y para defender los derechos en el trabajo. MUA sigue tratando de mejorar el acceso para inmigrantes al cuidado de la salud, desarrollando el liderazgo de la comunidad, y haciendo campañas para defender los derechos de inmigrantes.

MUA members at anti-gentrification rally in Mission District, San Francisco
Miembros de MUA en una manifestación contra el aburguesamiento en el distrito de la Misión, San Francisco, 2004

Manos Cariñosas (MUA) training in lead removal, 2000 * Entreniamento en como quitar el plomo, 2000

Guillermina Castellano and **María Jiménez** of MUA protesting INS raids on their workplaces at Media Copy, 1996 * **Guillermina Castellano** y **María Jiménez** de MUA, "Migra fuera de nuestro trabajo", en Media Copy, protestando las redadas del INS, 1996

2000, **Rocio Rodriguez** explains how to negotiate a contract.
2000, **Rocio Rodriguez** de MUA explica como negociar un contrato.

Little Village (next to Pilsen), 2000 * La Villita (cerca de Pilsen), 2000

Centro Aztlan, Pilsen

La comunidad en Chicago

In the 1970's, Casa Aztlan in Pilsen was the center of Chicago's Chicano movement. During the 80's, the Juan Diego Community Center was founded in South Chicago by **Olivia Hernandez**, an immigrant who wanted to help her people for whom no services existed. Cleaning the streets, reducing gang activity and creating community gardens to bring people together were some of its first tasks.

* * *

En los 1970, el centro del movimiento chicano en Chicago era Casa Aztlan en Pilsen. Más tarde en los 1980, el Centro Comunal Juan Diego fue fundado en South Chicago por Olivia Hernández, una inmigrante determinada a ayudar a su gente para quienes no existía servicio alguno. Algunas de sus primeras tareas para unir a la comunidad: limpiar las calles, reducir la actividad de las pandillas y crear huertos comunales.

Left: Juan Diego Community Center members building a community garden * Izquierda: Miembros del Centro Comunitario Juan Diego construyendo un huerto comunal
Above: **Olivia Hernandez** with daughter Rosa, also an activist, behind her * Arriba: **Olivia Hernandez** con su hija Rosa, también activista, detrás de ella.

Demonstrating for the new high school * Una manifestación para la nueva escuela secundaria.

Chicago's Little Village women demand toxic-free school

The Little Village Environmental Justice Organization (LVEJO) was born in 1995 during a struggle by the community to protect their children from pollution. The site proposed for a new high school was polluted and residents wanted it changed. Ten mothers went on a hunger strike in protest.

Finally the city had the site decontaminated and the new school opened in November 2005. The LVEJO, with 1500 members, also worked on other issues such as cleaning up the lead in a school, building a new playground and park, and improving transportation.

The city has recognized Little Village's need for a new park, with a sports complex, but as usual pressure from the community is needed. Groups of residents, primarily women, have been circulating petitions—just as women did during the hunger strike for the school.

Mujeres de La Villita Piden una escuela limpia

La organización pro justicia ambiental La Villita (LVEJO) nació en 1995 durante una lucha de la comunidad para proteger a sus niños contra la contaminación. Diez madres salieron en huelga de hambre, exigiendo una nueva escuela secundaria que le había sido prometida a la comunidad. El lugar propuesto para la nueva escuela estaba contaminado y los residentes querían que se cambiara.

Por fin la ciudad mandó a decontaminar el sitio y la nueva escuela se inauguró en noviembre del 2005. La LVEJO, con 1,500 miembros, trabajó también en torno a otros problemas, como disminuir el plomo en una escuela, construir un nuevo parque con un área de recreo, y mejorar el transporte.

La ciudad ha reconocido que La Villita necesita un parque nuevo, con un complejo deportivo, pero como siempre, se requiere la presión de la comunidad. Igual que las mujeres que hicieron la huelga de hambre para conseguir la escuela, grupos de residentes, principalmente mujeres, han circulado peticiones.

Five of the mothers on hunger strike * 5 de las madres en huelga de hambre

Dec./ Dic. 2002: preparing protest signs * preparando pancartas de protesta

177

A Center of Hope
for Peace & Justice

La Voz announces lawsuit victory, 2001 * La Voz anuncia la victoria del pleito, 2001

Martin Luther King Day, 1991 Anti-Gulf War protest * Día de Martin Luther King, 1991, Protesta contra la guerra en el Golfo Pérsico

1999, Phyllis McNair, Bernice Williams, Barbara Smith, Gertrude Baker, Sterling Houston, at reading by Barbara Smith from her new book *The Truth that Never Hurts.* * Phyllis McNair, Bernice Williams, Barbara Smith, Gertrude Baker, Sterling Houston, en una lectura por Barbara Smith de su nuevo libro, La Verdad que Nunca Dolió.

El Centro Esperanza de Paz y Justicia, una organización comunitaria cultural pro justicia social en San Antonio, Texas, completó 20 años de trabajo extraordinario en 2007. Todo comenzó cuando **Susan Guerra** y **Graciela Sánchez** localizaron un sitio donde convenir a gentes de diversas razas, orígenes, géneros, orientación sexual, edades, habilidades y clases económicas. El objetivo: disolver fronteras y construir alianzas. Estaban comprometidas a ser dirigidas y centradas en las experiencias de mujeres de color, principalmente chicanas y lesbianas.

En 1998, el Centro Esperanza entabló y luego ganó un pleito histórico contra la ciudad de San Antonio. El Concilio Municipal había cortado el financiamiento del Centro para las artes, respondiendo a los esfuerzos derechistas de suprimir la diversidad.

Esperanza promueve exhibiciones de artes visuales, talleres y pláticas agrupan a las comunidades a través de la cultura. Proyectos continuos incluyen la Cooperativa de Mujeres

Puppets and drummers in demonstration * Títeres y percusionistas en una manifestación

Ceramistas, MujerArtes y el Proyecto de Historia Oral "Arte es Vida." Las actividades del Centro de organizar marchas, mítines y acciones directas para dirigirse a preocupaciones sociales, cívicas y globales mantienen al Centro Esperanza en la vanguardia del movimiento pro justicia social.

ESPERANZA PEACE AND JUSTICE CENTER
El Centro Esperanza de Paz y Justicia

The Esperanza Peace and Justice Center, a community-based cultural and social justice organization in San Antonio, Texas, completed 20 years of amazing work in 2007. It began when **Susan Guerra** and **Graciela Sánchez** led the search for a place to bring together people of different races, origins, genders, sexual orientation, ages, abilities and economic classes. The goal: to erase borders and build alliances. They were committed to being led by, and centered on, the experiences of women of color, mainly Chicanas and lesbians, who too often are made invisible.

In 1998, the Esperanza filed, and later won, a historic lawsuit against the city of San Antonio, which had cut arts funding for the Center, in response to right- wing efforts to suppress the diversity of Esperanza arts programs.

Esperanza's programming includes visual arts exhibits, workshops and pláticas (conversations) to bring communities together through culture. Ongoing projects include the MujerArtes Women's Pottery Cooperative and the Arte es Vida Oral History Project. Marches, rallies, direct actions and organizing around social, civic and global concerns keep Esperanza at the forefront of the social justice movement.

Demonstration supporting Esperanza lawsuit, 2001 * Manifestantes en apoyo a Esperanza

Left to right: **Gloria Ramírez**, Editor of *La Voz*; visiting author Sandra Cisneros; Exec. Director **Graciela Sanchez** * Izq. a der.: **Gloria Ramírez**, Editora de *La Voz*; autora visitante Sandra Cisneros; Directora Ejecutiva **Graciela Sanchez**

Women's Pottery Cooperative at work, 2003 * Mujeres trabajando en su Cooperativa de Mujeres Ceramistas, 2003

Esperanza Center, San Pedro Ave., 1996 "Pro-Choice Zone" * El Centro La Esperanza, Avenida San Pedro, 1996, "Zona pro Libertad de Escoger"

¡LATINAS Y QUÉ!

Latinas—and So!

Latinas y Qué! participants * Participantes de Latinas y Qué!

LYQ preparing for Día de los Muertos, Oakland, 2003. * LYQ preparando para El Día de Los Muertos, Oakland, 2003 - Left to right/ Izquierda a derecha: **Lorena Arechiga, Angelica Arechiga, Allesandra Mandejano, Ines Contreras**

Linda Luna and **Monica Manriquez** supporting the United Farm Workers
Linda Luna and **Monica Manriquez** apoyando a la UFW

"Strong, smart and bold"

Founded by high school students in San Leandro, California in 1993, Latinas y Qué! has a bold history of energizing young Chicanas and others. Building houses for the poor in Mississippi one year and in Mexico two years later. Organizing voter registration one year and demonstrating for the UFW the next. Backpacking, mountain biking, and celebrating Día de los Muertos—all these and other activities, within Girls Inc. As one participant said, "LYQ definitely gave me more courage and strength."

* * *

"Fuertes, inteligentes e intrépidas"

Fundada por estudiantes de la escuela secundaria en San Leandro, California en 1993, Latinas y Qué! tiene una historia intrépida de animar a jóvenes chicanas y otras. Construyendo casas para los pobres en Mississippi un año y en México dos años después. Organizando el registro de votantes un año y manifestando con la UFW el próximo. Viajando con mochilas y montando en bicicleta por las montañas, y celebrando el Día de los Muertos—todas estas y otras actividades dentro de Girls Inc. Como lo dijo una participante hace poco, "LYQ definitivamente me dio más valor y fuerza".

MUJERES WHO LOVE WOMEN
A Story of Resistance * Una Historia de Resistencia

New Mexico, c. 1915

California, c. 1860

Mujeres que aman a las mujeres y que desafían las normas heterosexistas han existido en todas las culturas. El lesbianismo y la homosexualidad existieron en Las Américas antes de que hubiera contacto con los europeos, aunque es difícil de reconstruir, se desempeñaron varios papeles en cuanto a género, incluso mujeres que funcionaban como hombres y hombres que funcionaban como mujeres. A los que nosotros clasificaríamos como "gay" o lesbiana a menudo se les atribuían rasgos y poderes especiales.

Debido al prejuicio heterosexista (la homofobia) la historia de estas personas ha sido borrada o escondida. Hoy día lesbianas chicanas a menudo enfrentan hostilidad a varios niveles: sexismo, racismo y clasismo, junto a la homofobia. A veces el rechazo proviene de sus propias familias y comunidades.

Antes de los 1970, pocas de estas mujeres públicamente usaban los términos lesbiana, bisexual, transgénero, maricona, etc., para describirse a ellas mismas. Pero sus vidas dan evidencia de que ellas ofrecieron resistencia individual a las presiones y los prejuicios sociales. Ha sido más fácil identificar a mujeres resistentes que eran transgénero y transvestitas que identificar a mujeres resistentes más femeninas en su apariencia.

Mujeres who love women and who challenge heterosexist norms have been present in all *culturas*. Lesbianism and male homosexuality existed in Las Americas before European contact, although it is difficult to trace because the invaders destroyed thousands of indigenous records. We do know from documents that there existed various gender roles, including women functioning as men, and men as women. People we would classify as lesbian or gay were often believed to have special traits and powers.

Due to heterosexist prejudice (homophobia), their history has been erased or hidden. Today, Chicana lesbians often face hostility on a number of levels: sexism, racism, and classism, along with homophobia. Sometimes rejection comes from their own *familias* and community.

Before the 1970's, few of these women publicly used the terms lesbian, queer, bisexual, transgender, jota, marimacha, etc., to describe themselves. But their lives provide evidence that, before there was a movement, they offered individual resistance to societal pressures and prejudice. It has been easier to identify resistant women who were transgender or cross-dressers than to identify resistant women more feminine in appearance.

Early Rebels * De las primeras rebeldes

An example of individual resistance was set by **Elvira Mugarrieta**, daughter of a Mexican diplomat, who took the name of Jack Bee Garland and passed as a male. She worked as a journalist in the 1898 Spanish American War and with homeless men in San Francisco.

Another, earlier example was **Catalina Erausto**, who fled from a convent in Spain and later settled in Mexico. Although an early example of resistance because she dressed in male clothing, Erausto earned her living as a soldier. She participated in Spain's efforts to colonize Las Americas by killing indigenous peoples, which eventually earned her the title of alférez, lieutenant.

Beginning in the late 19th century and into the 20th, close relationships between women began to be suspect and women thought to be lesbians paid a heavy price. Some lost their jobs, lesbian mothers lost custody of their children, and some lesbians were forced to endure electroshock treatments as a method of "curing" them. Nancy Valverde, an "out" lesbian who lived in East Los Angeles, remembers being arrested many times during the 50's and 60's for "masquerading" (not wearing the required amount of female clothing).

ELVIRA MUGARRIETA (1869-1936)

Elvira Mugarrieta before she dressed and lived as a man
Elvira Mugarrieta antes de que empezara a vestirse y vivir como un hombre

CATALINA ERAUSO
(1585-1650)

Un ejemplo de resistencia individual fue establecido por **Elvira Mugarrieta**, hija de un diplomático mexicano, que tomó el nombre de Jack Bee Garland y pasó por hombre. Trabajó como periodista en la Guerra Hispanoamericana de 1898 y más tarde con hombres desamparados (sin hogar) en San Francisco.

Otro ejemplo más temprano fue el de **Catalina Erausto**, quien se fugó de un convento en España y más tarde se estableció en México. Se ganó la vida como soldado. Aunque fue un ejemplo de resistencia porque se vistió con ropa de hombre, Catalina participó como soldado en los esfuerzos de España por colonizar a Las Américas matando indígenas, lo que eventualmente le hizo ganarse el título de alférez, teniente.

Comenzando a fines del siglo 19 y entrando al siglo 20, las relaciones estrechas entre mujeres empezaron a ser objeto de sospecha y las que la gente especulaba ser lesbianas pagaron un precio grande. Algunas perdieron sus trabajos, madres lesbianas perdieron la custodia de sus niños y algunas lesbia-nas fueron obligadas a someterse a tratamiento de shocks eléctricos como método para curarlas. Nancy Valverde, ahora una lesbiana públicamente, antes vivía en East Los Ángeles y recuerda las muchas veces que fue arrestada durante los años '50 y '60 por "disfrazamiento" (no llevar la ropa femenina requerida).

may-june 1973
75¢ in L.A. Area
$1.00 Elsewhere

⊛THE
LESBIAN TIDE⊛
A FEMINIST PUBLICATION, WRITTEN BY AND FOR THE RISING TIDE OF WOMEN TODAY

Lesbian Conference Commemorative

CLONING OF A NATION!

Cover of *The Lesbian Tide* magazine * Portada de la revista *The Lesbian Tide*

Banner of Lesbians of Color (LOC), organized in Los Angeles, 1978
Bandera del grupo Lesbianas de Color (LOC), organizado en Los Ángeles, 1978

1983, Malibu CA, LOC organized National Lesbians of Color conference, over 200 women attended * 1983, Malibu, CA. LOC organizó el encuentro de Lesbianas Nacionales de Color; más de 200 mujeres asistieron. Below/abajo: the program * el programa.

1983 NATIONAL L.O.C. CONFERENCE

Sisters Bonding

September 8 - 11
Los Angeles, California

ORGANIZED RESISTANCE

After World War II, lesbians and gays began organizing for their civil rights. In 1955, the first lesbian group, Daughters of Bilitis (DOB), was co-founded in San Francisco by a group of 8 lesbians including Marie, a Chicana. In 1971, another Chicana, Jeanne Cordova, turned the DOB Newsletter into *The Lesbian Tide*. It was the first lesbian publication to use the "L" word on its masthead.

Chicana lesbians participated in the social movements of the sixties. But in order to avoid attacks from homophobic men and women in these movements, most were silent about their sexual orientation. In many Chicano groups, the mention of feminism or women's rights might lead some to call a sister "traitor" or "man-hater." Among Anglo lesbians, Chicana lesbians often encountered racism.

Wanting a more supportive environment in which to work for social justice, some lesbians began to form their own groups. Chicanas joined other Latinas to form groups like Lesbianas Latinoamericanas (Los Angeles, 1974); Las Buenas Amigas (New York); Austin Latina/o Lesbian and Gay Organization, ALLGO (Austin, TX); LLEGO (1987, the only national lesbian and gay Latina/o organization); Tongues (Los Angeles); and others seen on these pages.

Next page/página siguiente: ELLAS, statewide Texas lesbian organization that emerged in 1987, March on Washington, 2000
ELLAS, organización a nivel de todo el estado de Texas que se estableció en 1987. La Marcha en Washington, 2000.

March on Washington, D.C., 1993, for Gay and Lesbian Rights * Marcha en Washington, 1993, para Derechos de Gays y Lesbianas

Después de la Segunda Guerra Mundial, las lesbianas y los gays empezaron a organizarse para defender sus derechos civiles. En 1955, el primer grupo de lesbianas, Las Hijas de Biltis (DOB) fue cofundado en San Francisco por un grupo de ocho lesbianas, incluso Marie, una chicana. En 1971, otra chicana, Jeanne Córdova, convirtió la carta noticiosa de DOB en la revista *Lesbian Tide*. Fue la primera publicación lesbiana en usar la palabra "L" en su cabecera.

Las lesbianas chicanas participaron en los movimientos sociales de los 1960. Pero muchas no revelaron su orientación sexual, evitando ser llamadas "traidoras" u "odia-hombres" por individuos homofóbicos en esos movimientos al mencionarse el feminismo o los derechos de las mujeres. Con las lesbianas anglo, a menudo enfrentaban racismo.

En busca de un ambiente más comprensivo donde trabajar por la justicia social, algunas lesbianas empezaron a formar sus propios grupos. Las chicanas se juntaron con otras latinas para formar grupos como Lesbianas Latinoamericanas (Los Ángeles, 1974); Las Buenas Amigas (Nueva York); Organización Latina/o Lesbiana y Gay de Austin, ALLGO (Austin, TX); LLEGO (1987), la única organización nacional gay y lesbiana; Lenguas (Los Ángeles) y otros vistos aquí.

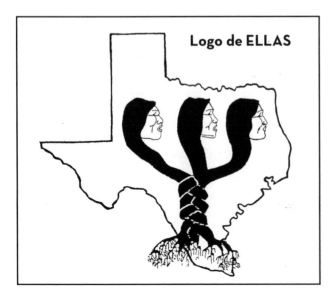

Logo de ELLAS

Chicago, Illinois, Amigas Latinas

In the 1980's, the work of "out" Chicana lesbians finally began to appear in print and the first anthology, *Chicana Lesbians*, was published in 1990. Chicana lesbians in the U.S. have been networking with *hermanas* in other countries and they attended the First Gathering of Lesbians from Latin America and the Caribbean held in 1987 in Mexico. Ten years later, **Patria Jiménez** (next page) was the first out lesbian elected to the Mexican Congress. **Lupe Valdez** (next page), also an out lesbian, was elected sheriff of Dallas, Texas. The list of lesbian officials, scholars, writers, artists, and activists on many fronts, especially health (AIDS and breast cancer), immigrant rights, economic equality, and cultural issues, is long.

As an ALLGO member said, "We realize that our struggle is linked to the struggle of all other oppressed peoples."

Tucson, Arizona: Lesbianas Latinas logo * Tucson, Arizona: emblema de las Lesbianas Latinas

Lesbianas Unidas at Gay Pride March 1995, Los Angeles. On right: *Jota*, a vehicle for lesbian artists and writers to make their work known, published by/ editado por **Wanda Alarcón Zapata**, Los Angeles, 2003. * Lesbianas Unidas en una Marcha a favor del Orgullo Gay en 1995, Los Ángeles. A la der.: *Jota*, un medio para hacer conocer la obra de artistas y escritoras lesbianas

Los Angeles magazine - Vol. I 2003

First meeting of Lesbianas Feministas Latinoamericanas y Caribeñas, 1987. A second Encuentro of Latina Lesbians was held in Costa Rica in 1990. Several others have been held since. * Primer Encuentro de Lesbianas Feministas Latinoamericanas y Caribeñas, 1987. Un segundo Encuentro de Lesbianas Latinas se realizó en Costa Rica en 1990. Varios más han tenido lugar desde entonces.

ACTIVISTAS EN TODAS PARTES

Patria Jiménez, elected to Mexico's Congress
Patria Jiménez, elegida al Congreso Mexicano

LESBIANISMO Y REVOLUCION

basta de vivir en el silencio!

somos obreras, madres, empleadas,
profesionistas, campesinas...
somos mujeres que hemos elegido
una vida propia
comencemos a romper nuestro aislamiento
compartiendo el mundo que también
es nuestro.

marcha 28 de junio
SALIDA MONUMENTO A LOS NIÑOS HEROES 4 P.M.

Poster displayed at a march on June 28, c. 1980, Mexico City. It said: "Enough living in silence! . . . Let us begin to break through our isolation, sharing the world that is also ours." * Cartel exhibido en una marcha el 28 de junio, c. 1980, Mexico D.F.

En los 1980, el pensamiento de las lesbianas declaradas por fin empezó a aparecer en letras, y la primera antología, Chicanas Lesbianas, fue publicada en 1990. Lesbianas chicanas en los E.U. establecieron una red con hermanas en otros países y asistieron al Primer Encuentro de Lesbianas Feministas Latinoamericanas y Caribeñas en México.

Diez años después, **Patria Jiménez** fue la primera lesbiana declarada en ser elegida al Congreso Mexicano. **Lupe Valdez**, también una lesbiana declarada, fue elegida Sheriff de Dallas, Texas. La lista es larga: de oficiales elegidas, de estudiosas, escritoras, y artistas y de activistas en muchos frentes, especialmente la salud (SIDA y cáncer del pecho), los derechos de inmigrantes, la igualdad económica y los dilemas culturales.

Como lo dijo un miembro de ALLGO, "Reconocemos que nuestra lucha está enlazada con la lucha de otros pueblos oprimidos."

Yolanda Retter Vargas & Yolanda Chávez Leyva

2004, **Lupe Valdez** elected Sheriff, Dallas, TX
Lupe Valdez, elegida Sheriff de Dallas, TX

WALKING THE RED ROAD

In 1990, as many Chicanas/os and indeed all of Las Americas prepared for the Columbus quincentennial of 1492-1992, we saw more *gente* reclaim their indigenous histories and traditions to challenge the European celebration. "Indigenismo" was the term used then, when we also started using the X in Xicano/a, because it affirmed the original, native sound that Spain had turned into the Ch. We do not hear that term "indigenismo" much any more; mostly we refer to the Red Road of Xicana consciousness and spirituality.

Our spirituality can be seen in many manifestations, drawing on different indigenous nations' ceremonies and teachings. La Danza in Aztlan is at the heart of Xicana spirituality, a core manifestation of its vision and practices. Through ceremonies and spirit vigils, Danza teaches a way of life native to this land and often called the Red Road: walking in a sacred harmony with creation.

Many Xicanas have walked the Red Road for generations. They have served as spokespeople for their nations, sweat lodge ceremony leaders, midwives and health care-givers, social-justice organizers, and community workers. As we see in the pages that follow, they have often been danzantes, from California to New York, as well as runners in the continental Peace and Dignity Journeys.

– Raquel Jiménez

Caminando por el Camino Rojo

En 1990, cuando muchos chicana/os y en verdad todas las Américas se pre-paraban para el Quinto Centenario del Descubrimineto de las Américas, 1492-1992, vimos más gente reclamar sus historias y tradiciones indígenas para desafiar la celebración europea. "Indigenismo" fue el término que usamos en aquellos días, cuando también empezamos a usar la X en Xicana/o, porque afirma el sonido original nativo que España convirtió al Ch. Ya no oímos mucho el término "indigenismo"; nos referimos principalmente al Camino Rojo de la conciencia y espiritualidad xicana.

Nuestra espiritualidad tiene muchas manifestaciones, derivadas de las ceremo-nias y enseñanzas de diversas naciones in-dígenas. En el corazón de la espiritualidad Xicana queda La Danza, una manifestación central de sus visiones y prácticas. A través de ceremonias de danza y velaciones, La Danza enseña un modo de vida indígena de esta tierra. Muchas veces lo llaman El Camino Rojo, o el andar en una armonía sagrada con la creación.

Muchas Chicanas han caminando el Camino Rojo por generaciones como portavoces para sus naciones, líderes de la ceremonia de sudor, parteras, y curand-eras, organizadoras pro justicia social y tra-bajadoras de la comunidad. Como vemos en las siguientes páginas, a menudo han sido danzantes, desde California a Nueva York; y a la misma vez corredoras en las Jornadas de Paz y Dignidad.

– Raquel Jiménez

Left to right/Izquierda a derecha: three runners * tres corredoras: **Gaby Reza** (from British Columbia to/a Panamá). **Esmeralda Sanchez** (Alaska to/a Panamá). **Claudia García** (Portland, Ore. to/a Chiapas)

Women of/ Mujeres de San Andrés, Chiapas antes de correr 10 millas * before running 10 miles

Northern California, 1996: Community member runs from Fremont to Los Angeles. * Miembro de la comunidad corre de Fremont a Los Angeles.

Northern California, 2004: **Adriana Blanco** (right/derecha) and friend. Adriana also ran from the Bay to Panama. * **Adriana Blanco** y amiga; Adriana también corrío desde la Bahia a Panamá.

Las Jornadas de Paz y Dignidad son carreras ceremoniales dirigidas por Indígenas, que cada cuatro años atraviesan las Américas. Los corredores comienzan simultáneamente en lados opuestos del hemisferio, un grupo en Alaska y el otro en Argentina, y se encuentran en un lugar designado.

Las primeras tres Jornadas, comenzando en 1992, fueron completadas en Teotihuacan, México, y la de 2004 en Panamá. Las Jornadas de Paz y Dignidad surgieron de la profecía del Águila y el Cóndor, que dice que los Pueblos Indígenas serán liberados cuando el Águila del Norte y el Cóndor del Sur sean reunidos. El cumplimiento de esta profecía marca el final de la época de la oscuridad (Xitontiquiza) y el nacimiento de una nueva era.

Cada Jornada tiene un enfoque específico: primero los ancianos, luego los niños, y después la familia y en 2004, las mujeres. En el año 2000, la primera mujer (una Xicana del Área de la Bahía, Brenda Alcantar) corrió la distancia entera desde Alaska a Teotihuacan. En 2004, aproximadamente una mitad de los corredores y coordinadores fueron mujeres —muchas más.

1992, San Cristobal, New Mexico, home of Enriqueta Vásquez, welcoming the runners * hogar de Enriqueta Vásquez, dando la bienvenida a las corredoras

RUNNING FOR PEACE AND DIGNITY
1992 - 1996 - 2000 - 2004
Jornadas de Paz y Dignidad

The Peace and Dignity Journeys are indigenous-led ceremonial runs held every 4 years that traverse the Americas. Runners begin simultaneously from opposite sides of the hemisphere, one group from Alaska and the other from Argentina, and then meet at a designated site.

The first three Journeys, starting in 1992, were completed in Teotihuacan, Mexico and the 2004 run in Panama. Peace and Dignity Journeys affirm the prophecy of the Eagle and Condor, which states that Indigenous Peoples will be liberated when the Eagle of the North and the Condor of the South are re-united. Fulfillment of this prophecy marks the end of the time of darkness (Xitontiquiza) and the birth of a new era.

Every Journey has a specific focus: first the elders, then the children, then the family and in 2004, women. In the year 2000, the first *mujer* (a Bay Area Xicana) ran the entire distance from Alaska to Teotihuacan. By 2004, women made up approximately half of the long-distance runners and coordinators—a huge increase.

1992, Santa Barbara, CA: **Tina Flores**

2004, **Cindy Domínguez**, originally from El Paso, TX, ran San José, CA to Panama. * **Cindy Domínguez** de El Paso, TX corre de San José, CA hasta Panamá.

Above left/arriba izquierda: Runners welcomed at Teotihuacan, Mexico. * Corredores reciben la bienvenida en Teotihuacan, Left/izquierda: Colorado, 1996, **Rocky Rodriguez** (left/izq.) and **Esther Acosta**, coordinators * coordinadoras

COMO NACIÓ LA DANZA MEXICA/AZTECA

Señora Angelbertha Cobb, Sacramento, California

Hay muchas maneras de interpretar lo que llaman "La Danza". Cada maestro de La Danza tiene sus antepasados particulares: su lugar de origen y su historia. Como muchas otras tradiciones indígenas, la tradición mexica/azteca tiene una cultura rica derivada de la creencia que existe una conexión espiritual entre todas las cosas (mexica y azteca se refieren al mismo pueblo de habla náhuatle). Esta creencia es honrada y expresada a través de ceremonias y "danzas" transmitidas de generación a generación, desde antes de la invasión europea. Los bailes representan el círculo de vida y todo lo que abarca la tierra y la creación.

Hoy, el objetivo de mantener la tradición de La Danza es enseñar a las nuevas generaciónes estos estilos de vida para que los pueblos indígenas en todo el continente, al igual que toda la humanidad, puedan empezar a reponerse y reestablecer una conexión los unos con los otros y con la tierra.

Hoy en día, grupos de danza mexica/azteca existen por todos los E.U. La Danza se originó del Movimiento Chicano de las décadas de los 60 y 70 como parte de un despertar espiritual de La Raza en los E.U. y fue acogida por nuestros hermanos Nativos Americanos. El difunto Maestro Florencio Yescas de México formó el primer grupo en San Diego, al que invitaron a una reunión ceremonial indígena en Morongo en 1973 donde hizo su primera presentación. Su primera ceremonia fue el Día de los Muertos, en honor a nuestros antepasados. Después realizó otras, incluso Xilonen, o la ceremonia del maíz tierno que honra los ritos de iniciación de nuestras jóvenes, y Tonantzin, honrando a nuestra Madre Tierra. Hoy en día se celebran muchas ceremonias.

El papel de la mujer en la tradición de La Danza siempre ha sido central. Las mujeres han cargado el fuego, metafóricamente y literalmente, en el centro de los círculos de la danza, o solas o con sus compañero/as y familias. El liderazgo femenino ha creado equilibrio y armonía, cualidades importantes a nuestros antepasados y esenciales para la paz.

Esta sección se enfoca en algunas de las muchas mujeres que han dirigido círculos de danza empezando con la Señora Angelbertha Cobb. Estas mujeres han hecho la historia al abrir la puerta del liderazgo para que otras mujeres puedan asumir y compartir la responsabilidad de transmitir las enseñanzas a la próxima generación.

ORIGINS OF THE AZTEC DANCE IN AZTLAN

Watsonville, CA. Xilonen Ceremony honoring young women's rites of passage, led by **Sra. Angelbertha Cobb** * Ceremonía para la transición de adolescentes a mujeres, dirigida por la **Sra. Angelbertha Cobb**

There are many ways to interpret what is affectionately called "La Danza." Each *maestro* of La Danza has his or her particular ancestors: their place of origin and history. Like many other indigenous traditions, the Mexica/Azteca tradition has a rich culture stemming from the belief that a spiritual connection exists amongst all things (Mexica and Azteca refer to the same Nahuatl-speaking people). This belief is honored and expressed through ceremonies and "danzas" passed down through generations, before the European invasion. The dances represent the circle of life and all that encompasses the earth and creation.

Today, the goal of maintaining the Danza tradition is to teach the younger generations these ways of life so that Indigenous people from across the continent, and humanity as a whole, can begin to heal and reestablish a connection to each other and to the earth.

Danza Mexica/Azteca groups are now represented across the U.S. La Danza emerged during the Chicano Movement of the 60's and 70's as part of an indigenous, spiritual reawakening of Raza in the U.S., and was embraced by our Native American brothers and sisters.

Maestro Florencio Yescas (R.I.P.) from Mexico formed the first group in San Diego, California and that group made its first presentation at a Native American Pow Wow, by invitation in Morongo in 1973. The first *ceremonía* was Día de los Muertos in honor of our ancestors. Then came others, including the Xilonen, or tender corn ceremony honoring our young women's rites of passage, and Tonantzin, honoring our Mother Earth. Today many ceremonies are celebrated.

The role of women in the Danza tradition has always been central. Women have carried the fire, literally and metaphorically, with their partners and family or by themselves, at the center of Danza circles. Women's leadership in Danza has created balance and harmony, qualities important to our ancestors and essential to peace.

This section focuses on a few of the many women who have led Danza circles, beginning with Señora Angelbertha Cobb. These women have made history by opening the door of leadership for other women to share the responsibility of passing on the teachings to the next generation.

Señora Angelbertha Cobb

Señora Angelbertha Cobb/Coxamayotl Xihuatlalli (Nahuatl name) is a respected elder and teacher of the Mexica traditions. Originally from the Sierra of Puebla in Mexico, she moved to Sacramento, CA, where she is a recognized community leader. While organizing around issues of equality for the Mexican and Chicano community, she also founded and directed a Danza Azteca group. She had 19 children and has dedicated her life to ensuring that children are given the opportunity to learn about their culture and themselves. She continues to teach in the community and in colleges about the history and philosophy of the Mexica people.

* * *

La Señora Angelbertha Cobb/Coxamayotl Xihuatlalli (nombre náhuatle) es una respetada anciana y maestra de las tradiciones mexica. Originalmente de la Sierra de Puebla en México, se mudó a Sacramento, CA, donde es una reconocida líder de la comunidad. Mientras organizaba a la gente alrededor de problemas de igualdad en las comunidades mexicanas y chicanas, también fundó y dirigió un grupo de danza azteca. Tuvo 19 hijos y ha dedicado su vida a asegurar que los niños tengan la oportunidad de aprender acerca de su cultura y de ellos mismos. En la actualidad, sigue enseñando la historia y la filosofía del pueblo mexica en las universidades y en la comunidad.

"For me, danza is a lifetime commitment."

"Para mi, la danza es un compromiso de por vida".

Capitana Alida "Earthy"

"Earthy," whose Nahuatl name means Earth Feather, is Chicana and a member of the Pascua Yaqui Tribe. After high school, she worked with AIM (American Indian Movement), lived on three native reservations, and visited Yaqui villages struggling for federal recognition of their tribe. In 1975-80 she learned danza with great maestros including Sra. Cobb. While caring for her three children, Earthy helped organize a danza symposium in 1987. Captains from all U.S. danza groups came to Phoenix to share histories and current dances. Elders bestowed "palabra" (the word) on Earthy and Mome Anowo for their new group Yolloincuauhtli. "Corazón de la águila" (Heart of the Eagle). She has continued as its capitana, in Tucson.

* * *

"Earthy", cuyo nombre en Nahuatl quiere decir Pluma de la Tierra, es una chicana y miembro de la Tribu Pascua Yaqui. Viajó con el AIM (Movimiento de los Indígenas Americanos), vivió en tres reservaciones de indios, y visitó los pueblos yaqui donde estaban luchando para ganar el reconocimiento federal. En 1975-80 aprendió la danza con grandes maestros, la Sra. Cobb entre otros. A la vez que cuidaba a sus tres niños, Earthy ayudó a organizar un simposio en 1987. Capitanes de todos los grupos de danza vinieron a Phoenix para compartir sus historias y sus últimas danzas. Los ancianos les otorgaron "palabra" a Earthy y Mome Anowo por su nuevo grupo, Yolloincuauhtli, "Corazón de la águila". Earthy sigue como su capitana, en Tucson.

DANZA XIPE TOTEC
Virginia Carmelo

The premier Aztec Dance group in Los Angeles, Xipe Totec, was co-founded in 1978 by Capitana **Virginia Carmelo**. Born in Orange County, Virgina's father is Apache and Gabrielino/Tongva, and her mother's family, of Zacatecas, Mexico origin. She began studying Mexican folklórico and Mattachines dance under Javier Galvez of Guadalajara, and Danza Azteca under the famed maestro Florencio Yescas of Mexico, D.F. Tacuba. Virginia has taught dance in high schools and Master Dance at U.C. Irvine, as well as ESL and Spanish. Virginia has six children, who continue in the Danza tradition, and serves as Tribal Chair for the Gabrielino/Tongva Tribe of the Los Angeles Basin representing 2000 members.

* * *

El destacado grupo de Danza Azteca en Los Ángeles, Xipe Totec, fue cofundado en 1978 por la Capitana **Virginia Carmelo**. Nació en Los Ángeles de un padre Nativo Americano—Apache y Gabrielino/Tongva—y una madre originalmente de Zacatecas, México. Su estudio de danza empezó con la danza folklórica mexicana y Mattachines bajo Javier Gálvez de Guadalajara y la Danza Azteca bajo el famoso Florencio Yescas de México, D.F. Tacuba. Desde entonces, ha enseñado la danza en escuelas superiores y la Danza Maestra en U.C. Irvine; también enseñó español y el inglés como segunda lengua. Virginia tiene seis niños, los que continúan en la tradición de la Danza. También sirve de Presidenta de la Tribu Gabrielino/Tongva de la Cuenca de Los Ángeles, la que representa a 2000 miembros.

DANZA MEXI'CAYOTL
Beatrice Zamora-Aguilar

Beatrice Zamora has co-led Danza Mexi'cayotl with her husband Mario Aguilar since 1980, traveling often to Mexico to participate in dance ceremonies and study. Through ceremony and travel, friendships have been created with other danzante groups and native tribes, especially the Hopi and Laguna peoples of the Southwest. Mexi'cayotl follows the danza motto of "Union, Conformity and Conquest." Union means to dance in unity with the circle of danzantes and together carry on the spiritual tradition of La Danza; Conformity means to dance with others without jealousy or envy, for the common good of everyone; and Conquest means that when they dance, they offer prayer, teach others to appreciate culture and diversity, and entice new dancers to join the spiritual-cultural movement.

* * *

Beatriz Zamora ha codirigido Danza Mexi'cayotl con su esposo Mario Aguilar desde 1980, viajando a menudo a México para participar en ceremonias y estudios de la danza. A través de la ceremonia y los viajes, amistades han sido creadas con otros grupos danzantes y tribus nativas, especialmente los pueblos Hopi y Laguna del Suroeste. Mexi'cayolt sigue el lema de la danza, "Unión, Conformidad, y Conquista"). Unión quiere decir danzar en unidad con el círculo de danzantes y juntos llevar adelante la tradición espiritual de La Danza; Conformidad quiere decir danzar con otros sin celos o envidia, por el bien común de todos; y Conquista significa que cuando se danza, se ofrece oraciones, se les enseña a otros a apreciar la cultura y la diversidad, y se anima a nuevos danzantes a unirse al movimiento espiritual-cultural.

Beatrice and Mario hold the *sahumador*, the sacred incense, symbolizing the fire and connection. She holds her "armas" or weapons, her eagle feathers, and her sonaja, rattle. * Beatriz y Mario con el sahumador, el incienso sagrado, que simboliza el fuego y la conexión. Ella aguanta sus armas, sus plumas de águila, y su sonaja.

Danza Izcalli leads the Friendship Dance with inmates from Tracy Prison in 2003. * Danza Izcalli dirige el Baile de la Amistad con reclusos de la prisión de Tracy, California en 2003.

DANZA IZCALLI and LAURA CASTRO

Grupo Izcalli is a family-based circle headed by **Laura Castro** in Morgan Hill/Gilroy, California. It includes her husband Roberto together with seven children and grandchildren. They seek to create a safe space and a place to learn about cultura, música, language, art, and traditions. They are also active in community issues and in 2003 they participated in the California protest to get drivers' licenses for undocumented migrants.

* * *

El Grupo Izcalli es un círculo familiar encabezado por **Laura Castro** en Morgan Hill/Gilroy, California. Incluye a su esposo Roberto y a sus siete hijos y nietos. Buscan crear un espacio seguro donde aprender acerca de la cultura, la música, el lenguaje, el arte y las tradiciones. También participan en el activismo de la comunidad, como en el 2003 cuando protestó en una manifestación a favor de dar a los indocumentados la licencia de manejar.

Laura Castro

DANZA XITLALLI

Danza Xitlalli is the San Francisco, California-based ceremonial dance group formed in 1981 by Francis Camplis and Capitana Generala **Macuilxochitl Bernarda Cruz-Chavez** from the Mexican state of Hidalgo. The group's aim is to preserve and inform others about the rich spiritual, cultural and artistic heritage of the Mexica people. It consists of 35-40 women, men and children from Bay Area cities. With spiritual direction from Tia Concha Salcedo (see p. 285), the group hosts five ceremonies a year.

* * *

Danza Xitlalli es un grupo de danza ceremonial con base en San Francisco, California y formado en 1981 por Francis Camplis y la Capitana Generala **Macuilxochitl Bernarda Cruz-Chavez** del estado mexicano de Hidalgo. El objetivo del grupo es preservar e informar a otros acerca de la rica herencia espiritual, cultural y artística del pueblo Mexica. El grupo consiste de 35-40 mujeres, hombres y niños de San Francisco y otras ciudades del Área de la Bahía. Bajo la dirección espiritual de la Tía Concha Salcedo (vea la pág. 285), el grupo celebra cinco ceremonias al año.

Macuilxochitl Bernarda Cruz-Chavez at "Under the Oaks Native Gathering," Santa Rosa College, 1998 * **Macuilxochitl Bernarda Cruz-Chavez** en el "Encuentro Nativo Bajo los Robles", Santa Rosa College, 1998

DANZA IZTATUTLI
"White Hawk" * "Halcón blanco"

Born in San Diego, California, **Anai-I-Nowo Aranda** was very active in the movements of the 60's, and co-founded El Centro Cultural de La Raza with her husband Guillermo "Yermo" Aranda. Later she moved to Red Wind, an inter-tribal community, where she lived indigenous culture, including dance. In 1982 the family relocated to Watsonville, where she began teaching danza at an elementary school. The kids formed a group and named themselves "White Hawk" because, as one said, every time they came to practice they noticed a white hawk flying nearby. Now White Hawk has younger leadership but Anai-I continues to light the lives of her four children, 10 grandchildren, and so many others

* * *

Nacida en San Diego, California, **Anai-I-Nowo Aranda** era activista en los movimientos del los años '60 y co-fundadora con su esposo Guillermo "Yermo" del Centro Cultural de La Raza. Más tarde se mudó a Red Wind, una comunidad inter-tribu indígena, donde ella conocía la cultura, incluso la danza. En 1982, la familia se estableció en Watsonville y ella empezó a enseñar danza en una escuela primaria. Los niños formaron un grupo y se llamaron White Hawk porque, según uno de ellos, cada vez que venían a ensayar, notaban un halcón blanco volando cerca. Hoy White Hawk continua bajo el liderazgo más joven pero Anai-I-Aranda sigue siendo la fuerza que alumbra la vida de sus cuatro hijos, 10 nietos y tantos otros.

Anai-I-Nowo "Moondancer," co-founder and leader of Watsonville-based group Iztatutli "White Hawk"
Anai-I-Nowo "Moondancer", cofundadora y líder del grupo Iztatutli "White Hawk" de Watsonville

Alice Parra (right) has been learning and teaching under the *palabra* of Anai-I (left) and Guillermo Aranda. Here they are ready to dance at the World Fair in Osaka, Japan, August 1994. * **Alice Parra** (der.) ha aprendido y enseñado bajo la palabra de Anai-I (izq.) y Guillermo Aranda. Están listas para bailar en la Feria Mundial en Osaka, Japón, agosto 1994.

1989 Santa Cruz, CA. **Alice Parra** and daughter **Bambi Annette Alamillo** prepare for a dance presentation. * 1989 Santa Cruz, CA. **Alice Parra** e hija **Bambi Annette Alamillo** se preparan para una presentación de danza.

195

DANZA CUAUHTONAL

Cristinal Mariscal grew up in the streets of the San Francisco East Bay. Her childhood, like the experience of many Raza youth in the area, was filled with abuse, drugs, and violence, and as a result she lacked self-esteem and engaged in destructive behavior. In 1989, Cristina was exposed to danza by Carlos Rios and, with the help of spiritual guides, she found the power and inner strength to heal herself and her family. Danza brought her an understanding that traditional ways hold the medicine our communities need to heal from centuries of violence and colonization. In 1999, Cristina became Capitana for Danza Cuauhtonal (Aguilas solares) in Oakland, CA, as her life-long commitment.

* * *

Cristinal Mariscal se crió en las calles de los barrios del San Francisco East Bay. Su niñez, igual a la experiencia de muchos jóvenes de la raza en el área, estuvo llena de abuso, drogas, y violencia. Como resultado, le faltaba auto estima y se comportaba en una manera auto-destructora. En 1989, Cristina fue introducida a la danza por Carlos Ríos, y con la ayuda de guías espirituales, encontró

San Francisco, 1997. **Cristina Mariscal**, Capitana of Danza Cuauhtonal, at the annual Fiesta de Colores Ceremony. * **Cristina Mariscal**, Capitana de Danza Cuauhtonal en la ceremonia anual Fiesta de Colores.

el poder y la fortaleza interna para sanarse a sí misma y a su familia. Para Cristina, la Danza le trajo paz y un profundo entendimiento de que las maneras tradicionales contienen las medicinas que nuestras comunidades necesitan para sanarse de generaciones de violencia y colonialismo. En 1999, Cristina tomó el liderazgo como Capitana de Danza Cuauhtonal, águilas solares, en Oakland, CA, un compromiso que es para toda la vida.

DANZA XIUHCOATL

Irma Alvarado Martinez is Capitana for Xiuhcoatl Danza Azteca, based in the Mission District of San Francisco, CA. Xiuhcoatl (Fire Serpent in Nahuatl) was founded in 1992 under the guidance of Capitan General Don Pedro Rodriguez, one of the most respected elders in the Danza Azteca community of Mexico. Irma has been dancing, learning and teaching various aspects of the traditions for over 20 years. The focus of the group is to bring healing through dance and prayer for the community. This is done by participation in community events and an annual ceremony to honor La Virgen de los Remedios/ Mayahuel, dedicated to healing through medicinal plants and the energy of women.

* * *

Irma Alvarado Martinez es Capitana de Xiuhcoatl Danza Azteca, basada en el distrito de la Misión en San Francisco, CA. Xiuhcoatl es la palabra náhuatl que significa Serpiente de Fuego. El grupo fue fundado en 1992, bajo la dirección de Capitán General Don Pedro Rodríguez Morelos, uno de los ancianos más respetados en la comunidad de la Danza Azteca. Por más de 20 años Irma ha danzado, a la vez que aprendía y enseñaba varios aspectos de las tradiciones. El enfoque del grupo es traer curación para la comunidad a través de la danza y la oración. Esto se hace al participar en eventos comunitarios y en una ceremonia anual para honrar a La Virgen de los Remedios/Mayahuel, la que se dedica a sanar con plantas medicinales y la energía de las mujeres.

Irma Alvarado Martinez, San Francisco, 2005, Dia de Los Muertos, taking care of the fire and preparing the altar/cuidando el fuego y preparando el altar

ADIÓS TO FOUR DANZANTES

Jessica Renteria (Xilonen)

Capitana Maryanne De La Rosa (Tlahuizkalli), Oct. 2004

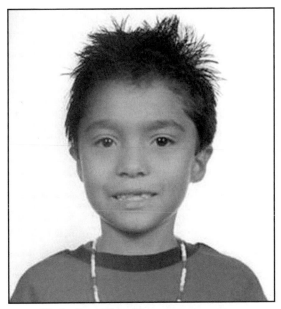

Manuel De La Rosa (Chimalli)

On June 17, 2005, four members of the Danza Tlaltekuhtli were killed in a car accident in Nebraska while driving to a Summer Solstice ceremony in Minnesota. The brilliant, visionary capitana was Maryanne De La Rosa, age 30, whose Nahuatl name Tlahuizkalli means "the dawn's red light." With her died her son Chimalli (Manuel De La Rosa), age 8; Jessica Renteria (Xilonen), age 13 ; and Joanna "Yohuali " Nuñez, age 22. The group Tlaltekuhtli continues, while it is said that those who passed shine down on them--the brightest stars in the heavens.

* * *

El 17 de junio de 2005, cuatro miembros del grupo Danza Tlaltekuhtli murieron en un accidente automovilístico en Nebraska en camino a una ceremonia para el Solsticio de Verano en Minnesota. Maryanne De La Rosa, de 30 años, era la brillante y visionaria Capitana, cuyo nombre, Tlahuizkelli, significa "la luz roja de la madrugada" en nauhatl. Con ella murieron también su hijo Chimalli (Manuel de la Rosa) de 8 años; Jessica Renteria (Xilonen) de 13 años, y Joanna "Yohuali Núñez, de 22 años. El grupo Tlaltekuhtli sigue bailando, y se dice que los que fallecieron son las estrellás más brillantes de los cielos que alumbran a los danzantes.

Joanna Nuñez (Yohualli)

Danza Azteca en Minnesota

SYLVIA LEMUS SHARMA

VICTORIA SALAS

Doctora Sylvia Lemus Sharma is a spiritual adviser also known as Maguey Woman who dusts the spirit. She was the first leader for the grupo Cuauhtemoc in Twin Cities, MN. A community scholar, she dedicates her time to making sure younger generations maintain the danza tradition in a sacred manner and build nation-to-nation alliances with North American indigenous communities.

Victoria Salas is Capitana for Kapulli Tekpatl Danza in Mankato, Minnesota. Dr. Sharma has said "she is a warrior for the people—always working for the community." Victoria has spent most of her life organizing to end domestic violence and helping abused women of all races. Kalpulli Tekpatl strongly believes in maintaining a violence-free, intergenerational danza circle.

La Doctora Sylvia Lemus Sharma es conocida también como Mujer de Maguey, la que sacude el espíritu. Fue la primera líder del grupo Cuauhtemoc en Twin Cities, Minn. Una estudiosa de la comunidad, dedica su tiempo a la tarea de asegurar que las generaciones jóvenes mantengan la tradición de La Danza en una manera sagrada y construyan alianzas entre naciones con las comunidades indígenas de América del Norte.

Victoria Salas es la Capitana de Danza Kapulli Tekpatl en Mankato, MN. La Dra. Sharma ha dicho que es "una guerrera para el pueblo—siempre trabajando por el bien de la comunidad". Victoria ha pasado la mayor parte de su vida organizando a la gente para acabar con la violencia doméstica y ayudando a mujeres abusadas. Kalpulli Tekpatl cree firmemente en la importancia de mantener un círculo de danza intergeneracional y libre de violencia.

GINA PACALDO

Gina Pacaldo is a solo performing artist whose purpose is to create a unique collage of Danza, theater, and poetry that reflects the Native American and Chicano/a communities. She combines traditional and contemporary dance steps while commenting on historic, social and cultural issues.

* * *

Gina Pacaldo es una artista interpretativa solista cuyo propósito es el de crear un collage de Danza, teatro, y poesía que refleje a las comunidades nativas americanas y chicanas. Combina pasos de baile tradicionales con contemporáneos mientras comenta sobre cuestiones históricas, sociales y culturales.

MARIA LANDEROS MIRANDA

Maria Miranda began her journey on the Red Road in 1974 at the age of 19, when she came to know Angelbertha Cobb, *la maestra de danza*. En 1999, she was formally received by the Council of Elders in Mexico, a rare honor. She is the Capitana of Kalpulli Maquilli Tonatiuh, which supervises hundreds of danzantes in the Mesa of California. Maria works hard to transmit the ceremonies, knowledge and values of Aztec Dance to Raza of all ages.

* * *

María Landeros Miranda se lanzó al camino rojo en 1974 a la edad de 19, cuando conoció a la maestra de danza Angelbertha Cobb. En 1999 fue la única mujer por la que el Concilio de Ancianos en México ha celebrado un recibimiento. Es la Capitana de Kalpulli Maquilli Tonatiuh, los que supervisan a centenares de danzantes en la Mesa de California. María trabaja diligentemente para transmitir las prácticas ceremoniales, el conocimiento y los valores Mexica Azteka a nuestro pueblo de todas las edades.

Jennie Luna (above right) with Axatacatl Solórzano, leaving the Bronx station. * Jennie Luna (arriba der.) y Axayacatl Solórzano, saliendo de una estación del metro en el Bronx

Below/abajo: Members of Cetilitzli dancing in N.Y. Miembros del Grupo Cetiliztli danzando en N.Y.

On the subway * en el metro

DANZA CETILIZTLI

The first Mexica dance group in New York City, the Danza Cetiliztli Nahuacampa Quetzalcoatl in Ixachitlan (Group of the Four Directions on the East of the Continent) was co-founded by Jenny Luna and Juan Esteva in 1999. It affirms the need for liberation of La Raza through political organizing and community activism. Its spiritual focus is on women as the center of life and the heart of the future.

GRUPO DE LAS CUATRO DIRECCIONES EN EL ESTE

Es el primer grupo de Danza Mexica en la ciudad de Nueva York, cofundado por Jennie Luna y Juan Esteva en 1999. Afirma la necesidad de liberación de La Raza a través de la organización política y el activismo comunitario, con un enfoque en las mujeres como centro de la vida y el corazón del futuro.

CIHUATL TONALLI

Cihuatl Tonalli, is a group of young women from the Boyle Heights community in East Los Angeles, who bring the influence and teachings of Danza into Hip Hop. They are danzantes, as well as musicians, hip hop artists, and activists. Cihuatl Tonalli has created a unique expression and manifestation of Xicana spirituality. * Cihuatl Tonalli es un grupo de mujeres jóvenes de la comunidad de Boyle Heights en East Los Ángeles que integra la influencia y enseñanzas de La Danza con el Hip Hop. Son danzantes al igual que músicos, artistas de Hip Hop y activistas. Cihuatl Tonalli ha creado una expresión y manifestación única de la espiritualidad chicana.

Cihuatl Tonalli, Hip Hop performance group from Boyle Heights, East Los Angeles, CA, influenced by Danza. * Cihuatl Tonalli, grupo interpretativo del Hip Hop de Boyle Heights, East Los Ángeles, CA, influenciado por La Danza.

BALLET FOLKLÓRICO

Mexico's Ballet Folklórico goes back to colonial times and continues today in its classical form along with new movements. In the 1930's, **Elena Rico** became a member of her parent's performance group, the Chicago Fiesta Guild, which danced in the area for 25 years. Elena was also the first Mexican woman to sing as a member of the Chicago Symphony Chorus.

Today, in San Diego, we find another deep-rooted group: the Ballet Folklórico de Aztlan founded in 1967 by Herminia Enrique and now directed by her daughter, **Viviana Enrique Acosta**. The Ballet is the resident company of the Centro Cultural de la Raza.

Elena Rico

El Ballet Folklórico de México tiene sus orígenes en los tiempos coloniales y continúa hoy día en su forma clásica, aunque ahora también utiliza nuevos movimientos. En los años 1930, **Elena Rico** se hizo miembro del grupo de actuación de sus padres, el Chicago Fiesta Guild, el que bailó en el área por 25 años. Elena también fue la primera mujer mexicana en cantar como miembro del Chicago Symphony Chorus.

Hoy, en San Diego, encontramos otro grupo con raíces también profundas: el Ballet Folklórico de Aztlan fundado en 1967 por Herminia Enrique y ahora dirigido por su hija, **Viviana Enrique Acosta**. Este Ballet es la compañía invitada a residir en el Centro Cultural de la Raza.

Viviana E. Acosta performs calabaceado, a style of dance popular in northern Baja California, on August 26, 2006 at the Fiesta del Sol, San Diego.
Viviana E. Acosta interpreta calabaceado, un estilo de danza popular en Baja California Norte, 26 de agosto de 2006 en la Fiesta del Sol, San Diego.

Los Danzantes de Aztlan, San Diego. **Cecilia Aranaydo**, founding member, in front of group. * Los Danzantes de Aztlan, San Diego. **Cecilia Aranaydo**, miembro fundadora, al frente del grupo.

Mexican Folkloric Dance Group organized at Jefferson High School, Chicago by M. Castro Hawley, in Cinco de Mayo parade.
Mexican Folkloric Dance Group organizado en Jefferson High School, Chicago por M. Castro Hawley, en el desfile del Cinco de Mayo.

MARÍA MARTÍN

For 10 years a radio program called "Latino U.S.A." was broadcast from Austin, Texas—the only nationally syndicated, English-language program on radio or TV dealing regularly with Latino news and culture. Its founder and Executive Producer was pioneering radio journalist **María Emilia Martín**.

Since 2003, María has continued her work elsewhere, creating journalism that builds bridges of cultural understanding. This has included training rural and indigenous radio journalists in Guatemala and Bolivia, and producing the series *Después de las guerras: Central America After the Wars*. It deals with topics like the role of women, native identity, and genocide. By promoting more North/South radio collaboration, she hopes to contribute her "granito de arena" to advance peace and justice in the world.

* * *

Por 10 años un programa de radio llamado "Latino U.S.A." fue transmitido desde Austin, Texas. Era el único programa en inglés sindicado nacionalmente en la radio o la televisión que trataba regularmente de noticias y cultura latina. Su fundadora y Productora Ejecutiva fue la radio periodista **María Emilia Martín**.

María Martín live on radio. * En directo.

Desde 2003 María ha continuado su trabajo en otros lugares, creando un periodismo que promueve el entendimiento cultural. Esto ha incluido el entrenamiento de radio periodistas rurales e indígenas en Guatemala y Bolivia, y la producción de la serie, *Después de las guerras: Central America After the Wars*, la cual trata con tópicos como el papel de la mujer, la identidad nativa, y el genocidio. Al promover más colaboración Norte/Sur por medio de la radio, María espera poder contribuir con su granito de arena a la causa de la paz y la justicia en el mundo.

Una voz para los de habla hispana en Colorado

En frente de los estudios de KRZA, de izquierda a derecha, las fundadoras * In front of the KRZA Studios, left to right: founding members **Frances (Pancha) Valdez**, **Becky Jirón**, **Yolanda Lujan** and **Shirley Ortega**

In the San Luis Valley, Colorado, the population was about 50% Spanish-speaking in the late 1970's but only 2% of commercial radio time offered anything in Spanish. A group of Chicanas set out to change this. In 1985, they began broadcasting over KRZA Radio Raza, the first bilingual community radio station in the area and one of the few anywhere. For 15 years it served as a vehicle for Raza to express their concerns and preserve their culture.

* * *

En el valle de San Luis, Colorado, a fines de los 1970, casi 50% de la población era de habla hispana, pero la radio comercial solamente ofrecía algo en español el 2% del tiempo. Un grupo de chicanas empezó en 1985 a transmitir por KRZA Radio Raza: la primera radioemisora comunitaria en el área y una de las pocas en cualquier otro lugar. Por 15 años sirvió de vehículo de la Raza para expresar nuestras preocupaciones y preservar nuestra cultura.

"Culture contains the seed of opposition, becoming the flower of liberation"

"La cultura contiene la semilla de la oposición, convirtiéndose en la flor de la liberación"

- Amilcar Cabral

MUJERES MURALISTAS

SAN FRANCISCO

The first all-women mural team in the United States, the **Mujeres Muralistas** were accused of being "non-political" at the time because their work showed no images of PanchoVilla or "Che." The Mujeres Muralistas often endured harassment and taunts by Latino men as they worked outdoors on scaffolding in San Francisco's Mission District.

They created images of beautiful indigenous and contemporary women as part of the economic and cultural backbone of Latino society. Mujeres Muralistas did nothing less than introduce women as subjects into the Chicano mural movement.

* * *

El primer equipo de muralistas exclusivamente de mujeres en los E.U., "las Mujeres Muralistas," fue acusado de no tener conciencia política en esa época porque su trabajo no presentaba imágenes de Pancho Villa o "Che". Las Mujeres Muralistas a menudo soportaron las burlas de los hombres latinos mientras trabajaban afuera en el distrito de la Misión en San Francisco.

Crearon imágenes de hermosas mujeres indígenas y contemporáneas, presentándolas como la columna vertebral económica y cultural de la sociedad latina. Mujeres Muralistas hicieron nada menos que introducir a las mujeres como tema en el movimiento muralista chicano.

Above/arriba: (1974) **Graciela Carillo**, **Consuelo Mendez**, **Paricia Rodriguez** and/y **Irene Perez** in front of their mural "Pan America"/en frente de su mural "Pan America"

Right/der.: Detail from the mural * detalle del mural 1974

SAN DIEGO

Women working on a pillar supporting the freeway, they came from San Diego High School and lived in Logan Heights. Inspired by the tenth anniversary of the 1968 "blow-outs," **Mujeres Muralistas de San Diego** designed a mural for Chicano Park. They portrayed their high school as a prison for Black and Brown students, not as a place for education.

* * *

Estas mujeres trabajaron en una columna que apoyaba la construcción de la autopista. Provenían de la escuela Superior de San Diego y vivían en Logan Heights. Inspiradas por el décimo aniversario de los golpes de las huelgas escolares de 1968, Mujeres Muralistas de San Diego diseñaron un mural para un parque chicano. Pintaron su escuela como una prisión para estudiantes negros y morenos, no como un lugar de educación.

Mujeres Muralistas de San Diego

PUT ART IN THE STREETS

Mujeres Muralistas del Valle de Fresno: **Cecilia Aranaydo,
Helen Gonzalez, Lupe Gonzalez, Tommie Cruz, Sylvia Garcia**

Las Mujeres Muralistas Del Valle De Fresno

In 1978, **Cecilia Aranaydo** and several other Chicana artists in Fresno, California spent 6 months painting a mural with 15 big panels for farmworkers in the Parlier labor camp nearby. After racial slurs were painted over the mural, it was dismantled and stored in a warehouse that caught fire, destroying the mural. We can celebrate the many photos of it that remain.

* * *

En 1978, a **Cecilia Aranaydo** y varias otras artistas chicanas en Fresno, California se tomaron 6 meses para pintar un mural de 15 paneles para los trabajadores campesinos de Parlier, un campamento laboral cercano. Después de que insultos raciales fueron pintados sobre el mural, lo desmantelaron y fue almacenado en una bodega que luego sufrió un incendio, que destruyó el mural. Podemos celebrar las muchas fotos que todavía quedan del mural.

JUANA ALICIA

A muralist, printmaker, and painter, Juana Alicia Montoya has been teaching for 25 years, from migrant education to graduate school. She came of age during the movements of the 1960's-70's and says: "I feel it is my responsibility as an artist to be an activist for social justice, human rights and environmental health." Recent murals include one in Erie, Pennsylvania, expressing cooperation between two labor unions; "La Llorona's Sacred Waters" in San Francisco's Mission District on women, water and globalization; and a new work about healing at a medical center.

* * *

Una muralista, grabadora y pintora, Juana Alicia Montoya ha sido instructora por 25 años, de clases para inmigrantes hasta cursos universitarios pos graduados. Entró a la madurez durante los movimientos de los 1960-70 y dice, "Siento que es mi responsabilidad como artista ser activista por la justicia social, los derechos humanos y la salud ambiental". Sus murales recientes incluyen uno en Erie, Pennsylvania, que expresa cooperación entre dos sindicatos laborales; "Las Aguas Sagradas de La Llorona"en el distrito de la Misión de San Francisco sobre la mujer, el agua y la globalización; y una obra nueva sobre la curación en un centro médico.

Above/arriba: **Juana Alicia** with a fresco she completed in preparation for her mural at the San Francisco Airport, "Sanctuary" * **Juana Alicia** con un fresco que completó en preparación para su mural, "Santuario" en el aeropuerto de San Francisco

Left/izquierda: From/del mural "La Llorona's Sacred Waters." Juana Alicia ©2004

JUDY BACA
Pioneer & Institution Builder

Always seeking to produce monuments that "rise out of neighborhoods rather than being imposed on them," Judith F. Baca has spent over 30 years working mainly in Los Angeles and the Southwest to address social justice issues. She is best known for "The Great Wall," (1976-84) a half-mile long mural that took 400 youth to create with her. "The Great Wall" depicts a history of the unrecognized racial and ethnic peoples of California.

Judy Baca founded the Social and Public Art Resource Center (SPARC) in 1976 and developed a program that produced over 90 murals in almost every racial/ethnic community of Los Angeles. She also developed a mural called "The World Wall: A Vision of the Future Without Fear," a traveling installation with new works added by artists in each country where it goes.

Recently she has worked on a new mural "to spiritually reclaim land illegally acquired from Hispanos and indigenous peoples of the southwestern United States." She aims to have her works viewed as symbols of people against boundaries, cultural differences, and defined territories.

* * *

Siempre buscando producir monumentos que "brotan de los barrios en vez de ser impuestos sobre ellos," Judith F. Baca ha trabajado por 30 años, principalmente en Los Ángeles y el Suroeste de EU, por la justicia social. Su obra mejor conocida, "La Gran Muralla" (1976-84), es un mural que mide media milla y que completó con la ayuda de 400 jóvenes. "La Gran Muralla" representa una historia no reconocida de los pueblos raciales y étnicos de California.

Judy Baca fundó El Centro de Recursos para Arte Social y Público (SPARC) en 1976 y desarrolló un programa que produjo más de 90 murales en casi todas las comunidades étnicas/raciales en Los Ángeles, otra vez con la ayuda de centenares de artistas y jóvenes. También desarrolló un mural llamado "La Muralla del Mundo: Una Visión de un Futuro sin Miedo", una instalación móvil con nuevos trabajos artísticos que se añaden en cada país a donde viaja la pieza.

Hace poco ha trabajado en un mural nuevo con el objetivo de "reclamar espiritualmente las tierras que fueron ilegalmente adquiridas de los hispanos y los pueblos indígenas en el suroeste de los E.U.". Su intención es producir en sus obras símbolos de personas que están en contra de las fronteras, las diferencias culturales y los territorios definidos.

Judy with "Triumph of the Heart," from the World Wall: A Vision of the Future Without Fear * Judy con "Triunfo del corazón", de "La Muralla Mundial: Una Visión del Futuro Sin Temor"

Above & below/Arriba y abajo: 1983- the world's longest mural is located in California's San Fernando Valley Tujunga Wash, a flood control channel built in the 1930's. * El mural más largo del mundo está ubicado en el Tujunga Wash del Valle de San Fernando en California, un canal para el control de inundaciones construido en los 1930.

ESTER HERNÁNDEZ

A Chicana of Yaqui and Mexican heritage, artist-activist Ester was born into a farmworker family that encouraged artistic expression. Ester's work in the mediums of murals, printmaking and pastels, are among the strongest to emerge from the Chicano struggle. Her work counteracts the stereotypes of Latina women as either passive victims or demonized creatures. Ester's art has been an important service to the community, widely reproduced and used in grassroots campaigns. A champion printmaker, her work "Sun Mad Raisins" emerged from her anger when she discovered the water in her hometown had been contaminated by pesticides for 30 years.

* * *

Una chicana de descendencia yaqui y mexicana, la artista-activista, Ester, es hija de una familia de trabajadores campesinos que valoraba la expresión artística. Las obras de Ester en medios como el mural, la grabación, y el pastel, están entre las más fuertes que se han originado de la lucha chicana. Su trabajo combate los estereotipos negativos que presentan a las mujeres latinas como víctimas pasivas o criaturas locas. El arte de Ester ha sido una aportación importante a la comunidad. Se reproduce por todos lados y se usa en movilizaciones populares. Una grabadora maestra, su trabajo "Sun Mad Raisins" (Pasas Enloquecidas por el Sol), surgió de su furia al descubrir que las aguas de su pueblo natal habían sido contaminadas con pesticidas durante 30 años.

Created in 1962, "Sun Mad Raisins" became a symbol of the Chicano movement's anger at corporate indifference to farmworkers' health.
Creado en 1962, el grabado se volvió en un símbolo de la rabia del movimiento chicano con las corporaciones por su indiferencia con la salud de los trabajadores campesinos

CARMEN LOMAS GARZA

Drawing on her rural South Texas origin and inspired by the Chicano movement, Lomas Garza uses memory to resist domination by Anglo culture. Her images of special and everyday life in paintings, prints and installations, which have been exhibited in museums and galleries nationwide, affirm Chicano community. With each remembrance of a *tamalada*, a Day of the Dead or some other event, she gives us beauty and pride.

* * *

Recurriendo a sus orígenes rurales del sur de Texas e inspirada por el movimiento chicano, Lomas Garza usa la memoria para resistir la dominación de la cultura anglo. Sus imágenes de la vida diaria y eventos especiales en sus pinturas, grabaciones e instalaciones, exhibidas en museos y galerías por todo el país, afirman la comunidad chicana. Con cada recuerdo de una tamalada, o un Día de los Muertos o algún otro evento, ella nos brinda belleza y orgullo.

Carmen Lomas Garza with painting entitled, "One Summer Afternoon" * con la pintura "Una Tarde del Verano"

Left/izq: "Who's the illegal alien, Pilgrim?" by **Yolanda M. López** * ¿"Quién es el extraterrestre ilegal, Peregrino?", por **Yolanda M. López**
Middle/medio: "Portrait of the Artist as the Virgin of Guadalupez" by **Yolanda M. López** * "Retrato de la Artista como la Virgen de Guadalupe", por **Yolanda M. López** • Right/der: "Dolores," silkscreen by **Barbara Carrasco** * serigrafía por **Bárbara Carrasco**

ART FOR THE PEOPLE

Many Chicana artist have used their art as a tool to discuss issues affecting their community. Through the medium of printmaking, screenprinting, and drawing, Chicanas have depicted the struggles of their people. Their messages have been against racism, imperialism, homophobia, militarization, and exploitation. Their art is subversive, expressing solidarity with third world movements around the world, in Palestine, Mexico, and Puerto Rico, to name a few. The bold images these women have created can be seen in the streets, classrooms, street posts—as it is the people's art.

YOLANDA M. LÓPEZ

Yolanda M. López—muralist, painter, printmaker, educator and film producer—was born in San Diego, California. She moved to San Francisco in 1968 and worked with Los Siete de la Raza (see p. 131). Yolanda's images challenge the mis-definitions of Chicanos and Latin Americans that are presented in the media. She is best known for her groundbreaking *Virgin of Guadalupe* series, including the most famous rendition of the icon in running shoes.

BARBARA CARRASCO

Barbara Carrasco is a printmaker and muralist, born in El Paso, Texas. In her college years, she worked with César Chávez to develop banners for the United Farm Workers. In 1989, Barbara broke new ground when she created a computer animation about pesticide use which was continuously broadcast in Times Square,

New York. One of Barbara's most well known pieces is her four-color rendition of Dolores Huerta.

LINDA LUCERO

Linda Lucero has a life-long commitment to culture and community. She produced a number of solidarity posters from 1974-1988 at La Raza Graphics Center, many of which have been exhibited in the U.S., Cuba, and Mexico. Currently she is Executive and Artistic director of the Yerba Buena Gardens Festival in San Francisco, where she promotes performance arts.

YREINA CERVANTEZ

Yreina D. Cervantez was born in Kansas. A versatile artist, she works in several media. She has found solidarity and a sense of community with fellow Chicana artists and was greatly inspired by Sister Karen Boccalero, co-founder of Self-Help Graphics in East Los Angeles. It was there that she reinforced her understanding of community-based art and the significant role of the artist in creating positive change.

FAVIANNA RODRIGUEZ

Favianna Rodriguez is an Oakland-based artist-activist and printmaker whose work depicts struggles such as youth organizing, globalization and the U.S. presence in Iraq. Favianna is a founding member of the EastSide Arts Alliance, a collective of third world artist and community organizers. She develops political posters in collaboration with community-based organizations and posts them in public spaces.

Left/izq: Poster by **Linda Lucero** depicting Puerto Rican Independence activist, Lolita Lebron * Afiche por **Linda Lucero** que representa a la activista por la Independencia de Puerto Rico, Lolita Lebron • Middle/medio: Silkscreen print by **Yreina Cervantez** depicting Zapatista women * Una pieza de **Yreina Cervantez** que representa a la mujer Zapatista • Right/der: "We Are Not the Enemy," an anti-war poster by **Favianna Rodriguez** * (No Somos El Enemigo) un afiche en contra de la guerra por **Favianna Rodriguez**

ARTE PARA EL PUEBLO

Muchas artistas chicanas han usado su arte como instrumento para discutir problemas que afectan su comunidad. A través del grabado, la serigrafía y el dibujo, han representado las luchas de su pueblo con mensajes contra el racismo, el imperialismo, la homofobia, la militarización, y la explotación. Su arte es subversivo, expresando solidaridad con movimientos en el tercer mundo en lugares como Afganistán, México y Puerto Rico, por nombrar algunos. Las imágenes fuertes que han creado estas mujeres pueden verse en las calles, las aulas, los postes en la calle, en todas partes—pues, es el arte del pueblo.

YOLANDA M. LÓPEZ

Yolanda M. López—muralista, pintora, grabadora, educadora y productora de películas—nació en San Diego, CA. Se mudó a San Francisco en 1968 y trabajó con Los Siete de la Raza (vea p. 131). Las imágenes de Yolanda desafían las caracterizaciones incorrectas de chicanos y latinoamericanos presentados por los medios de comunicación. Es mejor conocida por su serie innovadora de la Virgen de Guadalupe, incluso la famosa interpretación del icono en zapatos atléticos.

BARBARA CARRASCO

Bárbara Carrasco es una grabadora y muralista, nacida en El Paso, Texas. En sus años universitarios trabajó con Cesar Chávez para desarrollar estandartes para los United Farm Workers. En 1989, irrumpio en terreno nuevo cuando creó una animación en computadora sobre el uso de pesticidas, la que se transmitió continuamente en Times Square, NY. Una de sus piezas más conocidas es su interpretación de Dolores Huerta a cuatro colores.

LINDA LUCERO

Linda Lucero tiene un compromiso de toda su vida con la cultura y la comunidad. Produjo varios afiches de solidaridad en La Raza Graphics Center entre 1978-1988, muchos de los que se han exhibido en los E.U., Cuba, y México. Actualmente es Directora Ejecutiva y Artística de Yerba Buena Gardens Festival en San Francisco, donde promueve los artes de actuación de comunidades diversas.

YREINA CERVANTEZ

Yreina D. Cervantez nació en Kansas. Es una artista versátil, trabaja en varios medios. Encontró solidaridad y un sentido de comunidad con sus compañeras artistas chicanas y fue impactada en gran medida por la Hermana Karen Boccalero, co fundadora de Self-Help Graphics en East Los Ángeles. Ahí fue donde reforzó su comprensión del arte comunitario y el papel significativo del artista en crear cambio positivo.

FAVIANNA RODRIGUEZ

Favianna Rodríguez es una artista-activista y grabadora que reside en Oakland. Su trabajo representa diferentes luchas, tales como la organización de la juventud, la globalización, y la presencia de los E.U. en Irak. Favianna es miembro fundador de la EastSide Arts Alliance, un colectivo de artistas del tercer mundo y organizadores de la comunidad. Desarrolla afiches políticos en colaboración con organizaciones comunitarias y los coloca en espacios públicos.

"La Guadalupana" installation by **Delilah Montoya**

"Our Lady" print by **Alma Lopez**

TWO CHICANA PHOTOGRAPHERS

DELILAH MONTOYA

Delilah Montoya has engaged the power of photography for over twenty-five years to explore cultural history, memory, and identity. Throughout her career, the artist has used documentary strategies to represent contemporary and historical issues and to re-imagine Chicana/o cultural and spiritual traditions. Delilah Montoya was born in Fort Worth, Texas, and raised in Nebraska with deep roots in northern New Mexico.

* * *

Delilah Montoya ha estado comprometida con el poder de la fotografía por más de veinticinco años para explorar la historia cultural, la memoria y la identidad. A lo largo de su carrera, ha utilizado las estrategias del documental para retratar los problemas contemporáneos e históricos y para re-imaginar las tradiciones espirituales y culturales de los Chicanos. Delilah Montoya nació en Fort Worth, Texas, y creció en Nebraska con profundas raíces en el norte de New Mexico.

ALMA LOPEZ

Alma Lopez is a community artist, activist and visual story-teller working in painting, photo-based digital prints, and video. Her work recontextualizes cultural icons, bringing issues of race, gender and sexuality into relationship with transnationalist myths. Her digital print, "Our Lady," has been the center of violent controversy since 2001. It was protested by the Catholic Church and conservative religious groups, and censored by galleries, including Chicano cultural centers. She is currently working on a documentary about queer women.

* * *

Alma Lopez es artista de la comunidad, activista, y contadora visual de historias que trabaja con pintura, impresiones basadas en fotografía digital y vídeo. Su trabajo re-contextualiza iconos culturales reuniendo problemas de raza, género y sexualidad con mitos transnacionales. Su impresión digital, "Our Lady," (Nuestra Señora) ha sido el centro de violentas controversias desde el 2001. La Iglesia Católica y grupos religiosos conservadores protestaron contra ella, y ha sido censurada por diferentes galerías incluyendo centros culturales Chicanos. En la actualidad se encuentra trabajando en un documental sobre mujeres gay.

"Room on the Verge," acrylic painting by **Patssi Valdez**

"Red Roots/Black Roots/Earth (Tree of Life)," mixed media by **Celia Rodríguez**

"Pinch Me," ink on vellum by **Diane Gamboa**

PATSSI VALDEZ

At the height of the Chicano movement, Patssi became active as a high school student in ASCO, the pathbreaking Los Angeles art group. The only woman working with three Chicanos, she challenged the sexism of those years. Patssi went on to be an award-winning painter known for her mastery of color and use of metaphor.

* * *

A la altura del movimiento chicano, Patssi se hizo activa cuando aún era estudiante de secundaria en ASCO, el grupo de arte rompedor de esquemas de Los Ángeles. Siendo la única mujer que trabajaba con tres chicanos, ella podía cuestionar el sexismo de esos años. Patssi llegó a ser una pintora reconocida por su maestría en el uso del color y la metáfora.

CELIA RODRÍGUEZ

Celia Rodríguez is a painter and installation artist whose work incorporates Chicana/o and Native American thought. She joined the Communist Party at a young age and became deeply politicized after a trip to Cuba. Her work extends from artist, to artist educator, to community activist. She practiced art in Chicago before becoming a teacher in the Bay Area.

* * *

Cecilia Rodríguez es pintora y artista de instalaciones. Su trabajo incorpora el pensamiento chicano y nativo americano. Se unió al Partido Comunista a temprana edad y se politizó después de un viaje a Cuba. Su trabajo se expande del de la artista, al de la educadora y al de la activista de la comunidad. En Chicago practicó el arte antes de mudarse al Área de La Bahía para hacerse maestra.

DIANE GAMBOA

Diane Gamboa is a Los Angeles-based Chicana artist who explores female-male relationships in her work. In the early '80's, she photographically documented the East Los Angeles punk rock scene. She was associated with ASCO, and organized numerous site-specific "Hit and Run" paper fashion shows, created as easily disposable street wear.

* * *

Diane Gamboa reside en Los Ángeles y explora la relación entre hombre y mujer en su trabajo. A principios de los años ochenta ella documentó, a través de la fotografía, la escena punk rock del Este de Los Ángeles. Estuvo asociada con ASCO y más tarde organizó numerosos espectáculos de moda en papel llamados "Choque y Fuga". Las piezas fueron creadas como prendas de calle fácilmente desechables.

Consuelo Jiménez Underwood at the hem

CONSUELO JIMÉNEZ UNDERWOOD
Weaving as a Fine Art

Born in California of a father of Huichol Indian descent and a Chicana mother, Consuelo became an artist with much interest in weaving as a way of expressing her feelings toward culture and politics. This showed, for example, in her quilt *"Virgen de los Caminos,"* dedicated to the children who perished while crossing the border. She has had many exhibits of her work and became a Professor of Art in 1995 at San Jose State University's School of Art and Design.

* * *

Tejiendo como una obra de arte

Nacida en California de un padre de descendencia indígena huichol y una madre chicana, Consuelo se hizo una artista que tenía mucho interés en usar la actividad de tejer como vehículo para expresar sus sentimientos hacia la cultura y la política. Esto era evidente, por ejemplo, en su colcha, "Virgen de los Caminos", dedicada a los niños que han perecido al cruzar la frontera. Ha tenido muchas exhibiciones de su trabajo y fue profesora de arte en 1995 en la facultad de Arte y Diseño de San José State University.

Chicana weaving a rug in WPA Project, Castillo, N.M., September, 1939 * Una chicana teje una alfombra en un proyecto de la WPA, Castillo, NM, septiembre de 1939

WEAVERS IN THE SOUTHWEST

Women have been weaving in the Southwest since about 800 A.D., mostly Pueblo Indians. They grew cotton and had looms set up in kivas, as part of religious ceremonies. Spanish colonizers came in 1598, bringing 3,000-4,000 head of churro sheep, whose wool became the first blankets made by the subjugated Pueblos. The Pueblo Revolt of 1680 drove out the Spaniards but they returned. It is said that the Navajo learned weaving from the Pueblos, bringing new meaning to the work.

Tejedoras Del Sudoeste

Desde los 800 d.C. las mujeres del sudoeste, principalmente las indígenas Pueblo, han estado tejiendo. Cultivaban algodón y colocaban telares, o máquinas tejedoras en "kivas", como parte de una ceremonia religiosa. Los colonizadores españoles llegaron en 1598, trayendo con ellos entre 3000 y 4000 ovejas churro, de cuya lana las primeras cobijas fueron tejidas por los Pueblo, quienes habían sido subyugados. La Rebelión de los Pueblo en 1680 expulsó a los españoles, pero los volvieron a invadir. Se dice que los Navaho aprendieron a tejer de los Pueblo, lo que le dió nuevo significado al trabajo.

WRITERS * ESCRITORAS
Gloria Anzaldúa

"To survive the borderlands/you must live sin fronteras/be a cross-roads." Those words convey Gloria's essence as she wrote so powerfully about the many kinds of borderlands we confront in life. Daughter of Texas sharecroppers, this lesbian writer and teacher opened many eyes with two books: *Borderlands/La Frontera: The New Mestiza* and *Making Face, Making Soul/Haciendo Caras: Creative and Critical Perspectives by Feminists of Color.* She co-edited with Cherríe Moraga the ground-breaking book *This Bridge Called My Back: Writings by Radical Women of Color* (1981). Her death from diabetes marks the loss of a great feminist philosopher whose ideas live on.

* * *

"Para sobrevivir la frontera hay que vivir sin fronteras, ser una encrucijada". Estas palabras comunican la esencia de Gloria cuando escribió con tanta fuerza acerca de las muchas fronteras que enfrentamos en la vida. Hija de un aparcero de Texas, esta escritora y maestra lesbiana le abrió los ojos a muchos con dos libros: *Borderlands/La frontera: The New Mestiza* y *Making Face, Making Soul/ Haciendo caras: Creative and Critical Perspectives by Feminists of Color.* Con Cherríe Moraga, editó el libro innovador *This Bridge Called My Back: Writings by Radical Women of Color* (1981). Su muerte de diabetes marca la pérdida de una gran filósofa feminista cuyas ideas siguen viviendo hoy.

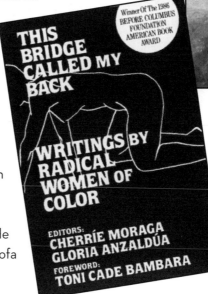

GLORIA EVANGELINA ANZALDÚA
1942-2004

Cherríe Moraga

After co-editing the historic anthology *This Bridge Called My Back* with Gloria Anzaldúa in 1981, Moraga published several volumes of gripping essays in which she examined the chances for a new Chicano/a family and movement as a feminist. They included *Loving in the War Years: Lo que nunca pasó por sus labios*, which brought her out as lesbian, *The Last Generation* and *Waiting in the Wings: Portrait of Queer Motherhood.* Look for Cherríe's powerful plays in the Theater section.

* * *

Despues de coeditar la histórica antología, *This Bridge Called My Back,* con Gloria Anzaldúa en 1981, Moraga publicó varios volúmenes de ensayos intensos donde examina las posibilidades, como una feminista chicana, de una nueva familia chicana y un nuevo movimiento. Éstos incluyen *Loving in the War Years: Lo que nunca pasó por sus labios, The Last Generation* and *Waiting in the Wings: Portrait of Queer Motherhood.* Busquen las poderosas obras teatrales de Cherríe en la sección del Teatro.

ANA CASTILLO

Fiction * Ficción
Peel My Love Like an Onion
The Mixquiahuala Letters
Sapogonia
So Far from God

Poetry * Poesía
My Father Was a Toltec
I Ask the Impossible

Nonfiction * Ensayos
Massacre of the Dreamers:
Essays on Xicanisma
Goddess of the Americas:
Writings on the Virgin of
Guadalupe

Ana Castillo received an American Book Award from the Before Columbus Foundation, a Carl Sandburg Award, and fellowships from the National Endowment for the Arts. All this and more in recognition for her rich output over the years, for a mind that never stops its bold explorations.

* * *

Ana Castillo recibió el Premio del Libro Americano de la Before Columbus Foundation, el Premio Carl Sandburg, y becas del National Endowment for the Arts. Todo esto y más en reconocimiento por la rica producción a través de los años de una mente que nunca para en sus exploraciones audaces.

LORNA DEE CERVANTES

A fifth generation Californian of Mexican and Native American (Chumash) heritage, Lorna Dee started a poetry journal, *Mango*, in 1976. She published two books of Chicano poetry: *Emplumada* and *From the Cables of Genocide: Poems on Love and Hunger*, with work that won many prizes. Her book *Drive: The First Quartet*, contains new poems from 1980-2005 that have been described as a whirlwind of energy that combines political explosiveness with moments of lyrical beauty and playfulness.

* * *

Una californiana por cinco generaciones, de descendencia mexicana y nativa americana (Chumasa), Lorna Dee fundó una revista de poesía, *Mango*, en 1976. Publicó dos libros de poesía chicana: *Emplumada* y *De los Cables del Genocidio: Poemas sobre el amor y el hambre*, que contienen trabajo muy premiado. Su libro, *Drive: The First Quartet*, con poemas del 1980-2005, se ha descrito como un torbellino de energía, combinando poemas políticamente explosivos con momentos de belleza lírica y de juego.

PAT MORA

A native of El Paso, Pat has written award-winning poetry, children's books and non-fiction. *My Own True Name: New and Selected Poems for Young Adults* 1984-1999 and *Aunt Carmen's Book of Practical Saints* have inspired young writers, whom she has spent much time teaching. * * *

Nativa de El Paso, Pat ha escrito poesía premiada, libros para niños y ensayos. *My Own True Name: New and Selected Poems for Young Adults* 1984-1999 y *Aunt Carmen's Book of Practical Saints* han inspirado a jóvenes, a los que ella ha dedicado mucho tiempo enseñándoles.

Demetria Martinez celebrates being acquitted on charges from bringing two Salvadoran women to N.M. as sanctuary
Demetria Martinez celebra su absolución por haber provisto santuario a dos salvadoreñas.

DEMETRIA MARTINEZ

Author of a political novel *Mother Tongue*, *The Devil's Workshop* (poetry) and *Confessions of a Berlitz Tape Chicana* (collected essays including columns in the *National Catholic Reporter*), Demetria is active for immigrant rights in her hometown of Albuquerque.

* * *

Autora de una novela política, *Mother Tongue*, y de los libros de poesía *The Devil's Workshop* y *Confessions of a Berlitz Tape Chicana* (una colección de ensayos que incluyen columnas en el *National Catholic Reporter*). Demetria es muy activa en pro de los derechos de los inmigrantes en su hogar natal de Albuquerque.

SANDRA CISNEROS

Born to poverty in Chicago, Sandra published *The House on Mango Street* in 1984 about a Chicana like herself and it became very popular in schools, now a classic. *Women Hollering Creek and Other Stories* followed and then *Loose Woman*, a collection of poetry. Living in San Antonio, Texas, she writes about Chicanas with a fiercely independent spirit.

* * *

Nacida en la pobreza en Chicago, Sandra publicó *The House on Mango Street* en 1984 acerca de una chicana como ella y el libro se ha hecho muy popular en las escuelas, ahora un clásico. Luego siguió con *Women Hollering Creek and Other Stories* y después *Loose Woman*, una colección de poesías. Reside ahora en San Antonio, Texas, y con un espíritu apasionado e independiente escribe sobre las chicanas.

ALICIA GASPAR DE ALBA

An award-winning lesbian novelist and poet, Alicia published her first novel in 1999. *Sor Juana's Second Dream* was prompted by Mexico's brilliant feminist nun, who also inspired a play and opera by Alicia. Her second, gripping novel is *Desert Blood: The Juarez Murders*.

* * *

Novelista premiada y poeta, Alicia publicó su primera novela en 1999. *El segundo sueño de Sor Juana*. Fue inspirada por la brillante monja feminista de México, la que también inspiró una obra teatral y una ópera escritas por Alicia. También lesbiana, su muy apasionante segunda novela se titula *Sangre en el desierto: Los asesinatos de Juárez*.

CECILE PINEDA

La novela de Pineda, *Face* (1985), fue la primera escrita por una latina en ser reconocida por la industria editorial en los E.U. Sus otras novelas incluyen *Frieze*, que se desarrolla en la India y Java en el siglo 9; *The Love Queen of the Amazon*, una novela cómica sobre el sexismo; y *Fishlight: A Dream of Childhood*. A menudo designada "un tesoro literario", también ha publicado dos "mono novelas", la primera una meditación sobre cuestiones de género, titulada *Redoubt*.

* * *

Pineda's novel *Face*, 1985, was the first by a Latina to be recognized by the U.S. publishing world. Other novels include *Frieze*, set in 9th century India and Java; *The Love Queen of the Amazon*, a comic novel about sexism; and *Fishlight: A Dream of Childhood*. Often called "a literary treasure," she has also published two "mononovels," the first a meditation on gender entitled *Redoubt*.

EVANGELINA VIGIL-PIÑÓN

Nacida en San Antonio, Texas, Evangelina se crió con su abuela, quien había venido de México a principios de los 1900. Es poeta, autora de libros para niños, editora de antologías, traductora, productora de televisión, compositora, y cantante. "Para ella, la poesía es música. Es la canción en nuestros corazones. La vida es el baile al son de esa música."

* * *

Born in San Antonio, Texas, Evangelina grew up with her grandmother who came from Mexico in the early 1900's. She is a poet, children's book author, editor of anthologies, translator, TV producer, songwriter and singer. "To her, poetry is music. It is that song in our heart. Life is the dance to that music."

LUCHA CORPI

Poeta y autora de libros para niños, Lucha vino de México a los E.U. a la edad de 19. Dice que usa sus libros para estudiar la injusticia. *Delia's Song*, una novela acerca del activismo estudiantil, fue seguida por *Eulogy for a Brown Angel*, y otra novela de intriga política en la que figura la detective feminista, Gloria Damasco.

* * *

Lucha, a poet and children's book author who came to the U.S. from Mexico at age 19, says she uses her books to study injustice. *Delia's Song*, a novel about student activism, was followed by *Eulogy for a Brown Angel* and other political mystery novels featuring feminist detective Gloria Damasco.

MÚSICA TEATRO FILM

Dance, theater, music, Chicanas have done them all for years. In the 1800's and early 1900's, a woman who performed in public was expected to stay home after marriage. But still, Chicanas were out there—above all in . . .

MUSIC

In 1890-1910, groups of women playing the guitar and violin or singing existed in New Mexico, Los Angeles and elsewhere. By 1920-30, Chicanas singing duets, mostly rancheras, were popular. "Tex-Mex" border music became popular, with solo singers like Chelo Silva, known as "the Queen of the Boleros," to mention only one. Then came the most honored pioneer among 20th century Tejana singers: Lydia Mendoza.

El baile, el teatro, la música—por años las chicanas lo han hecho todo. En los 1800 y a principios de los 1900, se esperaba que una mujer artista, después de casarse, abandonara su arte y se quedara en casa. Pero sin importar los límites, las chicanas se han lanzado, sobre todo en . . .

LA MÚSICA

En 1890-1910, existían grupos de mujeres que tocaban la guitarra y el violín o cantaban en Nuevo México, Los Ángeles y otros lugares. Para 1920-30, las chicanas cantando a dúos, principalmente rancheras, eran populares. La música fronteriza tex-mex se hizo popular con cantantes como Chelo Silva, conocida como "la Reina de los Boleros", para mencionar sólo a una. Entonces llegó la pionera más reconocida de las cantantes tejanas del siglo 20, Lydia Mendoza.

Top left/Arriba izquierda: San Antonio, Texas 1926: Carmen Celia Beltrán dancing with her brother *
Carmen Celia Beltrán bailando con su hermano

Top right /Arriba derecha: New Mexico c. 1890: Women musicians * Nuevo México c. 1890: Mujeres músicas

Bottom left /Abajo izquierda: Texas 1904: Leonora Rivas-Díaz one of few known early composers. Others in 1940-50 were María Grever and Consuelo Velásquez ("Bésame Mucho"). *
Texas 1904: Leonora Rivas-Díaz, una de las pocas compositoras tempranas que conocemos. Habían otras en los años 1940-50 como María Grever y Consuelo Velásquez ("Bésame Mucho").

Bottom right/Abajo derecha: Texas 1886-1920: Guadalupe, Trinidad and Gertrudis Pérez in the Carlos Villalongín Dramatic Co. * Texas 1886-1920: Guadalupe, Trinidad y Gertrudis Pérez en la compañía dramática Carlos Villalongín

LYDIA
"de los pobres"

Juarez, 1937

Portrait by * Retrato por
Ester Hernández

Nacida en 1916 en Houston, Texas, **Lydia Mendoza** surgió de las comunidades de base. Su madre le enseñó a cantar y a tocar la guitarra.
Al principio cantaba con su familia y luego fue cantante por toda
la carretera de los trabajadores inmigrantes, que se extendía de
Texas a Michigan y hasta California. Una de las primeras artistas importantes de la grabación, le fue otorgado un premio,
el National Heritage Award, por el Presidente Clinton.
Conocida como la Cantante de los Pobres, por 40
años Lydia cantó con todo su corazón.

* * *

Born in 1916 in Houston, Texas, **Lydia Mendoza** rose from the grassroots and was taught
to sing and play guitar by her mother. She first
sang with her family and then later performed
along the migrant labor trail from Texas to
Michigan to California. One of the first
major Latina recording artists, she received a National Heritage Award
from Pres. Clinton. Known as the
"Singer of the Poor," Lydia sang
her heart out for 40 years.

1947

Graphite drawing by * Dibujo en
carboncillo por Ester Hernández

NUESTRA SELENA

1971-1995

La música de **Selena Quintanilla** se benefició de antecesoras como Lydia Mendoza, Vicki Carr y Laura Canales. Selena empezó a cantar a los 11 años, en el conjunto de su familia organizado por su padre. Ya para 1991, el grupo era famoso por el éxito de Selena al convertir la cumbia mexicana en éxitos populares bailables. El 31 de marzo de 1995 fue asesinada por la presidenta anterior de su club de aficionados. Más de 30,000 personas desfilaron ante su ataúd, ofreciendo testimonio del cariño sentido hacia esta joven estrella de la música tejana, la que nos dejó con las notas inolvidables de *Dreaming of You (Soñando contigo)* distribuído cuatro meses después de su muerte.

Selena by/por Favianna Rodriguez

Albums de Selena (EMI)

Amor Prohibido	Selena Live
Anthology	Selena y Los Dinos
Dreaming of You	Ven Conmigo
Entre a Mi Mundo	

The music made by **Selena Quintanilla** benefited from predecessors like Lydia Mendoza, Vicki Carr and Laura Canales. Selena started as an 11-year old in the family band organized by her father. By 1991, the band was famous for the ability she developed to turn the Mexican cumbia into dance-party hits. On March 31, 1995, she was shot to death by the former president of her fan club. More than 30,000 people filed by her casket, affirming the affection felt for this shining young star of Tejana music, who left us with the unforgettable tunes in *Dreaming of You*, released four months after her death.

Corpus Christi, TX: The grave of Selena * La sepultura de Selena

219

Linda Ronstadt

A popular singer since the 1970's, Linda's Mexican father taught her songs she turned into an all-time favorite recording (above). She was once removed from the stage for dedicating a song to radical documentary filmmaker Michael Moore: "he cares about this country." ¡Que viva Linda!

* * *

Una popular cantante desde los años 1970, su padre mexicano le enseñó canciones que Linda luego convirtió en una grabación altamente popular (arriba). En una ocasión fue removida del escenario por dedicarle una canción al cineasta radical, Michael Moore: "él se preocupa por este país", dijo. ¡Que viva Linda!

Eva Ybarra

Born in 1945, Eva began to play the accordion at age 4 and won the title of "master accordionist," one of the few women to lead her own *conjunto* (group) in Texas.

* * *

Nacida en 1945, Eva empezó a tocar el acordeón a la edad de 4 años y posteriormente ganó el título de "acordeonista maestra", una de las pocas mujeres en dirigir su propio conjunto en Texas.

Victoria Galván

Representing the new generation of women accordionists, she recorded her first CD at the age of 14 and went on to form her own group as lead singer.

* * *

Representando a la nueva generación de mujeres acordeonistas, grabó su primer CD a la edad de 14 y de ahí siguió a formar su primer grupo.

Rosa Martha Zárate-Macías

A longtime fighter for social change and the empowerment of women, she is a former nun who sued the church for sexism. She has sung around the world to support popular struggles, from the UFW to the Zapatistas, from Colombia to Sierra Leone.

* * *

Una luchadora desde hace años por el cambio social y la potenciación del papel de la mujer, antes fue monja y demandó a la iglesia por sexismo. Ha cantado por todo el mundo en apoyo a luchas populares desde la UFW a los Zapatistas, desde Colombia hasta la Sierra Leone.

EVA YBARRA   **VICTORIA GALVÁN**

Mariachi Estrella de Topeka

FROM LEFT TO RIGHT:
DE IZQ. A DERECHA:

*Linda Scurlock

*Dolores Galván

Rachel Galván Songalong

*Dolores Carmona

Teresa A. Cuevas

Isabelle C. Gonzáles

*Connie C. Alcalá

* Died in Hyatt Hotel tragedy
* Murieron en la tragedia del Hotel Hyatt

The 8-foot tall bronze statue by Emmanuel Martinez outside the Topeka Performing Arts Center, unveiled July 20, 2001 in lasting tribute to Estrella * La estatua de bronce de 8 pies hecha por Emmanuel Martínez afuera del Centro de Artes Representativas de Topeka, inaugurado el 20 de julio de 2001, es un tributo duradero a Estrella

VIVA LA MEMORIA OF KANSAS MARIACHI

On July 17, 1981, the Mariachi Estrella de Topeka arrived at Kansas City's Hyatt Regency Hotel to perform. As the women crossed the 2nd floor skywalk (like a large balcony), the skywalk above collapsed and both balconies fell on the lobby. Four singers were killed (along with many other people); two injured and one had stayed home.

Some will wonder: "Mariachis? Kansas? All-women?" Pues, sí, manito! In the early 1900's, Mexicans were brought to Topeka in box-cars to build the Santa Fe railroad and survived despite the racism. Many years later, Chicanas turned a local church choir into an instantly popular mariachi group. As Ascensión Hernández, a local observer, wrote after the tragedy, "the massive tributes to Estrella celebrated Raza unity and love."

El 17 de julio de 1981, el grupo Mariachi Estrella entró el lobby del Hotel Hyatt Regency en camino a cantar. Al cruzar las mujeres el balcón del segundo piso después de salir del ascensor, el balcón arriba se derrumbó y los dos balcones cayeron juntos. Cuatro del grupo murieron (junto a muchas otras personas); dos fueron heridas y una se había quedado en casa.

Algunos pensarán: "¿Mariachis? ¿En Kansas? ¿Todas mujeres?" Pues sí, manito. A principios de los 1900, los mexicanos fueron traídos a Topeka en vagones de tren a construir el ferrocarril Santa Fe y sobrevivieron a pesar del racismo. Muchos años después, unas chicanas convirtieron el coro de su iglesia en el grupo Mariachi Estrella, el cual fue instantáneamente popular. Como lo escribió una observadora local, Ascensión Hernández, "después de la tragedia, los tributos masivos a Estrella celebraron la unidad y el amor de la Raza".

!Que viva el Tex-Mex!

Chelo Silva (1922-1988), known as La Reina de los Boleros (Queen of the Boleros), the most popular recording artist along the border in the late 1950's * **Chelo Silva** (1922-1988), conocida como La Reina de los Boleros, la artista de grabación más popular en la frontera a fines de los 1950

Las Hermanas Cantú, a popular duet in the 1940s * Un dúo popular en los 40

Beatriz Llamaz, "*La Paloma del Norte,*" sang 1950-70 with conjunto singers (usually all male) and recorded 100 songs.
Beatriz Llamaz, "La Paloma del Norte", cantó de 1950-1970 con varios conjuntos (usualmente todos hombres) y grabó 100 canciónes.

Rosita Fernandez began performing in tent shows (carpas) in the 1920s, sang boleros and rancheras for over 50 years.
Rosita Fernández comenzó a cantar en los espectáculos en carpas en los 1920; cantó boleros y rancheras por más de 50 años.

Las Hermanas Mendoza (Juanita & María, sisters of Lydia), 1954 in Alice, Texas
Las Hermanas Mendoza (Juanita y María, hermanas de Lydia) 1954, en Alice, Texas

222

TENAZ! El Teatro Nacional de Aztlan

TENAZ (meaning "tenacious" in Spanish) was established in California as a coalition of Chicano theaters with help from Mariano Leyva, director of Los Mascarones (Mexican political theater group), who passed away in 2006. Here is the 1974 gathering at the pyramids of Teotihuacan, Mexico City, held by TENAZ and called the Quinto Festival de los Teatros Chicanos y Latinoamericanos.

TENAZ fue establecido en California como una coalición de teatros chicanos, con la ayuda del director de un grupo mexicano de teatro político, Los Mascarones, Mariano Leyva, quien falleció en 2006. Este es el encuentro en 1974 en las pirámides de Teotihuacan, Ciudad de México, auspiciado por TENAZ y llamado el Quinto Festival de los Teatros Chicanos y Latinoamericanos.

Left to Right/Izq. a der: **Diane Rodríguez**, **Olivia Chumacero** and **Rosa María Escalante** in *Don Juan Tenorio* (1982).

Socorro Valdez in an acto created for the 1976 UFW Second Constitutional Convention * en un acto creado para la segunda Convención Constitucional de la UFW.

Chicanas in Theater * Chicanas en el teatro

Chicano/a theater grew out of the movimiento, as the Teatro Campesino confirms. Born in 1965 to support the United Farm Workers, it later became a professional company. Chicana actresses including **Socorro Valdez**, **Olivia Chumacero**, **Diana Rodríguez**, **Rosa María Escalante**, and **Yolanda Parra** were a strong, creative force within it, despite the teatro's male-dominated climate.

TEATRO AGUACERO BORN IN NEW MEXICO

In 1972, Teatro Aguacero was launched in New Mexico by **Nita Luna** with the motto "one drop, even

El teatro chicano/a surgió del movimiento, como lo confirma el Teatro Campesino. Originó en 1965 para apoyar a los United Farm Workers y luego llegó a ser una compañía profesional. Actrices chicanas, incluso **Socorro Valdez**, **Olivia Chumacero**, **Diana Rodríguez**, **Rosa María Escalante**, y **Yolanda Parra**, fueron una fuerza creativa dentro del teatro, a pesar de la dominación masculina del ambiente.

NACE EL TEATRO AGUACERO EN NUEVO MÉXICO

En 1972, Teatro Aguacero fue lanzado en Nuevo México por **Nita Luna**, con el lema, "un gota, por

Nita Luna in Teatro Aguacero's *La Llorona*
Nita Luna en *La Llorona*, del Teatro Aguacero

Aguacero's play about police killing of two Black Berets * Obra del Teatro Aguacero sobre el asesinato por la policía de dos Boinas Negras.

Valentina Valdez in Teatro Aguacero's *The Teachings of Doña Juana*, Albuquerque 1982
Valentina Valdez en *The Teachings of Doña Juana*, del Teatro Aguacero, Albuquerque, 1982

Las Chicanas on a California road trip, 1973. L to R/Izq a der: Las Chicanas en una gira de California, 1973. **Lupe Pérez**, co-founder **Delia Ravelo Reyes** (who died in 2002/quien falleció en 2002), **Peggy García, Laura Cortez, Felicitas Nuñez, Sylvia Romero**

Sacramento, 1973, Co-founder **Felicitas Nuñez** speaking at Calif. State Univ. * Cofundadora **Felicitas Nuñez** dando un discurso

TEATRO AGUACERO *(continued from previous pg.)*

small, combined with another can produce an aguacero (downpour)." It offered a constant flow of comedy, drama, political skits. One night you might be laughing to see a Border Patrolman startled when ET (that spunky little alien from Outer Space) jumps out of a cactus at him. The next night you are enraged to see the police set up and kill two Chicano activists, Antonio Cordova and Rito Canales.

Aguacero flowed on until 1985. Playwright and director **Nita Luna** continued in Teatro Picante, doing carpa (tent theater) work in backyards and with at-risk youth. She went on to work for Legal Aid in Albuquerque—still a fighter, still outrageous.

LAS CHICANAS THEATER CONFRONTS SEXISM

Often battling sexism from within Chicano theater ensembles, mujeres continued to be major players in groups such as Teatro de la Esperanza, Teatro Bilingue de Houston, Los Actores de San Antonio and El Centro Su Teatro in Denver. The first all-women's collective was Teatro de Las Chicanas, founded in 1971 by mostly working class students at San Diego State University.

With all-out energy, Las Chicanas took on the sexism found in the movimiento. The goal: "to deal with machismo and assert our place in the social revolution." In their hunger for solutions, they read Marx and Engels along with stories of Mexico's Revolutionary women. The name change in 1975 to Teatro Laboral reflected a new focus on class struggles and the need to unionize, to oppose police brutality and fight U.S. imperialism. The name change to Teatro Raices in 1980 emphasized Chicana/o roots in indigenous culture.

TEATRO AGUACERO *(continuado de la pág. anterior)*

pequeña que sea, combinada con otra, puede producir un aguacero". Ofrecía producciones constantes de comedia, drama y parodias políticas. Una noche quizás te rías al ver a ET (el valiente extraterrestre) asustar a un patrullero fronterizo. La próxima noche puede que estés enfurecida al ver a la policía matar a dos activistas, Antonio Córdova y Rito Canales.

Aguacero siguió "fluyendo" hasta el 1985. La dramaturga y directora **Nita Luna** continuó en Teatro Picante, haciendo teatro en carpas y con juventud corriendo peligro. Mas tarde fue a trabajar para Legal Aid en Albuquerque—todavía una luchadora.

TEATRO LAS CHICANAS CONTRA EL SEXISMO

Batallando a menudo contra el sexismo dentro de los grupos de teatro chicano, las mujeres continuaron siendo actrices principales en grupos como el Teatro de la Esperanza, Teatro Bilingüe de Houston, y El Centro Su Teatro en Denver. La primera colectiva de mujeres solamente, fue el Teatro de Las Chicanas, fundado en 1971 por estudiantes principalmente de la clase obrera en San Diego State University.

Con todas sus energías, Las Chicanas enfrentaron el sexismo en el movimiento. El objetivo: "lidiar contra el machismo y afirmar nuestro lugar en la revolución social". En su afán de encontrar soluciones, leyeron a Marx y Engels junto a relatos de las mujeres de la Revolución mexicana. Cambiar el nombre a Teatro Laboral en 1975 reflejó un nuevo enfoque en la lucha de clases y tomar una posición contra el imperialismo de los EU. El cambio a Teatro Raíces en 1980 enfatizó las raíces en la historia indígena.

The Hungry Woman: A Mexican Medea. The Four Directions with Aztec Moon Goddess/ Las Cuatro Direcciones con diosa de la luna azteca
Left to Right/Izq. a der: **Micaela Díaz Sánchez, Jeunee Simon, Adelina Anthony, Kendra Arimoto, Val Sinckler**
Set and Costume Design/ Diseños del vestuario y la escena: **Celia Herrera Rodríguez**

The World Of Cherríe Moraga, Playwright

Shadow of a Man, Left to Right/Izq. a der: **Jade Powers, Alma Martinez, Raquel Haro**

A poet, essayist and playwright, **Cherríe Moraga** wrote her first play, *Giving Up the Ghost* in 1984 and it put the subject of Chicana lesbian identity center stage. Born and raised in a working-class neighborhood in San Gabriel, California, she moved to the San Francisco Bay Area where she held a 6-year playwright's residency with the Brava Theater Center. Some of her most significant plays were developed there, including *Shadow of a Man* (1990), *Heroes and Saints* (1992), and *Watsonville: Some Place Not Here* (1996).

Her plays reflect an ongoing examination of the Chicano family, community and nation. Her work radiates out from the sexuality of her characters to issues ranging from institutional oppression from pesticide poisoning, as in *Heroes and Saints*, to the entrenched sexism in our Chicano communities. Both protest theater and mythical drama can be found in her plays. We can see them in her 1994 adaptation of the Popol Vuh Creation Myth, *Heart of the Earth,* and in *Circle in the Dirt,* her depiction of an embattled landscape on the border of Stanford University, where she is an Artist in Residence.

Moraga's most recent plays, such as *The Hungry Woman: A Mexican Medea* (2005) look at Mexican history and myth in new ways. The goal: to define a contemporary Chicana Indigenism that will provide a vision for social change.

EL MUNDO TEATRAL DE CHERRÍE

La poeta, ensayista y dramaturga, **Cherríe Moraga** escribió su primera obra, *Giving Up the Ghost* en 1984, la que puso el tema de la identidad lesbiana chicana en el centro del escenario. Nacida y criada en un barrio obrero en San Gabriel, CA, se ubicó en área de la bahía de San Francisco, donde ocupó una residencia de dramaturgia con Brava Theater Center. Algunas de sus obras más destacadas se estrenaron allí, incluso, *Shadow of a Man* (1990), *Heroes and Saints* (1992), y *Watsonville: Some Place Not Here* (1996)

Sus obras reflejan un contínuo examen de la familia, la comunidad y la nación chicana. Su trabajo emerge de la sexualidad de sus personajes y abarca cuestiones desde la opresión institucional del envenenamiento por pesticidas, como en *Heroes and Saints*, al sexismo arraigado en nuestras comunidades chicanas. Se puede encontrar teatro de protesta tanto como drama mítico en sus obras, como lo vemos en su adaptación en 1994 del Mito de la Creación del Popol Vuh, *Heart of the Earth* y *Circle in the Dirt*, su presentación de un paisaje afligido en la frontera de Stanford University, donde actualmente es Artista Residente.

Las obras más recientes de Moraga, como *The Hungry Woman: A Mexican Medea* (2005) examina los mitos y la historia Mexicana en nuevas maneras. El objetivo: definir un indigenismo contemporáneo para chicanas que proveerá una visión para el cambio social.

Watsonville: Some Place Not Here, May/mayo 1996. Left to Right/Izq. a der: **Lee Gáray Toney, Jesus Mendoza, Tessa Koning-Martinez, Peter Gómez, Vivis, Minerva García**

Giving Up the Ghost, Left to Right/Izq. a der: **Ana Olivarez, Linda Huey, Belinda Ramirez**

Marisela Treviño Orta

Marisela Treviño Orta moved from Texas to the Bay Area, where she wrote her first full-length play, *Braided Sorrow*, about the murder of hundreds of women in Juarez. It was workshopped with an ensemble of immigrant day laborers and awarded the 2006 Chicano/Latino Literary Prize in Drama (First Place) at a U.C. Irvine event. We see a young theater star beginning to shine brightly!

* * *

Marisela Treviño Orta se mudó de Texas al area de la Bahía, donde escribió su primera obra, *Braided Sorrow*, acerca del assesinato de centenaries de mujeres en Juarez. Fue montada en taller con Teatro Jornalero, un grupo de jornaleros inmigrantes y le fue otorgado el Premio Literario Chicano/Latino en Drama de 2006 (primer lugar) en un evento en U.C. Irvine. ¡Vemos a una estrella de teatro empezar a relucir!

Verónica González in *Mali and Maya: A Story of Malinche*, the Native woman blamed for supposedly helping Cortez conquer Mexico.
Verónica González en *Mali and Maya: A Story of Malinche*, la mujer nativa a quien le echaron la culpa por supuestamente haber ayudado a Cortez a conquistar a México

An Altar For Emma, the story of Emma Tenayuca, young leader of the great San Antonio pecan workers' strikes in the 1930's. * *Un Altar Para Emma*: La historia de Emma Tenayuca, líder joven de la gran huelga de las pacanas en San Antonio en la década de los 30

Las Nuevas Tamaleras

Las Tamaleras, from left to right/de la izq: **Ruby Nelda Pérez, Alicia Mena, María Elena Salcedo**

BEVA SANCHEZ-PADILLA AT WORK

A native of New Mexico, Beva lived in San Antonio, Texas from 1983-2005. There she wrote six plays including *La Guadalupe Que Camina* (1991), the story of the rebellious anti-sexist nun, Rosa Martha Zárate-Macías (see p. 218), and others shown here. Trained in film, her distributed videos were "El Corrido de Juan Chacón," "De Mujer a Mujer," a documentary offering a rare view of Latina sexuality, and others. She has served for over 30 years as an educator in public schools, colleges, and community centers, with an emphasis on cross-cultural arts production. In San Antonio, she was also producer/reporter for six radio stations. !Caramba, Beva!

* * *

Nativa de Nuevo México, Beva vivió en San Antonio, Texas de 1983-2005. Allí escribió seis obras, incluso *La Guadalupe Que Camina* (1991), sobre la historia de una monja anti-sexista rebelde, Rosa Martha Zárate-Macías (vea p. 218) y otras mostradas aquí. Entrenada en cine, sus videos que lograron distribución fueron "El Corrido de Juan Chacón", "De Mujer a Mujer", un documental que ofrece una mirada raramente vista de la sexualidad Latina, y otros. Por 30 años ha servido de educadora en escuelas públicas, universidades y centros comunales, enfatizando la producción de artes interculturales. En San Antonio también fue productora/reportera para seis emisoras de radio. ¡Caramba, Beva!

Written and directed by San Antonio playwright Alicia Mena, *Las Nuevas Tamaleras* is a one-act bilingual comedy about three Chicanas trying to make tamales for the first time. It had its world premier at El Teatro Bilingüe de Houston, Texas, in 1990. Since then, the play has been produced by various companies all over the Southwest and tours as far away as Chicago.

* * *

Escrita y dirigida por la dramaturga Alicia Mena de San Antonio, *Las Nuevas Tamaleras* es una comedia bilingüe en un acto sobre tres chicanas tratando de hacer tamales por primera vez. Su estreno mundial fue en El Teatro Bilingüe de Houston en 1990. Desde entonces, varias compañías teatrales la han producido por todo el suroeste y en giras a lugares tan lejos como Chicago.

LATINA THEATRE LAB
Laboratorio de teatro para latinas

In 1994, a group of women in the San Francisco, California area founded the Latina Theatre Lab with its mission "to provide Latina theater artists with an environment where they can write, act, direct, and produce their own work. We feel the existing theater environment does not address the need for portrayals of Latina women in our community. We intend to fill this void and work to eradicate limiting stereotypes."

The Lab took on different styles of theater from the classics to the ranchera musical, with characters ranging from the Virgin to Carmen Miranda. It performed at large and small theaters, schools, and conferences. While some members went on to do theater work in other cities, they all took seeds from their Lab experience.

* * *

En 1994, un grupo de mujeres en el área de San Francisco, California, fundó el Latina Theatre Lab, con la misión de proveer para artistas de teatro latinas un ambiente donde escribir, actuar, dirigir y producir su propio trabajo... "Sentimos que el ambiente teatral existente no ofrece interpretaciones adecuadas de mujeres latinas en nuestras comunidades. Es nuestra intención llenar este vacío y trabajar para eliminar estereotipos limitantes".

El laboratorio usó diferentes estilos de teatro, desde los clásicos hasta un musical estilo ranchera, con personajes que van desde la Virgen de Guadalupe a Carmen Miranda. Presentó obras en teatros grandes y chicos, en escuelas y conferencias. Mientras que algunas de sus miembros continuaron trabajando en el teatro en otras ciudades, todas llevaron consigo las semillas de sus experiencias en el Laboratorio.

The ensemble of "¿!Qué Nuevas!?—What's New!?"
El grupo del show ¿iQué Nuevas!? Latina Theater Lab

Three of the founding Co-Madres/ Tres de las comadres fundadoras. Left to right/ izq. a der: **Wilma Bonet, Dena Martinez, Tessa Koning-Martinez**

TEATRO LUNA

Chicago's all-Latina theater company, was founded in 2000 by Tanya Saracho and Coya Paz "to explore the varied experiences and cultures of Latina women, showcase their talents and provide a forum for social, political, educational and artistic outreach into our communities." No hesitation about being outrageous!

* * *

Una compañía teatral en Chicago, integrada todo por latinas, fue fundada en 2000 por Tanya Saracho y Coya Paz para "explorar las variadas experiencias y culturas de las mujeres latinas, presentar su talento y proveer un foro para tocar a nuestras comunidades en el sentido social, político, educacional y artístico. iNo hay indecisión en ser escandalosas!

Teatro Luna in its production S-E-X-Oh! * Teatro Luna en iS-E-X-Oh!

ELAINE ROMERO

Elaine Romero, Playwright-in-Residence at the Arizona Theater Co. in Tucson, has seen her plays produced in theaters from California to New York. They include works about "lusty, morally conflicted characters who come short of their own expectations," as she says, and range from forbidden lovers to nuns masquerading as men. She has received many awards and participated in the Sundance Playwrights Retreat in Wyoming. Other plays include *Barrio Hollywood*, *Secret Things*, *Death Comes to the Archbishop* and *Walk into the Sea*. Elaine has taught theater at the college level in Oregon and Arizona, and served as a judge for the Kennedy Center's ACTF Latina/Latino Playwriting Award.

* * *

Elaine Romero, Dramaturga Residente en el Arizona Theatre Co. en Tucson, ha visto producir sus obras en teatros desde California hasta Nueva York. Éstas incluyen trabajos acerca de "personajes lujuriosos y con conflictos morales, los que no alcanzan sus propias expectativas", como dice ella, y pueden ser o amantes prohibidos o monjas haciéndose pasar por hombres. Ha recibido muchos premios y participó en el Retiro para Dramaturgos Sundance en Wyoming. Otras obras incluyen *Barrio Hollywood*, *Secret Things*, *Death Comes to the Archbishop* y *Walk into the Sea*.

Scene from *Barrio Hollywood* 2004, a drama that asks tough questions about mercy killing, family devotion, etc. **Beatriz Montanez** as Graciela * Escena de *Barrio Hollywood* 2004, un drama que hace preguntas difíciles acerca de la eutanasia, la devoción a la familia, etca. **Beatriz Montanez** como Graciela

JOSEFINA LOPEZ

Born in San Luis Potosí, Mexico, Josefina has had over 80 professional productions of her plays across the U.S. These include *Simply María*, *Confessions of Women from East LA*, *Unconquered Spirits* and *Real Women Have Curves*. That last play became a movie, with her co-authoring the screenplay, which won two awards at the 2002 Sundance Film Festival. Josefina has written other screenplays including one entitled *Lotería for Juárez*, about the murders of hundreds of women in Juarez.

* * *

Nacida en San Luis Potosí, México, las obras teatrales de Josefina han tendio 80 producciones profesionales en los E.U. Éstas incluyen *Simply María*, *Confessions of Women from East LA*, *Unconquered Spirits* y *Real Women Have Curves*. De ésta última se hizo una película, para la que ella co-escribió el guión, y ganó dos premios en el festival de cine Sundance en el 2002. Josefina ha escrito varios guiones, uno de los cuales fue titulado *Lotería for Juárez*, acerca de los asesinatos de centenares de mujeres en Juárez.

From *Real Women Have Curves*, left to right, top/izq. a der., arriba: **Jennifer Proctor**, **Martha del Rio**; bottom/abajo: **Miraida S.**, **Francine Torres**

Monica Palacios: "Mexican Denial" from "Latin Lezbo Comic"
"Negación mexicana", de "Latino Lezbo Comic"

María Elena Gaitán, 1998: "The Adventures of Connie Chancla"
"Las Aventuras de Connie Chancla"

Artistas interpretativas
Performance Artists

MONICA PALACIOS

This Los Angeles-based writer, performer, and teacher has performed her one-woman shows such as "Latin Lezbo Comic" across the country. With a Rockefeller Fellowship she wrote, directed and produced a play, "Sweet Peace", 2004. She has won many awards from Latina lesbian/bisexual organizations while also teaching at universities like Stanford and U.C. Berkeley.

* * *

Ubicada en Los Ángeles, esta escritora, artista y maestra ha presentado sus shows en solitario, incluso "Latino Lezbo Comic", por todo el país. Con una beca de Rockefeller, escribió, dirigió y produjo una obra teatral, "Sweet Peace" ("Dulce Paz"), 2004. Ha ganado muchos premios de organizaciones latinas lesbianas/bisexuales y a la vez enseña en universidades como Stanford y U.C. Berkeley.

MARÍA ELENA GAITÁN

Her multi-media shows have toured the U.S. with their satirical revelation of gender, history, and politics. There's no forgetting her "Chola Con Cello (A Home Girl in the Philharmonic)"; "The Adventures of Connie Chancla" about the border; and "Aztlan/Africa," celebrating ancient Black/Brown linkage. All that, for a girl from East Los.

* * *

Sus shows multimedia han recorrido los E.U. con su exposición satírica sobre género, historia y política. Son inolvidables su "Chola con Cello (A Home Girl in the Philharmonic)", "The Adventures of Connie Chancla" acerca de la frontera, y "Aztlan/África", celebrando conexiones antiguas entre gente negra y morena. Y todo eso hecho por una muchacha de East Los.

CARMEN TAFOLLA
"With Our Very Own Names"

"I know these people, they come from deep inside my heart," says **Carmen Tafolla** of San Antonio, Texas, about her one-woman show *With Our Very Own Names*. Performed in seven countries since 1990 and all over the U.S., it includes the voices of elderly women, feisty home-girls and young professionals. For over 25 years, Dr. Tafolla has been a university professor and published many books of poetry, children's stories and screenplays, and essays. "A world-class writer," *Roots* author Alex Haley called her.

Celebrando a las mujeres

"Yo conozco a esta gente, ellos surgen de lo profundo de mi corazón", dice **Carmen Tafolla** de San Antonio acerca de su show en solitario, *With Our Very Own Names* (*Con nuestros propios nombres*). Presentado en siete países y todos los E.U. desde 1990, el show incluye las voces de mujeres ancianas, pachucas peleonas, y de jóvenes profesionales. La Dra. Tafolla ha sido profesora universitaria por más de 25 años y ha publicado muchos libros de poesía, cuentos y guiones para niños, y ensayos. "Una escritora de talla mundial", la llamó Alex Haley, el autor de *Roots*.

Performing as "Tía Sofia" in the one-woman show *With Our Very Own Names*, 1994 * Haciendo el papel de Tía Sofía en su show, *With Our Very Own Names* (*Con nuestros propios nombres*)

First theatrical performance of her own work, as *La Malinche*, 1977, Zachary Scott Theater, Austin, Texas—the seed of her one-woman show *With Our Very Own Names*

Primera actuación teatral de una obra suya, como La Malinche, 1977 Teatro Zachary Scott, Austin, Texas—la semilla de *With Our Very Own Names* (*Con nuestros propios nombres*)

CARMEN TAFOLLA

MARÍA ELENA RAMIREZ

Of Mexican, Apache and Puerto Rican origin, María is a longtime Bay Area activist. She worked on winning a fair trial for Los Siete, on opening up colleges to students of color, and traveled to China in 1972 to meet with that country's minorities. A counselor at Ohlone College for over 10 years, she is a popular performer for youth with her messages against the colonized mentality and today's divisive, racist society. As she says in one rap: *"Rainbow Warriors, that's what I see/Reflecting Mother Earth's diversity/Divide and Conquer/It's time to replace/Unite and fight/For the Human Race."*

* * *

De descendencia mexicana, apache y puertorriqueña, María es una activista en el área de la Bahía desde hace mucho tiempo. Trabajó para ganar un juicio justo para Los Siete, luchó para abrir las universidades a estudiantes de color y viajó a China en 1972 para reunirse con las minorías de ese país. Consejera en Ohlone College por 10 años, es una artista interpretativa popular para la juventud con sus mensajes en contra de la mentalidad colonizada y la sociedad racista divisiva de hoy. Como dice ella en uno de sus "raps", *"Guerreros del arco iris, eso es lo que veo yo/reflejando a nuestra Madre Tierra y su diversidad/Es tiempo de reemplazar/El dividir y conquistar/Con la unidad y luchar/ para toda la humanidad."*

Teatro Coatlicue, 1992-94, in *Huipil* by Jean Claude Vasseaux * en *Huipil*, por Jean Claude Vasseaux

Teatro Coatlicue 1994, in *Open Wounds in the Tlalteuctli* * En *Heridas abiertas en el Tlalteuctli*

TEATRO COATLICUE

Elvira Colorado y **Hortensia Colorado** (Chichimec Otomi) son artistas interpretativas y trabajadoras en la comunidad. Han realizado talleres en apoyo a mujeres y a hombres contra la violencia doméstica. Fundadoras del grupo **Coatlilcue Theater Co.** en 1988, sus obras tratan de varias cuestiones sociales, políticas, culturales y espirituales, usando historias que no solo entretienen sino que también tienen el poder de transformar y de sanar. Un enfoque especial del grupo ha sido el de apoyar la lucha zapatista en Chiapas, México asi como el de unir a las comunidades mexicanas e indígenas de los E.U.

COATLICUE THEATER

Elvira Colorado and **Hortensia Colorado** (Chichimec Otomi) are storytellers, performers, playwrights, and community workers. They have held workshops for women's support groups and for men against domestic violence. Founders of the **Coatlicue Theater Co.** in 1988, their work deals with social, political, cultural, and spiritual issues with stories that not only educate and entertain but also have the power to transform and heal. Work to support the Zapatista struggle in Chiapas has been a special focus along with bringing together Mexicano and Native American communities.

LOURDES PORTILLO
Capitana del cine

Portillo, with crew, shooting *Señorita Extraviada* in desert near Juárez * Portillo, con su equipo, filmando *Señorita Extraviada* en el desierto cerca de Juárez

Poster by / cartel por Ester Hernández

When she was 21, a Hollywood friend asked her to help on a documentary. Thus started a long film-making career dedicated to "channeling the hopes and dreams of a people," as **Lourdes Portillo** says.

After graduating from the San Francisco Art Institute, she made *Después del Terremoto* (After the Earthquake). She went on to a 3-year collaboration with Susana Muñoz that led to *Las Madres: The Mothers of the Plaza de Mayo* (about state repression in Argentina); which won a 1985 Academy nomination for best documentary and 20 other awards. *La Ofrenda: The Days of the Dead* followed; in 1993 came *Columbus on Trial*, an ironic commentary for the Quincentennial, and *The Devil Never Sleeps* (about Mexicans as seen in movies). In 2002, she presented *Señorita Extraviada* at the Sundance Film Festival. This documentary shocked and enraged thousands of viewers with its report on the murder of hundreds of young Juarez women. Lourdes's combination of political commitment and artistry can inspire us all.

* * *

Cuando tenía 21 años, una amiga le pidió ayuda con un documental. Esa ocasión marcó el comienzo de una larga carrera de cineasta, como dice ella, dedicada a "canalizar las esperanzas y los sueños de un pueblo".

Después de graduarse del San Francisco Art Institute, hizo *Después del Terremoto*. Siguió con una colaboración de tres años con Susana Muñoz, la que culminó con el documental, *Las Madres de la Plaza de Mayo* (acerca de la represión estatal en Argentina), el cual fue nominado para 21 premios, incluso el Oscar para mejor documental. Siguió con *La Ofrenda: Los Días de Los Muertos*; en 1993 realizó *Columbus on Trial* (Colón Enjuiciado), un comentario irónico para el Quinto Centenario, y *The Devil Never Sleeps* (El Diablo Nunca Duerme), acerca de mexicanos como se ven en la pantalla. En el 2002 presentó *Señorita Extraviada* en el Festival de Cine Sundance. Este documental sacudió y enfureció a miles de espectadores con su informe acerca del asesinato de cientos de mujeres jovenes de Juárez. La combinación de dedicación política y arte en el trabajo de Lourdes nos puede inspirar a todos.

SYLVIA MORALES

For more than 30 years, Sylvia has written, directed, and edited award-winning television works and films. Based in Los Angeles, she directed the episode "Struggle in the Fields" (1996) of the popular PBS series *Chicano!* and many episodes in the series *Resurrection Boulevard* on Showtime. She also directed a 2-hour, Emmy-nominated section "Work and Family" of the documentary series *A Century of Women*.

We will always honor her first film *Chicana* (1979), in which Morales broke through the ignorance about Chicana history and the male-dominated perspective on it as never before. It was originally a slide-show assembled by feminist instructor Anna Nieto Gómez. Morales saw the show and thought it should be a movie. A student at UCLA, she dropped out to be lead singer with a rock-and-roll band for 4 or 5 years, then went back to school. Her idea: make the film as her thesis for an M.A. degree. The result: Goodbye, stereotypes—hello, real Chicana history!

***

Sylvia ha escrito, dirigido y editado obras premiadas para la televisión por más de 30 años. Ubicada en Los Ángeles, dirigió el episodio "Struggle in the Fields" (1996) de la serie popular de PBS, *Chicano!* y muchos capítulos de la serie *Resurrection Boulevard* de Showtime. También dirigió una sección de dos horas, "Work and Family", del documental serializado, *A Century of Women*, el cual fue nominado para un premio "Emmy".

Siempre honraremos su primera película, *Chicana* (1979), en la que Morales penetró en la ignorancia acerca de la historia de la chicana y la perspectiva machista en ella (como jamás se había hecho antes). Originalmente,

Sylvia Morales directing a sequence from *Resurrection Boulevard* * **Sylvia Morales** dirigiendo un segmento de *Resurrection Boulevard*.

fue un show de diapositivas creado por la instructora feminista Anna Nieto Gómez . De estudiante en UCLA, Morales vió el show y pensó que debía ser una película. Salió de la escuela por 4 o 5 años para ser cantante principal en un conjunto rock and roll y regresó con la idea de que su tesis para un grado de M.A. sería esa película. El resultado: adiós estereotipos—¡hola, historia verdadera de la mujer Chicana!

ESPERANZA VÁSQUEZ

Esperanza Vásquez's film *Agueda Martínez: Our People, Our Country* (1977), made with Moctesuma Esparza, presents an elderly woman in rural New Mexico. There, women have tilled the soil and plowed the field along with weaving, cooking and mothering (Agueda has 67 grandchildren). Unlike many documentaries, Vásquez has her heroine speak directly to the camera, which gives added life to the film. Nominated for an Academy Award in 1978, here is another challenge to male-dominated views of our history and culture.

La película de **Esperanza Vásquez**, *Agueda Martínez: Nuestro Pueblo, Nuestro País* (1977) hecha con Moctesuma Esparza, presenta a una anciana rural típica en Nuevo México. Por años, las mujeres ahí han sembrado las tierras y arado los campos a la vez que tejido, cocinado, y servido de madres (Agueda tiene 67 nietos). A diferencia de muchos documentales, Vásquez pone a su heroína a hablar directamente a la cámara, lo que añade vivacidad a la película. Nominado para un "Oscar" en 1978, aquí tenemos otro desafío al enfoque machista en nuestra historia y cultura.

FRANCES SALOMÉ ESPAÑA

. . . has produced short, feminist, experimental films exploring identity issues facing Chicanas/mestizas with a highly imaginative style. They include *Anima* (1989), which explores how ritual can be mobilized to affirm Chicana/mestiza identity; *El espejo/The Mirror*, drawing on personal testimony from her life in L.A.; and *Spitfire* (1991). She has said "*Spitfire* attempts to define 'who we are' and not just 'what we know are male interpretations of the native woman's legacy.'"

. . . ha producido películas feministas experimentales cortas de estilo muy imaginativo que exploran cuestiones de identidad enfrentadas por las chicanas/mestizas. Éstas incluyen *Anima* (1989), que busca cómo se puede movilizar el ritual para afirmar la identidad chicana/mestiza; *El espejo/The Mirror*, que utiliza testimonio personal de su vida en Los Ángeles; y *Spitfire* (1991). Ha dicho ella que "*Spitfire* intenta definir quiénes somos" aparte de "lo que reconocemos ser interpretaciones masculinas del legado de la mujer nativa".

OSA HIDALGO DE LA RIVA

and how she turned the great stone Olmeca heads into women

***

y como transformó las grandes cabezas olmecas en mujeres

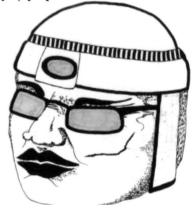

Based in northern California, Dr. Osa has created a haunting trilogy based on Mexico's ancient Olmeca culture. *Mujería* (1991) begins by imagining the great Olmeca stone heads as women. It goes on to show how one ancient Olmeca is accidentally transported 3,000 miles and years to become a Chicana named Eagle Bear. She must be found and returned. This is an example of how Dr. Osa (the Spanish word for a female bear) can redefine the concept of creation while having fun as a lesbian woman of color.

Other works include *Two Spirits: Native Lesbians and Gays*, a documentary presenting various perspectives through interviews. Dr. Osa has shown her videos at many film festivals in the U.S., Canada, Mexico and Europe since 1990. She also has an amazing record as a teacher (K-12 and through university) and writer on film and video.

Establecida en el norte de California, la doctora Osa ha creado una trilogía fascinante basada en la antigua cultura olmeca de México. Titulada *Mujería* (1991), empieza con imaginar que las enormes cabezas de piedra de los olmeca son mujeres. Continúa demostrando cómo una de ellas es accidentalmente transportada a través de 3000 millas y años para volverse una chicana nombrada Osa Águila. Hay que encontrarla y devolverla a su propio tiempo y lugar. Esto es un ejemplo de cómo la cineasta ha podido redefinir la creación mientras que se divierte siendo una mujer lesbiana de color.

Otras obras incluyen *Two Spirits: Native Lesbians and Gays*, un documental que utiliza entrevistas para presentar varias perspectivas. Desde 1990 la Dra. Osa ha presentado sus videos en muchos festivales de cine en los E.U., Canadá, México y Europa. También tiene un récord asombroso de maestra (desde K-12 hasta la universidad), y escritora acerca de películas y videos.

THE COUNTER-INSURGENCY

No Acción Afirmativa
No Educación Bilingüe
No Info About Race
No Información Racial

Opposing Prop. 209 to abolish affirmative action, called the "California Civil Rights Initiative," 1996 * Oponiendose a la Prop. 209 para abolir la acción afirmativa, llamada la "Iniciativa de California por Derechos Civiles", 1996

Top right/arriba derecha: Oakland, California, 1998, protesting Prop. 227 called "English for the Children," to abolish bilingual education. The sign says: "Speech is a human right." * Oakland, California, 1998, protestando la Prop. 227 llamada "Inglés para los Niños", para abolir la educación bilingüe

Fighting Prop. 54, called the "Racial Privacy Initiative" **Rhonda-Rios Kravitz**, Chicana librarian/activist speaking at rally, McGeorge School of Law, Sacramento, CA, Oct. 3, 2003 * Luchando contra la Prop. 54, llamada "Iniciativa para la Privacidad Racial". **Rhonda Ríos-Kravitz**, bibliotecaria/activista chicana, dando un discurso en un mitin, Facultad de Derecho McGeorge, Sacramento, CA, el 3 de octubre de 2003

Chicana/o and other efforts by communities of color to undo racist policies had won real gains in the 1960's-70's. Efforts to undo them boomed in California, beginning with Propositon 209 to abolish affirmative action. It passed by 54% on Nov. 3, 1996 and barred "preferential treatment based on race or gender" in public employment and education.

Then came Prop. 227, which passed in 1998 and abolished bilingual education. Many school districts defied it and the struggle continues. Another effort was Prop. 54 in 2003, to prohibit state or local governments from classifying people by race or ethnicity. It didn't pass but efforts to subvert popular gains will not stop, nor will Chicana opposition.

* * *

Los esfuerzos de chicana/os y otras comunidades de color para desmantelar políticas racistas habían conseguido algunos logros en los 1960-70. Pero intentos para cancelar estos logros explotaron en California, empezando con la Proposición 209 para abolir la "acción afirmativa". Fue aprobada en 1996 y prohibió el "tratamiento preferencial basado en raza o género" en empleos públicos y el campo de la educación.

Luego vino la Prop. 227, que fue aprobada en 1998 y abolió la educación bilingüe. Otra iniciativa fue la Prop. 54 en 2003, para prohibir que los gobiernos locales o estatales clasifiquen a la gente por su raza o etnicidad. No fue aprobada, pero los esfuerzos para subvertir los logros no cesarán; ni tampoco cesará la oposición chicana.

"REVERSE RACISM," THEY SAID
Racismo al revés, decían

In 1976, a white man named Alan Bakke, who had been rejected for admission by the Univ. of California at Davis Medical School, sued it becase of its special admission program. That program set aside 16 of its 100 slots for disadvantaged students, and three students of color were admitted. The case went to the U.S. Supreme Court, which supported Bakke 5-4 in 1978, saying race could not be a criterion for admission. Racists used the Bakke case to launch a nationwide assault on affirmative action.

* * *

En 1976, un hombre blanco llamado Alan Bakke no logró ser admitido a la Facultad de Medicina de la Universidad de California, Davis, y demandó a la Universidad por su programa de admisiones especiales. Aquel programa reservaba 16 de sus 100 puestos para estudiantes desaventajados, y tres estudiantes de color fueron admitidos. El caso llegó hasta la Corte Suprema de los E.U., la cual apoyó a Bakke en un voto de 5-4 en 1978, opinando que la raza no podía usarse como criterio para la admisión. El caso de Bakke lanzó un asalto contra la acción afirmativa a nivel nacional.

OUR OWN SCHOOLS

To combat racism in the educational system, we sometimes tried starting our own schools. The Colegio César Chávez in Oregon was established when

Ann Harris, a Colegio César Chávez graduate * Una de las primeras graduadas del Colegio César Chávez

Anti-Bakke Decision march in Portland, OR, 1978. led by **Cuca Antillán** and **María Alanis Ruiz** (on right). María served on the Colegio's staff and later as director of Portland State University's Latino Community program. Marchan contra la decisión pro-Bakke en Portland, OR, 1978, dirigidos por **Cuca Antillán** y **María Alanis Ruiz** (a la derecha). Maria fue miembro de la dirección del Colegio y luego directora del Programa para la Comunidad Latina en Portland State University

Chicana/os took over Mt. Angel College in Oregon legally in 1973. Then HUD, the government agency that had lent money to the original college, demanded loan repayment. HUD refused the payment plan offered, and the Colegio was closed in 1976.

* * *

NUESTRAS PROPIAS ESCUELAS

Para combatir el racismo en el sistema educativo, a veces hemos tratado de crear nuestras propias escuelas—como se hizo en Colorado, Nuevo México, California y otros lugares. El Colegio César Chávez en Oregon fue establecido en 1973 cuando chicana/os legalmente se apoderaron de Mt. Angel College en Oregon y licenciaron a 30 estudiantes al final del primer año. En 1975, HUD (Vivienda y Desarrollo Urbano), la agencia federal que le había prestado dinero al colegio original, demandó pago del préstamo. Rechazando un plan de devolución que le ofrecieron, HUD cerró el Colegio en 1976.

NEVA ROMERO GAVE HER LIFE FOR IT

Por esto dío Neva Romero su vida

Las chicanas han luchado por los derechos educacionales desde hace muchos años. La conquista militar por los E.U. fue seguida por la colonización de nuestras mentes. No se nos enseñó nuestra historia (excepto que nuestros héroes eran bandidos), nos castigaron por hablar español en la escuela, fuimos presionados a asimilarnos, y se nos enseñó a considerarnos inferiores.

El movimiento reconoció la necesidad de descolonizar nuestras mentes, como vimos en las huelgas de 1968 en Los Ángeles. Ese año, UMAS (Estudiantes México-Americanos Unidos) fue fundado, con los objetivos de lograr admisiones a la Universidad y un Departamento de Estudios Chicanos. En la universidad de Colorado, Boulder en mayo de 1974, las protestas vigorosas de UMAS culminaron en una ocupación por 19 días de una oficina universitaria.

El 27 de mayo, un coche bomba tomó las vidas de tres jóvenes activistas. Entre ellos se hallaba **Neva Arlene Romero**, una estudiante en CU, Boulder especializada en educación bilingüe bicultural, que abogaba por la admisión de más estudiantes de color y había asistido a muchas manifestaciones. Un segundo coche bomba en menos de 48 horas tomó las vidas de tres chicanos más. La policía declaró que los pasajeros estaban armando una bomba de tiempo en el carro y explotó accidentalmente. Pero de los que conocían a las victimas, pocos creyeron esta explicación. Juan López, un estudiante de derecho, pensó que los culpables podrían ser extremistas derechistas.

Desde entonces, la lucha por la educación continúa, con los estudiantes a veces luchando por los mismos derechos de hace 40 años, a menudo con más intensidad y mayores números que nunca.

Neva Arlene Romero, killed in 1974 during Boulder, CO protest for education * murio en 1974 durante una protesta por la educación en Boulder, CO

Chicanas have been struggling for education rights for many years. U.S. military conquest was followed by the colonization of our minds. We were not taught our history (except that our resistance heroes were really bandits), punished for speaking Spanish in school, pressured to assimilate, and taught to see ourselves as inferior—not worth going to college.

The *movimiento* recognized the need to decolonize our minds, as shown by the 1968 blow-outs in Los Angeles' high schools. That year, UMAS (United Mexican American Students) was founded, with college admission and Chicano studies among its main goals. UMAS-led protest heated up at the University of Colorado, Boulder, in 1974, climaxing with the 19-day occupation of a campus office.

On May 27, a few days before the occupation ended, a car bombing took the lives of three young activists. They included 21-year old **Neva Arlene Romero**, a student at CU, Boulder majoring in bilingual bicultural education, who wanted to see CU admit more Blacks and Chicanas, and who had attended many demonstrations. A second car bombing less than 48 hours later took three more Chicano lives. Police claimed the passengers were assembling a time-bomb there and it blew up accidentally. But few who knew the victims believed this. Juan Lopez, a law student, said the bombers might have been right-wing extremists.

Since then, the education struggle has continued, with students sometimes fighting for the same rights as 40 years ago, often more intensely than ever, in greater numbers than ever.

The struggle continued for 20, 30 years as we see above. 1998 walkout by Bay Area students to Concord police station (see p. 244) * La lucha seguía por 20, 30 años como se ve arriba. Huelga en 1998 por estudiantes hasta la estación policiaca en Concord (vea p. 244)

239

N.Y. Chicana Students Fight For Education 1982
Luchas en Nueva York y la Costa del Este

At the Columbia University Library, Chicana students protest policies of admission based on ability to pay * En frente de la biblioteca de Columbia University, estudiantes chicanas protestan contra las políticas de admisiones que estaban basadas en la habilidad de pagar

In 1982, the Chicano Caucus at Barnard College and at Columbia University in New York joined to protest the lack of Chicano students due to the expense of attending, they said. At Barnard and Columbia College, nine Latino and Black administrators also expressed their deep concern about funding cutbacks that would "overwhelmingly favor the privileged."

The East Coast Chicano Student Forum was initiated to have dialogue about current issues and plan action. At Princeton University in New Jersey, a Latina Women's Group started in 1979. The once-invisible brown students of the East Coast—"Sol del Este," Sun of the East—were on the move.

En 1982, el grupo Chicano en Barnard College y Columbia University en Nueva York se unieron para protestar contra la falta de estudiantes chicanos, que según ellos, se debía al alto costo de asistir. Nueve administradores latinos y negros en Barnard, Columbia College, y la Facultad de Ingeniería también expresaron su profunda inquietud sobre los recortes financieros que "en su gran mayoría favorecen a los privilegiados".

El Foro Estudiantil Chicano de la Costa del Este fue iniciado para dialogar sobre problemas actuales y planear acciones. En la Universidad de Princeton, Nueva Jersey, se inició un grupo de Mujeres Latinas en 1979. Los estudiantes morenos de la Costa del Este—"Sol del Este", los que una vez eran invisibles, se habían puesto en marcha.

La Comunidad at Princeton

Princeton University
Princeton, New Jersey

1993-4 LATINAS BLOW OUT!

¡HUELGA! Latinas abandonan las escuelas en contra de la 187

Latino students in San Francisco's Bay Area moved into action when Prop. 187—to make huge cuts in immigrant rights—went on the state ballot. It threatened to deny education to undocumented youth and drive them out of school. A series of meetings led to coordinated walkouts in San José, Berkeley and San Francisco high schools. **Rebecca Armendariz**, an activist who had signed the rental agreement for a bus taking students from the town of Gilroy to a rally in San José, was arrested for "inciting youth to riot." This did not stop more walkouts in 1994 in Oakland, Sacramento, all over.

* * *

Estudiantes latinos en el Área de la Bahía de San Francisco se movilizaron cuando la Propuesta 187 fue colocada en la balota estatal. Esta iniciativa amenazaba con negarles educación a jóvenes indocumentados y expulsarlos de la escuela. Una serie de reuniones condujo a la acción coordinada de abandonar las aulas en escuelas superiores de San José, Berkeley y San Francisco. **Rebecca Armendáriz**, una activista que firmó el contrato para rentar el autobús utilizado para transportar a los estudiantes del pueblo de Gilroy a un mitin en San José, fue arrestada por "incitar a la juventud a amotinarse". Pero esto no impidió más acciones de abandono de aulas en 1994 en Oakland, Sacramento, en todas partes.

Walkout in Oakland, California * Salida en huelga en Oakland

Rebecca Armendáriz ("Beca") whose arrest in 1993 led to strong protest and charges against her were dropped * **Rebecca Armendáriz** ("Beca"), cuyo arresto en 1993 produjo fuertes protestas y los cargos contra ella fueron abandonados

Left: High school walkout, Sacramento Feb. 2, 1994 * Izq: Abandono de aulas en una escuela superior, Sacramento, 2 de febrero de 1994

Hayward walkout, April 22, 1994 * Manifestación "walkout" en Hayward, California, el 22 de abril de 1994

Left/izq: Chicana/os often reject being called "Hispanic" because the term denies our indigenous and African roots. Muchos chicana/os rechazaron ser llamados "hispanos", porque este apelativo sólo reconoce nuestra herencia española y no las raíces indígenas o africanas de lo mexicano. Right/der: Hayward, CA. April 22, 1994 * 22 de abril 1994

"WE SAW OUR POWER!"

Chicanas who walked out of high school in Hayward, California said Prop. 187, which would deny education and health care to undocumented immigrants, gave birth to a new generation of activists. "Once we saw the power we had to mobilize and defend our right to attend school, we began to organize a campaign demanding changes in the school system." As one said, Go, girl!

* * *

"¡Vimos nuestro poder!"

Las Chicanas quienes marcharon en protesta saliendo de sus escuelas en la ciudad de Hayward, California dijeron que la Propuesta 187, que hubiera negado los derechos de educación a los indocumentados, vió nacer una nueva generacion de activistas. "Ya cuando vimos el poder que teníamos para movilizarnos y defender nuestro derecho a estar en la escuela, empezamos a organizar una campaña exigiendo cambios en el sistema escolar." Como dijo una, ¡Vamos chicas!

Walkout rally at Chabot College, Hayward * Walkout" mitin en Chabot College en Hayward

TWO BRAVE SISTERS
Dos hermanas valientes

El 3 de febrero de 1997, **Patsy y Nadine Córdova**, hermanas y por 17 años, maestras en la misma escuela en Vaughn, New Mexico, fueron suspendidas en plena clase por el Jefe de la Policía local y ordenadas a salirse inmediatamente. Su delito: enseñar historia chicana a sus estudiantes, los que eran principalmente chicana/os. Los oficiales escolares lo llamaron "enseñando intolerancia racial".

Según el Superintendente de Escuelas, el libro que usaron, *500 Años de Historia Chicana*, dibujaba a los blancos como imperialistas racistas. También promovieron un capítulo de MEChA en la escuela para animar a los estudiantes a "olvidarse de que son americanos", dijo. El Superintendente les dirigió a no enseñar a los estudiantes acerca de la Constitución de los E.U., de Dolores Huerta, o el concepto de justicia.

En julio, fueron despedidas. Las hermanas demandaron al distrito y les fue concedida una indemnización. Se mudaron a Albuquerque, donde enseñan en Washington Middle School. Su determinación hizo la historia.

On Feb. 3, 1997, **Patsy and Nadine Córdova**—sisters and teachers at the same school in Vaughn, New Mexico for 17 years—were suspended in class by the local Chief of Police and told to leave immediately. Their crime: teaching Chicano history to their mostly Chicana/o junior and senior high students. School officials called it "teaching racial intolerance."

The book they used, 500 *Years of Chicano History*, depicted whites as racist empire builders, said the School Superintendent. They had also sponsored a MEChA chapter at the school to encourage students "to forget they are Americans," it was said. The Superintendent told them not to teach students about the U.S. Constitution, Dolores Huerta or the concept of justice, among other topics.

In July, they were fired. The Cordova sisters sued the district, won damages in 1998, and moved to Albuquerque where they have been teaching at Washington Middle School. Their determination made history.

Nadine Córdova

Patsy Córdova

Concord, CA police station, April 22, 1998 • Estación de Policía, 22 de Abril 1998

SCHOOLS, NOT JAILS!
¡Cárceles No! ¡Escuelas Sí!

"This is the April 22, 1998 walkout organized by Voices of Struggle (VOS). We are leaving Pittsburgh High and marching 5 miles to the BART station where we rushed the turnstiles [didn't have to pay] and hopped a train to Concord. There we met with thousands of students from at least 11 other cities across the Bay Area, and marched to the brand new Concord police station, a $24.5 million building. It's a constant reminder to students in the underfunded school across the street and other schools, that the State of California prioritizes incarceration over education."

- Nancy, a participant

* * *

"Ésta es la salida en huelga del 22 de abril de 1998, organizada por Voices of Struggle-Voces de Lucha (VOS). Estamos saliendo de la escuela Pittsburg High y marchando 5 millas al BART, donde nos subimos a un tren hacia Concord. Ahí nos encontramos con miles de estudiantes de 11 otras ciudades. Marchamos a la nueva estación de policías de Concord, un edificio que costó $24.5 millones. Recuerda a los estudiantes de escuelas inferiormente financiadas cerca de la estación y otras, que California le pone más prioridad al encarcelamiento que a la educación".

- Nancy, una participante

On BART train (free) going to Concord * Viajando gratis en el tren del BART, en camino a Concord

Why Ethnic Studies?
¿Por qué los estudios étnicos?

For over 40 years, Chicana/os have fought to be taught their own history, culture, and social struggles—the roots of their reality. Like Black, Asian-Pacific, Native and other peoples of color, they worked to win ethnic studies courses at the university level and also as part of the high school curriculum. Conservative resistance never let up, with refusal to recognize Ethnic Studies as a department, cutbacks in funding and staffing, and efforts to undermine the concept. A 1993 hunger strike to win department status at U.C. Los Angeles achieved that first goal, with massive community support.

* * *

Por más de 40 años, chicana/os han peleado por la educación sobre su propia historia, cultura y luchas sociales—las raíces de su realidad. Igual que los negros, asiáticos-pacíficos, indígenas y otros pueblos de color, trabajaron para ganar cursos de estudios étnicos a nivel universitario y también como parte del currículo de la escuela superior.

Sin embargo, la resistencia conservadora nunca se abatió y algunos se negaron a reconocer los Estudios Étnicos como departamento. Hubo recortes en financiamiento y personal, e hicieron esfuerzos para derrocar el concepto. Una huelga de hambre en 1993 logró ganar un departamento de Estudios Étnicos en U.C. Los Ángeles, con apoyo masivo de la comunidad.

Marchers supporting 1993 U.C. Los Angeles hunger strike to make Chicano Studies a department * Manifestantes apoyando la huelga de hambre de 1993 en U.C. Los Ángeles, para ganar reconocimiento de Estudios Chicanos como departamento.

2004, Fast 4 Education, Sacramento, CA * Ayuno por la Educación, Sacramento, CA

Third World Liberation Front Hits U.C. Berkeley 1999

Cynthia Louise Gómez, on hunger strike for Ethnic Studies at U.C. Berkeley 1999, being interviewed by the press * **Cynthia Louise Gómez**, en huelga de hambre por un departamento de Estudios Étnicos en U.C. Berkeley, 1999, entrevistada por la prensa.

twLF hunger strike encampment just before 3:30 a.m. arrests * Campamento de la huelga de hambre del twLF un poco antes de los arrestos de las 3:30 a.m.

Favianna Rodriguez speaking at twLF hunger strike, U.C. Berkeley 1999
Favianna Rodriguez hablando durante la huelga de hambre, U.C. Berkeley, 1999

In 1999, young Chicanas and other women of color gave strong leadership to the coalition that finally won more funding and staff for Ethnic Studies at U.C. Berkeley.

When a $300,000 budget cut was announced that Spring, 48 students carried out a sit-in at the building housing Ethnic Studies. Police arrested the protesters violently. Students then launched a hunger strike at midnight, April 30, as the Third World Liberation Front (twLF), honoring the name used on campuses 30 years before. Three women and three male student strikers were warmly supported by faculty, parents, community, unions. But at 3:30 a.m. police in full riot gear surrounded their encampment and arrested over 80 people on the scene.

As more strike support mounted, the Chancellor finally agreed to negotiate: the twLF won six full-time faculty positions and other demands.

EL FRENTE TERCER MUNDISTA DE LIBERACIÓN (twLF) CONTRA U.C. BERKELEY 1999

Police arrest protesters with violent treatment * La policía arresta a manifestantes con tratamiento violento

En 1999, jóvenes chicanas y otras mujeres de color fueron líderes fuertes en la coalición que por fin ganó personal y financiamiento adicional para Estudios Étnicos en U.C. Berkeley. Cuando un recorte presupuestal de $300,000 fue anunciado en la primavera del 1999, 48 estudiantes ocuparon el edificio de la sede del Departamento de Estudios Étnicos. La policía arrestó a los manifestantes usando medios violentos.

Entonces los estudiantes, bajo la bandera del TWLF (twLF), nombre usado en las universidades 30 años antes, lanzaron una huelga de hambre a media noche del 30 de abril. Seis estudiantes--tres mujeres y tres hombres—fueron apoyados por sus padres, el profesorado, la comunidad y las uniones. Pero a las 3:30 a.m., la policía antimotines rodeó su campamento y más de 80 personas fueron arrestadas. Al crecer el apoyo para la huelga, el Canciller por fin consintió negociar: el twLF ganó seis puestos para profesores de tiempo completo y otras reivindicaciones.

Poster "U.C. Berkeley is killing Ethnic Studies" at "Drop the Charges" demonstration, Sept. 23, 1999 Póster, "U.C. Berkeley está matando los Estudios Étnicos" en una manifestación exigiendo el retiro de los cargos, 23 de septiembre de 1999

"Drop the Charges" demonstration, Sept. 23, 1999 * Manifestación "Retiren los Cargos", 23 de septiembre, 1999

VICTORIAS EN EAST LOS ÁNGELES

Demanding new schools for E.L.A. * Exigiendo nuevas escuelas para E.L.A. en una oficina del distrito escolar, 2004

Rally organized by United Students at Roosevelt High School in E.L.A. to demand Ethnic Studies, 2002 * Mitin organizado por United Students en Roosevelt High School en E.L.A., para exigir un programa de Estudios Étnicos, 2002

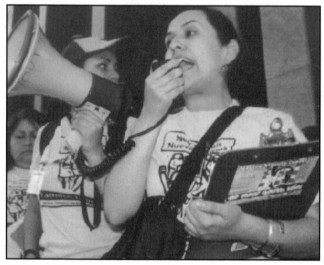

ICS Lead Organizer **Maria Brenes**, later Executive Director, demanding new schools for E.L.A. at rally, 2004 * Organizadora principal de ICS, **Maria Brenes**, más tarde Directora Ejecutiva, exigiendo nuevas escuelas para E.L.A. en un mitin, 2004

SCHOOL BOARD, TAKE A STAND, AG IS WHAT WE DEMAND!
Margarita Ceja of ICS rallies for college access for all, 2005 * **Margarita Ceja** de ICS aboga por acceso universal a las universidades

Founded in East Los Angeles in 1994 with the goal of building longterm student power for educational justice, InnerCity Struggle has won amazing victories. With high school clubs called United Students, they have fought to end terrible overcrowding and in 2004 won the District's agreement to build the first new high school in 80 years. In 2005, ICS worked with a city-wide alliance that forced the District to implement offering college course requirements (A-G) in all high schools, including those serving mostly Blacks and Latinos—76% in 2006. ICS helped get a progressive Chicana school board member elected.

Fundada en East Los Ángeles en 1994 con el objetivo de establecer poder estudiantil para la justicia educacional a largo plazo, InnerCity Struggle (ICS) ha ganado victorias impresionantes. Con clubes llamados United Students (Estudiantes Unidos) en las escuelas superiores, ha luchado por acabar con la masificación terrible en las aulas y en el 2004 ganó un acuerdo con el Distrito para construir la primera escuela superior en 80 años. En el 2005, ICS trabajó con una alianza en toda la ciudad, la que obligó al distrito a ofrecer cursos requisitos para la universidad (A-G) en todas las escuelas. Éstas incluían las escuelas que sirven principalmente a negros y latinos— un 76%. En el 2006, ICS ayudó a elegir a una chicana progresista al Concilio de Educación. ¡No hay quién los detenga!

FAST 4 EDUCATION
Huelga de hambre por la educación

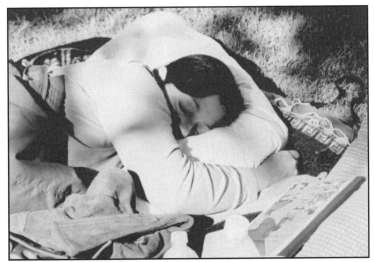

Karina Oliva, faster * **Karina Oliva**, huelguista de hambre

On Strike/huelguistas: **Jessica Vásquez** (seated/sentada) & **Wendy González.** Jessica fasted for 26 days * Jessica ayunó por 26 días

Fasters' banner. "Schools Not Jails" * Bandera de los huelguistas, "Escuelas Sí, Cárceles No"

Raquel Jiménez (Youth Together) reviewing plan for Sacramento student speak-out with Calif. for Justice members, May 27 * **Raquel Jiménez** (Youth Together) y miembros de Calif. for Justice, revisando planes para el mitin estudiantil en Sacramento, mayo 27

En abril, 2004, el 50ro aniversario de la decisión de la Corte Suprema que acabó con escuelas públicas "separadas y desiguales", un grupo de estudiantes de escuela intermedia caminó 70 millas a Sacramento, California. Esperaban decirle al Gobernador Schwartzenegger de los recortes en sus escuelas, los cuales nuevamente causaban desigualdades. Cuando él no los recibió, una huelga de hambre (agua solamente) comenzó el 10 de mayo en Oakland.

Entre los nueve huelguistas estaba: **Jessica Vásquez**, una estudiante; **Wendy González**, una maestra; y **Karina Oliva**, una estudiante de posgrado. Demandaban mejor financiamiento de las escuelas. La huelga terminó cuando el Gobernador firmó una ley rebajando el interés sobre los préstamos a los distritos escolares con dificultades. Fue un primer paso en una larga lucha.

In April, 2004, the 50th anniversary of the Supreme Court decision ending "separate and unequal" public schools, a group of middle-school students walked 70 miles to Sacramento, California. They hoped to tell Gov. Schwarzenegger about the cutbacks in their schools that made them "unequal" again. When he wouldn't see them, a water-only hunger strike began May 10 in Oakland.

The nine full-time fasters included: **Jessica Vásquez**, a student, **Wendy González**, an elementary school teacher, and **Karina Oliva**, a graduate student. They demanded better funding for schools. The strike ended June 4 when the Governor signed a bill lowering the interest rate on loans to hard-pressed school districts. It was the first step in a long struggle.

TAKE BACK OUR SCHOOLS
HAY QUE RETOMAR NUESTRAS ESCUELAS!

Students gathering in Frank Oglala Plaza, Oakland, May 17, 2005 * Estudiantes se juntan en la Plaza Frank Oglala, Oakland, 17 de Mayo, 2005

Banner says "Hecka Children Left Behind," about effects of "No Child Left Behind" Act. * Bandera que dice "Muchos Niños Se Han Quedado Atrás", acerca de los efectos de la ley, "Qué No se Quede Atrás Ningún Niño"

ODB (Organize Da Bay) participant/participante, **Wendy Ibarra**

El 17 de mayo del 2005, miles de estudiantes de las escuelas intermedias y superiores de Oakland, CA abandonaron sus aulas. Organizados por ODB (Organize Da Bay—Organicemos La Bahía), realizaron talleres educativos acerca de la privatización de las escuelas bajo la ley federal, "Qué No Se Quede Atrás Ningún Niño". También exigían financiamiento bajo la Prop. 98, y alternativas al Examen de Salida de la Escuela Superior.

May 17, 2005, Take Back Our Schools Day: thousands of Oakland, CA high school and middle-school students walked out of school, marched and held workshops, all organized by ODB (Organize Da' Bay). They were spreading the word about school privatization under the federal Act "No Child Left Behind," which hurts low-income students, and demanding local control of schools, full funding under Prop. 98, and alternatives to the High School Exit Exam.

¡Chicanas de Michigan Adelante!

There have been mexicanos in Michigan for 100 years, first in the sugar beet industry. By the 1920's, they were working in the Ford plant in Detroit, later for Great Lakes Steel and then other auto industry jobs. Many were victims of the 1930's massive de-portation sweeps (called "repatriation").

In 1996 some MEXistas (as in MEChistas) helped start a Brown Beret chapter in Lansing, responding to several police murders of Black and Latino men. Later the Berets launched the Xicana/o Develop-ment Center (XDC), whose "low-intensity organiz-ing" focused on grassroots coalition building to chal-lenge the status quo that oppresses Latinos and all oppressed peoples. Raza student and community activists— serious *mujeres*!—have often led the way.

* * *

Los mejicanos han estado en Michigan por 100 años. Primero laboraron en la industria del betabel. Para la década de los 1920 estaban trabajando en la fábrica de Ford en Detroit y luego para Great Lakes Steel, realizando varias tareas en la industria automotriz. Muchos fueron víctimas de las depor-taciones masivas de la década de los 1930 llamadas "repatriación".

Sigue en la columna a la derecha

Maria Zavala of the Xicana/o Development Center (Detroit) being interviewed in Southwest Detroit, a historic Mexican neighbor-hood, during the César Chávez Commemorative March with close to 1000 people, Spring 1999 * **Maria Zavala** del Centro de Desa-rrollo Xicana/o (Detroit), siendo entrevistada en el Suroeste de Detroit, un vecindario históricamente mexicano, durante la Marcha Conmemorativa de Cesar Chávez, a la cual asistieron casi 1000 personas, primavera del 1999

Spring 1998, **Rosa** (left) and **Nora Salas** at Michigan State University's main library, leaders of a massive book checkout by MEXistas from MSU and Brown Berets from the Xicano Development Center in De-troit. They removed over 5,000 books to protest no Xicano Studies at MSU. That fall, a 24-credit specialization was created and funded. MSU is the second U.S. university to offer a PhD in Chicano Studies.

Primavera de 1998, **Rosa** (izq.) y **Nora Salas** en la biblioteca principal de Michigan State University, líderes de una protesta masiva por MEXistas de MSU y Boinas Café del Centro de Desarrollo Xicano en Detroit, en la que removieron más de 5,000 libros protestando la falta de Estudios Chicanos en MSU. Ese otoño, una especialización de 24 créditos fue creada y totalmente financiada y ahora MSU es la segunda universidad que ofrece el Ph.D. en Estudios Chicanos.

Members of MEXA from MSU at a retreat in Harrison , MI, 1996. Miembros de MEXA de MSU en un retiro en Harrison, MI, 1995.

UNA VICTORIA * VICTORY!

En 1996, algunos MeChistas ayudaron a fundar un capítulo de las Boinas Café en Lansing, como respu-esta a varios asesinatos de hombres latinos y negros por la policía. Luego las Boinas establecieron el Centro de Desarrollo Xicano/a (XDC), cuyo "método organi-zativo de baja intensidad" se enfocó en construir una coalición de la base para desafiar la situación actual que oprime a latinos y a todos los pueblos oprimidos. Y son estudiantes de La Raza y activistas comunitarias— ¡¡mujeres serias!!—las que a menudo nos han guiado por el camino.

La Tierra que volvió a vivir

Maria Varela seated in front of Tierra Wools showroom, Los Ojos, N.M. December 1991 * **Maria Varela** en la sala de muestras de Tierra Wools, Los Ojos, diciembre 1991

The Land That Came Back To Life

For 150 years, the people of rugged, northern New Mexico have fought to get back the communal landholdings they lost in the 1846-48 U.S. war on Mexico. The Tierra Amarilla "courthouse raid" of 1967 (see p. 100) was one chapter in that struggle. In 1983 a Chicana civil rights activist, **Maria Varela**, came there from the East and helped transform one of the poorest corners of the U.S.

First step: organize sheep ranchers into the Ganados del Valle (Livestock Growers of the Valley) co-op and revive a centuries-old heritage started by Spain as New Mexico's 17th century colonizer. From the high-quality wool produced, women organized Tierra Wools and wove blankets, rugs, shawls in uniquely traditional designs.

From there, the woven items went on sale at a new store, Los Pastores, in the tiny village of Los Ojos along with other works of art and craft. Their beauty has now become known and purchased all over the country. This creative chain of enterprise has trans-

Continued on next page

Por 150 años, los pobladores del escarpado norte de Nuevo México, han luchado por recuperar sus tierras comunales que perdieron en la guerra de los E.U. contra México de 1846-48. El asalto al Palacio de Justicia de Tierra Amarilla en 1967 (vea pag. 100) fue un capítulo en esa lucha. En 1983, una activista chicana pro derechos civiles, **María Varela**, se trasladó allá del Este y acabó ayudando a transformar uno de los rincones más pobres de los E.U.

Su primer paso: organizar a los rancheros de ovejas a formar la cooperativa Ganados del Valle, reactivando un patrimonio antiguo comenzado por España cuando Nuevo México era su colonia . Con la lana superior que produjeron, las mujeres organizaron Tierra Wools (Lanas Tierra) y tejieron cobijas, alfombras, y rebozos con diseños tradicionales.

De ahí, los tejidos se llevaban a vender en una tienda nueva, Los Pastores, en el pueblito de Los Ojos, junto a otras obras de artesanía. Ahora se conoce extensivamente la belleza de estos productos y se pueden comprar en todo el país. Esta cadena de empresas creativas ha transformado el área de ser una tierra de gente que principalmente recibe asistencia pública a una colección de sobrevivientes en gran medida independientes, quienes saben lo que son y quiénes son.

No es que siempre haya sido fácil. En 1989, las 2000 ovejas perdieron sus pastos y las tuvieron que trasladar. Después de negárseles tierras estatales, llevaron las ovejas en secreto a medianoche a un parque estatal. Hubo debate feroz hasta que el estado se rindió. El poder de la tradición prevaleció—al menos por ahora—sobre los desarrolladores y deportistas que causaron el aumento del valor de las tierras hasta estar fuera del alcance de los agricultores hispanos. ¡Chale con los ricos!

Arlene Valdez (on left), Exec. Director of Los Pastores, with Manager **Rachel Lopez Walker** in store, 2001 * **Arlene Valdez** (a la izq.), directora ejecutiva de Los Pastores, con la dirigente **Rachel Lopez Walker**

Land Victory In Colorado

Sign posted by Pai after his take-over of La Sierra, now gone *
Rótulo colocado por Pai después de haberse apoderado de La
Sierra; ya no existe

Maria Mondragon-Valdez challenges Enron executive and absentee
landowner Lou L. Pai during 2002 protest in southern Colorado.
Maria Mondragon-Valdez enfrenta a Lou. L. Pai, un ejecutivo de Enron
y dueño de la tierra, en una protesta en el sur de Colorado, 2002

For many Raza, the land has always been our mother—the source of life itself. A 44-year legal struggle to win back land granted by Mexico in 1844 and later lost to U.S. invaders ended with amazing success in a Colorado courtroom in 2002.

The Sangre de Cristo Land Grant had once meant *mexicano* grantees could survive poverty for decades. Jack Taylor took over the land in 1960 and closed the 77,500 acres called La Sierra, formerly used by *mexicanos* to cut timber for housing and fence-building, and the land to graze animals. He later sold it to an Enron millionaire, who fenced off and patrolled the land even more harshly.

The Land Rights Council, of which scholar-activist **Maria Mondragon-Valdez** has been a leading member for over 15 years, organized a grassroots challenge to reclaim people's rights. A second court victory in 2004 extended the 2002 decision and inspired more challenges in Colorado and New Mexico. Again we say: "Tierra y libertad!"

Para muchos de La Raza, la tierra siempre ha sido nuestra madre—la fuente de la vida misma. Una larga lucha por ganar tierras otorgadas por México en 1844 y posteriormente perdidas ante los invasores de los E.U., terminó con un éxito extraordinario en el 2002 y otro en 2004.

La Merced de Tierras Sangre de Cristo una vez significaba que muchos concesionarios mexicanos podrían sobrevivir la pobreza. En 1960, Jack Taylor se apoderó de la tierra y cerró las 77,500 acres llamados La Sierra, anteriormente usadas por los mexicanos para el pastoreo de animales, y para extraer madera para la construcción de viviendas y vallas. La vendió después a un millonario de Enron, el que la rodeó con una valla y la patrulló más rigurosamente.

El Concilio de Derechos a la Tierra, del cual la estudiosa-activista **Maria Mondragon-Valdez** había sido un miembro dirigente por más de 15 años, organizó el exitoso desafío de la base para reclamar los derechos del pueblo. Una segunda victoria de la corte en el 2004 extendió el fallo anterior e inspiró más desafíos en Colorado y Nuevo México. Otra vez decimos: "Tierra y libertad".

GANADOS DEL VALLE

THE LAND THAT CAME BACK TO LIFE
Continued from preceding page

formed the area from a land of people mostly on welfare into a largely independent collection of survivors who know what and who they are.

Not that it has always been easy. In 1989, the 2,000

sheep lost their grazing ground and had to move. Denied state land, the sheep were secretly moved in the middle of the night onto a state park. Debate raged until finally the state gave in. The power of tradition prevailed—at least for now—over the developers and sportsmen who had made the land too expensive for Hispano growers. Chale con los ricos!

The Southwest Network For Environmental And Economic Justice (SNEEJ)

SNEEJ is a grassroots, people-of-color network embracing 59 organizations in the western U.S. and northern Mexico. In April, 1990, 80 representatives of 32 organizations working on environmental and economic issues came together in Albuquerque, N.M. They identified common problems resulting from industrial development and irresponsible government policies. SNEEJ was born, with an agenda beyond the usual focus of environmental work.

Since then, SNEEJ has been a model for bringing together groups from different cultures to fight for common goals. Its Women's Commission has been a dynamic force, organizing delegations to participate in women's conferences held in Nicaragua and the UN Conference on Women in China. SNEEJ played a key role in the national movement that led to the 1994 Presidential Executive Order on Environmental Justice and in 2005 the Environmental Justice Executive Order signed by New Mexico's Governor Bill Richardson.

At the grassroots level, the Network has helped members share strategies, tactics and organizing models. In particular, SNEEJ has been a model for intergenerational organizing. Youth hold positions on the Coordinating Council and are the leadership of the Youth Leadership and Development Campaign.

SNEEJ's major recent campaigns have focused on Land Use and Community Health Action (LUCHA), Youth Leadership Development and the Border Campaign for Global Justice. There's just no stopping this powerhouse.

2002 Albuquerque action supporting Dineh Care, grassroots Native organization working on Navajo Reservation to stop further uranium mining. **Rose Augustín**, Arizona SNEEJ leader, on right. * Acción en Albuquerque en el 2002 en apoyo a Dineh Care, una organización indígena de la base trabajando en la Reservación Navajo para ponerle fin a más extracción de uranio. **Rose Augustín**, líder de Arizona SNEEJ, a la derecha.

SNEEJ delegation at Intercontinental Women's Conference, Nicaragua 2004. Some of the signs say, in Spanish:"Deconstruct capitalist models" and "Implement a process of decision-making that supports our communities." * Delegación de SNEEJ en el Encuentro Internacional de la Mujer en Nicaragua, 2004. Algunos de los rótulos dicen "Deconstruir los modelos del capitalismo" e "Implementar el proceso para tomar decisiones que apoyen a nuestras comunidades".

La Red Del Suroeste Para Justicia Ambiental y Económica

SNEEJ es una red de organizaciones de gente de color de la base que abarca a 59 grupos en el oeste de los E.U. y el norte de México. En abril de 1990, 80 representantes de 32 organizaciones dedicadas a problemas ambientales y económicos, se reunieron en Albuquerque, MN e identificaron problemas en común que habían sido resultado del desarrollo industrial e irresponsables políticas gubernamentales. Así nació SNEEJ, que va más allá del usual enfoque en el trabajo medioambiental.

Desde entonces SNEEJ ha sido un modelo para juntar a grupos de diferentes culturas para luchar por metas comunes. Su Comisión Femenil ha sido una fuerza dinámica, organizando delegaciones para asistir y participar en conferencias de mujeres en Nicaragua y en El Congreso de la ONU Sobre la Mujer en China. Jugó un papel clave en el movimiento nacional que condujo a la Orden Ejecutiva Presidencial sobre Justicia Ambiental de 1994 y a la Orden Ejecutiva sobre Justicia Ambiental del 2005 firmada por el Gobernador de N.M., Bill Richardson.

A nivel de la base, la Red ha ayudado a sus miembros a compartir estrategias, tácticas y modelos de organización. En particular, SNEEJ ha sido un modelo para la organización intergeneracional. Jóvenes ocupan puestos en el Concilio Coordinador y son líderes de la Campaña para Liderazgo y Desarrollo Juvenil. Las más recientes campañas de SNEEJ se han enfocado sobre la Utilización de Tierras y la Acción Comunitaria para la Salud (LUCHA), el Desarrollo de Liderazgo Juvenil, la Campaña Fronteriza por Justicia Global, y el Grupo de Trabajo sobre Justicia Ambiental. ¡No hay quién detenga esta máquina!

SNEEJ Coordinating Council and Campaign Meeting/ Reunión de la Campaña y el Concilio Coordinador de SNEEJ, Albuquerque, 2004, left to right/izq a der: **Teresa Leal, Petra Mata, Teresa Almaguer, Rose Augustín, Susana Almanza, Viola Casares**

Sofía Martínez of Concerned Citizens of Wagon Mound & Mora County, speaking at 2006 SNEEJ Coordinating Council meeting
Sofía Martínez de los Ciudadanos Preocupados de Wagon Mound y el condado de Mora, dirigiéndose a la reunión del Concilio Coordinador de SNEEJ

SNEEJ's Youth Organizing Training Institute (YOTI) 2005 * Instituto de Entrenamiento en Organización para Jóvenes

"NEW MEXICO IS NOT FOR SALE!"

Nuevo México no se vende

JEANNE GAUNA

El Southwest Organizing Project

Jeanne Gauna (being freed from jail for protest action) was director or co-director of SWOP from 1989 until her death in February 2003. * **Jeanne Gauna** (al ser liberada de la cárcel después de una protesta) era la directora o co-directora de SWOP desde 1989 hasta su muerte en febrero 2003.

D2   ALBUQUERQUE JOURNAL   Thursday, August 1, 1991 • • •

Activists Lash 'Racist' Policies At EPA Banquet

By Gayle Geis

JOURNAL STAFF WRITER

Albuquerque activists interrupted an awards ceremony by the Environmental Protection Agency Wednesday as part of a nationwide protest claiming federal officials have failed to clean up pollution in low-income areas.

Members of the Southwest Organizing Project showed up at a ceremony at Kirtland Air Force Base during which regional EPA Administrator Robert Layton Jr. handed out environmental excellence awards to five New Mexico companies and a civic organization.

SWOP member **Ruth Contreras** at protest against EPA receiving award for cleaning up pollution in low-income areas. * Miembro de SWOP, **Ruth Contreras** en una protesta contra la EPA recibiendo un premio por la limpieza de contaminación en barrios de bajos ingresos

Youth at the "Rock Out With Your Cause" rally, August/agosto 2006, part of SWOP's new youth development program * Juventud en el mitin "Baila Rock por tu Causa", parte del nuevo programa de desarrollo juvenil de SWOP

In 2005, the Southwest Organizing Project of Albuquerque, N.M. celebrated 25 years of steady work empowering communities and fighting injustice. Starting with voter registration, it went on to combat air and water pollution, toxic waste dumping, and the Intel Corporation's giant greed for water. Its fight to defend a Pueblo Indian sacred site from road-building to advance commercial development, its defense of bilingual education, and its opposition to the criminalization of youth—all have improved life for the people and land of New Mexico.

En 2005, el Southwest Organizing Project de Albuquerque, N.M., celebró 25 años de labor constante contra la injusticia y en busca de poder para la comunidad. Empezando por la inscripción de votantes, continuó por combatir la contaminación del aire y el agua y la disposición irresponsable de desperdicios tóxicos, y la enorme avaricia por el agua de la corporación Intel. Su lucha por proteger el lugar sagrado de los indígenas Pueblo contra la construcción de carreteras para la explotación comercial, su defensa de la educación bilingüe, y su oposición contra politicas que criminalizan a la juventud—todas han mejorado la vida para el pueblo y la tierra de Nuevo México.

Celia Fraire, SWOP youth intern, marching to protest arming school police, Aug. 17, 2001, Albuquerque **Celia Fraire**, practicante joven de SWOP, marchando contra el uso de armas por la policía escolar, 17 de agosto del 2001

PODER MEANS POWER!

en Austin, Texas

Susana Renteria Almanza and other PODER members demonstrating against gentrification, June 2005. One sign says: "Ya basta with your lofts!" * **Susana Renteria Almanza** y otros miembros de PODER manifestando contra el aburguesamiento

Susana Rentería Almanza taking city, county and state officials on the famous Environmental Justice Toxic Tour of Feb. 10, 1992 * **Susana Rentería Almanza**, dirigiendo a oficiales locales y estatales en la famosa Gira Tóxica pro Justicia Ambiental el 10 de febrero de 1992

PODER and Young Scholars for Justice working to shut down the noxious Holly Power Plant, June 20, 2004 * PODER y Jóvenes Estudiosos por la Justicia trabajando para cerrar la venenosa Holly Power Plant, 20 de junio de 2004

Born May 1, 1991 in Austin, Texas, PODER (People Organized in Defense of Earth and her Resources) is one of the few grassroots environmental justice organizations led by women. It has won historic victories, starting with the Toxic Tour of 1992 that led to six of the world's oil giants—such as Exxon, Chevron, Mobil, and Texaco—agreeing in 1993 to relocate.

Next, PODER's campaign against gentrification in East Austin barrios led to a $55 million bond for affordable housing being put on the ballot for Nov. 7, 2007. PODER and its youth brigade Young Scholars for Justice, pressed the very toxic Holly Power Plant to close down. Two units of the plant have closed down; the others will close in Sept. 2007.

The founder and director of PODER, **Susana Rentería Almanza**, has been working on community concerns since she was a Brown Beret 30 years ago. Today she recalls that people who once lived in those areas of contaminated water and air are still dying from cancer. We might advise greedy investors heading for Austin, "Don't mess with Susana."

Spanish text on next page

257

Otra lucha en Califas pro justicia ambiental

Demonstrating against Chem Waste * Manifestando en contra de Chem Waste, Kettleman City, California.

¡PODER TIENE PODER!

PODER (Pueblo Organizado en Defensa de la Tierra y Sus Recursos), establecida el 1 de mayo de 1991 en Austin, Texas, es una de las pocas organizaciones de base pro justicia ambiental dirigida por mujeres. Ha ganado victorias monumentales, empezando por la Gira Tóxica de 1992, la que condujo a un acuerdo en 1993 con seis de los gigantes petroleros mundiales como Exxon, Chevron, Mobil y Texaco, a trasladar sus instalaciones a otro lugar.

Siguió PODER con una campaña contra el aburguesamiento en los barrios de East Austin, la que resultó en un bono para la balota del 7 de septiembre de 2007 de $55 millones para construir vivienda accesible. Luego, PODER, y su brigada juvenil Jóvenes Estudios por la Justicia, consiguieron cerrar la muy tóxica Holly Power Plant.

La fundadora y directora de PODER, Susana Rentería Almanza, ha trabajado en la comunidad desde que fue miembro de las Boinas Café. No se ha olvidado que aun se están muriendo de cáncer los que antes vivieron en esas áreas de agua y aire contaminados. Podemos advertir a los inversores avariciosos que intentan ir a Austin, "No se metan con Susana".

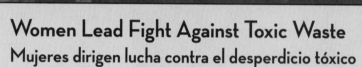

Women Lead Fight Against Toxic Waste
Mujeres dirigen lucha contra el desperdicio tóxico

In the 1990's, the residents of Kettleman City, California, an isolated farming town, had to live three miles from a huge landfill for toxic waste owned by Chemical Waste Management. Kettleman's 1,300 residents were 95% Latino. Their town became the toxic capital of the western U.S.

Then Chem Waste applied to build an incinerator for toxic waste nearby. People formed a coalition to stop it: El Pueblo para El Aire y Agua Limpio. Women like **Mary Lou Mares** and **Apolonia Jacobo**, both farmworkers, often led the way. On Sept. 7, 1993 they won a major victory when Chem Waste told El Pueblo it would not build the incinerator. But then Chem Waste planned to expand its landfill, and the struggle began again.

* * *

En la década de los 1990, los 1,300 residentes de Kettleman City, California, un pueblito agrícola aislado, tuvieron que vivir cerca de un enorme vertedero de desperdicio tóxico, cuyo dueño era Chemical Waste Management. El pueblo—95% Latino—fue la capital tóxica del oeste de los E.U.

Entonces *Chem Waste* solicitó construir un incinerador para desperdicio tóxico en un lugar cercano. El pueblo formó una coalición para bloquearlo: El Pueblo para El Aire y Agua Limpia. Dirigiendo la lucha a menudo se encontraban mujeres como **Mary Lou Mares** y **Apolonia Jacobo**, ambas trabajadoras campesinas. El 7 de septiembre 1993 ganaron una victoria grande cuando Chem Waste informó a El Pueblo que no iba a construir el incinerador. Pero entonces Chem Waste les dijo que iba a extender el vertedero y la lucha empezó de nuevo.

From the hotels to the fields! * ¡De los hoteles a los campos, en todas partes!
NEW WORKER STRUGGLES
LA NUEVA LUCHA OBRERA

Cindy Wiesner, labor activist, in big Local 2850/HERE protest at Lafayette Hotel in Contra Costa County, northern California, for union-busting, low wages, terrible conditions and racist response to demands

Cindy Wiesner, activista laboral en la protesta grande de Local 2850/HERE, Hotel Lafayette, Condado de Contra Costa, norte de California, contra la persecución de la unión, los bajos sueldos, las condiciones terribles y las respuestas racistas a sus demandas

La Mujer Obrera 1981-200...

June 1997, blocking the International Bridge to call attention to need for decent jobs and bilingual, vocational training after losing 26,000 jobs. Four women were arrested in one of these border protests. * Una protesta para bloquear el puente internacional exigiendo trabajos dignos y entrenamiento vocacional bilingüe. Fueron arrestadas 4 mujeres en una de estas protestas.

Anti-NAFTA protest in Austin, Texas * protesta anti-NAFTA en Austin, Texas

From cover of Mujer Obrera "Briefing Paper," 2005 * De la cubierta de Mujer Obrera "Briefing Paper", 2005

Cuando las costureras chicanas/mexicanas empezaron a organizarse en El Paso, Texas, las compañías sólo tuvieron que mudarse al otro lado de la frontera para no pagar sueldos más altos. Con el motivo de desarrollar liderazgo para la lucha, **Cecilia Rodríguez** y otras, fundaron La Mujer Obrera en 1981. Cuando NAFTA tomó efecto en 1994, 25 fábricas fueron cerradas. LMO inició varios proyectos de sobreviviencia económica como el centro de cuidado de niños Rayito de Sol, el Café Mayapan, el Mercado Mayapan y los Apartamentos Uxmal. Todos ofrecen empleos a los trabajadores despedidos.

LMO también sindicalizó tres fábricas y una lavandería, consiguió pasar una ley estatal imponiendo penas criminales a los que no pagaban sueldos, y ganó una extensión de $3 millones para el entrenamiento de los trabajadores despedidos. ¡Felicidades!

* * *

When Chicana/*mexicana* garment workers began organizing in El Paso, Texas, companies just moved across the border to avoid paying higher wages. To develop leadership for the struggle. **Cecilia Rodríguez** and others started La Mujer Obrera in 1981. When NAFTA took effect in 1994, 25 factories shut down. Mujer Obrera started several economic survival projects: the Rayito de Sol child-care center, the Cafe Mayapan, the Mayapan Market, and Uxmal Apartments. All offer jobs to laid-off workers.

LMO also unionized three factories and one laundry, got a state bill passed imposing criminal penalties for non-payment of wages, and won a $3 million extension of training for laid-off workers. *¡Felicidades!*

La Mujer Obrera and El Puente CDC: Women Forging Our Future

Women's Empowerment, Economic Development and Community Building In the midst of Globalization

Mujer, en tus manos esta el futuro, de nuestro Pueblo creador

L.G.F.

"Woman, in your hands is the future of our creative People."

Above/arriba: Hunger strike, 1990 (see below) * Huelga de hambre (vea abajo)

Right/derecha: In 1990, 15 workers, including **Felipa Pérez** (right), chained themselves to sewing machines to demand unpaid back wages of 1,000 workers. The Dept. of Labor ruled in their favor but companies still didn't pay so Mujer Obrera went on hunger strike. * En 1990, 15 trabajadoras, incluso **Felipa Pérez** (der.), se encadenaron a máquinas de coser, reclamando los sueldos atrasados de 1,000 trabajadores. El Departamento de Trabajo decidió a su favor, pero como las compañías no cumplieron, Mujer Obrera se declaró en huelga de hambre.

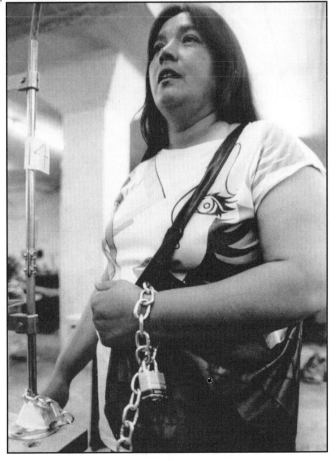

Fuerza Unida co-coordinators **Viola Casares** (left) and **Petra Mata** on a drive in San Antonio * Coordinadoras de Fuerza Unida, **Viola Casares** (izq.) y **Petra Mata**, en un recorrido por San Antonio

Demonstrating at Levi's world headquarters, San Francisco * Manifestando en la sede mundial principal de Levi, San Francisco, 1995

FUERZA UNIDA

Drawing by/Dibujo por Rini Templeton

Protest, San Antonio, Sept. 2, 1990 * Protesta, San Antonio, 2 de septiembre de 1990

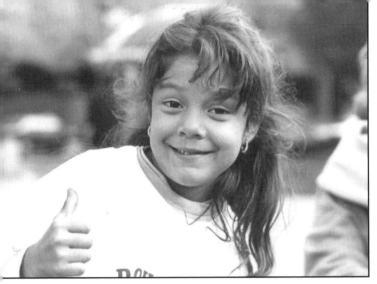

Vanessa Moreno, 6th grader, at Levi's world headquarters, San Francisco with her mother, hunger striker * **Vanessa Moreno**, estudiante de sexto grado, en la sede principal de Levi's, San Francisco, con su mamá, una huelguista de hambre

At Levi's, 1994 * Frente a Levi's, 1994

La mujer luchando, el mundo transformando

On Jan. 20, 1990, Levi Strauss in San Antonio, Texas, laid off 1,115 workers—92% of them Chicana—to move its plant to Costa Rica where it could pay $3.00 a day. Levi's gave little severance pay, no pensions or health care for many injured workers, and ineffective retraining. Twenty-three laid-off women launched Fuerza Unida with demands for compensation from Levi's, backed by hunger strikes and a national boycott. For economic development, it established a workers' center, La Cooperativa, to make household items and clothing, and a catering project.

Fuerza Unida is a pioneer in the struggle against NAFTA, CAFTA, and globalization. It has helped win improved settlement packages for laid-off workers in the U.S., Canada, Belgium, and France. "We have learned to be strong," says co-coordinator **Petra Mata**.

* * *

El 20 de enero de 1990, Levi Strauss en San Antonio, Texas, despidió a 1,115 trabajadores—el 92% eran mujeres chicanas—para poder trasladar su fábrica a Costa Rica, donde pagaría $3.00 al día. La compañía ofrecía poco en indemnización de despido. No proveía pensiones ni cuidado de la salud para trabajadoras lastimadas. 23 de las mujeres despedidas lanzaron Fuerza Unida, sus demandas de compensación a Levi's respaldadas por huelgas de hambre y un boicoteo nacional. Establecieron un centro con una fábrica de ropa y objetos para el hogar, y un servicio para proveer de comida.

Fuerza Unida es reconocida en la lucha contra NAFTA, CAFTA, y la globalización. Ayudó a trabajadores despedidos en los E.U., Canadá, Bélgica y Francia a ganar mejores acuerdos. "Hemos aprendido a ser fuertes", declaró la coordinadora **Petra Mata**.

Day 5 of Fuerza Unida hunger strike at Levi's, San Francisco * Quinto día de la huelga de hambre de Fuerza Unida, frente a Levi's, San Francisco

A Fuerza Unida member sews pillow case at La Cooperativa * Una miembro de Fuerza Unida cose una funda en La Cooperativa, 2000

JUSTICE FOR JANITORS

For years, janitors have been a workforce subjected to exploitation, racism and sexism more than almost any other group. Then they started to organize in Los Angeles, mostly immigrant Latino/as, and went on strike against International Service Systems. ISS contracts to clean buildings in Century City, a headquarters of high finance.

On June 15, 1990, police violently and viciously attacked a peaceful protest by the janitors and supporters. Sixty were injured by the beatings, a pregnant woman suffered a miscarriage, and dozens were arrested. But national attention to the horror and political intervention finally brought union recognition (SEIU Local 399), a raise, sick pay and other benefits. Now there are thousands of unionized janitors in downtown L.A. with health benefits and improved wages.

* * *

Por muchos años, los conserjes han sido una fuerza laboral sometida más que cualquier otro grupo a la explotación, el racismo y el sexismo. Pero empezaron a organizarse en Los Ángeles, siendo principalmente latino/as inmigrantes, y entraron en huelga contra Sistemas de Servicio Internacional. ISS tiene contratos para limpiar edificios en Century City, la sede de altas finanzas.

El 15 de junio de 1990, la policía violenta y brutalmente atacó una protesta pacífica de los conserjes y sus partidarios. 60 fueron golpeados, una mujer embarazada abortó y docenas fueron arrestados. Pero la atención nacional al horror y la intervención política por fin lograron el reconocimiento para la unión (SEIU Local 399), aumentos de salario, paga por enfermedad y otros beneficios. Hoy en día, hay miles de conserjes sindicalizados en el centro de L.A. con beneficios de salud y mejores sueldos.

Above/arriba: Justice for Janitors 1996 strike in Oakland, CA against Building Service Co. * Huelga en 1996 de Justicia para Conserjes, Oakland, CA, contra Building Services Co.
Below/abajo: César Chávez Day rally March 30, 2003, Pershing Square Los Angeles, during negotiations for new contract * Mitin el Día de César Chávez, 20 de marzo de 2003, Pershing Square, Los Ángeles, durante negociaciones para un nuevo contrato

Rocío Saenz negotiating with the police * **Rocío Saenz** negociando con la policía

Rally in West Hollywood against Mani Brothers, a non-union building owner * Mitin en West Hollywood contra Mani Brothers, el dueño de un edificio no sindicalizado

ROCIO SAENZ

An immigrant from Mexico City, Rocío worked many low-level jobs and eventually became a key leader in the Justice for Janitors movement. She was a committed organizer in Los Angeles, who used good tactics to get people involved despite their fears and always worked to build roots in the community, not just the workplace.

* * *

Inmigrante de la ciudad de México, Rocío realizó muchos trabajos de baja paga y eventualmente llegó a ser una líder clave del movimiento Justicia para Conserjes. En Los Ángeles fue una organizadora dedicada, que usó tácticas astutas para involucrar al pueblo no obstante sus temores, y siempre trabajó para establecer raíces en la comunidad y no tan sólo en el lugar de trabajo.

2002, Washington, D.C. against border repression * contra la represión fronteriza

Petra Mata, Fuerza Unida

1998. Edgewood protest for labor rights * Protesta en Edgewood por derechos laborales

Food service workers * Trabajadores alimentarios

¡QUÉ VIVAN LOS TRABAJADORES PÚBLICOS!

On May 1, 1988, the Southwest Public Workers Union was born in Hondo, Texas to win environmental and economic justice "where we live, work, pray and play." SWU mobilizes to empower grassroots people of color and low-income families with a view to organizing for social change.

One of its first big targets was the Kelly Air Force Base, which had contaminated the land, air and water where 30,000 people lived with toxic chemicals. In 1993, SWU founded the Committee for Environmental Justice Action (CEJA), which compelled the base to close by 2001. The fight for a proper clean-up and revitalization of the community was now underway, led by SWU's Project Regeneration.

This is part of challenging the militarization of low-income communities around the world. This is why SWU has participated in the World Social Forums and Regional Social Forums: to build stronger relations with other social justice movements. It has also held "United Without Borders" mobilizations to demilitarize the U.S.-Mexico border and protest U.S. immigration policies.

Current work includes organizing school workers for campaigns for a Living Wage, Better Working Conditions, Occupational Health and Safety, and Equal Funding for Poor School Districts. Chicanas have been crucial in all these struggles.

Top left/arriba izquierda: SWU 2001
Top right/arriba derecha: CEJA 2002

SWU SAYS:
Close Kelly Air Force Base
Limpien el veneno

El 1 de mayo de 1988, se formó un sindicato en Hondo, Texas, para ganar justicia ambiental y económica "donde vivimos, trabajamos, oramos y jugamos". Las movilizaciones de SWU tienen como objetivo darle poder a la gente de base de color y a familias de bajos ingresos.

Uno de sus primeros adversarios fue la base Kelly de las Fuerzas Aéreas, la cual había contaminado con químicos tóxicos la tierra, el aire y el agua donde vivían 30,000 personas. En 1993, SWU fundó el Comité de Acción pro Justicia Ambiental (CEJA), el que obligó el cierre de la base para el 2001. Posteriormente, el Proyecto ReGeneración de la SWU inició y dirigió una lucha por la revitalización de la comunidad y limpieza adecuada del sitio.

Esta lucha es parte del desafío a la militarización de comunidades de bajos ingresos por todo el mundo. Es por esto que SWU ha participado en los Foros Sociales Mundiales y Regionales: para forjar relaciones más estrechas con otros movimientos pro justicia social. También ha montado las movilizaciones, "Unidos sin Fronteras" para desmilitarizar la frontera entre los E.U. y México y protestar contra la política de los E.U. hacia la inmigración.

Su trabajo actual incluye la organización de trabajadores escolares en campañas por un sueldo adecuado, mejores condiciones de trabajo, salud y seguridad ocupacional, y financiamiento equitativo para los distritos escolares pobres. Las chicanas han sido indispensables en todas estas luchas.

Youth protest, 2001 * Protesta juvenil, 2001

Committee for Environmental Justice Action (CEJA) * Comité de Acción pro Justicia Ambiental (CEJA)

MARIA ELENA DURAZO

Maria Elena Durazo at meeting in front of New Otani hotel, Los Angeles * en frente del hotel New Otani, Los Angeles

María Elena transformed Local 11 of the Hotel Employees and Restaurant Employees (HERE) in Los Angeles into one of the most dynamic locals in the country. She challenged the white leadership that refused to have union business translated into Spanish, and welcomed Latino members. Elected President in 1989, María was commited to serious organizing by rank-and-file members. In 2005, she became permanent Executive Secretary of the L.A. County Federation of Labor.

Right/der: **Maria Elena Durazo** negociando con guardias de seguridad * negotiating with security guards

María Elena transformó el Local 11 de los Empleados de Hoteles y Restaurantes (HERE) en Los Ángeles en una de las más dinámicas en el país. Desafió el liderazgo de hombres blancos, los que se negaban a traducir los negocios del sindicato al español y les dio la bienvenida a miembros latinos. Elegida Presidenta en 1989, María siempre mostró su compromiso para ser dirigida por miembros de la base. En 2005 fue elegida para ser Secretaria Ejecutiva Permanente de la Federación Laboral del Condado de L.A.

Rev. Jesse Jackson con **Maria Elena Durazo** luchando contra los hoteles * demonstrating against hotels

Garment workers march with MIWON (Multi-ethnic Immigrant Workers Organizing Network) to celebrate May Day 2002 and to call attention to current low-wage workers' struggles. Trabajadores de la confección marchan con MIWON (Red Organizadora Multiétnica de Trabajadores Inmigrantes) para celebrar el 1 de mayo y para llamar atención sobre las luchas actuales de los trabajadores de bajos sueldos.

Garment and grocery store workers unite to call an end to sweatshops in Koreatown, Los Angeles, 2003 * Trabajadores de la confección y de las tiendas de comestibles se unen para acabar con las fábricas de costura explotadoras en Koreatown, Los Angeles, 2003

The Garment Workers Center participates in anti-war march, 2005. El Centro de los Trabajadores de la Confección, participa en una marcha contra la guerra, 2005

Garment workers **Graciella Ceja** (left) and **Rojanna Chuenchujit** speak about conditions they face at Sacramento * Trabajadoras de la confección **Graciella Ceja** (izq.) y **Rojanna Chuenchujit** en Sacramento, discutiendo las condiciones que enfrentan

Sweatshop Workers
UNITE TO FIGHT

Los Angeles is the capital of the U.S. garment industry, where thousands of women have worked 10-12 hour days, 7 days a week, for low pay. Many are also undocumented, which makes them subject to extra abuse. But Chicana, other Latina and also Asian workers have often united against a common enemy and set a mighty example of strength against exploitation.

* * *

Los Ángeles es la capital de la industria de la confección en los E.U., en la que miles de mujeres han trabajado 10-12 horas al día, 7 días a la semana, por muy bajo pago. Muchas también son indocumentadas, lo que las somete a más abuso aún. Pero a menudo las trabajadoras chicanas se han unido con otras latinas y las asiáticas contra un enemigo común, estableciendo un ejemplo poderoso de resistencia contra la explotación.

Women's Collective marches to demand respect in Pacific Heights, San Francisco, a wealthy neighborhood where many work. * Marcha de la Colectiva de mujeres para exigir respeto en un vecindario de ricos que emplean muchas trabajadoras domésticas

COLECTIVA DE MUJERES JORNALERAS

2005, demonstrating against employer who stole wages from at least 12 workers * Manifiestan contra patrón que les robó sueldos a por lo menos 12 trabajadores.

2005, picketing a house cleaning agency guilty of not paying wages, unsafe conditions and sexual harassment * Piquetes contra una agencia que no pagaba sueldos, mantenían condiciones peligrosas y dejaron que las trabajadoras sean acosadas sexualmente

Oct,/oct. 2004 press conference of the Colectiva with other San Francisco organizations in solidarity with striking hotel workers of HERE Local 2 to discourage scabbing.

Conferencia de prensa en solidaridad con trabajadores de HERE Local 2 para informar al público de su huelga.

Women's Day Labor Collective

In 2001, the Day Labor Program based in San Francisco formed the Women's Collective, who mostly do domestic work. The Colectiva has trained them in caring for their health while doing such work, how to negotiate with employers, and their rights as workers (they have a legal clinic to advise them).

In 2006, the Colectiva and others got a state bill passed granting overtime pay to nannies and other basic labor rights, but the Governor vetoed it. They went on to publish a major report exposing the conditions facing household workers and are moving on the idea of forming a national organization or network of such workers.

* * *

En 2001 el Programa de Jornaleros del Centro Legal de la Raza en San Francisco formó la Colectiva de Mujeres, con mujeres que hacen trabajo doméstico. Las ha entrenado en cómo cuidar de su salud al hacer este tipo de trabajo, cómo negociar con patrones, y cuáles son sus derechos (tienen una clínica legal para ofrecer ayuda en eso).

En 2006, la Colectiva junto con otros logró que se aprobara una ley estatal que ganaría pago "overtime" a niñeras y otros derechos básicos. El Gobernador lo vetó. Pero siguieron con su trabajo y editaron un informe grande sobre las condiciones que enfrentan las trabajadoras domésticas, y con la idea de formar una organización o red nacional de ellas.

Women's Collective marching to new Day Labor Center in San Francisco, Aug./agosto 27, 2000 * Colectiva en una marcha al nuevo Centro de Jornaleros

San Francisco Federal Building, March/marzo 2006, **Inez Lazarte** speaking at hunger strike for immigrant rights * **Inez Lazarte** se dirige a la huelga de hambre

!HUELGA!

UFW organizer calls out for strikers at the D'Arrigo Produce Co. (vegetables) in Chualar, near Salinas, 1998 * Organizadora de la UFW convocando a huelguistas en D'Arrigo Produce Co. (verduras) en Chualar, cerca de Salinas, 1998

In the late 1990's, the UFW launched non-stop organizing efforts among California fruit and vegetable workers to win job security, better pay, and a high-quality medical plan. A long campaign for strawberry pickers concluded in March, 2006, when a new 3-year contract was signed with Coastal Berry Co. for 1,050 workers. But in June, broccoli and lettuce harvesters walked out for higher wages and a slowdown of the machines. And so goes the farmworker's life in constant struggle.

* * *

A fines de los 1990, la UFW lanzó esfuerzos organizativos constantes en California entre los trabajadores en verduras y frutas con los objetivos de ganar seguridad en el trabajo, mejor pago y un plan médico de alta calidad. Una larga campaña entre los recolectores de fresas concluyó en marzo de 2006, cuando se firmó un nuevo contrato de 3 años con Coastal Berry Co., cubriendo a 1,050 trabajadores. Pero en junio, cosechadores de brócoli y lechuga se salieron del trabajo en busca de mejores sueldos y desaceleración de las máquinas. Y, así es la vida de un trabajador campesino, una lucha constante.

Supporters of the long UFW campaign for strawberry workers. * Partidarios de la larga campaña de la UFW para los trabajadores en fresas

Young Chicanas on the 1994 march * Chicanas jóvenes en la marcha de 1994

REMEMBERING CÉSAR
En honor de Chávez

On the 1994 UFW anniversary march: Mixtec woman of the Frente Indígena Oaxaqueño Bi-nacional, in the San Joaquín Valley, and child. More and more people of the Mixtec community in Mexico now numbered among the farmworkers.

En la marcha de 1994 para el aniversario de la UFW: mujer mixteca del Frente Indígena Oaxaqueño Bi-Nacional en el Valle de San Joaquin, con niño. Más y más personas de la comunidad mixteca en México ahora se cuentan entre los trabajadores campesinos.

In March-April, 1994, a year after the death of César Chávez, farmworkers and supporters held a march to commemorate his life and unforgettable contribution. They celebrated the historic march from Delano to Sacramento, with new and old, young and elderly, and above all dedicated women on the long road.

* * *

En marzo-abril de 1994, un año después de la muerte de César Chávez, trabajadores campesinos y sus partidarios realizaron una marcha para conmemorar su vida y su inolvidable contribución. Celebraban la histórica marcha desde Delano hasta Sacramento, con lo viejo y lo nuevo, jóvenes y ancianos, y sobre todo, mujeres dedicadas por el largo camino.

In 1999, a deadly freeze in Orange Cove, California, meant that many farmworkers would have no income. Here are women demanding that the state provide workers with relief from the freeze.

En 1999, una helada mortal en Orange Cove, CA creó una situación en la que los trabajadores campesinos no tenían ningún ingreso. Aquí vemos a mujeres demandando que el estado provea auxilio a los trabajadores víctimas de la helada.

WHERE IS OUR RELIEF FROM THE FREEZE?

King City, California, 1999: here is a striker with the Teamsters at Basic Foods, a huge plant that shipped dried garlic and onions all over the world. When workers asked for a 2% wage increase, the company demanded concessions and the workers went on strike. Basic Foods brought in strike-breakers, leading to violent assaults.

* * *

King City, California, 1999: ésta es una huelguista con los Teamsters en Basic Foods, una planta enorme que despachaba ajo y cebolla deshidratada a todo el mundo. Cuando los trabajadores pidieron un aumento de sueldo de 2%, la compañía les exigió concesiones y como resultado, los trabajadores entraron en huelga. La compañía contrató a rompehuelgas, lo que condujo a la violencia.

MÁS LUCHAS, MÁS HEROINAS

On March 2, 2005, a UFW organizer from Earlimart, California, who had won the love and respect of farmworkers everywhere, passed. **Doña Amelia** had begun by refusing to cross the Filipino and later Filipino/Mexican picket lines in the early grape strike days. She never ceased to help build the union with her dependability, unshakeable faith, courage and generosity. In 1994, when she was almost 70 and weighed no more than 100 pounds, Amelia marched from Delano to Sacramento. She carried a heavy wooden cross—as Chávez had done in 1966—for two miles. (See photo on right)

* * *

Doña Amelia

El 2 de marzo de 2005, falleció una organizadora de la UFW de Earlimart, California, la que había ganado el amor y respeto de los trabajadores campesinos en todas partes. El activismo de **Doña Amelia** había comenzado cuando, en los primeros días de la huelga de las uvas, rehusó cruzar las líneas de piquetes primero de los fili-

pinos y luego de los filipinos/mexicanos. Nunca cesó de fortalecer la unión con su confiabilidad, su fe, su valentía y su generosidad. En 1994, cuando tenía casi 70 años y pesaba no más de 100 libras, marchó desde Delano a Sacramento. Por dos millas cargó una cruz pesada —como lo había hecho Chávez en 1966. (vea la foto arriba)

SUPPORT FOR THE UFW
De Seattle hasta Michigan

Seattle, Washington

Diana López Batista leads supporters on May 4, 2001 in the 14th Annual Farm Worker Solidarity March in Skagit Valley (Mount Vernon, WA). At first about 30-50 people participated; In recent years around 2000 people show up from all over the state. "We have had problems with the police/placa due to the turnout; they try to push us out of the street but we ain't having it."

* * *

Diana López Batista dirige a partidarios el 4 de mayo de 2001 en la decimocuarta Marcha Anual en Solidaridad con los Trabajadores Campesinos en el valle de Skagit (Mount Vernon, WA). Al principio como 30-50 personas participaban; en años recientes, llegan como 2000 personas de todo el estado. "Hemos tenido problemas con la policía por ser tantos; nos tratan de sacar de la calle, pero nosotros no lo toleramos".

University of Michigan

Chicana leads march during first annual Farmworker Appreciation Day, July 2000.

* * *

Chicana dirige marcha durante la primera celebración anual del Día de Apreciación al Trabajador Campesino, julio de 2000.

Lansing, Michigan

Sara Holguín, student at Michigan State University, and **Enedina García**, from Eastern High School, carry the banner of the children's summer camp in Lansing, Michigan during the first annual march in Appreciation of the Farmworkers, July 2002

* * *

Sara Holguín, estudiante de Michigan State University, y **Enedina García**, de Eastern High school, cargan una bandera del campamento de verano para niños durante la primera marcha anual de Apreciación a los Trabajadores Campesinos, julio del 2002

Demonstration against domestic violence in front of the courthouse, Oxnard, California * Manifestación contra la violencia doméstica frente al Palacio de Justicia, Oxnard, California

Statewide youth training session, Bakersfield, February 2001: **Ermolinda Cabanillas** (left/izq) & **Esmeralda Santos** * Sesión de entrenamiento para la juventud a nivel estatal, febrero de 2001

Petra Ruiz, senior member, who says: I have learned to feel trust in myself . . . as a woman." * **Petra Ruiz**, miembro de rango, dice: "He aprendido a sentir confianza en mí misma . . . como mujer."

Rachel Rodríguez, consultant for Líderes Campesinas, conducting workshop on domestic violence for members, Oxnard 1998 * **Rachel Rodríguez**, consultante para Líderes Campesinas, dirigiendo un taller sobre la violencia doméstica para miembros, Oxnard 1998

MUJERES MEXICANAS Y LÍDERES CAMPESINAS

"We women farmworkers work hard to feed the nation. But we are paid less than men for the same work, we face sexual harassment, assault and rape by crewleaders, pesticide poisoning, no AIDS prevention."

The first major effort to organize farmworker women for social change came with the formation of Mujeres Mexicanas in Coachella County, California, in 1988. Líderes Campesinas evolved from that example in 1992. Its goal: to build a statewide network of women who could carry out a program of leadership development with a view to workers rights that includes combating sexual harassment and domestic violence.

Líderes Campesinas now has 12 chapters statewide. It conducts house meetings, often with skits to dramatize an issue and teach workers' rights under the Civil Rights Act. Professionals and experts don't speak at the big meetings; they must teach the members so that they become leaders. The result of all this: an amazing growth in self-confidence that has filled women with a new strength to challenge all oppression. They have won at least one big victory: a lawsuit against Harris Farms for rape of a campesina that brought a settlement of $994,000. ¡Qué viva la mujer!

Mily Treviño-Saucedo, co-founder of Mujeres Mexicanas and Executive Director of Líderes Campesinas
Mily Treviño-Saucedo, cofundadora de Mujeres Mexicanas y Directora Ejecutiva de Líderes Campesinas

March against domestic violence in Salinas, Oct. 1998, by the Salinas Committee of Líderes Campesinas and Youth Group members * Marcha contra la violencia doméstica en Salinas, octubre de 1998, con miembros del Comité de Líderes Campesinas de Salinas y el Grupo Juvenil

"Nosotras las trabajadoras campesinas trabajamos duro para darle de comer a la nación. Pero se nos paga menos que a los hombres por el mismo trabajo, enfrentamos acoso sexual, asalto y violación por los mayordomos, envenenamiento por pesticidas, ninguna prevención del SIDA".

El primer esfuerzo grande para organizar a trabajadoras campesinas en una fuerza para el cambio social llegó con la formación de Mujeres Mexicanas en el Condado de Coachella, California en 1988. Mujeres Campesinas nació de ese ejemplo en 1991. Su meta: construir una red de mujeres a nivel estatal que pudiera llevar a cabo un programa para desarrollar liderazgo, con la vista en los derechos del trabajador, y en combatir el acoso sexual y la violencia doméstica.

Líderes Campesinas hoy día incluye 12 capítulos en California. Dirige reuniones en casa, muchas veces con talleres que ofrecen parodias para dramatizar un problema y enseñar los derechos laborales bajo la ley de Derechos Civiles. En las reuniones grandes, los expertos y profesionales no hablan, sino que instruyen a los miembros para que ellas sean líderes. El resultado es un gran aumento en la auto confianza.

Han ganado una gran victoria: una demanda contra Harris Farms por la violación de una campesina, la cual consiguió un acuerdo de $994,000. ¡Qué viva la mujer!

Sylvia Berrones, arriving from Mexico in 1989, joined Mujeres Mexicanas and discovered the value of speaking out against injustice.
Sylvia Berrones, habiendo llegado de México en 1989, se unió a Mujeres Mexicanas y descubrió el valor de declararse en contra de la injusticia.

Delfina Chávez, member of PCUN's board, at the 15th annual PCUN convention, spring 2000

Delfina Chávez, miembro de la directiva de PCUN, en la decimoquinta convención de PCUN, primavera del 2000

PCUN
Pineros y Campesinos Unidos del Noroeste
Northwest Treeplanters and Farmworkers United

On May 1, 2005, PCUN celebrated 20 years of struggle for worker justice in Oregon. Its many accomplishments included signing the first collective bargaining agreement in Oregon agriculture, helping to raise the minimum wage from $3.35 in 1985 to $7.25 in 2007, ending the use of dangerous chemicals such as Ronilan, and helping 4,000 workers, spouses and children to gain legal immigration status. There were also the more intangible advances, such as forcing the political powers to take farmworkers into account. Above all, "we have constructed organizations that will survive their founders." Future plans: more PCUN offices in other parts of Oregon, its own radio station and credit union, and its own leadership school. Although PCUN's official leaders have been men, the role played by women can be seen everywhere.

* * *

El 1 de mayo de 2005, PCUN celebró 20 años de lucha por la justicia obrera en Oregon. Sus muchos logros incluyen firmar el primer acuerdo de negociación colectiva en la industria agrícola de Oregon, lo que ayudó a incrementar el salario mínimo de $3.35 en 1984 a $7.25 en el 2007 y poniéndole fin al uso de productos químicos peligrosos. También ayudó a 4000 trabajadores y sus familias a ganar el estatus legal de inmigrantes.

Sobre todo, "hemos construido organizaciones que sobrevivirán a sus fundadores". Los planes para el futuro incluyen: más oficinas de PCUN en otras partes de Oregon, su propia emisora de radio y unión de crédito, y su propia escuela para líderes. Aunque los líderes oficiales de PCUN han sido hombres, el papel que han jugado las mujeres es visible en todas partes.

May Day march on Salem, Oregon to protest Senate bill to exclude farmworkers from minimum wage. Sign supports boycott of Flav-R-Pac canned fruits and vegetables distributed by NORPAC and grown by exploited labor at Kraemer Farms.

Marcha del Día 1 de Mayo en Salem, Oregon, para protestar contra un proyecto de ley en el Senado que excluiría a trabajadores campesinos de poder recibir el salario mínimo. Pancarta apoya el boicoteo de frutas y vegetales marca Flav-R-Pac distribuida por NORPAC y cosechada por mano de obra explotada en Kraemer Farms.

Right/der: **Marlena Gangi**, PCUN organizer. * **Marlena Gangi**, organizadora de PCUN

Seattle, 1999, at World Trade Organization: **Maria Capetillo** (left), **Carmen Ramirez** (center), 2nd PCUN Vice-President, and **Martha Castillo** (right) of the Farm Worker Housing Development Corp., which used government funding to construct safe, sanitary housing as an alternative to terrible housing provided by growers. PCUN worked with them.

Seattle, 1999, en la reunión del World Trade Organization. **María Capetillo** (izquierda), **Carmen Ramírez** (centro), 2da vice-presidenta de PCUN, y **Martha Castillo** (derecha) del programa Farm Worker Housing Development, el que construye vivienda segura y sanitaria como alternativa a la vivienda horrible que los dueños proveen. Financiada por el gobierno, la vivienda es dirigida con la participación de los trabajadores campesinos.

Right/Der.: PCUN Women's Project presentation at 13th annual convention. 1998. * Presentación del Proyecto de Mujeres de PCUN en su decimoquinta convención anual, 1998

279

2004, FLOC organizers celebrate Mt. Olive victory. Campaign Director **Leticia Zavala** in righthand corner. * Organizadores de FLOC celebran la victoria de Mt. Olive. Directora de Campaña **Leticia Zavala** en la esquina derecha

FLOC Wins Farmworker Union in the South
FLOC gana unión para campesinos en el sur

In 1997, the Farm Labor Organizing Committee based in the Midwest moved into North Carolina to organize cucumber-pickers, mostly Mexican "guest workers." FLOC took on the Mt. Olive Pickle Co., where many *mexicanos* worked under bad conditions for low pay. After a 6-year campaign, FLOC signed an agreement on Sept. 16, 2004 with the North Carolina Growers Association affecting 8,000 workers that included Mt. Olive.

This historic victory set a powerful example for organizing so-called "guest workers." But the struggle goes on. FLOC organizers stationed at the border to tell incoming guest workers about the union have been attacked—even killed, like Santiago Rafael Cruz, beaten to death in the FLOC office in 2007.

Leticia Zavala, a FLOC organizer who served as Campaign Director, signed up many workers for the union and played a major role in the victory. Originally from Michoacán, Mexico, and now 27, Leticia is said to be "among those who form the Heart of the Movement."

En 1997, el Farm Labor Organizing Comité con sede en el medio oeste, llegó a Carolina del Norte para organizar a los pizcadores de pepinos, que eran principalmente "trabajadores invitados" mexicanos. FLOC se enfrentó con Mt. Olive Pickle Co., donde trabajaban muchos mexicanos bajo malas condiciones y por bajo sueldo. Después de una campaña de 6 años, FLOC firmó un acuerdo el 16 de septiembre de 2004 con North Carolina Growers Association, el que afectaba a 8,000 trabajadores, incluso los de Mt. Olive.

Esta victoria histórica fue un ejemplo poderoso en organizar a los mal llamados "trabajadores invitados". Pero la lucha continúa. Organizadores de FLOC ubicados en la frontera, que conversan acerca de la unión con los trabajadores huéspedes entrantes, han sido atacados y hasta asesinados, como Santiago Rafael Cruz, al que mataron a golpes en la oficina de FLOC en el 2007.

Leticia Zavala, una organizadora de FLOC quien sirvió de directora de Campaña, desempeñó un papel principal en la victoria. Dicen que Leticia, originalmente de Michoacán, México, y ahora con 27 años de edad, se encuentra "entre los que forman el Corazón del Movimiento".

Insurgentes en Idaho

María González Mabbutt providing information about the "Mercury in Seafood" campaign to a customer at Albertson's Food Center in Boise, September 23, 2006.

María González Mabbutt ofrece información sobre la campaña "el mercurio en los mariscos" a una cliente de Albertson's Food Center en Boise, 23 de septiembre de 2006.

Jan. 16, 2006 rally at Boise Capitol as legislation was being introduced for "Right to Know." Twenty-four mostly women farmworkers had been exposed to pesticides two years before; the law requiring farm labor employers to let workers know what pesticides were being used was killed in committee.

Mitin en el Capitolio en Boise el 16 de enero de 2006, mientras introducían la legislación sobre "el derecho de saber". Veinticuátro trabajadores campesinos, mayormente mujeres, habían sido expuestos a pesticidas un año atrás; la ley que hubiera exigido a los patrones informar a sus trabajadores de los pesticidas que estaban usando, fue impedida en comité.

Raised in a Texas farmworker family, **María González Mabbutt** has been a leader in the fight for justice for Idaho farmworkers for 20 years. She spearheaded a successful state campaign (1998-2002) to include farmworkers in minimum wage laws. In fact, she postponed having a baby by one day so as to lead a protest rally because a local politician had taken that bill off the legislative calendar. Along with health issues, Maria has also done progressive electoral organizing and voter education that doubled the number of Idaho's registered Latino voters in four years. With an Anglo husband ("who has a brown heart") and four daughters, she strongly supports women's issues and plans to run for state office soon.

* * *

Criada por una familia de trabajadores campesinos en Texas, **María González Mabbutt** ha sido líder en la lucha por la justicia para los trabajadores campesinos en Idaho por 20 años. Encabezó una exitosa campaña estatal (1998-2002) para incluir a campesinos en las leyes del salario mínimo. De hecho, pospuso el parto de su bebe un día para poder dirigir un mitín porque un político local había retirado ese propósito del calendario legislativo. Además de organizar sobre problemas de salud, María también trabajó en esfuerzos progresistas para organizar al electorado y educar al votante, lo que en cuatro años dobló el número de votantes latinos registrados en Idaho. Con un marido anglo ("el cual tiene un corazón moreno"), y cuatro hijas, María apoya rotundamente las cuestiones sobre la mujer y tiene planes de postularse para la oficina estatal pronto.

Idaho Latino Vote training offered to university students, Oct. 14, 2006 * Ofreciéndoles a los estudiantes universitarios el entrenamiento del Voto Latino en Idaho, 14 de octubre del 2006

Barrio Defense Committee of San José, California

Born in San Jose, California, in 1994, the Defense Committee's main campaigns are militantly defending Raza prisoners and defending Raza workers: "we create the wealth, we have rights!" To organize, act, and speak for la Raza, the BDC maintains the Centro Aztlan Chicomoztoc, which also conducts language classes, cultural events and community meetings.

BDC's Coordinator is **Maria Ortiz**, known as **Quetza**, whose son's experience of prison brutality typifies how the democratic rights of Raza and others of color are repressed. The BDC believes only the destruction of capitalism and colonialism can end the need for prisons and thus prison violence. Their motto: Tierra y libertad!

Quetza speaking on Raza prisoners at a post-9/11 conference in San Marcos, CA, organized by the United Front of Oppressed People Against the War. * **Quetza** hablando de los prisioneros Raza en una conferencia después del 11 de Septiembre del 2001 en San Marcos, CA, organizada por Frente Unido de Personas Oprimidas Contra La Guerra.

At Corcoran State Prison, 2000, **Quetza** with others planning a demonstration to protest infamous torture programs under the SHU (Security Housing Unit) * En la Prisión Estatal de Corcoran, en el 2000, **Quetza** con otros planificando una manifestación para protestar contra programas infames de tortura bajo el SHU (Unidad de Celdas de Alta Seguridad)

BDC anti-prison protest at Oakland Federal Building, 2000 * Protesta por el BDC contra las prisiones en el año 2000, frente al Edificio Federal de Oakland

Comité en defensa del barrio

Nacido en San José, California en 1994, sus principales campañas son la defensa de los trabajadores y los encarcelados de la Raza: "Nosotros creamos riqueza, nosotros tenemos derechos". Para las labores de organizar, obrar y ser vocero de la Raza, el Barrio Defense Committee mantiene el Centro Aztlan Chicomoztoc que lleva a cabo clases de idiomas, eventos culturales y reuniones de la comunidad.

La coordinadora del BDC es **María Ortiz**, conocida como **Quetza**. Su hijo fue víctima de la brutalidad policiaca; un caso que tipifica como son reprimidos los derechos democráticos de la Raza. El BDC mantiene que sólo la destrucción del colonialismo y el capitalismo puede poner fin a la necesidad de prisiones y por lo tanto a la violencia dentro de la cárceles. Su lema: ¡Tierra y libertad!

Jeannetta de Rosa, Barrio Defense Comm. member * **Jeannetta de Rosa**, miembro de Barrio Defense Committee

Poder a los Inquilinos * Power to the renters

2004, **Guillermina Castellano** and others in march for affordable housing * **Guillermina Castellano** y otros marchando por vivienda asequible

Comité De Vivienda San Pedro

20 Years in the Struggle for Land and Life
20 años en la lucha por la tierra y la vida

Founded in 1985 by parishioners from St. Peter's Church in San Francisco's Mission district, the Committee stood for residents facing poor housing conditions, landlord abuses and ever-rising rents. It organized tenant unions to expose greedy landlords (once, dressed in bathrobes and shower caps, they marched to a landlord's house to demand hot water). Members, mostly Chicana and other Latina women, have won city support for services, fought gentrification with legal appeals, and picketed luxury developments. Rising anti-immigrant actions made them form the Deporten a la Migra coalition, yet another accomplishment for this small but fiery "committee."

* * *

Fundado en 1985 por gente de la iglesia de San Pedro en el distrito de la Misión de San Francisco, el Comité representaba a los residentes que enfrentaban malas condiciones de vivienda, abusos por los dueños y rentas que subían constantemente. Organizó uniones de inquilinos para exponer a los dueños avariciosos (vestidos de batas y gorros de ducha, marcharon una vez a la casa de un dueño para demandar agua caliente). Los miembros, principalmente mujeres chicanas y latinas, han ganado el apoyo de la ciudad para servicios, luchado contra el aburguesamiento con apelaciones legales, y hecho piquete frente a urbanizaciones de casas lujosas. El aumento de acciones contra los inmigrantes le condujo a establecer la coalición Deporten a la Migra, otra victoria más para este pequeño pero ferviente "comité".

2002, **María Poblet** del Comité en una marcha y vigilia por los muertos en la frontera México/EU * **María Poblet** of St. Peter Housing Committee at march and vigil for those dying on the border.

Left to right/De izq. a der: **Aurora Amezola**, **Silvia Alvizar**, **Angela Chu** (Chinatown Community Development Center). Working with families in single-room hotel housing. * Colaboran con familias que viven en hoteles de ocupación individual.

TIBURCIO VÁSQUEZ HEALTH CENTER

Tiburcio Vásquez Health Center staff, Downtown Hayward, 2006 * Personal del Centro de Salud Tiburcio Vásquez, centro de Hayward, 2006

Desde 1971, el Centro de Salud Tiburcio Vásquez (TVHC) ha ofrecido cuidado primario y servicios de apoyo a residentes de bajos ingresos e inglés limitado. Con más de 160 profesionales en salud, actualmente opera cuatro clínicas en el condado de Alameda, en el norte de California. Nombrado en conmemoración de un héroe mexicano en la resistencia contra la represión, el TVHC reúne a trabajadores y la comunidad para gobernar su propio cuidado médico, educación sobre la salud y servicios de nutrición.

Since 1971, the Tiburcio Vásquez Health Center (TVHC) has provided primary care and support services to low-income, limited-English proficiency residents. With over 160 health professionals, it now operates four clinics in Alameda County, northern California. Named for a hero of *mexicano* resistance against repression, the TVHC brings together staff and community to govern its medical care, health education, social work and nutrition services.

Chela Sandoval, speaking at Promotoras graduation
Chela Sandoval se dirige a la graduación de las Promotoras

Maricela Rosas, CHE coordinator, a Promotora for 18 years
Maricela Rosas, coordinadora de CHE, una Promotora por 18 años

Casa CHE de Oakland, fundada en los 1980, es un programa comunitario de educación sobre la salud. Sostiene que las mujeres de La Raza no tienen que tener educación formal para ser Promotoras de la Salud. Una vez entrenadas, organizan sesiones sobre tópicos como la violencia doméstica, además de marchar en contra de las tiendas de licor. CHE también tiene una Brigada Juvenil y forma parte de La Clínica de la Raza.

Casa CHE of Oakland, founded in the 1980s, is a community-based health education program. It believes Raza women do not need to have formal education to become health educators—Promotoras de la Salud. Once trained, they organize sessions on topics such as domestic violence and also marches against liquor stores. CHE forms part of La Clínica de la Raza, and also has a Youth Brigade.

Sisters of Color United for Health Education

Left to right/izq. a der.: **Paloma Cárdenas**, **Debbie Cárdenas**, **Laura Naranjo**, **Belinda Garcia**. March/marzo 2005

When two of her students died of AIDS complications in 1989, Belinda Garcia of Denver had to act. She founded Sisters of Color United for Education to work for health equity and improved quality of life among women of color. It is now a health education and training program that includes tests for pregnancy, HIV/AIDS, hepatitis C, diabetes prevention and to help crack smokers. Those trained become the new trainers. Belinda practices the curandera traditions.

* * *

Cuando dos de sus estudiantes murieron de complicaciones del SIDA en 1989, Belinda García, radicada en Denver, tuvo que hacer algo. Fundó Las Hermanas de Color Unidas por la Educación para trabajar por la equidad en asuntos de salud y por una mejor calidad de vida para mujeres de color. Hoy en día es un programa de entrenamiento y educación sobre la salud que incluye pruebas para el embarazo, el HIV/SIDA, y la hepatitis C; la prevención de la diabetes; y ayuda para fumadores de cocaína "crack". Los entrenados se convierten en los nuevos entrenadores. Belinda practica las tradiciones de las curanderas.

Right/izq: **Diana Felix**, who was an organizer with CURAS (Comunidad Unida en Respuesta al AIDS/SIDA) in 1987-1993 and Proyecto Contra SIDA Por Vida (1994-2000). Diana also began the first lesbian of color dance club in San Francisco in 1986.

Diana Félix, una organizadora con CURAS (Comunidad Unida en Respuesta al AIDS/SIDA) en 1987-1993 y el Proyecto Contra Sida Por Vida (1994-2000). Ella también comenzó el primer club de baile para lesbianas de color en San Francisco en 1986.

"CONCHA" J. SAUCEDO

A mexicana, Yaqui, Chicana raised in indigenous ways, Concepción "Concha" J. Saucedo holds a Ph.D. in psychology from Mexico's UNAM. She integrated traditional healing with western practices as founder and former Executive Director of the Instituto Familiar de la Raza in San Francisco. Her work has focussed on bringing these practices to youth and always affirms her belief in the spirit of "Sí se puede." empowerment.

* * *

Una chicana mexicana y yaqui, criada en las tradiciones indígenas, Concepción "Concha" J. Saucedo tiene un doctorado en psicología de la UNAM en México. Integró la curandería tradicional con prácticas occidentales al fundar el Instituto Familiar de la Raza en San Francisco y servir de directora ejecutiva. Su trabajo siempre se ha enfocado en traer estas prácticas a la juventud, y en afirmar su creencia en el espíritu de "Sí se puede," obtener "poder para el pueblo".

Top left/Arriba izq: El Gran Paro, 5 de mayo, 2004 * The Great Strike for Immigrant Rights, May 5, San Francisco

Top right/Arriba der: Marcha de los indocumentados * March of the Undocumented, Los Angeles 1996

Bottom right/Abajo der: Houston, Texas, Cinco de mayo/May 5, 1986, 10,000 personas protestan la ley Simpson Rodino, diciendo "Ayudamos a construir. Tenemos derecho a quedarnos" * 10,000 protest Simpson Rodino laws and say "We help to build, we have the right to stay."

Below/Abajo: San Francisco, Mission St. 2004, for immigrant rights * pro derechos de los inmigrantes

CAUGHT!
In the Struggle for a Better Life

Middle/Centro: Immigrant family caught near the border * Familia inmigrante en la frontera

¡AGARRADO! Por buscar una vida mejor

IMMIGRANT RIGHTS
REPRESIÓN Y RESISTENCIA

The repression has never stopped for long. In 2006, Congress considered a new law declaring anyone undocumented in the U.S. and anyone who helped such a person in any way, a criminal. An estimated five million Latinos and their children took to the streets in U.S. cities crying "No!" to such a fate (see p. 290-91). But that massive protest did not prevent raids to deport thousands of supposed "illegals" in 2007.

Linda Chavez-Thompson, Executive Vice-President, AFL-CIO said: *"We need real immigration reform that offers a fair, clear path to citizenship . . . And it should guarantee that all working people will have equal rights on the job . . . like the minimum wage, freedom from sexual harassment, and a safe workplace, whether they're born here or somewhere else, undocumented or documented."*

Speaking at the National Latino Congreso, Sept. 7, 2006

* * *

La represión jamás ha cesado mucho tiempo. En 2006 el Congreso consideró una nueva ley que clasificaba como criminal a cualquier persona indocumentada en los E.U. y a cualquier persona que le ayudase. Salieron a las calles en los E.U unos cinco millones de latinos y sus hijos, clamando, "NO" a esa clasificación (vea pp. 290-91). Pero la protesta masiva no impidió redadas destinadas a deportar a miles de los que llaman "ilegales" en el 2005.

Linda Chavez-Thompson, Vicepresidenta ejecutiva del AFL-CIO dijo: *"Necesitamos una reforma verdadera de las leyes de inmigración que ofrezca un camino justo y claro a la ciudadanía . . . Y se debe garantizar que todo el que trabaje tenga derechos iguales en el trabajo . . . como el sueldo mínimo, y un lugar de trabajo seguro y libre de acoso sexual, no importa si haya nacido aquí o en otro lugar, documentado o indocumentado".*

Al Congreso Nacional Latino, 7 de septiembre de 2006

Linda Chavez-Thompson

Born to Mexican sharecropper parents in Lubbock, Texas, at age 10 Linda had to weed cotton 10 hours a day. Then she had to drop out of school and work five years picking cotton and cleaning houses to help the family. At 23, she got a job as bilingual secretary to a local union chief who spoke only English, and from then on, her life was union work all the way.

* * *

Nacida de padres aparceros en Lubbock, Texas, a la edad de 10 años Linda tuvo que trabajar 10 horas al día arrancando hierba mala de los campos de algodón. Después tuvo que salirse de la escuela y por cinco años tuvo que trabajar pizcando algodón y limpiando casas para ayudar a su familia. A la edad de 23, consiguió trabajo de secretaria bilingüe para un capataz del capítulo local de una unión, el cual hablaba sólo inglés. Desde entonces, su vida fue todo trabajo con la unión.

Maria Poblet speaking for the Coalition at Mission District rally 2003
María Poblet dirigiéndose a un mitin en la Misión, de parte de la coalición

March for migrant workers' rights, San Diego: "The police, the Immigration Service, the same KKK"
Marcha por los derechos de inmigrantes, San Diego

Left/izq: Berkeley, California high school students march against 187 * Estudiantes de Berkeley High School en California marchan contra la 187
Above/arriba: One of the 100,000 anti-187 demonstrators in Los Angeles, Oct. 16, 1994 * Una de las 100,000 manifestantes anti-187 en Los Ángeles, 16 de octubre de 1994

NO on 187!
¡No a la injusticia!

In 1994, Rightwing politicians put Proposition 187 on the ballot in California, which would deny undocumented immigrants social services, health care and public education. Supported by Gov. Pete Wilson, they called it the "Save Our State" initiative. Thousands of Latina/os and other people marched against Prop. 187 in Los Angeles and other cities but it passed with 59% of the vote. Prop 187 was immediately challenged as unconstitutional because it gave authority over immigration to the state when that belonged to the federal government. The law died in 1998 when Gov. Gray Davis did not move the case forward in the courts.

* * *

En 1994, políticos derechistas colocaron la Proposición 187 en la balota en California, la que les negaría servicios sociales, cuidado de la salud y educación pública a los inmigrantes indocumentados. Apoyada por el Gobernador Pete Wilson, la llamaron la iniciativa para "Salvar Nuestro Estado". Miles de latinas/os y otros marcharon contra la Prop. 187 en Los Ángeles y otras ciudades pero fue aprobada por 59% de los votos. La Prop. 187 imediatamente fue puesta en duda por ser anticonstitucional al conceder autoridad sobre la inmigración al estado, algo que le pertenece al gobierno federal. La ley por fin pereció en 1998 cuando el Gobernador Gray Davis no promovió el caso en las cortes.

Yolanda Santoya of One Stop Immigration at Oct. 16, 1994 anti-187 protest in Los Angeles * **Yolanda Santoya** de One Stop Immigration en la protesta anti-187 del 16 de octubre en Los Ángeles

Los Angeles, against 187, Oct. 16, 1994 * Los Ángeles, contra la 187

State police protect Minutemen at march and rally against them, State Capital, Sacramento, CA, October 2005. * Policía estatal protege a los Minutemen en una marcha y mitin contra ellos, Capitolio Estatal, Sacramento, CA, octubre de 2005.

Anti-Minutemen protest, Sacramento, CA, Oct. 27, 2005
Manifestación contra los "Minutemen" en Sacramento, California el 27 de octubre 2005

Calexico, California Sept. 2005 * Caléxico, CA, septiembre del 2005

COWARDS! ¡¡COBARDES!!
Los *Minutemen*

So-called Minutemen began their so-called defense against the "Brown Peril" in Arizona on April 1, 2005. A shadowy group of para-military vigilantes and racist ranchers, they have harassed, illegally detained, beaten and probably murdered migrant workers crossing through the boiling-hot desert. These self-declared patriots gave themselves the power to "keep our country white." But resistance to them has mounted steadily, from San Diego to New York.

* * *

Los mal llamados Minutemen o Milicianos empezaron su mal llamada "defensa contra el Peligro Moreno" en Arizona el 1 de abril de 2005. Un grupo siniestro de vigilantes para-militares y rancheros racistas, ha hostigado, detenido ilegalmente, golpeado y probablemente asesinado a trabajadores inmigrantes que cruzan el desierto. Pero la resistencia contra ellos ha aumentado a paso constante, desde San Diego hasta Nueva York.

Chicana student from Los Angeles, **Carla Rodriguez**, at Campo, California memorial against Minutemen after reading of 400 victims' names, August 2005. She was also angry because her brother, a U.S. citizen, had been arrested for "smuggling" when bringing undocumented workers across border.
Estudiante chicana **Carla Rodriguez** de Los Ángeles denunciando a los Minutemen en Campo, CA, después de conmemorar a las 400 víctimas al leer sus nombres, agosto del 2005. Ella también tenía coraje porque su hermano, ciudadano de los E.U., fue arrestado por "contrabandear" por haber cruzado a trabajadores indocumentados por la frontera.

PROTEST GROWS
Aumenta la protesta

Dolores Huerta at the Hunger Strike for Immigrant Rights, Federal Building, San Francisco, CA, on March 23, 2006. The Hunger Strike opposed HR 4437 and other unjust laws.
Dolores Huerta en la Huelga de Hambre por los Derechos de los Inmigrantes, Edificio Federal, San Francisco, CA, el 23 de marzo del 2006. La Huelga de Hambre se oponía a HR 4437 y otras leyes injustas.

NO OLVIDADOS - NOT FORGOTTEN. **Micaela Saucedo**, a longtime immigrant rights activist from Los Angeles, who has been one of the major forces in the Border Angels, a San Diego-based rights group, at a February 2005 memorial in San Francisco for over 400 migrants who had died trying to cross the border. * **Micaela Saucedo**, de Los Ángeles, por años una activista en pro de los derechos de los inmigrantes, en una conmemoración en febrero del 2005 de más de 400 inmigrantes que murieron tratando de cruzar la frontera durante una ola de calor.

Lucia Hernandez, a student at Martin Luther King, Jr. High School in Berkeley, CA * **Lucía Hernández**, una estudiante en la escuela intermedia Martin Luther King, Jr., en Berkeley, CA.

La demanda de un trato justo para los trabajadores inmigrantes se ha escuchado desde los principios de los 1900. En el 2005-6, alcanzó nuevas alturas cuando un proyecto de ley fue aprobado en la Cámara—HR 4437—el cual haría criminales a los indocumentados o a cualquier persona que los ayudase en alguna forma. El Congreso lo consideró, junto a propuestas de construir una cerca fronteriza total y militarizar aun más la frontera. HR 4437 también promovía la colaboración entre agentes federales de la migra y la policía local, y el uso de estereotipos o discriminación contra cualquier persona que "tuviera un acento" o "pareciera ser", extranjero.

Demand for just treatment of migrant workers has been heard since the early 1900's. In 2005-6, it rose to new heights when a bill passed the House—HR 4437—that would make criminals of the undocumented or anyone who helped them in any way. Congress considered it, along with proposals to build a 700-mile long border fence and militarize the border even more. HR 4437 also promoted collaboration between federal immigration and local police agents, and the use of stereotypes or discrimination against anyone who "seems" or "sounds" foreign.

5 MILLONES MARCHAN EN 100 CITIES

Los Angeles, 500,000 protest immigration bill March/marzo 25, 2006
500,000 protestan contra el proyecto de ley de inmigración

HR 4437 would make undocumented immigrants and those who help them "criminals." * El proyecto de ley HR 4437 convertiría a todos indocumentados y a los que les ayuden en "criminales."

THREE LEADERS FOR IMMIGRANT RIGHTS

Isabel García speaking on border issues at the Arizona NOW Conference in Tucson, 1999 * **Isabel García**, representando a la Coalición, discute problemas de la frontera en el Congreso de NOW Arizona, celebrado en Tucson, 1999.

Isabel supporting striking miners in Cananea, Mexico as a delegation from Tucson took off with food for them and moral support. Isabel apoya a mineros en huelga en Cananea, México, como parte de una delegación de Tucson que les llevó comida y apoyo moral, con la ayuda del AFL-CIO.

ISABEL GARCÍA

"The immigrant rights movement in Tucson, Arizona is largely the work of women," once said Isabel García, a Chicana attorney who has received death threats for her efforts. She is Co-chair of the Coalition for Human Rights, based in Tucson, that works with the Indigenous Alliance Without Borders to end many abuses. These include U.S. policies that force a migrant worker to try to cross in desert terrain where conditions kill dozens every year, let Border Patrol agents shoot and kill unknown persons at will and violate the rights of Native Peoples living cross-border. The work is endless.

"El movimiento por los derechos de inmigrantes en Tucson, Arizona es, en gran parte, producto del trabajo de las mujeres", dijo una vez Isabel García, una abogada chicana que por sus esfuerzos ha recibido amenazas de muerte. La codirectora de la Coalición por los Derechos Humanos, Isabel trabaja con la Alianza Indígena Sin Fronteras para acabar con muchos abusos. Éstos incluyen políticas de los E.U. que obligan al trabajador inmigrante a tratar de cruzar el áspero desierto donde mueren decenas cada año; y agentes de la Patrulla Fronteriza que disparan y matan a personas desconocidas cuando les da la gana, y violan los derechos de los pueblos indígenas esta-blecidos a ambos lados de la frontera. El trabajo no tiene fin.

RENÉE SAUCEDO

Renée Saucedo has worked for 16 years in the immigrant rights movement on local, state and national struggles for undocumented workers. They include access to driver's licenses, bilingual education, and an increased minimum wage. She has organized against immigration raids, leading San Francisco to declare itself the nation's first "INS Raid-Free Zone." As an attorney with La Raza Centro Legal and the San Francisco Day Labor Program, she is widely known for helping the day labor and domestic worker communities develop their own leadership and advance.

Continuado en la próxima página

Renée Saucedo and others confront Senator Dianne Feinstein at her house about the Senator's support for repressive immigration legislation. * **Renée Saucedo** y otros enfren-tan a la Senadora Dianne Feinstein en su propia casa, protestando contra su apoyo a legislación represiva para los inmigrantes.

TRES LÍDERES EN LA LUCHA PRO-INMIGRANTE

MARÍA JIMÉNEZ

"Many of the [documented] cases meet the international standards of torture," she has said.

A student activist at the University of Houston in Texas, María de Los Angeles Jiménez went on to help form La Raza Unida party. In 1974 she moved to Mexico, working there on economic and social justice for campesinos. With a transnational perspective, she returned to Houston and became Director of the Immigration Law Enforcement Monitoring Project of the American Friends Service Committee. Her life since then has been a non-stop effort to end the human and civil rights violations directed at immigrants. Working to reform immigration law and policies, she has reached everywhere: from chairing the Houston Mayor's Advisory Committee on Immigration to testifying before the House of Representatives and the U.S. Attorney General. There's no escaping María's commitment.

* * *

"Muchos de los casos [documentados] cumplen con las normas internacionales que definen la tortura", ha dicho ella.

Después de ser una estudiante activista en la Universidad de Houston en Texas, María de los Ángeles Jiménez ayudó a formar el partido La Raza Unida. En 1974, se trasladó a México, donde trabajó por la justicia económica y social para los campesinos. Regresó a Houston con una perspectiva transnacional, y dirigío el Proyecto para Monitorear el Mantenimiento de la Ley Sobre la Inmigración del American Friends Service Committee. Desde entonces, su vida ha sido un constante esfuerzo por acabar con las violaciones de derechos humanos y civiles que se cometen contra los

Photos above and below, **María Jiménez** at a community forum on immigration in Houston, Texas, 2006 * Fotos arriba y abajo, **María Jiménez** en un foro comunitario sobre la inmigración, Houston, Texas, 2006.

inmigrantes. Trabajando para reformar leyes y políticas sobre la inmigración, su alcance ha sido enorme: desde la presidencia del Comité de Asesoramiento Sobre la Inmigración del Alcalde de Houston, hasta la Cámara de Representantes y el Fiscal General de los E.U., ante los que dio testimonio. Nadie se escapa de su compromiso con la justicia.

RENÉE SAUCEDO *Continuado de la página 292*
RENÉE SAUCEDO *Continuado de la página 292*

Renée Saucedo ha trabajado por 16 años en el movimiento por los derechos de inmigrantes indocumentados en luchas locales, estatales y nacionales. Estos derechos incluyen acceso a licencias de conducir, educación bilingüe, y el aumento del sueldo mínimo. También ha organizado contra redadas de la migra, lo que condujo a que San Francisco se declarara la primera Zona Libre de Redadas de la Migra (INS). Sirviendo de abogada con La Raza Centro Legal y el Programa de Jornaleros en San Francisco, es bien conocida por haber ayudado a las comunidades de jornaleros y trabajadoras domésticas a desarrollar su propio liderazgo y así avanzar su causa.

MARÍA JIMÉNEZ

Emma Lozano, founder and president, and one of the spark plugs of the huge rallies that swept the country in Spring 2006 and 2007 for a just legalization * **Emma Lozano**, fundadora y presidenta, y una chispa en las enormes marchas que barrieron el país en la primavera de 2006 y 2007, por una propuesta de legalización justa

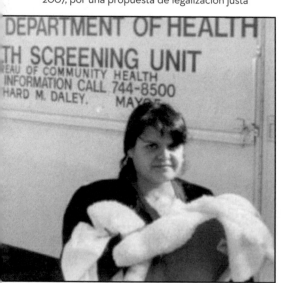

"Get the lead out of our school!"– first lead removal from any Chicago school, 1994, after Centro campaign * "¡Qué eliminen el plomo de nuestra escuela!" – el primer programa para erradicar el plomo de una escuela en Chicago, 1994, después de una campaña del Centro

Victims of "No-Match" social security card numbers ask for help at Centro's legal clinic, 2002. * Víctimas de trampas con los números del seguro social acuden a la clínica legal del Centro, 2002.

Autobuses en brigadas pro derechos de los inmigrantes, Washington, D.C., 25 de septiembre del 2001 * One of the Centro's immigrant rights bus brigades, Sept. 25, 2001.

Chicago's Centro Sin Fronteras was founded in 1987 by Emma Lozano, with legalization of the undocumented its main goal. Getting a new, bilingual and bicultural school for the children of undocumented parents was its first success. The school was named for Rudy Lozano, Emma's brother, who had been crucial in building the Black-Brown unity that elected Chicago's first Black mayor: Harold Washington. Assassinated in 1983, Rudy's example has stayed with the Centro as it serves the community in so many ways, with fiery Emma in the lead. The Centro not only organized the first mass rally (30,000) against the increasing raids and deportations in July, 2006, but also the largest protest in the U.S. on May 1, 2007.

CENTRO SIN FRONTERAS

El Centro Sin Fronteras en Chicago fue fundado en 1987 por Emma Lozano, con el objetivo principal de legalizar a los indocumentados. Su primer éxito fue ganar una nueva escuela bilingüe y bicultural para los hijos de los indocumentados, la que fue nombrada en memoria de Rudy Lozano, el hermano de Emma, quien había sido crucial en construir la unidad entre los negros y latinos, lo que posibilitó la elección de Harold Washington, el primer alcalde negro de Chicago. Rudy fue asesinado en 1983, pero su ejemplo ha permanecido con el Centro que sirve a la comunidad de muchas maneras, con Emma y su fulgor al frente. El Centro no sólo organizó el primer mitin de masas (30,000) contra más redadas y deportaciones en julio del 2006, pero también la protesta más grande en E.U. el 1 de mayo del 2007.

Center Without Borders
ELVIRA & SAÚL

Elvira Arellano is a founder and President of La Familia Latina Unida, a Centro project for families who face separation by deportation. On August 15, 2006, facing deportation and separation from her U.S.-born son, Saúl, she took sanctuary with him in a Methodist church.

After a year there, which included a 24-day hunger srrike for immigrant rights, she went to California. She was immediately arrested and deported to Mexico. She has continued her campaign for immigrant justice in Mexico, now a brave fighter known to millions.

* * *

Elvira Arellano es una de las fundadoras y Presidenta de La Familia Latina Unida, un proyecto del Centro para familias en peligro de ser separadas debido a la deportación. En octubre del 2006, enfrentando la posibilidad de ser deportada y separada de su hijo, Saúl, el cual nació en los E.U., Elvira y él se refugiaron en una iglesia Metodista.

Luego de un año que incluyó una huelga de hambre de 24 días a favor de los derechos inmigrantes, viajó a California donde fue inmediatamente arrestada y deportada a México. Ella ha continuado su campaña a favor de la justicia para los inmigrantes desde México. Ahora es una aguerrida luchadora conocida por millones.

Elvira Arellano and/y Saúl

The Centro helped spark the movement to extend section 245(i) of the immigration law providing for some measure of family reunification. Education, demonstrations, hunger strikes (including this one in Wash., D.C.) helped win one extension. * El Centro ayudó a iniciar el movimiento para extender la Sección 245(i) de la Ley de Inmigración, que proveía alguna medida de reunificación de la familia. La educación, manifestaciones, huelgas de hambre (incluso ésta en Washington, D.C.) ayudaron a ganar una extensión.

Bottom/Abajo: Spring 2006 demonstration for immigrant rights , Chicago * Manifestación, primavera del 2006, Chicago

MAY 1, 2007 POLICE RIOT - Un desastre policiaco

El 1 de mayo de 2007, mientras que 6,000-10,000 personas manifestaban pacíficamente en MacArthur Park, exigiendo derechos para los inmigrantes, fueron atacados por 600 oficiales de la Policía de Los Ángeles. Dispararon docenas de balas de gomaespuma e hirieron a muchos con sus macanas, incluso a periodistas y fotógrafos que praticabán su profesión. ¿Qué más?

* * *

On May 1, 2007, as 6,000-10,000 peaceful demonstrators for immigrant rights rallied in MacArthur Park, 600 Los Angeles police officers erupted. They fired dozens of foam-rubber bullets and injured many with their night-sticks, including reporters and photographers at work. What more?

ALLIANCE BUILDING ACROSS COLOR LINES

Construyendo alianzas que cruzan las líneas de color

Dr. Martin Luther King Jr. and **Joan Baez** marching together in Grenada, Mississippi 1963
Dr. Martin Luther King Jr. y Joan Báez marchando juntos contra el racismo en Grenada, Mississippi, 1963

Sign displayed at Chicano Moratorium anniversary, Los Angeles 1982 * Pancarta desplegada en el aniversario del Moratorio Chicano, Los Ángeles, 1982

Korean and Thai organizations march with Latinos to support the struggle against Prop. 187, Los Angeles Oct. 16, 1994 * Organizaciones coreanas y tailandesas marchan con los latinos para apoyar la lucha contra la Prop. 187, Los Ángeles, 16 de octubre de 1994

"Unite and rebel" has long been the answer to the oppressor's age-old strategy of "Divide and conquer." Here in the U.S., we have seen people of different colors cooperate throughout history, from the time that Mexicans helped slaves escape across the Texas border to the present when workers stand together in multi-racial unions. But more is always needed in the long fight for justice and peace.

* * *

Desde hace mucho tiempo, "Unidad y Rebelión" han sido la respuesta a la estrategia antigua del opresor de "Dividir y Conquistar". Aquí en los E.U. a través de la historia hemos observado cooperación entre gente de diferentes colores, desde los tiempos en que los mexicanos ayudaron a los esclavos a escaparse por la frontera de Texas, hasta el presente cuando los trabajadores se unen en sindicatos multirraciales. Pero siempre se necesita más de todo en la larga lucha por la justicia y la paz.

Mujer a Mujer meeting, Mexico City 1987 * Reunión de Mujer a Mujer, Ciudad de México, 1987

MUJER A MUJER

Un pequeño grupo de visionarias audaces formaron la organización Mujer a Mujer con la meta de reunir a mujeres activistas de ambos lados de la frontera. Con sede en la Ciudad de México, con una oficina en San Antonio, Texas, Mujer a Mujer (1985-1994) ayudó a juntar a mexicanas y chicanas para compartir ideas sobre organizar. También estableció cooperación entre activistas laborales, practicantes de solidaridad y activistas de la base y estudiosas feministas, lesbianas y trabajadores culturales. En su boletín noticioso, *Correspondencia*, el grupo informó sobre tales esfuerzos bajo la lema *SI LA MUJER NO ESTÁ, LA DEMOCRACIA NO SE VA*. En otras palabras, "Sin mujeres, no hay democracia".

MUJER A MUJER

A small group of bold visionaries gave birth to Mujer a Mujer with the goal of bringing together activist women on both sides of the border. Based in Mexico City, with an office in San Antonio, Texas, Mujer a Mujer (1985-1994) helped *mexicanas* and Chicanas come together to share organizing ideas and build cooperation between grassroots, labor and solidarity activists, feminist scholars, lesbians, and cultural workers. In its newsletter, *Correspondencia*, the group reported on such efforts with the slogan: *"SI LA MUJER NO ESTÁ, LA DEMORACIA NO SE VA."* In short: "No women, no democracy."

Mujer a Mujer music group in Mexico City * Grupo musical de Mujer a Mujer en la Ciudad de México

FROM RIO BRAVO TO DETROIT

Two different women. One is demanding land promised by the Mexican government to a farmers' collective. They persevered, and won. The other woman: a Chicana organizer in Detroit (**Marta Ojeda**) supporting the rights of *maquiladora* workers in Mexico. No women, no democracy.

* * *

Dos mujeres diferentes. Una de ellas demanda las tierras prometidas a una cooperativa agrícola (ejido) por el gobierno mexicano. Perseveraron y ganaron. La otra: una organizadora chicana en Detroit (**Marta Ojeda**) apoya los derechos de los trabajadores en las maquiladoras en México. Sin mujeres, no hay democracia.

Alto a feminicidios en Juárez

After more than ten years of over 400 *mexicanas* in Juárez being kidnapped, raped, killed and often mutilated, their bodies dumped in the desert like trash, the Mexican government has done nothing to stop the horror. Nor has the U.S. Border Patrol or the corporate interests who profit from the *maquiladoras* where the women worked. The silence has been deafening.

But across the Southwest, Chicanas and other women have mobilized, organized, marched and chanted "Ni una más!" "Not one more murdered woman!" If the killing has diminished, we know only the outcry by ordinary people has made the difference. iQue vivan las mujeres de Juarez y todas nuestras hermanas!

Después de más de diez años y el secuestro, violación, homicidio y frecuentemente la mutilación de más de 400 mexicanas en Juárez, sus cuerpos descartados en el desierto como basura, el gobierno mexicano no ha hecho nada para acabar con el horror. Ni la Patrulla Fronteriza de E.U. tampoco, ni los intereses empresariales que se benefician de las maquiladoras donde las mujeres trabajaban. El silencio ha sido abrumador.

Pero por todo el suroeste, chicanas y otras mujeres se han movilizado, organizando y marchando con consignas como, "iNo más mujeres asesinadas"! y "iNi una más"! Si los asesinatos se han disminuido, sabemos que la diferencia se debe a las protestas de la gente de la calle. iQué vivan las mujeres de Juárez y todas nuestras herma-

CLOSE THE SCHOOL OF ASSASINS!
Cierren La Escuela De Asesinos

Dolores Perez Priem, a Chicana from San Francisco, at the 2005 demonstration at Ft. Benning/en la manifestación en Fort Benning, 2005

Guadalupe Chavez at a 2002 protest/arrestada por "cruzar la línea" en una protesta contra la SOA en el 2002

The School of the Americas is a U.S. military training school for Latin American "security" personnel at Fort Benning, Georgia. Renamed the Western Hemisphere Institute for Security Cooperation in 2001, it has produced assassins, death squad leaders and human rights abusers since 1946. Thousands of Latin Americans working for the rights of the poor have been tortured, raped, massacred and disappeared.

Activists have been working to close the SOA by protesting, lobbying Congress, and convincing countries to stop sending trainees. Every year, thousands of people, including Chicanas, come to the site to cry "Shut it down!" Some "cross the line" onto the base and are arrested, but the cry will be heard.

La Escuela de las Américas (SOA) es una academia de entrenamiento militar para fuerzas de seguridad latinoamericanas, ubicada en Fort Benning, GA. Renombrado Instituto del Hemisferio Occidental para la Cooperación en Asuntos de Seguridad en el 2001, ha producido asesinos, líderes de escuadrones de la muerte y abusadores de derechos humanos desde 1946. Miles de latinoamericanos que trabajan por los derechos de los pobres han sido torturados, violados, masacrados y desaparecidos.

Activistas han trabajado para cerrar la SOA haciendo protestas, presionando al Congreso, y convenciendo a diversos países que dejen de enviar a novatos. Cada año, miles de personas, incluso chicanas, vienen al sitio para clamar, "¡Qué la cierren"! Algunos "cruzan la línea fronteriza" con la base y son arrestados.

OUT OF VIEQUES

In 2000, 30 members and supporters of Loco Bloco, the drum and dance ensemble of San Francisco youth, went to the Puerto Rican island of Vieques to support the people's struggle there. Since the 1940's, the U.S. Navy had used Vieques for training that included dropping thousands of bombs and testing biological, chemical, and nuclear arms. After years of protest, the Navy agreed to leave. But who will clean-up the toxic devastation?

Fuera de Vieques

En el 2000, 30 jóvenes de Loco Bloco, el grupo de batería y baile para jóvenes de San Francisco, visitó la isla puertorriqueña de Vieques en apoyo a la lucha del pueblo en aquel lugar. Desde los 1940, la Marina de los E.U. había usado a Vieques para entrenamiento, que incluía hacer explotar miles de bombas y conducir pruebas de armas biológicas, químicas y nucleares. Después de años de protesta, la Marina decidió abandonar el lugar. ¿Pero quién limpiará la devastación tóxica?

Loco Bloco marching at entrance to US Navy site, police watching.* marchando a la entrada de un sitio de la Marina E.U., los policías vigilando.

María Ynez Carrasco, Chicana

When Native People Come Together

For Chicanas, like other Latinas, the fact that they have indigenous roots in this hemisphere has often been a source of pride. At best, we act in solidarity with our native sisters and brothers to advance a struggle. One of the clearest examples of this has been with the Zapatistas. We have also attended indigenous gatherings, sometimes as official delegates, to support a local struggle.

Solidaridad entre indígenas

Para las chicanas, igual que para otras latinas, el hecho de tener raíces indígenas en este hemisferio a menudo ha sido motivo de orgullo. En el mejor de los casos, actuamos en solidaridad con nuestros hermanos y hermanas indígenas para avanzar una lucha. Uno de los ejemplos más claros ha sido nuestro trabajo con los Zapatistas. Hemos asistido también a encuentros indígenas, a veces como delegadas oficiales, para apoyar una lucha local a favor de los derechos indígenas.

The 3rd Congress of Intercontinental Indigenous Women, March 2000, which Chicanas attended as official delegates for the first time. * El 3er Congreso Intercontinental de Mujeres Indígenas, marzo del 2000, al que chicanas asistieron de delegadas oficiales por primera vez.

Chicanas and Mazahuas at the Third Congreso Nacional Indígena held in Nurío, Michoacán (Mexico), March 2-4, 2001 * Chicanas y mazahuas en el Tercer Congreso Nacional Indígena celebrado en Nurío, Michoacán (México), del 2-4 de marzo del 2001

Rosalia González (right) Chicana delegate, with other participants in the 3rd Congreso Intercontinental de Mujeres Indígenas, marching in Panama City to demand that Panama sign the Convenio 169 (ILO) * **Rosalía González** (derecha), delegada chicana, con otras participantes del 3r Congreso Intercontinental de Mujeres Indígenas, marchando en Ciudad de Panamá para demandar que Panamá firme el Convenio 169 (ILO)

Student from youth group Olin (meaning Movement) at "Unthanksgiving" ceremony on Alcatraz (San Francisco), 2001 * Estudiante del grupo juvenil Olin (que significa "movimiento") en una ceremonia de "No acción de gracias" en Alcatraz (San Francisco), 2001

EN SOLIDARIDAD CON

EZLN Women's Revolutionary Laws

Women, regardless of race, religion or political affiliation have the right:

1. to participate in revolutionary struggles in the location and to whatever degree their will and ability determine.

2. to work and receive a fair salary.

3. to determine the number of childen they will have and care for.

4. to participate in community affairs and hold positions of authority if they are freely and democratically elected.

5. to basic health and nutrition (with their children). To education.

6. to choose their partners and not to be forced into marriage. Not to be beaten or physically abused; attempted rape will be severely punished.

7. to hold military rank in the revolutionary armed forces. To have all the rights and obligations under the Revolutionary Laws and Regulations.

Las Leyes Revolucionarias de las Mujeres del EZLN

Las mujeres, no importa su raza, religión o afiliación política, tienen el derecho:

1. A participar en luchas revolucionarias en el lugar y hasta cualquier nivel que su voluntad y habilidad determinen.

2. A trabajar y recibir un salario justo.

3. A determinar el número de hijos que tendrán y cuidarán.

4. A participar en asuntos comunitarios y ocupar puestos de autoridad si son libre y democráticamente elegidas.

5. A gozar de buena salud y nutrición (con sus hijos). A la educación.

6. A escoger a sus compañeros y a no ser forzadas a casarse. A no ser golpeadas o abusadas físicamente; y el intento de violación será castigado severamente.

7. A ocupar rango militar en las fuerzas armadas revolucionarias. A tener todos los derechos y obligaciones bajo las Leyes y las Regulaciones Revolucionarias.

EZLN caravan to Mexico D.F., March 2001. **Rosalia González**, fist in the air * Caravana del EZLN a México, D.F., marzo de 2001. **Rosalía González**, con el puño elevado

Bay Area Chicana activists with organizers of the Mayan women weavers cooperatives from the Zapatista controlled communities Activistas chicanas del Área de la Bahía con unas organizadoras de las cooperativas de tejedoras maya de las comunidades controladas por los zapatistas

Mariana Rivera, founder of the Zapatista Solidarity Coalition, Sacramento

Mariana Rivera, una fundadora de la Coalicion de Solidaridad con los Zapatistas, Sacramento

LAS ZAPATISTAS

January 1, 1994: indigenous people of Chiapas, Mexico rose in armed rebellion against the poverty and racism that had marked their lives for centuries. The uprising launched an ongoing struggle that inspires people everywhere with a vision called Zapatismo. From the beginning, women played a strong role both within the Zapatista movement. Passing the Zapatista Revolutionary Women's Laws shortly after the uprising, the presence of strong female *comandantes* in the Zapatista Army of National Liberation, EZLN, like the beloved Ramona, the many economic projects launched by Chiapas women—all encouraged that spirit.

* * *

El 1 de enero de 1994: los indígenas de Chiapas, México se sublevaron en rebelión armada contra la pobreza y el racismo que habían marcado sus vidas desde hace siglos. El levantamiento lanzó una lucha continua que inspira gente por todas partes con una visión llamada zapatismo. Desde el principio, las mujerea jugaron un papel fuerte en el movimiento zapatista. La aprobación de las Leyes Zapatistas Revolucionarias para Mujeres. la presencia de comandantes fuertes en el Ejercito Zapatista de Liberación Nacional (EZLN), como la querida Ramona, los muchos proyectos económicos lanzados por mujeres de Chiapas—todo esto animó ese espíritu.

Cecilia Rodriguez, Zapatista Liberation Movement representative, conducting a briefing in Chiapas
Cecilia Rodríguez, representante del movimiento de liberación zapatista, dirige una sesión informativa en Chiapas

Zapatista caravan to Mexico D.F., March 2001 Chicana and indigenous delegation from New York. * Caravana zapatista a México, D.F., marzo de 2001 delegación chicana e indígena de Nueva York

No a la intervención en Centroamérica

The United States has a long history of intervention in how the peoples of Central America are governed. In Nicaragua, for example, it set up a pro-U.S. regime in 1909, then had Marines occupy the country against Sandinista liberation, and later established the Somoza dictatorship guaranteeing control for 40 years. In El Salvador the pattern was again, brutal repression of progressive forces (including the horrendous 1932 massacre), and another U.S.-supported dictatorship.

In Guatemala, the progressive government headed by Jacobo Arbenz was overthrown in 1954 by a CIA-supported military coup. All the democratic advances made under Arbenz were reversed, and again a military rule of limitless brutality was imposed.

Estados Unidos tiene una larga historia de intervención en los países de Centroamérica. En Nicaragua, por ejemplo, estableció un régimen pro E.U. en 1909, después ordenó su ocupación por los Marines contra el Sandinismo, y luego instaló la dictadura somocista, garantizándole el mando por 40 años. Sucedió lo mismo en El Salvador: el patrón fue otra vez una represión brutal contra la fuerza progresista (incluyendo la masacre horrorosa de 1932), resultando en otra dictadura apoyada por E.U.

En Guatemala, el gobierno progresista de Jacobo Arbenz fue derrocado en 1953 por un golpe de estado militar dirigido por la CIA. Todos los avances democráticos logrados bajo Arbenz fueron revocados con el mismo resultado: un régimen militar de brutalidad sin límite.

Dianna Ortiz giving testimony before Human Rights Caucus, U.S. House of Representatives, 2000 * dando testimonio al "Caucus" pro derechos humanos, 2000

DIANNA ORTIZ, Orden de Sta. Úrsula

From New Mexico, a Chicana nun went to teach indigenous children how to read and write in the Guatemala highlands. On Nov. 2, 1989, she was kidnapped at gunpoint from a convent, accused of being a guerrilla, and tortured in unspeakable ways.

Sister Dianna escaped, and her report led to a four-year OAS investigation (the U.S. Ambassador said she had staged events to get aid to Guatemala ended). Since then, Dianna has worked constantly to expose and rectify human rights abuses. She founded and now directs the Torture Abolition and Survivor Support Coalition in Washington, D.C.

Desde Nuevo México una monja chicana se fue a los altiplanos de Guatemala para alfabetizar a los niños indígenas. El 2 de noviembre de 1989, fue secuestrada de un convento a punta de pistola, acusada de ser guerrillera, y torturada en maneras indescriptibles.

La hermana Dianna se escapó y su crónica resultó en una investigación por la OEA que duró 4 años (el embajador de E.U. la acusó de haber falsificado los eventos para que acabaran con la asistencia económica y militar a Guatemala.) Desde entonces, Dianna ha trabajado constantemente por sacar a la luz y rectificar los abusos de derechos humanos. Fundó y actualmente dirige la Coalición para la Abolición de la Tortura y Apoyo al Sobreviviente en Washington, D.C.

SOLIDARITY WITH CENTRAL AMERICA

Born in Ciudad Juarez, **Angela Sanbrano** has dedicated her life to community empowerment since her early years as a garment worker in El Paso. From 1985-1993, she traveled the U.S., building solidarity with the people of El Salvador and support for an end to intervention in Central America. In 1997, she was appointed Executive Director of CARECEN (Central America Resource Center) in Los Angeles. Ana Cecilia Pérez heads CARECEN in San Francisco.

Solidaridad Con Centroamérica

Nacida en Ciudad Juárez, **Ángela Sanbrano** trabajó de joven en la confección en El Paso, y desde entonces ha dedicado su vida a la lucha por ampliar el poder de la comunidad. De 1985-1993 viajó por E.U., cimentando solidaridad con el pueblo de El Salvador con el motivo de acabar con la intervención de E.U. en Centroamérica. En 1997 fue nombrada Directora Ejecutiva de CARECEN (Central America Resource Center) en Los Ángeles. Ana Cecilia Pérez encabeza CARECEN en San Francisco.

ÁNGELA SANBRANO

Chicanas protest U.S. intervention, including many lesbians in San Francisco (see photo below, left) 1979 * Chicanas protestando contra la intervención, incluyendo muchas lesbianas en San Francisco (vea photo abajo y a la izquierda) 1979

Olga Talamante speaks against U.S. intervention in Central America, Los Angeles, 1980s * Olga Talamante denuncia la intervención de E.U. en Centroamérica. Los Ángeles, década de los ochenta.

Anti-Somoza demonstration, on way to MacArthur Park, Los Angeles, 1980's * Manifestación anti Somoza, encaminada a MacArthur Park, Los Ángeles, década de los ochenta

VIVA NICARAGUA LIBRE

Demonstration, U.S. Embassy in Managua, Nicaragua, June 1986 for "Peace with Dignity—No Intervention." Katarina Davis del Valle (left), who had coordinated security for the 1970 anti-Vietnam protest in Los Angeles, with Cristina Perez * Manifestando por "paz con dignidad-no a la intervención", Embajada de E.U. en Managua, Nicaragua, junio de 1986. Katarina Davis del Valle (izquierda), coordinadora en 1970 de los asuntos de seguridad en la protesta anti Vietnam en Los Ángeles, con Cristina Pérez

Pilar Mejía, Coordinator of San Francisco's Bilingual Education Program, with two Nicaraguan teachers in Estelí, 1987. Teachers from the two countries shared workshops in a summer program. * Pilar Mejía, coordinadora del Programa de Educación Bilingüe en San Francisco, con dos maestros nicaragüenses en Estelí, 1987. Maestros de los dos países comparten talleres en un programa de verano.

When the long struggle by the Sandinistas to end the Somoza dictatorship in Nicaragua succeeded in 1979, the U.S. began its historic policy of restoring control. Pres. Ronald Reagan openly supported the "contras," who tried to overthrow the new government by military attack, assassination, and sabotage. The U.S. had intervened before, as in El Salvador in the 1930s and Guatemala in 1954, installing and supporting pro-U.S. military dictatorships. It was time to raise the cry again: "No intervention in Central America!"

Cuando la larga lucha de los sandinistas por acabar con la dictadura de Somoza en Nicaragua triunfó en 1979, E.U. comenzó su histórica estrategia política de tratar de restaurar su control. El presidente Ronald Reagan apoyó abiertamente a los "contras", los cuales trataron de derrocar el nuevo gobierno con ataques militares, asesinatos y sabotaje. E.U. había intervenido anteriormente, en El Salvador en la década de los treinta y en Guatemala en 1954, instalando y apoyando dictaduras militares pro-E.U. La hora había llegado de levantar el grito otra vez, "No Intervención en Centroamérica".

Cuba ¡Qué viva!

Chicanas have expressed solidarity with the Cuban revolutionary process for years. We went many times on the annual Venceremos Brigade to help with agricultural, housing construction, and other work. We report on the realities of life there, to send medical and humanitarian aid, and to free "the Cuban Five" (Cubans arrested here who had come to investigate the U.S.-based terrorists carrying out murderous actions against Cuba). For us all, Cuba has been the little island of great hope in the face of huge odds.

* * *

Las chicanas han expresado solidaridad con el proceso revolucionario cubano por años. Visitaron Cuba muchas veces con la brigada anual Venceremos, para ayudar con trabajo agrícola, la construcción de vivienda y otras tareas. Actualmente trabajan reportando sobre las realidades de la vida allá, enviando asistencia médica y humanitaria, y para liberar a los "Cinco de Cuba" (cubanos arrestados en E.U., los cuales habían venido a investigar a los terroristas ubicados en E.U. que armaban acciones asesinas contra Cuba.) Para todos, Cuba es la pequeña isla que, con grandes esperanzas, ha enfrentado enormes dificultades.

Fidel Castro meets with members of the 2001 delegation from the National Lawyers Guild Labor and Employment Committee and others to talk with Cuban workers, labor lawyers and trade union leaders about the growth of the corporate-dominated global economy. * Fidel Castro se reúne con miembros de la delegación del Comité Laboral del National Lawyers' Guild y otros para dialogar con trabajadores, abogados laborales y dirigentes sindicales cubanos sobre la extensíon del control corporativo de la economía global.

Bottom left/abajo izq: university professor **Beatriz Pesquera**, the first Chicana on a Venceremos Brigade, sitting on a small tractor next to Cuban workers in a canefield, 1969 * Profesora universitaria **Beatriz Pesquera**, la primera chicana en ser parte de una brigada Venceremos, sentada en un pequeño tractor, junto a trabajadores cubanos

Bottom right/abajo der: **Gloria La Riva** of San Francisco speaking on May Day 2000 in Havana, the first person from the U.S. to be thus honored. Her long history of pro-labor, anti-war, anti-imperialist activism, has brought life-saving support to thousands here and abroad. * **Gloria La Riva** de San Francisco, dando un discurso el 1 de mayo, 2000 en La Habana, la primera persona de E.U. en ser honrada de tal manera. Su larga historia de activismo pro-trabajador, anti-guerra, y anti-imperialista, la cual ha traído socorro crítico a miles aquí y en el extranjero, es única.

Anna Ochoa O'Leary at UN World Conference on Women in Nairobi, Kenya, 1985. She supported the Arizona miners' strike of 1983 (see p. 137) * **Anna Ochoa O'Leary** en el Congreso Mundial de la ONU sobre la Mujer en Nairobi, Kenya, 1985. Ella apoyó la huelga de los mineros en Arizona en 1983. (vea pag. 137)

UN WORLD CONFERENCES ON WOMEN

CONGRESOS MUNDIALES DE LA ONU SOBRE LA MUJER

Since the first United Nations World Conference on Women, Chicanas have been present. In Denmark 1965, (see p. 152), Mexico City 1975, Nairobi 1985 and Beijing 1995. Everywhere they brought a perspective often unknown to their sisters elsewhere in the world, and also learned new perspectives. Often local struggles by women were strengthened by gaining new insights, tactics and support from elsewhere. In China, the most inter-change took place at the NGO Forum held along with the official conference. ¡Hermanas del mundo, unémos!

* * *

Desde el primer Congreso Mundial de la ONU Sobre la Mujer, las chicanas han estado presentes. Dinamarca 1965 (vea p. 152), Ciudad de México 1975, Nairobi 1985, y Beijín 1995. Dondequiera, llevaban una perspectiva a menudo no conocida por sus hermanas en otras partes del mundo y aprendieron perspectivas nuevas. A menudo, como resultado de aprender nuevas ideas y tácticas y recibir apoyo de otros lugares, las luchas locales de las mujeres fueron fortalecidas. En la China, el intercambio mayor sucedió en el Foro de las Organizaciones No Gubernamentales (ONG) que se llevó a cabo al mismo tiempo que el Congreso oficial. ¡Hermanas del mundo, unámonos!

Josefina Flores of the UFW at UN World Conference/NGO Forum on Women, China 1995. Josefina had once been shot for supporting the farmworkers (see p. 119). * **Josefina Flores** de la UFW en el Congreso Mundial de la ONU, China 1995. A ella una vez le dispararon por apoyar a los trabajadores campesinos (pag. 119).

San Juanita ("Janie") Morales at/en Beijing, 1995

Francisca Cavazos at/en NGO Forum, 1995, She worked with/trabajó con el Maricopa Organizing Project (later/después llamado Tonatierra), in Arizona.

Carmen Ibarra of/de La Mujer Obrera at workshop on migrant and women workers' centers' initiatives, NGO Forum 1995/en un taller sobre iniciativas para centros de trabajadores inmigrantes y mujeres, Foro de las ONG, 1995.

Chicanas (left to right/izq. a der.) Back row/atrás: **Luz Álvarez Martínez, Betita Martínez, Jennie Luna** (in costume/traje típico); front row/en frente: **Viola Casares, Chris Ballin**, meeting with South African women. * se reúnen con mujeres sudafricanas.

UN Says No to Racism

From August 27, 2001 into September, thousands gathered in Durban, South Africa, to take a stand against "Racism, Racial Discrimination, Xenophobia and Related Intolerance," as the United Nations defined the target of its third world conference on racism. They did so, despite U.S. opposition to exposure of its racist practices.

In one meeting, Chicanas suggested helpful tactics to South African women discouraged by failure to call attention to the problem of AIDS, as they had come from afar to do. Global energy, especially from the women, shone through, day after day.

La ONU le dice "no" al racismo

Entre el 27 de agosto del 2001 y el principio de septiembre, miles se reunieron en Durban, Sudáfrica, para tomar una posición en contra del "Racismo, la discriminación racial, la xenofobia e intolerancias relacionadas", como la ONU definió el blanco de su tercer Congreso Mundial Sobre el Racismo. Y lo hicieron a pesar de la oposición de E.U.

En una reunión, las chicanas les sugirieron tácticas útiles a mujeres sudafricanas, que estaban desanimadas por su fracaso en llamar atención sobre el problema del SIDA, pues habían venido desde lejos con ese objetivo. Día tras día, brilló la energía global, surgiendo especialmente de las mujeres allá.

Left to right/izq. a der.: **Corinne Sánchez, Jennie Luna, Viola Casares**

Virginia Ortega

CHICANAS SAY NO TO WAR ON IRAQ

Member of Mujeres Mexicanas protesting the Gulf War * Miembros de Mujeres Mexicanas protestan contra la Guerra en el Golfo

Singer **Joan Baez** and U.S. Representative **Barbara Lee** of Oakland at 2003 anti-war protest in San Francisco * Cantante Joan Báez y Barbara Lee, Representante de Oakland en la Cámara de E.U., en una protesta contra la guerra en San Francisco, 2003

Oct. 2002, Mission District, San Francisco, Member of Latinos Contra la Guerra/Miembro de Latinos Contra la Guerra

Below/abajo: San Francisco, 2003, **Nancy Hernandez** (left/izq) and others against war/y otros contra la guerra

Below/abajo: San Francisco, 2003, anti-war protest/Protesta contra la guerra

Clarissa Rojas and others protest war and attacks on Arab/Islamic people, San Francisco. * **Clarissa Rojas** y otras protestan contra la guerra y los ataques a la gente árabe/islámica, San Francisco

Eva Royale and/y **Dolores Huerta** at anti-war rally at Civic Center, San Francisco, March 30, 2003/ en un mitin contra la guerra en el Centro Cívico, San Francisco, 2003

Feb. 16, 2003 anti-war protest * Protesta contra la guerra, 16 de febrero del 2003

From Pueblo por la Paz in Arizona to Latinos Contra la Guerra in San Francisco to groups like El Comité contra la militarización de la juventud in Pilsen (Chicago), Chicanas have opposed the recent wars against Iraq. Fighting "terrorism"? We know enough about that for real, from the predawn raids on our homes, the whole anti-immigrant climate of fear. We call for peace everywhere.

* * *

Desde Pueblo por la Paz en Arizona y Latinos Contra la Guerra en San Francisco, hasta grupos como El Comité Contra la Militarización de la Juventud en Pilsen (Chicago), las chicanas se han opuesto a las guerras recientes contra Irak. ¿Luchando contra el terrorismo? Sabemos lo que significa esa realidad, desde las redadas a nuestros hogares en la madrugada al clima temeroso anti inmigrante. Hacemos un llamado por la paz en todas partes.

Right/der: 2003, San Francisco, **Dolores Perez Priem** (in white) at anti-war protest, before being arrested * **Dolores Pérez Priem** (vestida de blanco) antes de ser arrestada en una protesta contra la guerra
Above/arriba: **Dolores Perez Priem**

WORLD SOCIAL FORUM IN VENEZUELA

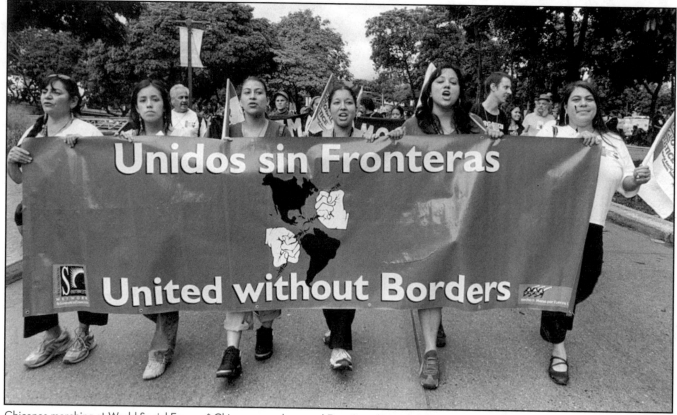

Chicanas marching at World Social Forum * Chicanas marchan en el Foro Social Mundial

En enero de 2006, se reunieron algunas chicanas con miles de personas en Caracas, Venezuela, en el Foro Social Mundial, un encuentro global de personas que afirman que "otro mundo es posible". Asistieron tres mujeres de Mujeres Unidas y Activas (MUA) y otras del Área de la Bahía (California), las cuales estaban emocionadas por aprender nuevas ideas y tácticas para construir aquel mejor mundo aquí, con nueva confianza en su propio poder.

In January 2006, Chicanas joined thousands of others in Caracas at the World Social Forum, a global gathering of people who affirm "another world is possible." Three women went from Mujeres Unidas y Activas (MUA) in the Bay Area. They were excited to learn new ideas and tactics for building that better world here, new belief in their own power.

MUA participants * Participantes de MUA

Maria Guadalupe Arreola (right/der.), Chicana, St. Peter's Housing (San Francisco)

U.S. Foro Social

June 27 - July 1, 2007
Atlanta, Georgia

MUA members in big march on first day, June 27 * Miembros de MUA en la gran marcha el primer día

Members of/miembros de Mujeres de Fuerza Unida, San Antonio, Texas

For 5 days, Chicanas were among the 12,000 registered participants who came to the first U.S. Social Forum, attended the many different workshops, made new friends, and went home inspired. With women of every other color, they proclaimed "Another world is possible!"

* * *

Por 5 días, entre las más de 12,000 personas registradas que vinieron al primer Foro Social de EU, hubo chicanas que asistieron a diferentes talleres, hicieron amistades nuevas, y regresaron inspiradas. Con mujeres de todos los otros colores, afirmaron "¡Otro mundo es posible!"

The immigrant, domestic workers of MUA met in Atlanta with many other groups of similar workers, as in the list below. Together with others, the National Coalition of Domestic Workers was formed.

* * *

Las trabajadoras de MUA se reunieron en Atlanta con muchos otros grupos semejantes. Con otras se formó la Coalición de Trabajadoras Domestícas.:

• Domestic Workers United - Bronx, NY
• Damayan Migrant Workers Assoc. - New York, NY
• Unity Housecleaners Cooperative - Hempstead, NY
• Philipino Workers Center of Southern California - Los Angeles
• Haitian Women for Haitian Refugees - New York, NY
• CASA of Maryland: Comité de Mujeres Buscando Justicia - Silver Spring, MD
• Andolan - Jackson Heights, NY

At the U.S. Social Forum/en el Foro Social
Isabel García of the/de la Coalición por Derechos Humanos, Tucson, AZ

Irma Mireles

Linda Reyna Yáñez

Diana Flores

Trini Gámez

**María Antonietta
Berriozábal**

Rose Herrera

Chicanas (tejanas) in Office

Winning the right to vote, and then winning the right to hold public office has been an uphill battle for Chicanas as a colonized people, as a community of color, and as women. Nowhere has the struggle been more persistently waged over many years than in Texas. Here are just some of the tejanas who have waged this struggle:

As a leader in the Raza Unida Party, **IRMA MIRELES** helped establish a women's caucus in 1974. At the age of 29, she became the first Chicana and first woman elected to the San Antonio River Authority, an agency that regulated water over a large area. It was also the first time a Chicana anywhere in the U.S. had been elected to office in an urban area. Irma later became a member of the State Advisory Committee to the U.S. Commission on Civil Rights, while living in Juneau, Alaska where she successfully opposed English only legislation.

LINDA REYNA YÁÑEZ has worked extensively to advance immigrant rights and on refugee rights with the United Nations. She has taught at Harvard Law School, guest lectured in Spain, and served as consulting attorney to the Mexican Consuls General in Brownsville, Texas and Boston. In 1993 she became the first Latina in the history of Texas to serve on an appeals court and the first woman on the Thirteenth Court of Appeals in the Rio Grande Valley as well as the first Chicana to run for Texas Supreme Court.

DIANA FLORES was active in such organizations as MAGIC (Mothers Against Gangs in Crime) and PURE (People United for Representation and Equality). Elected and re-elected a board trustee in the Dallas Community College District, she fought for immigrant access to higher education and equal tuition regardless of residency. The result: the highest increase of Latino students anywhere in the state.

Las chicanas, como pueblo colonizado, como comunidad de color, y como mujeres, han batallado cuesta arriba, primero para ganar el derecho a votar, y después para ganar el derecho a ocupar cargos públicos. En ningún otro lugar se ha librado la lucha con tanta persistencia como en Texas. Aquí encontramos a sólo algunas de las tejanas que han emprendido esta lucha:

Una líder en el Partido Raza Unida, **IRMA MIRELES** ayudó a establecer un grupo para las mujeres dentro del partido en 1974. A la edad de 29, fue la primera chicana y la primera mujer en ser elegida para la Autoridad del Río de San Antonio, una agencia que controlaba el agua sobre un área grande. También, por primera vez en todos los E.U., una chicana fue elegida para un cargo público en un área urbana. Más tarde, mientras vivía en Juneau, Alaska, Irma se hizo miembro del Comité Consultivo Estatal para la Comisión de Derechos Civiles de los E.U., oponiéndose exitosamente a la legislación que promovía el "Inglés Solamente".

LINDA REYNA YÁÑEZ ha trabajado extensivamente por los derechos de los inmigrantes y con la ONU por los derechos de los refugiados. Enseñó en la Facultad de Derecho de Harvard, fue conferenciante invitada en España, y le sirvió de abogado consultante al Cónsul General mexicano en Brownsville, Texas y Boston. En 1993, fue la primera latina en la historia de

Continued on next page

Continuado en la página 316

California State Senator GLORIA ROMERO in Action

Gloria Romero being arrested at demonstration supporting Justice for Janitors strike, Los Angeles, May 2005 * Arrestan a Gloria Romero en una manifestación en apoyo a la huelga de Justice for Janitors

Grown up "on the other side of the tracks" and told to forget college, Gloria Romero didn't listen to bad advice then either. With a PhD from the University of California, Riverside, after teaching some years she was elected to the local school board. Elected to the California State Assembly in 1998, she waged a major struggle to pass a bill giving farmworkers the right to sue a grower for labor law violations.

Elected to the state Senate in a 2001 special election, Gloria soon became its Majority Leader. The first woman to hold that high-ranking position, she is known nationally as California's leader in prison reform. A dedicated, hardworking activist for social justice (with a great sense of humor, too), Gloria has always stood with the most disadvantaged victims of today's system.

De origen humilde, a Gloria Romero se le dijo de niña que se olvidara de sus deseos de asistir a la universidad, pero ella no le hizo caso a los malos consejos. Con un PhD de la Universidad de California, Riverside, fue elegida para la Mesa Directiva Escolar local. En 1998, fue elegida a la Asamblea Estatal, donde emprendió una lucha grande a favor de los trabajadores campesinos.

Elegida para el Senado en 2001 en una elección especial, Gloria pronto llegó a ser su Líder Mayoritaria. La primera mujer en ocupar tal puesto de alto rango, es conocida a nivel nacional como la líder en la reforma de las prisiones en California. Una dedicada activista que trabaja duro por la justicia social (y con un gran sentido de humor), Gloria siempre ha sido partidaria de las víctimas más desaventajadas en el sistema hoy en día.

CHICANAS IN PUBLIC OFFICE
Continued from page 314

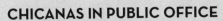

TRINI GÁMEZ has spent her life fighting for the rights of others by running several campaigns (school board, city commissioner and county judge). Although they never resulted in an elected position, her involvement has inspired others. Her children Américo and Cecilia filed lawsuits under the Civil Rights Voting Act, which forced boundary changes in school board and city commissioner races in Hereford, Texas.

MARÍA ANTONIETTA BERRIOZÁBAL, the first Chicana to become a member of the San Antonio City Council, held that post for 10 years and was almost elected Mayor of the city in 1990. By that time, she had come to realize that there could not be safe neighborhoods, housing, a good environment, without having a strong, educated, healthy and employed population who had human and civil rights. Her ongoing contributions have made her almost legendary.

ROSE HERRERA's work in her community evolved from participating in the PTA (Parent Teacher Association) to activism in the educational system. Twice elected to the Fort Worth Independent School District Board, she believed teachers had to be able to relate to poor, less educated parents; programs like Success High School should offer education at night for students who had to work during the day; new schools should be named for Latino leaders and heroes.

ROSIE CASTRO (no photo) became aware at an early age of injustice and especially racism toward Blacks, often along with Mexicans. Rebellious from her youth, she has been active in Chicano politics since the 1960s, through organizations such as MAYO (Mexican American Youth Organization) and La Raza Unida Party. She worked to lower the voting age and also to change the attitude of women who wouldn't register to vote unless their husbands approved. While she has never won elected office, her legacy of activism lives on.

JUDGE MILLIE ESCOBEDO

Daughter of Mayan immigrants from the Yucatán, attorney Millie Escobedo became the first Latina to run for and win an elected seat on the Los Angeles Superior Court in 2004. The campaign involved race and gender issues used by a determined opponent.

Previously, Dr. Escobedo worked with a small team to win a historic victory in the discrimination case of Chicano Studies Prof. Rudy Acuña against U.C. She also helped win the cases of Prof. Broyles-González (see p. 154) for employment discrimination against women.

Hija de inmigrantes maya de Yucatán, México, la abogada Millie Escobedo fue la primera latina en postularse de candidata y ganar un puesto en la Corte Superior de Los Ángeles en 2004. Durante la campaña discutieron problemas de raza y género, los cuales fueron manipulados por un opositor determinado.

Anteriormente, con un pequeño equipo, la Dra. Escobedo trabajó para ganar la victoria histórica en el pleito contra U.C. por la discriminación del Profesor de Estudios Chicanos, Rudy Acuña. También ayudó a ganar los casos de Prof. Broyles-González (vea p. 154) por la discriminación contra las mujeres.

CHICANAS IN PUBLIC OFFICE
Continuado de la página 314

Texas en servir en una corte de apelaciones y la primera mujer en la Decimotercera Corte de Apelaciones en el Valle del Río Grande, a la vez que fue la primera chicana en postularse como candidata a la Corte Suprema de Texas.

DIANA FLORES fue activa en organizaciones como MAGIC (Madres Contra Pandillas en el Crimen y PURE (Personas Unidas para la Representación y la Igualdad). Fue elegida dos veces para la Mesa Directiva del Colegio de la Comunidad en Dallas, donde luchó por el acceso de los inmigrantes a una educación universitaria e igualdad de matrícula sin consideración de domicilio. El resultado: el incremento más grande de estudiantes latinos en todo el estado.

TRINI GÁMEZ ha ocupado su vida luchando por los derechos de otros, administrando varias campañas electorales (la mesa directiva escolar, el comisionado de la ciudad, y el juez del condado). Aunque sus esfuerzos nunca produjeron una victoria, su envolvimiento ha inspirado a otros. Sus niños, Américo y Cecilia, entablaron pleitos legales bajo el Acta de Derechos Civiles del Votante, lo que forzó cambios en el diseño de los distritos que eligen a los miembros de la mesa directiva escolar y el comisionado de la ciudad en Hereford, Texas.

MARIA ANTONIETTA BERRIOZÁBAL, fue la primera chicana en ser miembro del Consejo Municipal de San Antonio, un puesto que mantuvo por 10 años; y en 1990 casi fue elegida Alcalde de la ciudad. Ya se había dado cuenta de que no era posible tener vecindarios seguros, vivienda económica, y un ambiente sano, sin tener a una población fuerte, educada, saludable y empleada, con derechos humanos y civiles. Sus contribuciones continuas la han hecho casi legendaria.

El trabajo de **ROSE HERRERA** en su comunidad se extendió de su participación el la PTA (Asociación de Maestros y Padres) a su activismo en el sistema educativo. Elegida dos veces para la Mesa Directiva del Distrito Escolar Independiente de Fort Worth, estaba convencida de que los maestros tenían que poder simpatizar con los padres pobres y menos educados; que programas como Success High School debían ofrecer clases de noche para aquellos estudiantes que trabajaban durante el día; y que nuevas escuelas debían ser nombradas en conmemoración de héroes y dirigentes latinos.

A una temprana edad, **ROSIE CASTRO** (no hay foto) se concientizó de la injusticia y especialmente del racismo contra los negros que a menudo también era dirigido hacia los mexicanos. Rebelde desde su juventud, ha sido activa en la política chicana desde la década de los 60, a través de organizaciones como MAYO (Organización de la Juventud Mexicano Americana) y el Partido Raza Unida. Trabajó por rebajar la edad de votar y por cambiar la actitud de las mujeres que no querían registrarse para votar a menos que sus maridos lo aprobaran. Aunque nunca ganó una elección para un cargo público, su legado de activismo sigue viviendo aun.

CALIFORNIA CHICANAS EN EL CONGRESO

Rep. HILDA I. SOLÍS

After serving 8 years in the state Senate, she was first elected to Congress in 2000 to represent the 32nd District (L.A. area). Her strong record includes raising the state minimum wage, working to pass historic environmental justice laws, opposing domestic violence, and speaking out strongly in 2007 against escalating U.S. troops in Iraq.

* * *

Después de servir 8 años en el Senado Estatal, fue elegida por primera vez para el Congreso en el 2000, representando el distrito 32 (área de Los Ángeles). Su récord tenaz incluye: un incremento en el sueldo mínimo estatal, esfuerzos para establecer leyes históricas sobre la justicia ambiental, y oposición a la violencia doméstica; y en el 2007, denunció el plan de Pres. Bush de incrementar las tropas estadounidenses en Irak.

Rep. LUCILLE ROYBAL-ALLARD

The daughter of Congressman Edward Royball and the first Chicana elected to Congress in 1992, she represents much of L.A. County. In the State Assembly, she passed landmark legislation to protect victims of rape and domestic violence. In Congress, she has sponsored bills to protect the health of women and children.

* * *

Elegida en 1992 e hija del anterior Congresista Edward Roybal, es la primera chicana en el Congreso, representando a gran parte del Condado de Los Ángeles. Previamente estuvo en la Asamblea Estatal, donde aprobó una legislación histórica protegiendo a las víctimas de la violación y la violencia doméstica. Su trabajo a beneficio de las mujeres continúa en el Congreso, donde ha auspiciado proyectos de ley para proteger la salud de las mujeres y los niños, especialmente los recién nacidos.

Rep. LINDA SANCHEZ

Elected in 2002 to represent the 39th District, mostly south of L.A., Linda is an attorney, labor activist and advocate for working families. In 2005, she opposed passage of the Central American Free Trade Agreement (CAFTA). She was a co-sponsor of the Murtha proposal to redeploy U.S. troops out of Iraq (HJ Res 18) in 2007. **Rep. LORETTA SANCHEZ**, sister of Linda, is also a member of Congress (see page 323).

* * *

Elegida en el 2002 para representar el Distrito 39, el cual queda principalmente al sur de Los Ángeles, Linda es abogada, activista laboral y defensora de familias trabajadoras. En el 2005 se opuso a la aprobación del Acuerdo con Centro América Sobre Comercio Libre (CAFTA, similar al NAFTA), y en el 2007, co-auspició la propuesta del Rep. Murtha de retirar las tropas de U.S. de Irak (Resolución HJ 18). Su hermana, **LORETTA SANCHEZ**, también es Congresista (vea la página 323).

FROM WASHINGTON STATE

Phyllis Gutiérrez-Kenney, State House of Representatives

Margarita Lopez Prentice, State Senate

Daughter of a farmworker organizer, whose mother always urged her to "help others like others have helped you," she was one of two children out of 8 who attended school. Phyllis has served in the House since 1997 on a key economic development committee and as the Democratic Co-chair of the Committee on Higher Education. "The doors need to be opened for our Latino children" and an education is key for that to happen.

* * *

Hija de un organizador campesino y una madre que siempre la animó a que "ayudara a otros como ellos te han ayudado a ti", Phyllis fue una de los dos niños, de 8 en total en la familia, que pudieron a asistir a la escuela. Ha servido en la Cámara desde 1997 en un comité de desarrollo económico muy importante y de Copresidenta del Comité sobre la Educación Universitaria. "Las puertas necesitan abrirse para nuestros niños latinos", y para que eso suceda, es clave tener una educación.

The first Chicana elected to public office in the state, in 1988, she had worked as a registered nurse for 30 year. In office, she made health care and worker protection (for example, pesticide poisoning of campesinos) two of her major concerns. She also sponsored bills supporting sex education for youth, domestic partnerships, and protection for salmon. Now over 70, she has received many awards.

* * *

La primera chicana en el estado en ser elegida para un puesto público en 1988, Margarita trabajó como enfermera registrada por 30 años. Mientras estaba en el poder, sus dos preocupaciones principales fueron el cuidado de la salud y la protección del trabajador (por ejemplo, de los pesticidas que envenenan a los campesinos). También auspició proyectos de ley que apoyaban la educación sexual para jóvenes, a las parejas domésticas, y la protección del salmón. Ahora a los más de 70 años, ha recibido muchos premios.

MARGARET CRUZ "Little Giant of the Mission"

Called the "Little Giant of the Mission District" in San Francisco, this tiny Chicana powerhouse was an unforgettable political activist, educator, and lawyer (graduating from law school at age 62). She co-founded the Mexican American Political Association (MAPA) and became its first woman president. To stimulate Chicanos to be active in the political arena, she set up bilingual schools so they could take the citizenship test in Spanish. She helped the first Latino be elected to the S.F. Board of Supervisors. !Híjole!

Margaret Cruz 1920-2007

Llamada la "Pequeña Gigante del Distrito de la Misión" en San Francisco, esta diminuta chicana tan dinámica fue una inolvidable activista política, educadora, y abogada (se graduó de la Facultad de Leyes a la edad de 62). Co fundó la Asociación Política México Americana (MAPA) y fue su primera mujer presidente. Para estimular a los chicanos a ser activos en la arena política, estableció escuelas bilingües para que pudieran tomar el examen de la ciudadanía en español. Ayudó a elegir al primer latino a la Mesa de Supervisores de San Francisco. ¡Híjole!

¡Para Gobernadora!

Two Bay Area Chicanas have been on the ballot as Peace & Freedom Party candidates for Governor of California.

•••

Dos chicanas del Área de la Bahía han sido candidatas para gobernadora de California por el Partido Peace and Freedom (Paz y Libertad).

GLORIA DE LA RIVA

Gloria La Riva ran in 1994 with the motto "There is a real alternative to the pro-rich policies of Wilson and Brown!" While working regularly in the printing industry, she managed to conduct hard-hitting campaigns for immigrant rights, healthcare for all, and jobs not jails.

•••

Gloria La Riva fue candidata en 1994, con el lema, "¡Existe una alternativa real a las políticas pro-ricos de Wilson y Brown!" Mientras trabajaba también en la industria de la imprenta, logró manejar una campaña contundente por los derechos del inmigrante, cuidado de la salud para todos, y "trabajos sí, cárceles no".

DWP candidate in Peace and Freedom Primary
Martínez wins nomination for Governor

The candidate of the Democratic Workers Party, Elizabeth Martínez, has won the 1982 nomination for Governor of California in the Peace and Freedom Party. In the June 8 primary election, she carried the nomination by a 9% margin over her opponent Jan Tucker.

The Martínez campaign has been part of the whole effort by the Democratic Workers Party to help build a movement of massive opposition to Reagan's war machine. That effort includes initiating the Peace and Justice Coalition, which sponsored large demonstrations in San Francisco

and Oakland, as well as participating actively in the June 12 events (see p. 3).

Now on the California ballot we have a candidate for governor who stands firmly against militarism and the cutbacks in human services. This is another way that we, the people, can register our demand for peace and social justice—money for jobs, not for war. It is also a way that we can send a message to the Democratic Party: Don't count on the votes of working people; you've got to take a stand on social issues and defend the people's needs.

During the campaign, Elizabeth Martínez took the message of "Stop Reagan's War Machine" to thousands of people from Sonoma to San Diego. She also spoke to the need for opposing the rising racism and sexism under Reagan's rule. High school and college students, women's groups, Chicano organizations, black neighborhood clubs, workers, community coalitions, Japanese small farmers, church members—all

Alaniz addressing rally during her campaign for the Seattle City Council, 1991 * Alaniz se dirige a un mitin durante su campaña para el Consejo Municipal de Seattle, 1991

ELIZABETH MARTÍNEZ

Elizabeth Martínez ran in 1982 with the goal of building a movement of massive opposition to Ronald Reagan's war machine. She traveled up and down the state of California speaking out against militarism and the cutbacks in human services.

* * *

Elizabeth Martínez se postuló en 1982, con la meta de construir un movimiento de oposición masiva a la máquina de guerra de Ronald Reagan. Viajó por todo el estado de California, denunciando el militarismo y los recortes en los servicios humanos.

YOLANDA ALANIZ, Socialist from Seattle

A child of migrant farmworkers, Yolanda attended the University of Washington, where she was very active in Chicano student protests. She became a member of the Freedom Socialist Party and the first Chicana candidate for the Seattle City Council (1991), running openly as a socialist and advocate for lesbian/gay rights.

* * *

Hija de trabajadores campesinos emigrantes, Yolanda asistió a la Universidad de Washington, donde fue muy activa en las protestas de los estudiantes chicanos. Se hizo miembro del partido Freedom Socialist y fue la primera candidata chicana en postularse para el Consejo Municipal de Seattle (1991), con un programa abiertamente socialista y partidario de los derechos de lesbianas/gays.

OUR YOUTH - LAS JOVENES

Luz Zapata of Zócalo Urbano, Chicago youth group, demonstrating for immigrant family unity, U.S. Supreme Court, Washington, D.C. July, 2007
Luz Zapata de Zócalo Urbano, grupo de jóvenes de Chicago, manifestando para la unidad familiar, E.U. Corte Supremo. julio 2007

Young Chicanas/Chicanas Jovenes, Esperanza Peace and Justice Center, San Antonio with director/con la directora Graciela Ramirez, 2007

Mission Dolores, Boyle Heights, Los Angeles * Misión de Dolores, Boyle Heights, Los Ángeles

Demonstrator at Democratic National Convention * Manifestando a la Convención National Demócrata, Los Angeles, 2000

The youth are our future, people say, but often they are also our present, as these pictures show. Across the country, it is usually the female presence that we see working hardest to develop political consciousness and unity. Who else would train young low-income Chicanas to speak out their ideas firmly at a male-dominated meeting? Who else would think of bringing members of rival gangs to paint a revolutionary mural together on the same public wall? Who else would...and so it goes. Pues, adelante siempre, compas!

La juventud es nuestro futuro, dice la gente, pero muchas veces ellos también son nuestro presente, como lo muestran estas fotos. A través del país, suele ser la presencia femenina la que vemos trabajar más duro que los demás, para desarrollar la conciencia y unidad política. ¿Quién más entrenaría a las chicanas de bajos ingresos a expresar sus ideas con firmeza en una reunión dominada por hombres? ¿A quién más se le ocurriría reunir a los miembros de pandillas rivales para pintar juntos un mural revolucionario en la misma pared pública? ¿Quién más. . . y así continúa. Pues, ¡adelante siempre, compas!

MECHA Los Ángeles, 1972

Cemanahuac, Aztec dance group started in Hayward, CA, by two Chicanas, provides a safe place for low income youth to explore spirituality. * Cemanahuac, grupo danzante establecido en Hayward, CA, por dos Chicanas, ofrece un lugar seguro donde jovenes de bajos ingresos pueden explorar la espiritualidad.

Students from Hiram Johnson High School, in walkout honoring Cesar Chavez birthday, March 30, 2007 at State Capital, Sacramento, California

Estudiantes de la escuela secundaria Johnson abandonan sus aulas en honor al cumpleaños de César Chávez, 30 de marzo del 2007, Sacramento, la capital estatal de California.

NOT TO BE FORGOTTEN

Here is a list of women and some organizations that do not appear in this book for lack of time, space, photographs or other practical reasons. Our thanks go mainly to the encyclopedia, Latinas in the United States, (Ruiz and Korrol, Eds.).

FELICITAS APODACA (1912 – 1997)

An advocate for women, children and working-class families, with a deep commitment to education throughout her life. She worked with the Community Service Organization (CSO) in El Monte, California, a grass-roots civil rights confederation.

POLLY BACA BARRAGAN (1941 -)

Among the first Chicanas to hold public office, she was also the first woman of color to serve in the leadership of any U.S. state senate. Elected to the Colorado House of Representatives in 1974 and to the state Senate in 1978, she went on to join the Clinton administration in Consumer Affairs.

LAURA CANALES (1954 – 2005)

Recognized as the "reina de la onda Tejana/Queen of Tejano music" and the Tejano Music Female Vocalist and Female Entertainer of the Year for four consecutive years. She broke through the traditionally male-dominated genre with a career that spanned nearly three decades.

VIKKI CARR (1940-)

Born Florencia Bisenta de Casillas Martínez Cardona in El Paso, Texas, she became one of the most successful and prolific Latina singers, and has won three Grammy awards as well as the 1984 Hispanic Woman of the Year for her civic and humanitarian contributions.

GUADALUPE CASTILLO (1942 -)

From a long line of Tucsonense ancestors, this Arizona historian and activist has always had a strong affinity with immigrant rights and co-founded the important Derechos Humanos Coalition. She was one of the first professors to develop Chicana/o studies courses, and encouraged political activism among students.

CHRISTINE CHAVEZ (1972 -)

Granddaughter of César Chávez, Christine served eight years as political director of the UFW. She recalls his support for gay and lesbian rights, leading him to join LGBT marches. Christine herself has worked nationally to give same-sex couples the right to marry, and serves as District Director to State Senate Majority Leader, Gloria Romero. Always active for social justice. she recently joined Rev. Al Sharpton in launching the Latino and African American Leadership Alliance.

HELEN FABELA CHÁVEZ (1928 -)

A California farmworker from the age of seven, she married César Chávez during World War II. She supported their family economically in order to further her husband's

GUADALUPE MARSHALL

On Memorial Day, 1937, Chicago police mowed down hundreds of people parading to the Republic Steel mill to show support for the strikers there. Guadalupe Marshall, age 31, a Chicana volunteer social worker who supported the strike, is seen here pleading with police to stop the massacre. For that, she was knocked down from the back, tried to get up, and police hit her in the back again with clubs. Then she was thrown in a paddy wagon with other injured protesters, whom she tried to help. One man died in her lap as she held his head. Bleeding badly, on arrival at a hospital Lupe went to the dining-room and gathered tablecloths and napkins to make bandages. Police killed 10 people that day.

Lupe also worked with the Popular Front in the 1930s and apparently became involved with the Communist Party. Later, facing deportation, she finally escaped to Jamaica.

The brave role of *mexicanos* fighting for justice in basic U.S. industries like steel has too often been ignored. !Que viva Lupe!

Note the billy-club held by officer near Lupe and bodies on the ground.

organizing. She also participated in the public protests and was jailed; her example gave other women the courage to join La Causa. For 30 years she was dedicated to a key UFW project, the credit union, which helped a generation of farmworker families.

SOLEDAD CHÁVEZ CHÁCON (1890 – 1936)

In 1921, New Mexico was one of the last states to grant women the right to vote and to hold public office, with 17 women elected to the Legislature from 1922-34. Soledad became the Secretary of State, the first "Hispanic" elected to a N.M. state office and was re-elected in 1924. She even served as acting governor during that period: the first woman to do so in the United States.

CLUB FEMENIL CHAPULTEPEC (1928 – 1942)

In 1928, a group of women in Houston, Texas formed this Club, named in honor of the Niños Héroes: young cadets defending Chapultepec Castle and a major avenue in Mexico City who leaped from the castle walls to their death rather than surrender to U.S. forces in the 1946-48 war on Mexico. The Club's goal was to honor cultural heritage, bilingualism, and community. In 1934, CARMEN CORTEZ and STELLA QUINTANILLA, two Club leaders, drafted a letter listing 10 major problems facing Houston's Mexican community. Supported by the local YWCA, the letter was published in the Negro YWCA newsletter. The FBI considered the letter a Communist threat and even got some signers fired from their jobs. That did not stop Stella Quintanilla from speaking out.

COMMUNITIES ORGANIZING FOR PUBLIC SERVICE (COPS) (1974 -)

This grassroots organization based in San Antonio, Texas has built considerable municipal power. It reflects the hopes of Chicanos and African Americans living on the West Side. With women playing a major role, COPS has done much to improve housing, block urban renewal benefiting only the developers, and initiate educational advances and affordable health care.

GRACE MONTAÑEZ DAVIS (1926 -)

An early activist with the Community Service Organization (CSO), a founding member of the Mexican American Political Association (MAPA), and in 1975 selected to be deputy mayor by Thomas Bradley, the first and to date only African American mayor of Los Angeles. She was a constant defender of immigrant rights and a founder of the Chicana feminist organization Comisión Femenil Mexicana.

ROSALINDA HERRERA GUILLEN (1951 -)

A farmworker and union organizer who grew up in Washington state and was involved with the Rainbow Coalition that worked to elect Jesse Jackson. She helped lead a successful seven-year boycott of the Chateau Ste. Michelle Winery, winning one of the only United Farm Workers contracts outside of California, and today is a national vice president of the UFW.

ANTONIA HERNÁNDEZ (1948 -)

One of the first Chicanas to attend the U.C. Los Angeles School of Law, she worked as a civil rights attorney, later becoming president and general counsel of the Mexican American Legal Defense and Educational Fund (MALDEF) in 1985. Her work includes key cases for voting rights and the fight against California Propositions 187 and 227; she has become a nationally known spokeswoman for the rights of immigrant families.

ELENA HERRADA (1957 -)

Born in Detroit to a family of labor and social activists, Elena first became an advocate for prisoners after graduating from college and then worked as a SEIU union organizer. In the late 1990s she joined the Repatriation Project (see p. 68), intended to educate people about that terrible time when an estimated one million Mexicans were deported (including her father, then a U.S.-born child) "back" to Mexico. The film produced by the Project portrays both the fear and resilience of those times. Elena continues her activism in Detroit.

CECILIA OLIVAREZ HUERTA (1944 -)

She has been director of the Nebraska Mexican American Commission since 1994, the only state-funded policy group established to advocate on behalf of the Chicano and Latino immigrant populations. She has also led multi-media projects which chronicle Nebraska's Mexican heritage.

ALICIA GUADALUPE ELIZONDO LOZANO (1899 – 1984)

Co-founder in 1926 with her husband Ignacio of Los Angeles's major Spanish Language newspaper, La Opinión, run today by her granddaughter Monica. She also founded the Sociedad de la Beneficencia Mexicana, a mutual-aid society of primarily middle-class immigrant women working for social reforms and providing health care.

MÓNICA CECILIA LOZANO (1956 -)

Since 1985, she has been President and Chief Operating Officer of La Opinión, now the largest Spanish-language daily newspaper in the U.S. She views her role as "defending the rights of the underprivileged, the underclass, and the under-served."

ESTER MACHUCA (1895 – 1980)

A pioneering feminist who pushed open the doors for women in the League of United Latin American Citizens by founding the Ladies LULAC Chapter in El Paso, Texas, in 1934. Later, with the Ladies Council of Las Vegas, N.M., she produced the only issue ever of the LULAC NEWS written entirely by women.

PATRICIA A. MADRID (1946 -)

New Mexico's first woman attorney general and the first Chicana U.S. attorney general (1998 and reelected in 2002). Active in many areas, she made a name in N.M. for her work on behalf of victims of drunk driving, prison reform, and professional women.

AMELIA MARGARITA MALDONADO (1895 – 1988)

A dedicated and groundbreaking Tuscson, Arizona educator who was a pioneer in bilingual education. She taught in English and Spanish as early as 1919.

AMALIA MESA-BAINS (1943 -)

A celebrated visual/installation artist from a California migrant farmworker family, she participated in the first Chicano art show in Delano during the UFW strike of 1968. Exhibitions of her work have been held at San Francisco's Galeria de la Raza, INTAR gallery and the Whitney Museum in New York, the Smithsonian's Museum of American Art, and shows in Europe, Turkey and Latin America.

GLORIA MOLINA (1948 -)

Born in Los Angeles to working-class parents who spoke only Spanish, she went on to build a remarkable political career. Always an advocate of women's rights, she became the first president of the formally established Comisión Femenil Mexicana, and the first Chicana member of the California state legislature, the L.A. City Council, and the L.A. County Board of Supervisors.

JOSEPHINE "JO" PANDO (1985 -)

Born and always having lived in working-class Union City, California, "Jo" became the first woman to run for City Council in 1972. A deep-rooted activist, she ran a grassroots campaign that didn't win but set a shining example for other women.

ISABEL HERNÁNDEZ RODRÍGUEZ (1950 -)

As a student at the People's College of Law in Los Angeles, her studies went hand in hand with her activism in the Chicano Movement. She began with United Mexican American Students (UMAS), and later the more politically radical Centro De Acción Social Autónomo (CASA), where she became editor of the organization's newpaper, *Sin Fronteras*. She is a founding member of the Latina Lawyers Bar Association.

BERNARDA RUIZ (1802 – 1880)

This champion of civil and property rights for *mexicanos* and women was born into a prominent family and raised in the Santa Barbara (California) Presidio. In December 1846, during the U.S. war on Mexico, Colonel John C. Fremont and 400 soldiers arrived at Santa Barbara. Bernarda Ruiz arranged to speak with him and to persuade him that it would be to his advantage to win the Mexican Californians over to his side rather than inflict harsh sanctions. On January 13, 1847, he and General Andrés Pico signed the Treaty of Cahuenga that ended the war in California. It included seven articles promising full civil and property rights to Mexicans. In his memoirs Colonel Fremont acknowledged that the Treaty of Cahuenga started with his conversation with Bernarda Ruiz.

Sentimos no incluir esta lista también en español, por falta de espacio.

Congresswoman LORETTA SANCHEZ (1960 -)

A Democrat representing California's 47th District (Orange County, a traditionally Republican stronghold), she was first elected by an amazing upset in 1996 against one of Congress's most conservative members, Robert Dorman. Women's, labor, pro-choice and gay and lesbian groups helped win her election again two years later. In the early 2007 "surge" debate, she made a powerful speech about U.S. troops' families, Iraqi suffering and the generals' lies. Her sister Linda is also a member of Congress.

MARÍA DEL JESÚS SAUCEDO (1954 – 1981)

As a student activist from Pilsen, a low-income Chicago neighborhood, she was a founder of the Chicano Student Union at Northeastern Illinois University, today a major Latino-serving institution. She was also active as a *teatrista* with the Compañia Trucha and led the theater to more fully portray women's roles.

After her tragic death in 1981 when her apartment bulding caught fire, 300 marched through Pilsen carrying a banner that read, "Maria Saucedo: Revolutionary, Teacher, Mother."

MARIA LUISA LEGARRA URQUIDES (1908 – 1994)

Often called the "mother of bilingual education" in Tucson, Arizona, her 46-year teaching career began at a time when children were not allowed to speak Spanish at school. She was honored and named to influential national commissions by Presidents Truman, Eisenhower, Kennedy, Johnson, and Nixon. Later in life, she expressed this disappointment: "Bilingual education is not what I hoped it would be—because we didn't teach the monolingual child, the Anglo child, to speak Spanish."

EPIFANIA DE GUADALUPE VALLEJO (1835 – 1905)

Though her life was full of important achievements, her role as a photographer in 1840's California stands as a pivotal moment in the history of art and science in North America. She is especially known for her experiments with the daguerrotype process and producing the earliest known photographic images of the West.

Many Chicanas have worked as librarians and archivists, not only offering access to information but also serving as cultural advocates and activists. Elizabeth C. Martinez was Los Angeles City Librarian; Laura Gutierrez-Witt and Margo Gutierrez have been archivists in the Benson Collection at the Univ. of Texas. Public librarians include Lily Torrez, Lucy Cruz, Isabel Treviño, Evelyn Escatiola, Linda Chávez, Yolanda Cuesta and Josefa Garcia. Academic librarians include Esperanza Moreno, Mary Carmen Santana, Lucy Cruz, Teresa Marquez, Camila Alire, Rafaela Castro, Norma Corral, Lillian Castillo Speed, Susan Hinojosa, Susan Luévano, and Karin Duran. Let us thank them all!

Prepared by Yolanda Retter Vargas

FURTHER READING
Prepared by Yolanda Retter Vargas, UCLA Chicano Studies Research Center

The references chosen are those that contain information primarily about Chicanas

General Works
The initials on the left of the books below are a code to guide readers from the readings in the bibliography to sources in this section.

[BB] Del Castillo, Adelaida. *Between Borders: Essays on Mexicana/Chicana History.* Encino: Floricanto, Press, 1990.

[DH] Cotera, Martha. *Diosa y Hembra: The History and Heritage of Chicanas in the U.S.* Austin: Information Systems Development, 1976.

[ELL] Oboler, Susanne and Deena González. *The Oxford Encyclopedia of Latinos and Latinas in the United States.* New York: Oxford University Press, 2005.

[ELM] Sánchez, Rosaura and Rosa Martínez. *Essays on la Mujer.* Chicano Studies Center Publications,. University of California, Los Angeles ; no. 1, 1977.

[FCA] Love, Barbara, ed. *Feminists Who Changed America, 1963-1975.* Champaign: University of Illinois Press, 2006.

[HT] *Handbook of Texas* [http://www.tsha.utexas.edu/handbook/online/index.html].

[LLW] West-Durán, Alan. *Latino and Latina Writers.* New York: Scribner's, 2004.

[LUS] Ruiz, Vicky and Virginia Sanchez Korrol. *Latinas in the United States: A Historical Encyclopedia.* Bloomington: Indiana University Press, 2006.

[NH] Telgen, Diane. *Notable Hispanic American Women: V.1.* Detroit: Gale Research, 1993.

Other general works:
García, Alma, ed. *Chicana Feminist Thought: The Basic Historical Writings.* New York: Routledge, 1997

Gutiérrez , José Angel, Michelle Meléndez and Sonia Adrian Noyola, eds. *Chicanas in Charge: Texas Women in the Public Arena.* Lanham: Altamira Press, 2007.

Ruiz, Vicki. *From Out of the Shadows: Mexican Women in Twentieth-Century America.* New York: Oxford University Press, 1998.

Archives
Stanford Special Collections [http://library.stanford.edu/depts/spc/findaids_title.html]
UCSB CEMA (California Ethnic and Multicultural Archive) [http://cemaweb.library.ucsb.edu/etc_toc.html].
UCLA CSRC (Chicano Studies Research Center Archive) [http://www.chicano.ucla.edu/library/arch/archives.html].
UT Benson Collection [http://www.lib.utexas.edu/benson/archives/archives.html].

REFERENCES
Initials after a reference below refer to books in the **General Works** or **Archives** sections above. For example, [DH] means that the information on a topic is in *Diosa y Hembra* by Cotera.

Pages 2-9 Aztecs to Spaniards
Life of Women/La Vida de la Mujer in Aztec Society [DH 12-23]; Iris Blanco. "Participación de las Mujeres en la Sociedad Prehispánica," [ELM, 48-81].
Leon-Portilla, Miguel. "La Mujer en la Cultura Nahuátl." *Siete Ensayos Sobre la Cultural Nahuátl.* UNAM, 1958, 95-115.
Adelaida del Castillo. "Malintzin Tenépal: A Preliminary Look into a New Perspective" [ELM, 124-149]; Townsend, Camilla. *Malintzin's Choices: An Indian*

Woman in the Conquest of Mexico. University of New Mexico Press, 2006.
Malinche [LUS; ELL]; La Mestiza [LUS; ELL]; Toypurina [LUS]; Sor Juana Inés de la Cruz [LUS; ELL]
Vega, Carlos, B. "Aspectos Generales de la Vida de la Mujer Negra," in *Conquistadoras: Mujeres Heroicas de la Conquista de América.* Jefferson, NC: McFarland & Co., 2003

22-24 Independence from Spain
Women who fought for independence [DH]; Fernández de Lizardi, José J. *Heroínas Mexicanas: María Leona Vicario, M. Rodríguez Lazarín, María Fermina Rivera, Manuela Herrera y otras.* México, Vargas Rea, 1955; Leona Vicario Fernández, "Gertrudis Bocanegra," in Jerome R. Adams, *Notable Latin American Women: Twenty-Nine Leaders, Rebels, Poets, Battlers, and Spies, 1500-1900.* McFarland & Co., 1995.

25-40 California and the Southwest
Beebe, Rose Marie. *Testimonios: Early California Through the Eyes of Women, 1815-1848.* Berkeley: Heyday Books, 2006; Miroslava Chávez. *Mexican Women and the American Conquest in Los Angeles: From the Mexican Era to American Ascendancy.* UCLA PhD Dissertation, 1998.

Hangings: Chipita (Josefa Rodriguez) in 1863 [LUS; HT].
Paula Angel (1861) [http://www.geocities.com/trctl11/femhang.html].
Juanita/Josefa (1851) [http://www.cr.nps.gov/history/online_books/5views/5views5h31.htm].

Carlos Larralde, "Juan Cortina's Spy: Elena Villarreal de Ferrer," *Journal of South Texas,* Spring 1998, 104-124; Juana Briones, [LUS; [BB 532, Bowman]; Modesta Avila [LUS]
Zendejas, Adelina. *La Mujer en La Intervención Francesa.* Libros de Mexico, 1962.

Ana Calvillo (rancher) [LUS]; McMillan, Nora Rios. "Maria del Carmen Calvillo: How an Independent Spirit Emerged." *Journal of South Texas,* Fall, 2000, 174-192. Encarnación Pinedo (food) [LUS]; Weigle, Marta. *Women of New Mexico.* Santa Fe, Ancient City Press, 1993 (Seamstresses), 78-79; (Plasterers), 12-17. Doña Tules (gambler) [LUS].

44-67 Mexican Revolution and U.S. resisters
Soto, Shirlene. "The Women's Movement in Mexico: The First and Second Feminist Congresses in Yucatán 1916" [BB, 483-491]; Feminists in the Revolution [DH 41-46];
Salas, Elizabeth. *Soldaderas in the Mexican Military: Myth and History.* Austin: University of Texas Press, 1990; Macias, Anna. "Women and the Mexican Revolution, 1910-1920." *The Americas,* Vol. 37, No.1, 1980, 53-82. Mexican Revolution [LUS]; Mexican Fighters and Soldaderas [ELL; LUS - 3 Articles] Lucy González Parsons [LUS]; Andrea and Teresa Villareal [LUS]; Santa Urrea [LUS; HT; ELL]; Maria Talavera and the PLM [LA TIMES 9/19/1907]; Luisa Capetillo [LUS]; Jovita Idar [LUS]

59-66 Lynchings and Activism
Carrigan, William D. "The Lynching of Persons of Mexican Origin or Descent in the United States, 1848 to 1928." *Journal of Social History.* Volume 37, Number 2, 2003, 411-438. Contains some information on women.
Activists: Las Mutualistas: Maria L. Hernández [LUS]; Sara E. Ramírez [LUS]; Cruz Azul [HT]

67-80 The Depression, Deportations, Strikes, Curanderas
"Chicanas in the Great Depression" [BB, 257-268, Kerr]; Deportations [LUS].

Gabriela González. "Carolina Munguía and Emma Tenayuca: The Politics of Benevolence and Radical Reform." *Frontiers: A Journal of Women's Studies* 24, 2&3 (2003) 200-229.

Vargas, Zaragosa. "Tejana Radical: Emma Tenayuca and the San Antonio Labor Movement during the Great Depression." *The Pacific Historical Review.* Vol. 66, No. 4, 1997, 553-580.

Strikes: Emma Tenayuca [ELL]; "A. Sager and Emma Tenayuca" [BB, 269-279, Calderón and Zamora]; Carolina Mungía [LUS]; Jovita González [ELL]; Luisa Moreno [ELL].
1933 Cotton workers strike [LUS]; ILGWU (1900-1955) [LUS]; 1933 ILGWU Strike [LUS; BB, 546, Monroy]; Pecan workers strike, [LUS]
See also Emma Tenayuca; Luisa Moreno [ELL; LUS]; Josefina Fierro [LUS]; Laundry workers strike (El Paso) [LUS]

Ruiz, Vicki. "A Promise Fulfilled: Mexican Cannery Workers in Southern California" [BB, 281-298]; Cannery workers [LUS].

Alvarez Martiínez, Luz. ed. *Homenaje a Nuestras Curanderas = Honoring our Healers.* Oakland, CA : Latina Press, 1996; Encarnación Florez [LUS].

81-105 The 1940s and 1950s.
World War II: Quiñonez, Naomi. "World War II Rosie the Riveter" *in* Maggie Rivas-Rodríguez, ed. *Mexican Americans and World War II.* Austin: University of Texas Press, 2005.
US Latinos and Latinas & World War II Oral History Project [http://utopia.utexas.edu/explore/latino/].
Josephine Ledesma [LUS; [http://utopia.utexas.edu/explore/latino/narratives/4ledesmajosephine.html]
Elena Gallego [http://utopia.utexas.edu/explore/latino/narratives/06Gallego_Elena.html]
American G.I. Forum Women's Auxiliary [HT]; Latina Women in WW II [LUS]; Carmen Romero Phillips [LUS]; Trinidad Nerio [LUS]; Lina Cordova [LUS]; Dora Quezada [LUS]; Victoria Partida Guerrero [LUS].

LULAC women: Lucy Acosta [LUS]; Eva Carillo de Garcia [LUS]; Ester Machuca; Consuelo M Herrera [LUS]; Alice D. Montemayor [LUS]; Aurora E. Orozco [LUS]; Adela Slossvento [LUS]; Anna Vásquez [LUS].

Pachucas [LUS]; Community Service Organization (CSO) [LUS]; Education: Méndez Case [LUS]; Mendoza Case [LUS]; Montoya case [LUS]

Julia Luna Mount: Oral History at [http://www.reuther.wayne.edu/use/ohistory.html]; Isabel González and ANMA [LUS]; *Salt of the Earth* (Movie) [LUS]; Tex-Son strike [LUS].
Virgen de Guadalupe [LUS]; Zarebska Karla. *Guadalupe.* México: Debolsillo, 2007, 2003.

99-133 The 1960s and 1970s
Enriqueta Vásquez and the Chicano Movement: Writings from El Grito del Norte. Arte Público Press, 2006.
Martinez, Valentina Valdez. *25 Years of La Clinica's History.* Tierra Amarilla, NM: La Clinica del Pueblo, 1994; Maria Varela [LUS]; Cooperativa de Tierra Amarilla papers at:
[http://elibrary.unm.edu/oanm/NmU/nmu1%23mss615sc/]
Escuela at Crusade, Denver "Nita Gonzáles: All in the Family." [http://www.westword.com/1998-01-29/news/nita-gonzales/2];
Bernal, Dolores Delgado. "Grassroots Leadership Reconceptualized: Chicana Oral Histories and the 1968 East Los Angeles School Blowouts." *Frontiers: A Journal of Women Studies* 19:2 (1998): 113-42.
López, Sonia. "The Role of the Chicana Within the Student Movement" in Alma García ed., *Chicana Feminist Thought.* New York: Routledge, 1997. [ELM, 16-29]; Student Movements [LUS]; Espinoza, Dionne. "'Revolutionary Sisters': Women's Solidarity and Collective Identification among the Brown Berets in East Los Angeles." *Aztlán* Vol. 26, No. 1 (Spring 2001): 17-58.

Farmworkers [LUS]; UFW [LUS]; Dolores Huerta [LUS; ELL]; Helen Chávez [LUS; ELL]; Maria and Antonia Saludado. "Standing with César" in *Time it Was: American Stories from the Sixties.* Karen M. Smith and Tim Koster, eds. New York: Prentice-Hall, 2007, 401-414.

Falcón, Priscilla. "Only Strong Women Stayed: Women Farm Workers and the National Floral Worker Strike, 1968-1969" [http://findarticles.com/p/articles/mi_qa3687/is_200301/ai_n9201544/print]
Vietnam: Delia Alvarez. [LUS]; Alma García [LUS]; M. Mova [LUS].

Welfare Rights (Alicia Escalante) [FCA]; La Raza Unida Party [LUS]; Mujeres en Acción [LUS];
Olga Talamante [LUS; http://www.workingforchange.com/article.cfm?ItemID=20545];
Sterilization lawsuit [LUS; CSRC archive; BB 535, Del Castillo].

133-142 The 1970s and 1980s
Honig, Emily. "Women at Farah Revisited: Political Mobilization and it's Aftermath Among Chicana Worker in El Paso, Texas, 1972-1992." *Feminist Studies,* Vol. 22, No.2, 1996, p. 425-452; Farah Strike: [LUS; HT]; (about Victoria Mercado) Allan, Stephanie, "Mysterious Circumstances." *People's World,* June 12, 1982, 2; Watsonville strike – Women Cannery Workers [LUS]
Casa Magdalena Mora [LUS; BB, 1]; Tecolote Strike [BB 547, Mora]

143-152 Chicanas and Feminism
Sosa-Ridell, A. "Chicanas en el Movimiento." *Aztlán,* V.5, 155-165; Cotera, Martha. *The Chicana Feminist.* Austin: ISD, 1977.
Activists: Dorinda Moreno [FCA]; Francisca Flores [LUS] ; Ana Nieto Gómez [FCA; LUS] ; Gracia Molina Enríquez (de Pick) [FCA]; Lupe Anguiano [NH1; CSRC archive]; Martha Cotera [FCA; Benson Collection].
First National Chicana Conference 1971 [LUS]; Hijas de Cuauhtémoc [LUS]; Comisión Femenil [LUS; CEMA archive, CSRC archive]; National Hispanic Feminist Conference (1980) [LUS]; [copy of NHFC Conference Program at CSRC archive]

153-162 Chicana Activists in Academia
Achor, Shirley, and Aida Morales. "Chicanas Holding Doctoral Degrees: Social Reproduction and Cultural Ecological Approaches." *Anthropology & Education Quarterly.* Vol. 21, No. 3, 269-287.
Martha Bernal [LUS]; Jovita González [LUS]; Ada Sosa Riddell [LUS]; Margarita Melville (Oral History at UC Berkeley); MALCS [ELL; CSRC archive].

163-178 The 1980s and 1990s
Mothers of East Los Angeles [LUS; CSUN Archive (http://digital-library.csun.edu/LatArch/); ELL].
Pardo, Mary S. *Identity and Resistance: Mexican-Women and Grassroots Activism in two Los Angeles Communities.* PhD Dissertation, UCLA, 1990; MUA.
(Mujeres Unidas y Activas) [http://www.mujeresunidas.net/];
MACSA (Esther Medina) [LUS]; Medina, Lara. *Las Hermanas: Chicana/Latina Religious-Political Activism, 1971-1991.* PhD Dissertation, Claremont Graduate University, 1998.

179-184 Lesbianas
Ramos, Juanita. *Compañeras: Latina Lesbians.* Routledge, 1994; "Lesbians" [ELL, 545-549]; Trujillo, Carla, ed. *Chicana Lesbians: The Girls Our Mothers Warned Us About.* Berkeley: Third Woman Press, 1991; (about Catalina Erauso) *Lieutenant Nun: Memoir of a Basque Transvestite in the New World.* Boston: Beacon Press, 1996; (about Elvira Mugarrieta) Sullivan, Louis. *From Female to Male: The Life of Jack Bee Garland.* Alyson Publications, 1990; Diana Felix [ELL]

188-200 The ARTS
Dance
"An Overview of the History of the Mexi'cayotl Indio Culture Center," The Mexi'cayotl Indio Culture Center [http://www.mexicayotl.org/micc-history.htm]
"What is the History of La Danza Azteca?" The Mexi'cayotl Indio Culture Center [http://www.aguila-blanca.com/history.html]; Rosa Guerrero [LUS]; Angelina Moreno Rico [LUS].

Painters and Muralists
Judy Baca [ELL; interview at http://www.aaa.si.edu/collections/oralhistories/transcripts/baca86.htm]; Juana Alicia [http://www.juanaalicia.com]

Carmen Lomas Garza [http://www.carmenlomasgarza.com; ELL; Benson Collection]
Diane Gamboa [http://www.latinoartcommunity.org/community/ChicArt/ArtistDir/DiaGam.htm]
Photographers: Laura Aguilar [ELL; CSRC archive; Stanford archive]; Delilah Montoya [ELL].

Radio
Maria Martin [ELL]

Writers
Gloria Anzaldúa, [ELL; Benson Collection]; Pérez, Emma. "Borderlands/La Frontera"; "Gloria Anzaldúa: La Gran Nueva Mestiza Theorist, Writer, Activist Scholar." *NWSA Journal* 17/2, 2005, 1-10.
Cherríe Moraga [LLW; Papers at Stanford]; Ana Castillo [ELL; LLW; CEMA archive].
Lorna Dee Cervantes [LLW]; Pat Mora [ELL, LUS; LLW]; Sandra Cisneros [ELL; LLW];
Demetria Martinez. Interview. *Journal of American Studies of Turkey* 12 (2000): 59-74.
Cecilia Pineda [http://home.earthlink.net/~cecilep/; Stanford archive]; Alicia Gaspar de Alba [ELL; LLW];
Lucha Corpi [http://www.voices.cla.umn.edu/vg/bios/entries/corpi_lucha.html] [LLW; CEMA]
Evangelina Vigil-Piñon [http://www.voices.cla.umn.edu/vg/bios/entries/vigilpinon_evangelina.html].

Music
Broyles-González, Yolanda. *Lydia Mendoza's Life in Music: La Historia de Lydia Mendoza: Norteño Tejano Legacies.* New York: Oxford University Press, 2001; Lydia Mendoza [ELL]
Mendoza, Lydia. *Lydia Mendoza: A Family Autobiography.* Houston: Arte Público Press, 1993.
Selena [http://www.selena-themovie.warnerbros.com/main.html; ELL]
Linda Ronstadt [ELL]; Laura Canales [LUS]; Joan Baez [LUS].

Teatro
Teatro Tenaz [http://www.greatleap.org/paulina/]; Las Chicanas [ELL]
Some materials on Teatro Tenaz are at the CEMA archive and the CSRC archive.
Broyles González, Yolanda. "Toward a Re-Vision of Chicano Theatre History: The Women of El Teatro Campesino" in *Re-Emerging Native Women of the Americas.* Yolanda Broyles-González, ed., Kendall/Hunt Publishers, 2001.

Performance Artists
Maria Elena Gaitán. *Frontiers: A Journal of Women's Studies* 24, 2&3 (2003) 87-113.
Monica Palacios [http://www.monicapolacios.com]; Trucha Theater (Maria del Jesus Saucedo) [LUS]
Carmen Tafolla [http://www.carmentafolla.com]; [NH1; ELL, Benson Collection].

Filmakers
Lourdes Portillo [http://www.lourdesportillo.com]; [ELL];
Sylvia Morales [http://www.lmu.edu/Page19113.aspx]; [ELL].

235-236 Backlash
Ball, Howard. *The Bakke Case: Race, Education, and Affirmative Action.* Lawrence: University Press of Kansas, 2000; Guadalupe Castillo [LUS].

237-249 Student Activism 1990s-2000
The Córdova Sisters – New Mexico 1997-98 [LUS];
UCLA 1993 Hunger Strike: "Immigrants in Our Own Land: The Chicano Studies Movement at UCLA" in Robert A. Rhoads, ed. *Freedom's Web: Student Activism in an Age of Cultural Diversity.* Baltimore, Md.: Johns Hopkins University Press, 1998.

250-258 Environment and Justice
Maria Varela [LUS; http://www.takestockphotos.com/pages/varela.html]
Teresa Leal [ELL]; Jeanne Garcia [ELL]; Poder/Environment [ELL].

Esperanza Peace & Justice Center and Graciela Sánchez [ELL]
Davis, Malia. "Philosophy Meets Practice: A Critique of Ecofeminism Through the Voices of Three Chicana Activists." in Devon Peña. *Chicano Culture, Ecology, Politics: Subversive Kin.* University of Arizona Press, 1998.

259-271 Union Activism
Mujer Obrera. Texas [LUS; ELL]; "La Mujer Obrera" (The Woman Worker) [http://www.grass-roots.org/usa/mujer.shtml]; Fuerza Unida, Texas [LUS]; Maria Elena Durazo [LUS]
Soldatenko Maria Gutiérrez de. "ILGWU Labor Organizers: Chicana and Latina Leadership in the Los Angeles Garment Industry." *Frontiers: A Journal of Women's Studies,* Vol. 23, No. 1, 2002, 46-66.

272-283 More Farmworker Struggles
Flores, Josefina. "Veteran Farmworker" [http://www.pacific-news.org/jinn/stories/2.18/960828-archivist.html]; Lucas, María Elena. *Forged Under the Sun : The Life of María Elena Lucas / Forjada Bajo el Sol.* Ann Arbor: University of Michigan Press, 1993; PCUN (Pineros, Oregon) [http://www.pcun.org/]. Líderes Campesinas [LUS]; Phelps Dodge Strike (1983) [LUS]; Latinas and Organizing [ELL].

Housing
Elena Popp [papers at CSRC archive].

284-285 Health Activists
Apolonia Abraca (1940s) [LUS]; Jesusita Aragón – midwife [LUS]; Clínica de la Beneficencia Mexicana (1920s) [LUS].

296-311 Solidarity with Many Causes
Juárez murders [ELL; *Aztlán,* v.28, no.2, 2003, 147-204]; Conference web site on the Juárez Murders (2003), has a bibliography at: [http://www.chavez.ucla.edu/maqui_murders/bibliography.htm].
Zapatista Women - [http://www.actlab.utexas.edu/~geneve/zap-women/biblio.html];
[http://flag.blackened.net/revolt/mexico/ezln/2001/women_mar8.html].
Sister Diana Ortiz. *Blindfold's Eyes: My Journey from Torture to Truth.* New York: Orbis Books, 2002.
Kampwirth, Karen. *Women & Guerrilla Movements in Nicaragua, El Salvador, Chiapas, Cuba.* Pennsylvania State University Press, 2002.
González, Victoria. *Radical Women in Latin America Left and Right.* Penn. State University Press, 2001.
Microlending, Pro Mujer [http://www.promujer.org/mission.html].
Iglesias Prieto, Norma. *Beautiful flowers of the Maquiladora: Life Histories of Women Workers in Tijuana.* University of Texas Press, Institute of Latin American Studies, 1997.
Crass, Chris. "Towards Social Justice: Elizabeth 'Betita' Martinez and the Institute for MultiRacial Justice" [http://colours.mahost.org/articles/crass3.html].

312-313 Chicana Activists in Politics
Fraga, Luis Ricardo Fraga and Sharon A. Navarro. "Latinas in Latino Politics" [http://perg.tamu.edu/lpc/Fraga&Navarro.pdf].
Latina Elected Officials [ELL]; Latinas in Politics [ELL]; Mujeres in Congress [LUS]; Maria Ortiz y Pino de Kleven [LUS]; Polly Baca Barragán [LUS]; Grace Davis Montañez [LUS]; Lucille Roybal [ELL; LUS]; Hilda Solís [LUS]; Soledad Chacón (1920s) [LUS]; Gloria de La Riva: [http://www.ourcampaigns.com/CandidateDetail.html?CandidateID=8332]
Yolanda Alaniz [Papers at Benson Archive].

Most sources on this list are available at the UCLA CSRC [http://www.chicano.ucla.edu/library/]

CREDITS

KEY: To find source of a photo or illustration, look for the page number below and then location on the page as follows: u (upper); ul (upper left); uc (upper center); ur (upper right); ml (middle left); mc (middle center); mr (middle right); ll (lower left); lc (lower center); lr (lower right).

ix: Photo by Francisco Dominguez ©
x: Arizona Historical Society/Tucson, #64360
xi: Courtesy of Armenta Family Collection in La Herencia del Norte, New Mexico, Summer 1994, p.25
xii: Photo by Dina González
2: Codex Fejérváry-Mayer, p.35
3: American Museum of Natural History, New York, in André Emmerich, *Art Before Columbus*, New York: Simon & Schuster, 1963, p.43
4 ul: Santa Cruz, Morelos, in Emmerich, p.22
ll: Emmerich, p.108
lr: Collection Gimpel Fils in Emmerich, p.115.
5 ul: Collection S. Dubiner in Emmerich, p.49
ur: Museo Nacional de Arqueología, México D.F.
6 ur: unknown
mr: Códice Borbónico, Lámina 21, in Silvia Garza Tarazona, *La Mujer Mesoamericana*, Mexico City: Editorial Planeta Mexicana, 1991, p.40
ll: Códice Borgia, lamina 9, in Tarazona p.28
lr: Centro de Veracruz, in Tarazona p.35
7 ur: Códice Selden II: 7-8, in Tarazona p.44
ll: Códice Telleriano Remensis, 4 parte, lámina III, in Tarazona p.37
lr: Elizabeth Martínez, 500 *Years of Chicano History in Pictures*, Albuquerque, NM: Southwest Organizing Project, 1976 & 1991, p.12
8 ul: Códice Nuttall, lamina 19, in Tarazona p.104
lr: Códice Nuttall: 27, in Tarazona p.56.
9 ul: Códice Borbónico: 13, in Tarazona p.58
ur: Dr. Max Shein, *The Precolumbian Child*, Culver City, CA: Labyrinthos, 1992
lr: Códice Mendocino, folio 58-59, in Tarazona p.74
10: Both from Martínez, p.14
11: Bernardino de Sahagún, *General History of the Things of New Spain: Florentine Codex*, Santa Fe, NM: School of American Research, 1950-1982
12: Painting by Juana Alicia ©
14: Drawings by Rini Templeton
15: Mural by Raúl Gutiérrez
16: Taller de Gráfica Popular
17 ur: Mural by Judy Baca ©, Social and Public Art Resource Center (SPARC)
ll: Courtesy of The Bancroft Library, University of California, Berkeley
18-19: Maria Concepcion Garcia Saiz, *Las Castas Mexicanas: Un Genero Pictorico Americano*, Mexico: Olivetti, 1989, p.64 & 187
20: Photo by Ron Wilkins
21: Museo Nacional de Historia, México D.F.
22: Nettie Lee Benson Latin American Collection, University of Texas Libraries, The University of Texas at Austin
23: Pintura de Juan O'Gorman en la biblioteca "Gertrudis Bocanegra" de Pátzcuaro, Mich., Enrique A. Cervantes, Mexico, 1945, p.38
24 ul: Nettie Lee Benson Latin American Collection, University of Texas Libraries, The University of Texas at Austin
ur: Archivo General de la Nación, Mexico City
26: "American Progress," Oil painting by John Gast, 1872, Museum of the American West Col-

lection, Autry National Center, Los Angeles
27: Martínez, p.23
28: Painting by Samuel Chamberlain, courtesy of San Jacinto Museum of History
30: Drawing by Mariana Garibay
31: *The Steamer Pacific Star* newspaper, San Francisco, July 15, 1851
32 ur: Corpus Christi Caller, November 13, 1953
ml: The Ranchero, Corpus Christi, Texas, Oct. 29, 1863
33: Courtesy of the Local History Collection, Victoria College, Victoria, Texas
34: Photo by Dave Lepori
35: Courtesy of California State Archives, Office of the Secretary of State, Sacramento
36: Courtesy of Santa Barbara Historical Museum
37 ur: Photo by Albertype Company, Courtesy Palace of the Governors (MNM/DCA), Negative No. 87156
lc: Courtesy of Seaver Center for Western History Research, Los Angeles County Museum of Natural History
38 ul: Courtesy of Lillian Apodaca
ur: Photo by Russell Lee, Library of Congress, Prints and Photographs Division, FSA/OWI Collection, LC-USF33-012811-M5
39 ur: Patricia Preciado Martin, *Songs My Mother Sang Me: An Oral History of Mexican American Women*, Tucson, AZ: University of Arizona Press, 1992
lr: Photo by J.C. Burge, Courtesy Palace of the Governors (MNM/DCA), Negative No. 76442
40: Illustration from *Harper's*, 1854, Courtesy Palace of the Governors (MNM/DCA), Negative No. 50815
41 u: Courtesy of Ocampo Family Photograph Collection, Chicano Research Collection, Arizona State University Libraries
ll: Courtesy of Lillian Apodaca
lr: Calvin and Susan Roberts, *New Mexico*, Albuquerque, NM: University of New Mexico Press, 1988, p.78
42 ul: Security Pacific Collection / Los Angeles Public Library
lr: Photo by Charles F. Lummis, Courtesy of Southwest Museum, Los Angeles, Photo no. N22092
43 ul: Courtesy Palace of the Governors (MNM/DCA), Negative No. 31501
ur: Courtesy of the Arizona Historical Society/Tucson
44: Both courtesy of Labadie Collection Library, University of Michigan, Ann Arbor
45: Poster by Carlos Cortez, 1986
46 ur: Puck Vol. L, No. 1294, ca. 1901, Courtesy Palace of the Governors (MNM/DCA), Negative No. 154626
ll: Bergese Collection, courtesy of New Mexico State Records Collection
lc: Center for Southwest Research, University Libraries, University of New Mexico
47: Courtesy of the Arizona Historical Society/Tucson, #66388
48: Taller de Gráfica Popular
49 ml: Museo de la Revolución México D.F.
lr: Taller de Gráfica Popular
50 ul: *Las Mujeres en la Revolución Mexicana, 1884-1920*, Honorable Cámara de Diputados, LV Legislatura, Instituto Nacional de Estudios Históricos de la Revolución Mexicana, Mexico: 1992, p.25
lr: Casasola Archive
51: *Los Angeles Daily Times*, September 19, 1907

52 ul, ur: Courtesy of Arte Público Press, University of Houston, Houston, TX
53 ur, lc: UTSA's Institute of Texan Cultures, No. 084-0596 and 084-0592, Courtesy of A. Ike Idar
ll: La Crónica, September 14, 1911, from Center for American History, University of Texas at Austin
54 ul: Fondo Casasola, Fototeca de Instituto Nacional de Antropología e Historia, Pachuca Hidalgo
ur: Casasola Archives
lc: *Las Mujeres en la Revolución Mexicana*, p.68
55 ur: Casasola Archives
ll: Casasola Archives Vol. I, p.720
lr: *Las Mujeres en la Revolución Mexicana*, p.72
56: Drawn from faded photo in Regeneración, June 13, 1914, with article by Ricardo Flores Magon
57 ul: Casasola Archives, Vol. I, p.263
ur: Photo by Enriqueta Vasquez
59: Courtesy Department of Special Collections, Charles E. Young Research Library, UCLA
60 u: By Rini Templeton
ll: Rita Arias Jirasek and Carlos Tortolero, *Mexican Chicago*, Chicago, IL: Arcadia Publishing, 2001, p.15
lr: Aultman Collection, El Paso Public Library, El Paso, TX
61: Security Pacific Collection / Los Angeles Public Library
62: unknown
63 ur: Courtesy of Antonia Castañeda Family Photos
mr, ll: Richard Santillan Midwest Collection
64: All photos courtesy of Carmen Tafolla
65 u: Courtesy of Antonia Castañeda Family Photos
ll, lr: Courtesy of Carmen Tafolla
66: Robert Runyon, Photographic Archives, Center for American History, University of Texas at Austin
67: Art from Sylvia Orozco
68 ul: Herald Examiner Collection / Los Angeles Public Library
ur: Photo by Dorothea Lange, Library of Congress, Prints and Photographs Division, FSA/OWI Collection, LC-USF34-018174-E
ll: Martínez, p.103
69 ul: Photo by Dorothea Lange, Library of Congress, Prints and Photographs Division, FSA/OWI Collection, LC-USZ62-131118
mr, lr: Courtesy of The Bancroft Library, University of California, Berkeley
70 u: Courtesy of ILGWU
ml: Courtesy of the Southern California Library for Social Studies and Research
lr: San Antonio Light Collection, UTSA's Institute of Texan Cultures, No. L-1534-FF, Courtesy of the Hearst Corporation
71 ur: Both photos courtesy of Jaime Monroy
ll: Courtesy of ILGWU
72 ul, ur: San Antonio Light Collection, UTSA's Institute of Texan Cultures, No. L-1541-D and L-2156-F, Courtesy of the Hearst Corporation
ll: Teresa Cordova et al, *Chicana Voices: Intersections of Class, Race and Gender*, Austin, TX: Center for Mexican American Studies, University of Texas, 1986, p.36
73-74: San Antonio Light Collection, UTSA's Institute of Texan Cultures, Courtesy of the Hearst Corporation, No. L1575C, L1540M, L1541M, L1605A, L1605O, L1605M
75 ur: © San Diego Historical Society
lr: Courtesy of Carmen Bernal Escobar

76-78: Courtesy of Department of Special Collections, Stanford University Libraries

79 ul, ml, lr: Richard Santillan Midwest Collection
ur: Photo by Jonnie Ortega, ACTWU, Courtesy of the Southern California Library for Social Studies and Research

80 ul: Photo by J. Valentine, Library of Congress, Prints and Photographs Division, FSA/OWI Collection, LC-USZ62-72219
ll: Photo by David Bacon
lr: Photo by Jan Boles ©

81: Richard Santillan Midwest Collection

82 ul: Courtesy of the Arizona Historical Society/Tucson, #63527
ll, lr: Photos by Jack Delano, Library of Congress, Prints and Photographs Division, FSA/OWI Collection, LC-USW3-022273, LC-USW3-001194-D

83 u: Courtesy of the Southeast Chicago Historical Society
ll, lc: Richard Santillan Midwest Collection
lr: Courtesy of Rosie the Riveter Revisited Collection, Special Collections and Archive, California State University, Long Beach

84 ur: Chicago American GI Forum in Henry A. J. Ramos, *The American GI Forum: In Pursuit of the Dream, 1948-1983*, Houston, TX: Arte Publico Press, 1998, p. 39
ll: Dr. Hector P. Garcia Papers, Special Collections and Archives, Bell Library, Texas A&M University

85 ur, mr: Nettie Lee Benson Latin American Collection, University of Texas Libraries, The University of Texas at Austin
ll: Nettie Lee Benson Latin American Collection, University of Texas Libraries, The University of Texas at Austin

86 ur: *Daily Worker*, May 29, 1951
mr: Russell Lee Photo Collection, Center for American History, University of Texas at Austin
ll: Hearst Newspaper Collection, Special Collections, University of Southern California Library

87: All photos courtesy of Nadine Bermudez

88 ul: Nettie Lee Benson Latin American Collection, University of Texas Libraries, The University of Texas at Austin
ll: Courtesy of Manuel Galván
lc: Courtesy of E.E. Mireles and Jovita G. Mireles Papers, Special Collections and Archives, Texas A&M University-Corpus Christi, Bell Library

89 ur: Courtesy of Julia and George Mount
ll: Courtesy of the Southern California Library for Social Studies and Research

90 l: Wide World Photos, Courtesy of Katherine Johnson

91 ur: Courtesy of the Hearst Newspaper Collection, Special Collections, University of Southern California Library
ml: California Eagle Photograph Collection, Courtesy of the Southern California Library for Social Studies and Research

92 lr: *Mexican American Harbor Lights: Pictorial History* by Señoras of Yesteryear, 1988
All other images Courtesy of Richard Santillan, Midwest Collection

93: Courtesy of Idaho State Historical Society

94 ul: Photo by Linda Carfagno
ur, ml: *Salt of the Earth*, directed by Herbert J. Biberman, 1954.

95 u: Chicano Research Collection, Arizona State University Libraries

96-97: Courtesy of Special Collections, University of Texas at Arlington Library, Arlington, TX

98 ur: Photo by Francisco Dominguez ©
ll: Photo by George Ballis / TakeStock ©

99: unknown

100 ur: Photo by Ray Carey
ml: Peter Nabokov, *Tijerina and the Courthouse*

Raid, Albuquerque, NM: University of New Mexico Press, 1969, p.145
ll: Photo by Tessa Martínez in *El Grito del Norte*

101 ur: *Albuquerque Journal*, June 6, 1976
ul: unknown
lr: Photo by Richard Gardner in *¡Grito!*, New York, 1970

102 ul: Photo by Jane Lougee
ml: Photo by Neil Jacobs
ll, lr: Courtesy of Richard Archuleta

103 ll: Photo by Angela Montoya
All other photos courtesy of Richard Archuleta

104 ur: Photo by Maria Varela
ll: *El Grito del Norte*, April 1969

105: Photo by Antonio Cordova

106 ul: Photo by Oscar Castillo
ur, ll: Photo by Devra Weber
lr: Courtesy of Denver Public Library, Western History Collection, No. X28761

107 ur, lr: Photo by Maria Varela
m: Photo by Jesus Treviño

108 u: Photo by Jeff Blankfort
ll: Photo by Oscar Castillo
lr: Courtesy of Ernesto Todd Mireles

109 ul: Photo by Herminio Gonzales
ur: Photo by Francisco Dominguez ©
ll: Photo by Alan Pogue
lr: Photo by Raul Ruiz

110: Courtesy of Centro de la Raza, Seattle, Washington

111: Courtesy of Escuela Tlatelolco, Denver, Colorado

112: Both photos courtesy of Alex Escalante

113 u: Careen McWilliams Collection, UCLA Special Collections
ll: © Bob Fitch Photo
lr: Courtesy of The Ruth Alice Allen Papers, University of Texas at Arlington Library, Arlington, TX.

114 © Bob Fitch Photo

115 ml: Courtesy of Jessie De La Cruz
All other photos by George Ballis ©1976

116 ul, mr: Walter P. Reuther Library, Wayne State University, Detroit, Michigan
ml: George Ballis/Take Stock ©1976

117 u: Photo by David Bacon
ll, lr: George Ballis/Take Stock ©1976
mr: Walter P. Reuther Library, Wayne State University, Detroit, Michigan

118: All photos by Bob Fitch/Take Stock ©1976

119 ur: Photo by David Bacon
lr: Courtesy of Ruby Medrano

120 ul, ur: Photo by Alan Pogue ©1981, 1978
ll: Courtesy of Rebecca Flores, in Teresa Palomo Acosta and Ruthe Winegarten, *Las Tejanas: 300 Years of History*, Austin, TX: University of Texas Press, 2003

121 ur: Photo by Mike Matejka ul, ml: Courtesy of FLOC
ll: *Unity* newspaper

122 ul, ur: Courtesy of Priscilla Falcón
ll: Courtesy of the *Denver Post*, February 1969

123 ul, ur: Courtesy of the *Denver Post*, February 1969
mc, ll: Nettie Lee Benson Latin American Collection, University of Texas Libraries, The University of Texas at Austin

124 ul: From *El Grito del Norte*, circa 1974
All photos: Nettie Lee Benson Latin American Collection, University of Texas Libraries, The University of Texas at Austin

125 ul: La Raza Unida logo in *El Grito del Norte*, circa 1972
ur, ml: Nettie Lee Benson Latin American Collection, University of Texas Libraries, The University of Texas at Austin

ll: unknown

126 ul, lr: Photo by Jeff Blankfort ©
ur: Photo by Skip Shuman, August 13, 1971, Sacramento Bee Collection, City of Sacramento, History and Science Division, The Sacramento Archives and Museum Collection Center

127 ul: Photo by Sally Soames, Getty Images
ll: East San Jose Sun, October 22, 1969
lr: Cover art by Malaquias Montoya

128 ul: Photo by Oscar Castillo
ll, lr: Photo by Devra Weber

129 u: Photo by Oscar Castillo
All other photos by Devra Weber

130 ur: Photo by Jesus Treviño
All other images from the film *Requiem 29*, produced by Moctesuma Esparza, Los Angeles, 1971.

131 ur: Courtesy of Marjorie Heins
All other images courtesy of Yolanda Lopez

132: All photos courtesy of Olga Talamante

133 u: Security Pacific Collection / Los Angeles Public Library
ll: Photo by Gilberto Ortiz
lr: Photo by Devra Weber

134 ul: *La Raza Magazine*, cover photo, February 1973
ur: *People's World*
lr: Nettie Lee Benson Latin American Collection, University of Texas Libraries, The University of Texas at Austin

135 ul: Courtesy of Beatrice Lumpkin
ll: Courtesy of Angela Serafín
lr: Courtesy of Maria Magana

136: Photo by Ron Chaff

137 ul: Photo by Ron Chaff
mr, ll: *Arizona Daily Star* in Barbara Kingsolver, *Holding the Line*, Ithaca, NY: ILR Press, 1989, p.90-91

138 ul: Photo by Holger Leue
lc: Photo by Jon Kersen

139: All photos by Bill Lovejoy

140 ul: Courtesy of Soledad Alatore

141 ll: Martínez, p. 173

140-141: All other photos Courtesy of Department of Special Collections and University Archives, Stanford University Libraries

142 ur: Photo by Alicia Montes-Matzger
lr: Photo by Francisco García

143 ul: unknown
ur: Alma M. García, *Chicana Feminist Thought*, New York: Routledge, 1997, cover
ll: Photo by Devra Weber
lr: Courtesy of National Latina Health Organization (NLHO)

144 ul, ur: Courtesy Houston Metropolitan Research Center, Houston Public Library
lr: Women's Press, Eugene, OR, July, 1971.

145: Women's Press, Eugene, OR, July 1971

146 ul: Photo by Cyn-d Honesto
ur: Photo by Alejandro Stuart
lc: *La Razón Mestiza*, 1976

147 ul: Photo by Cathy Cade
ur: unknown
lr: Photo by Cyn-d Honesto

148 ul: Courtesy of the Flores Family Collection
lr: Courtesy of Rosemary Quesada-Weiner

149 Courtesy of Rosemary Quesada-Weiner

150 ur: *El Grito del Norte*, staff photo, 1968-69.
mr: Photo by Anna Martínez
ll: Photo by Elizabeth Martínez.

151 ml: Photo by Vanessa Nieto-Gomez
mr: El Popo, 1976

152 ul: Courtesy of Rosemary Quesada-Weiner
ur: V. Enriquez
lc: *Camino* magazine, 1980, San Bernardino, CA, Caminos Corp., p. 47

153: Courtesy of Elisa Facio

154 ul: Photo by Payam Rahimian
ur: Courtesy of Adelaida del Castillo
155 ul: Courtesy of Mary Pardo
mr, lr: Video courtesy of Justice for Janitors, Los Angeles
ml, ll: Photos by Carlos Guerrero
156 ul: © Courtesy of the San Antonio Express News, May 16, 2001
lr: Courtesy of Linda Apodaca
157 ur: Photo by Gilbert Cadena
ll: Courtesy of Mercedes de Uriarte
158 ur: Photo by the Los Angeles Police Department, courtesy of Laura Pulido
ll: Courtesy of Beatriz Pesquera
159 ul: Courtesy of Diana Rebolledo
ur: Courtesy of Priscilla Falcón Archives
lr: Courtesy of John Nichols
160 ur: Photo by Lupe Gallegos
ll: Photo by Julia Curry
161 ur, ml: Photo by Kathryn Blackmer Reyes mr: Courtesy of Kathryn Blackmer Reyes
162: Both photos courtesy of MALCS
163 mr: Courtesy of Carlos Riojas
ll: Photo by Katherine B. Durgin
164: All photos courtesy of Las Hermanas
165 mr: Photo by Mark Day
All other photos courtesy of Las Hermanas
166 lr: Photo by Maria Villa of Mujeres en Acción
All other photos courtesy of Mujeres en Acción
167 ur: Courtesy of Hispanas Unidas
ml, lr: Photos courtesy of María Elena Ramirez
168 mr, 169 ul: Photos by Anita Tijerina
168-69: All other photos courtesy of Anita Tijerina Revilla
170 mc, ll: Photo by Devra Weber
lr: Courtesy of Mary Pardo
171: Courtesy of Mothers of East Los Angeles
172 All photos courtesy of National Latina Health Organization (NLHO)
173 u: Courtesy of Sister Song
ml, ll: Courtesy of NLHO
lr: Photo by Christina Pérez
174 ul: Photo by Ana Cristina
All other photos courtesy of Mujeres Unidas y Activas
175 mr: Photo courtesy of Manos Cariñosos
All other photos courtesy of Mujeres Unidas y Activas
176 ul: Cesar Garza
ur: Courtesy of Casa Aztlan
All other photos courtesy of Olivia Hernandez
177 ul: Courtesy of Little Village Environmental Justice Organization (LVEJO)
mr: Courtesy of Cesar Garza
lr: Courtesy of Juan Miguel Tumil, LVEJO
178-9: All photos courtesy of Esperanza Peace and Justice Center
180: All photos courtesy of Girls Inc.
181 ul: Courtesy of Yolanda Retter
ur: Engraving by Charles Nahl, Hutchings' California Magazine, March, 1857, p. 389, Courtesy of California Historical Society
182 ur: The Nun Ensign, cover image by Pacheco, Beacon Press, 1996
ll: Elvira Mugarrieta, From Female to Male: The Life of Jack B. Garland, Boston: Alyson Press, 1990, p.159
183 ul: Lesbian Tide, cover, May-June 1973
ur, ml: Photos by Lydia Otero
ll: LOC Conference Program Cover, 1983, Courtesy of Yolanda Retter
184 u: Photo by Cathy Cade
ll: Courtesy of Gloria Ramirez
lr: Courtesy of Maria Luisa Alvarado
185 ul: En la Vida, June 2000, cover photo by Tracy Baim

ur: "La Ofrenda" by Ester Hernández, cover of Chicana Lesbians: The Girls Our Mothers Warned Us About, edited by Carla Trujillo, Third Woman Press, 1991, Berkeley, CA
mr: Courtesy of Yolanda Chávez Leyva
ll: Courtesy of Yolanda Retter
lr: Photo by Becky Villaseñor, courtesy of JOTA
186 ul: Photo by Laura Aguilar
ml: Courtesy of Yolanda Chávez Leyva
mr: Courtesy of Andrej Koymasky
lr: Photo by Sharon Steinmann, courtesy of The Dallas Morning News
188 ul: Photo by Dorinda Moreno
lr: Courtesy of Jay Alire and Esther Acosta
All other photos courtesy of Peace and Dignity Journeys
189 ur: Photo by Dorinda Moreno
All other photos courtesy of Peace and Dignity Journeys
190 ml, lr: Jorge Enciso, Design Motifs of Ancient Mexico, New York: Dover Publications, 1953
190 ur, 191, 192 ur: Courtesy of Angel Bertha Cobb
192 ll: Courtesy of Alida V. Quiroz-Montiel
193 ul: Photo by Toshiyuki Yoshimi
lr: Courtesy of Beatrice Zamora Aguilar
194 u: Courtesy of Barrios Unidos
mr: Photo by Ella Seneres, courtesy of Barrios Unidos
ll: Francisco Dominguez ©
195 ur: Courtesy of Anai-i Nowo
ll, lr: Photo by Guillermo Aranda
196 ur: Photo by Francisco Dominguez ©
ll: Photo by Yolanda Martin
197 ur: Photo by Marco Antonio Perez
mr: Photo by Mason York
ul: Photo by Rosalva Dominguez
lr: Courtesy of Sofia Robles Castillo
198 uc: Courtesy of Sylvia Mayahuel Lemus Sharma
ur: Courtesy of Victoria Salas
ll: Photo by Frank Tapia © Gina Pacaldo
lr: Photo by Joel Albero © Gina Pacaldo
199 ur: Photo by Hector Gonzales
ml, mr: Photos by Gustavo Rodriguez, courtesy of Jennie Luna
ll: Photo by Nora Peña, courtesy of Jaime Ortiz
200 u: Photo by Leslie Galván
ll, lr: Photo by Francisco Dominguez ©
201 uc: Courtesy of Martha Espinoza
ur: Photo by Nancy Rodriguez
ll: Courtesy of Cecilia Aranaydo
lr: Courtesy of Maria Castro Hawley
202 ur: Courtesy of Third Eye Photography
ll: Photo by Dannette Jacquez-Avila
203: Illustration by Favianna Rodriguez
204 u: Photo by RetLaw Photos
ml: Photo by Marshall Gordon in Timothy Drescher, San Francisco Murals: Community Creates Its Muse, 1914-94, St. Paul, MN: Pogo Press, Inc., 1994
lr: Courtesy of Yolanda M. Lopez
205 ul: Courtesy of Cecilia Aranaydo
mr: Photo by Victoria Alvarado © 2000
lr: Photo by Juana Alicia © 2004 World Rights Reserved
206 ul: Photo by Marvin Collins, all photos courtesy of Social and Public Art Resource Center (SPARC), www.SPARCmurals.com
207 ul, ur: Courtesy of Shifra Goldman
lr: Courtesy of Carmen Lomas Garza
208 ul, uc: Courtesy of Yolanda M. López
ur: Courtesy of Barbara Carrasco ©
209 ul, ml: Courtesy of Shifra Goldman
ur: Courtesy of Favianna Rodriguez
210 ul: Photo Courtesy of Delilah Montoya
ur: Photo Courtesy of Shifra Goldman

211 ul, ll: Photos courtesy of Shifra Goldman
ml: Photo Courtesy of Celia Rodríguez
212 ul: Courtesy of Consuelo Jiménez Underwood
ur: Photo by Russell Lee
213 ur: Photo by Annie Valva
mc: This Bridge Called My Back, Berkeley, CA: Third Woman Press, 2002
ll: Photo by Patrick "Pato" Hebert, courtesy of Cherríe Moraga
214 ul: Photo by Antonio Pérez, courtesy of Ana Castillo
ur: Photo by Francisco Dominguez ©
ll: Courtesy of Pat Mora
215 ul: Photo by Jeff Alexander, Albuquerque Journal
ur: Photo by Ruben Guzman
ll: Photo by Gloria Ramírez
216 ul: Photo by George Sera
ml: Photo by Carolina Juárez
mr: Courtesy of Diana Tey Rebolledo
217 ul: Courtesy of the Arizona Historical Society/ Tucson, #1671
ur: Photo by Mrs. Albright Art Parlors, Courtesy Palace of the Governors (MNM/DCA), Negative No. 149120
ll: Courtesy of Henry J. Hauschild in Teresa Palomo Acosta and Ruthe Winegarten, Las Tejanas: 300 Years of History, Austin, TX: University of Texas Press, 2003
lr: Nettie Lee Benson Latin American Collection, University of Texas Libraries, The University of Texas at Austin
218 ul, uc, ll: Houston Metropolitan Research Center, Houston Public Library
ur, lr: Courtesy of Ester Hernández
219 ul: Courtesy of Favianna Rodriguez
lr: Photo by Francisco Dominguez ©
220 ul: Elektra Asylum Records
ur: Photo by Alejandro Stuart
lr: Both photos courtesy of Deborah R. Vargas Collection
221 ul: Photo by Rachel Galván, Ascensión Hernández Collection
ur, ml: Photos by Whitney Curtis, Kansas City Star, July 21, 2001
222 ul: Photo courtesy of Yolanda Broyles-González Collection
ur: Courtesy of Texas Music Museum
ml: Zintgraff Collection, UTSA's Institute of Texan Cultures, No. Z-2279-A-1, Courtesy of John and Dela White
mr: Del Bravo Records, San Antonio
lr: unknown
223: Photo by Alejandro Stuart
224 ul: Courtesy of Olivia Chumacero Archive
ur: Courtesy of United Farm Workers of America
lr, lc, ll: Courtesy of Nita Luna
225 ul: Courtesy of Sandra Gutiérrez
ur: Photo by Anthony Mazy, The State Hornet, California State University Sacramento, 1/16/73
226 ul: Mandy Khoshnevisan, 2005
ll: Courtesy of www.DavidAllenStudio.com, 1990
227 ul: Courtesy of www.DavidAllenStudio.com, 1996
ml: Photo by Shari Cohen, 1988
lr: Photo by Marisela Treviño
228 ul: Photo by Beva Sanchez-Padilla
ml: Collage by the Esperanza Center
ll: Photo by Marilu Abirached-Reyna
229 ul: Courtesy of Latina Theater Lab
ml: Photo by Victoria Alvarado © 2001
lr: Photo by Johnny Knight ©
230 ul: Photo by José Galvez
ll: Photo by David Maung
231 ul: Photo by Ed Krieger
ur: Photo by Gía Roland

232: ur: Photo by Abigail Branagan
ll: Photo by Zachary Scott Theater P.R.
lr: Photo by Ernesto M. Bernal
233 ur: Courtesy of María Elena Ramirez
ml: Photo by Katherine Fogdon
mr: Photo by Claude Vasseaux
234 ml: Photo by Lori Eanes
ur, ll: Courtesy of Lourdes Portillo
235: Photo by Doug Hyun
236: Drawings by Osa Hidalgo
237 ur: Photo by David Bacon
ml: Photo by Francisco Dominguez ©
lr: Photo by Francisco Dominguez ©
238 ur, mr: Courtesy of María Alaniz Ruiz
ll: Courtesy of Lisa Flores
239 ur: Courtesy of the Denver Post
ll: Photo by Kahlil Jacobs-Fantauzzi
240: All photos courtesy of Myrna Santiago
241 ur: Photo by David Maung, Impact Visuals
ll: Photo by Pancho Alatorre
lr: Photo by Francisco Dominguez ©
242 ll: Photo by Kahlil Jacobs-Fantauzzi
All other photos by Gloria Najar
243 ur: Photo by Wendy Walsh, Teacher Magazine, Aug.-Sept. 1997, cover
ll, lr: Courtesy of Nadine Córdova
244 lr: Photo by José Palafox
All other photos by Kahlil Jacobs-Fantauzzi
245 ur: Photo by Ben Higa
lr: Photo by Lance Iversen, courtesy of the San
Francisco Chronicle
246-247: All photos by José Palafox
248: All photos courtesy of Inner City Struggle
249 lr: Photo by Jessica Vasquez, Mural by Estria
Miyashiro.
All other photos by Francisco Dominguez ©
250: All photos by Jamileh Ebrahimi, Courtesy of
Youth Together
251: All photos by Ernesto Todd Mireles
252 ul: Photo by Neil Jacobs
ll: Courtesy of Arlene Valdez
lr: Courtesy of Pastores
253 ul: Courtesy of Beyond Chicanismo, Denver,
CO
ur: Photo by Arnie Valdez
254-5: All photos courtesy of Southwest Network
for Environmental and Economic Justice
256 lr: Photo by Roberto Roibal All photos courtesy of SouthWest Organizing Project
257 ur, lc: Photo by Librado Almanza ml: Photo by
René Renteria All photos courtesy of PODER
258: All Photos by Richard Steven Street / Streetshots, from the series Organizing for Our Lives
259: Photo by David Bacon
260: All photos courtesy of Mujer Obrera
261 u: Courtesy of Mujer Obrera
ll: Photo by Rudy Gutierrez, El Paso Times, June
28, 1990
lr: Photo by Kelly Rick, El Paso Herald Post,
University of Texas at El Paso Library, Special Collections Department
262 ul: Photo by Pamela Chiang
ur: Courtesy of Fuerza Unida
ml: By Rini Templeton
lr: Photo by Rubén Solís
263 ul, mr: Photo by Nic Paget-Clarke © 1992
ur: Courtesy of Fuerza Unida
lr: Photo by Pamela Chiang
264 ul, ur: Courtesy of SEIU
ll, lr: Courtesty of Elizabeth Brennan
265 ur: Photo by David Bacon
ll, lr: Courtesy of Elizabeth Brennan
266-7: All photos courtesy of Southwest Workers
Union
268: All photos courtesy of HERE, Local 11.
269 mr: Photo by David Bacon

All other photos courtesy of Garment Workers
Center
270-1: All photos by Jill Shenker
272: Photo by David Bacon
ml, lr: Photos by Devra Weber
273: All photos by Devra Weber
274 lr: Photo by María Ahumada
All other photos by David Bacon
275 ul: Courtesy of Diana López Batista
mr, ll: Photos by Ernesto Todd Mireles
276 ul, ur, mr: Courtesy of Líderes Campesinas
ml: Photo by Richard Steven Street / Streetshots,
from the series Organizing for Our Lives
277 ul, lr: Photos by Richard Steven Street /
Streetshots, from the series Organizing for Our
Lives
ur: Courtesy of Líderes Campesinas
278-9: All photos courtesy of PCUN
280: Both photos courtesy of FLOC
281 ur: Photo by Andrea Valenzuela Davis
ml: Photo by Leo Morales, Idaho Community
Action Network
ll: Photo by Mari de Leon, Centro de Comunidad
y Justicia
282: All photos courtesy of Barrio Defense Committee
283 ul: Courtesy of St. Peter's Housing Committee
ur: Photo by Angelique Gonzales
mr: Photo by Jill Shenker
lr: Photo by Maria Poblet
284 u: Photo by Maricela Gutiérrez
ll: Photo courtesy of Graciela "Chela" García
Rodríguez
lr: Courtesy of Maricela Rosas
285 ur: Photo by Francisco Dominguez ©
mr: Photo by Ester Acosta
ll: Courtesy of Diana Felix
286 ul, ll: Photos by Francisco Dominguez ©
ur: Photo by Devra Weber
m: Photo by Ken Light ©
lr: Photo by Gilberto Rivera
287 ur: Courtesy of AFL-CIO
ll, lr: Courtesy of St. Peter's Housing Committee
288 ul: Photo by David Bacon
All other photos by Devra Weber
289 ur: Photo by Manuel Ortiz
All other photos by Francisco Dominguez ©
290 lr: Photo by Nick Lammers, Oakland Tribune
All other photos by Francisco Dominguez ©
291: Photo by Gina Ferazzi, Los Angeles Times,
March 26, 2006
292 ul: Photo by José Palafox
ur: Photo by Demetria Martínez
ll: Photo by Tsutomu Fujita
lr: Photo by David Bacon
293: All photos by Chuy Benitez
294: All photos courtesy of Centro Sin Fronteras
Photo Archives
295 ur: Photo by Jesús Carlin for El Zócalo
Urbano
ml, lr: Courtesy of Centro Sin Fronteras Photo
Archives
296: All photos courtesy of Los Angeles Indymedia
297 ur: © Bob Fitch Photo
ml: unknown
ll: Photo by Devra Weber
298 ul, ur: Courtesy of Mujer a Mujer
lr: Photo by Alan Pogue ©
ll: Photo by David Bacon
299: Courtesy of SNEEJ
300 ul: Photo by Judy Liteky
ur: Photo by Linda Panetta, www.OpticalRealities.
org
ll, lr: Courtesy of Loco Bloco

301 ur, mr: Courtesy of Jenny Luna
ml: Drawing by Ricardo Levins-Morales
ll: Photo by Rosalia González
lr: Photo by Francisco Dominguez ©
302 u: Photo by Rosalia González
ll: Photo by Ibyang Rivera
lr: Courtesy of Mariana Rivera
303 ur: unknown
ll: Photo by Susan Alzner
lr: Courtesy of Jenny Luna
304 mr: Courtesy of TASSC
ml: Photo by Eddie Adanet, El Andar
305 ur: Photo by Jorge Mario Cabrera, Communications Staff, CARECEN, L.A.
ml, mr: Photos by Devra Weber
ll, lc, lr: Photos by Cathy Cade
306 ul, ml: Photos by Devra Weber
ur: Photo by Octavio Gomez
mr: Courtesy of Pilar Mejia
307 ul: Courtesy of Becky Jirón
ll: Courtesy of Beatriz Pesquera
lr: Courtesy of Gloria La Riva
308 ul: Courtesy of Anna O'Leary
mr: Photo by David Bacon
ll: Courtesy of Juanita Flores
lc: Photo by Nurian Kiyue
lr: Photo by Helen Kim
309 u: Photo by Ana Bertha Campa
ll, lr: Photos by Joy Moore
310 ul: Photo by Richard Steven Street / Streetshots, from the series Organizing for Our Lives
ml, mr, ll: Photos by Francisco Dominguez ©
lr: Photo by Olga Talamante
311 ul: Photo by John Pilgrim
ur: Photo by Francisco Dominguez ©
ml: Photo by Olga Talamante
ll: Courtesy of San Francisco Indymedia
lr: Photo by Galen Workman
312 u: Photo by Francisco Dominguez ©
ll: Courtesy of Mujeres Unidas y Activas
lr: Courtesy of St. Peter's Housing
313 ur: Courtesy of Mujeres Unidas y Activas
ml: Courtesy of the Esperanza Peace and Justice
Center
lr: Courtesy of the National Network for Immigrant and Refugee Rights
314 u1: Courtesy of Irma Mireles
u2: Courtesy of 13th Court of Appeals, Texas
u3: Courtesy of Diana Flores
u4, ml: All other photos courtesy of José Angel
Gutiérrez
mr: Courtesy of Rose Herrera
315: Courtesy of the California State Senate
316: Courtesy of Judge Millie Escobedo
317: Official photos courtesy of the Offices of
Hilda Solís, Lucille Roybal-Allard and Linda
Sánchez
318 ul, ur: Official photos courtesy of the Offices
Phyllis Gutiérrez and Margarita López Prentice
lr: Photo by Silvia Ledezma for Los Veteranos
Oral History Project, El Tecolote
319 ul: Photo by Bill Hackwell
ml: Courtesy of Elizabeth Martinez
ll: Photo by Kathleen Mersigan
320 ul: Photo by Jesus Carlin
ur: Photo by Favianna Rodriguez
ll: Photo by Devra Weber
lr: Photo by Devra Weber
321 ul: Logo courtesy of Maricela Gutiérrez
ur: Photo Luis Garza ©
ll: Photo by Francisco Dominguez
322: Photo courtesy of Illinois Labor History
Society

# ABOUT THE AUTHOR

An anti-war and social justice activist for over 50 years, Elizabeth "Betita" Martínez's first job out of college in 1946 was five years with the newly founded United Nations where she worked against colonialism. She published her first books *Letters from Mississippi* and *The Youngest Revolution: A Personal Report on Cuba* under the name Elizabeth Sutherland. She was Books & Arts Editor of *The Nation* magazine before serving full-time in the Black civil rights movement, where she worked in Mississippi and New York as one of only two Chicanas with the Student Nonviolent Coordinating Committee (SNCC).

Moving to New Mexico to continue the struggle against racism, she edited a Chicano movement newspaper for five years. She also published two books of Mexican-American history including 500 *Years of Chicano History* (with the Chicano Communications Center, 1976), which is still in print. There, she became known as "Betita," a nickname like Betty from her Mexican father, and also traveled to Vietnam in an anti-war delegation.

Based since 1977 in San Francisco, where she co-founded the Institute for MultiRacial Justice, Martínez co-edited two books on Central America and wrote *De Colores Means All of Us: Latina Views for a Multi-Colored Century* (South End Press, 1998). She has received many honors from official, academic, community, and youth organizations including a doctorate from Swarthmore College. In 2005, Betita was one of a thousand women from 150 countries nominated for the Nobel Peace Prize. She has one daughter, Tessa Koning-Martínez, an actress, whose father was the author Hans Koning.

# SOBRE LA AUTORA

Elizabeth "Betita" Martínez ha sido activista en contra de la guerra y a favor de la justicia social por más de cincuenta años. Apenas terminó la Universidad en 1946 trabajó por cinco años para la recientemente fundada Organización de la Naciones Unidas (ONU) donde trabajó contra el colonialismo. Publicó sus primeros libros *Letters from Mississsipppi* y *The Youngest Revolution: A Personal Report on Cuba* los que aparecieron firmados con el nombre Elizabeth Sutherland. Fue editora de Books & Arts para la revista *The Nation* antes de servir a tiempo completo en el movimiento negro por los derechos civiles). Trabajó en Mississippi y Nueva York como una de las dos únicas chicanas con el movimiento Student Nonviolent Coordinating Committee (SNCC) (Comité Coordinador de Estudiantes por la No-violencia).

Luego, se mudó a New Mexico para continuar en la lucha contra el racismo. Allí editó por cinco años el periódico del movimiento chicano *El Grito del Norte*. También publicó dos libros sobre la historia mejicano-americana, uno de ellos es: 500 Years of Chicano History/500 Años del Pueblo Chicano, publicado con el apoyo del Chicano Communications Center en 1976. Este libro aún continúa imprimiéndose. Entonces, Elizabeth, se hizo conocida por el nombre con el que su padre, mexicano, la llamaba: "Betita", y también fue a Vietnam en una delegación contra la guerra.

Desde 1977 radica en San Francisco, donde cofundó el Institute for MultiRacial Justice (Instituto para la Justicia Multirracial), Martínez coeditó dos libros sobre Centro América y escribió *De Colores Means All of Us: Latina Views for a Multi-Colored Century* (South End Press).

Betita ha recibido muchas distinciones de organizaciones oficiales, académicas, comunales y juveniles, incluyendo un doctorado del Swarthmore College. En el 2005, Martínez, fue una de las mil mujeres de 150 países nominadas al Premio Nóbel de la Paz. Tiene una hija, Tessa Koning-Martínez, ella es actriz y su padre fue el escritor Hans Koning.